Sten Nadolny
Die Entdeckung der Langsamkeit

D0591979

Zu diesem Buch

»Die Entdeckung der Langsamkeit« ist auf den ersten Blick zugleich ein Seefahrerroman, ein Roman über das Abenteuer und die Sehnsucht danach und ein Entwicklungsroman. Doch hat Sten Nadolny die Biographie des englischen Seefahrers und Nordpolforschers John Franklin (1786–1847) zu einer subtilen Studie über die Zeit umgeschrieben: die Langsamkeit als eine Kunst, dem Rhythmus des Lebens Sinn zu verleihen. Wie bei einem Palimpsest erscheint hinter den Sätzen eine andere Schrift, hinter der Prägnanz und Redlichkeit der Aufklärung verbergen sich Humor und Traurigkeit der Romantik.

Von Kindheit an träumt John Franklin davon, zur See zu fahren, obwohl er dafür denkbar ungeeignet ist: Langsam im Sprechen und Denken, langsam in seinen Reaktionen mißt er die Zeit nach eigenen Maßstäben. Zunächst erkennt nur sein Lehrer, daß Johns eigenartige Behinderung auch Vorzüge hat – was er einmal erfaßt hat, das behält er, das Einzigartige, das Detail begreift er besser als andere. John Franklin geht zur Marine, erlebt den Krieg und das Sterben. Beides trifft ihn um so furchtbarer, als er innerhalb des von ihm kaum begriffenen, chaotisch schnellen Geschehens einzelne Vorgänge wie in Zeitlupe ablaufen sieht. Er träumt von friedlicher Entdeckung, will die legendäre Nordwestpassage finden.

Sten Nadolny, geboren 1942 in Zehdenick an der Havel, lebt in Berlin und München. Ingeborg-Bachmann-Preis 1980, Hans-Fallada-Preis 1985, Premio Vallombrosa 1986, Ernst-Hoferichter-Preis 1995. »Die Entdeckung der Langsamkeit« wurde in alle Weltsprachen übersetzt. Im Piper Verlag neben seinem ersten Roman »Netzkarte« außerdem »Selim oder Die Gabe der Rede« (1990) und »Ein Gott der Frechheit« (1994).

Sten Nadolny

Die Entdeckung der Langsamkeit

Roman

Piper München Zürich

Von Sten Nadolny liegen in der Serie Piper außerdem vor:
Selim oder Die Gabe der Rede (730)
Das Erzählen und die guten Absichten (1319)
Netzkarte (1370)
Ein Gott der Frechheit (2273)

Ungekürzte Taschenbuchausgabe
1. Auflage April 1987
29. Auflage März 1998
© 1983 Piper Verlag GmbH, München
Umschlag: Büro Hamburg
Simone Leitenberger, Susanne Schmitt
Umschlagabbildung: William Turner (Ausschnitt aus
»Die ›Fighting Téméraire‹ wird an ihren Ankerplatz
geschleppt«, 1839)
Foto Umschlagrückseite: Ekko von Schwichow
Satz: Kösel, Kempten
Druck und Bindung: Clausen & Bosse, Leck
Printed in Germany   ISBN 3-492-20700-6

Meinem Vater
Burkhard Nadolny
(1905–1968)

Erster Teil

John Franklins Jugend

Erstes Kapitel

Das Dorf

John Franklin war schon zehn Jahre alt und noch immer so langsam, daß er keinen Ball fangen konnte. Er hielt für die anderen die Schnur. Vom tiefsten Ast des Baums reichte sie herüber bis in seine emporgestreckte Hand. Er hielt sie so gut wie der Baum, er senkte den Arm nicht vor dem Ende des Spiels. Als Schnurhalter war er geeignet wie kein anderes Kind in Spilsby oder sogar in Lincolnshire. Aus dem Fenster des Rathauses sah der Schreiber herüber. Sein Blick schien anerkennend.

Vielleicht war in ganz England keiner, der eine Stunde und länger nur stehen und eine Schnur halten konnte. Er stand so ruhig wie ein Grabkreuz, ragte wie ein Denkmal. »Wie eine Vogelscheuche!« sagte Tom Barker.

Dem Spiel konnte John nicht folgen, also nicht Schiedsrichter sein. Er sah nicht genau, wann der Ball die Erde berührte. Er wußte nicht, ob es wirklich der Ball war, was gerade einer fing, oder ob der, bei dem er landete, ihn fing oder nur die Hände hinhielt. Er beobachtete Tom Barker. Wie ging denn das Fangen? Wenn Tom den Ball längst nicht mehr hatte, wußte John: das Entscheidende hatte er wieder nicht gesehen. Fangen, das würde nie einer besser können als Tom, der sah alles in einer Sekunde und bewegte sich ganz ohne Stocken, fehlerlos.

Jetzt hatte John eine Schliere im Auge. Blickte er zum Kamin des Hotels, dann saß sie in dessen oberstem Fenster. Stellte er den Blick aufs Fensterkreuz ein, dann rutschte sie herunter auf das Hotelschild. So zuckte sie vor seinem Blick her immer weiter nach unten, folgte aber höhnisch wieder hinauf, wenn er in den Himmel sah.

Morgen würden sie zum Pferdemarkt nach Horncastle fahren, er fing schon an sich zu freuen, er kannte die Fahrt. Wenn die Kutsche aus dem Dorf fuhr, flimmerte erst die Kirchhofsmauer vorbei, dann kamen die Hütten des Armenlandes Ing Ming, davor Frauen ohne Hüte, nur mit Kopftüchern. Die Hunde waren dort mager, bei den Menschen sah man es nicht, die hatten etwas an.

Sherard würde vor der Tür stehen und winken. Später dann das Gehöft mit der rosenbewachsenen Wand und dem Kettenhund, der seine eigene Hütte hinter sich herschleifte. Dann die lange Hecke mit den zwei Enden, dem sanften und dem scharfen. Das sanfte lag von der Straße entfernt, man sah es lang kommen und lang gehen. Das scharfe, dicht am Straßenrand, hackte einmal durchs Bild wie die Schneide einer Axt. Das war das Erstaunliche: in dichter Nähe funkelte und hüpfte es, Zaunpfähle, Blumen, Zweige. Weiter hinten gab es Kühe, Strohdächer und Waldhügel, da hatte das Erscheinen und Verschwinden schon einen feierlichen und beruhigenden Rhythmus. Die fernsten Berge aber waren wie er selbst, sie standen einfach da und schauten.

Auf die Pferde freute er sich weniger, aber auf Menschen, die er kannte, sogar auf den Wirt des *Red Lion* in Baumber. Dort pflegten sie haltzumachen, Vater wollte zum Wirt an die Theke. Da kam dann etwas Gelbes im hohen Glas, Gift für Vaters Beine, der Wirt reichte es herüber mit seinem schrecklichen Blick. Das Getränk hieß Luther und Calvin. John hatte keine Angst vor finsteren Gesichtern, wenn sie nur so blieben und ihre Mienen nicht auf unerklärliche Weise rasch wechselten.

Jetzt hörte John das Wort »schläft« sagen und erkannte vor sich Tom Barker. Schlafen? Sein Arm war unverändert, die Schnur gespannt, was konnte Tom auszusetzen haben? Das Spiel ging weiter, John hatte nichts verstanden. Alles war etwas zu schnell, das Spiel, das Sprechen der anderen, das Treiben auf der Straße vor dem Rathaus. Es war auch ein unruhiger Tag. Eben wurlte die Jagdgesellschaft von

Lord Willoughby vorbei, rote Röcke, nervöse Pferde, braungefleckte Hunde mit tanzenden Ruten, ein großes Gebelfer. Was hatte nur der Lord von so viel Wirbel?

Ferner gab es wenigstens fünfzehn Hühner hier auf dem Platz, und Hühner waren nicht angenehm. Sie suchten dem Auge auf plumpe Art Streiche zu spielen. Regungslos standen sie da, kratzten dann, pickten, erstarrten wieder, als hätten sie nie gepickt, täuschten frech vor, sie stünden seit Minuten unverändert. Schaute er aufs Huhn, dann zur Turmuhr, dann wieder aufs Huhn, so stand es starr und warnend wie vordem, hatte aber inzwischen gepickt, gekratzt, mit dem Kopf geruckt, den Hals gewandt, die Augen glotzten anderwärts, alles Täuschung! Auch die verwirrende Anordnung der Augen: was sah denn ein Huhn? Wenn es mit dem einen Auge auf John sah, was nahm das andere wahr? Damit fing es doch schon an! Hühnern fehlte der gesammelte Blick und die zügige, angemessene Bewegung. Schritt man auf sie zu, um sie bei ungetarnten Veränderungen zu ertappen, dann fiel die Maske, es gab Geflatter und Geschrei. Hühner kamen überall vor, wo Häuser standen, es war eine Last.

Eben hatte Sherard ihn angelacht, aber nur kurz. Er mußte sich Mühe geben und ein tüchtiger Fänger sein, er stammte aus Ing Ming und war mit fünf Jahren der Jüngste. »Ich muß aufpassen wie Adler«, pflegte Sherard zu sagen, nicht »wie ein Adler«, sondern »wie Adler« ohne »ein«, und dabei guckte er ganz ernst und starr wie ein spähendes Tier, um zu zeigen, was er meinte. Sherard Philip Lound war klein, aber John Franklins Freund.

Jetzt nahm sich John die Uhr von St. James vor. Das Zifferblatt war an der Seitenkante des dicken Turms auf den Stein gemalt. Nur einen Zeiger gab es, und der mußte dreimal am Tag vorgerückt werden. John hatte eine Bemerkung gehört, die ihn mit dem eigensinnigen Uhrwerk in Verbindung brachte. Verstanden hatte er sie nicht, aber er fand seitdem, die Uhr habe mit ihm zu tun.

Im Inneren der Kirche stand Peregrin Bertie, der steinerne Ritter, und überschaute die Gemeinde, den Schwertgriff in der Hand seit vielen hundert Jahren. Einer seiner Onkel war Seefahrer gewesen und hatte den nördlichsten Teil der Erde gefunden, so weit weg, daß die Sonne nicht unterging und die Zeit nicht ablief.

Auf den Turm ließen sie John nicht hinauf. Dabei konnte man sich bestimmt an den vier Spitzen und ihren vielen Zacken gut festhalten, während man übers Land sah. Auf dem Friedhof kannte John sich aus. Die erste Zeile auf allen Grabsteinen hieß: »To the memory of«. Er konnte lesen, aber er vertiefte sich lieber in den Geist der einzelnen Buchstaben. Sie waren im Geschriebenen das Dauerhafte, das immer Wiederkehrende, er liebte sie. Die Grabsteine stellten sich tagsüber auf, der eine steiler, der andere schräger, um für ihre Toten etwas Sonne aufzufangen. Nachts legten sie sich flach und sammelten in den Vertiefungen ihrer Inschriften mit großer Geduld den Tau. Grabsteine konnten auch sehen. Sie nahmen Bewegungen wahr, die für menschliche Augen zu allmählich waren: den Tanz der Wolken bei Windstille, das Herumschwenken des Turmschattens von West nach Ost, die Kopfbewegungen der Blumen nach der Sonne hin, sogar den Graswuchs. Im ganzen war die Kirche John Franklins Ort, nur gab es dort außer dem Beten und Singen nicht viel zu tun, und gerade das Singen liebte er nicht.

Johns Arm hielt die Schnur. Die Herde hinter dem Hotel graste im Verlauf einer Viertelstunde um eine Ochsenlänge weiter. Das kleine Weiße war die Ziege, sie graste stets mit, denn das verhinderte, so hieß es, Angst und Unruhe in der Herde. Von Osten schwebte eine Möwe ein und setzte sich auf eine der roten Tonröhren des Hotelkamins. Auf der anderen Seite bewegte sich etwas, drüben vor dem Gasthaus Zum weißen Hirsch. John wandte den Kopf. Da ging seine Tante Ann Chapell, begleitet von Matthew, dem Seemann, und der hielt ihre Hand. Wahrscheinlich heirateten sie bald. Er trug eine Kokarde am Hut wie alle Seeoffiziere, wenn sie an Land waren. Die beiden nickten herüber, sagten etwas zueinander und blieben stehen. Um sie nicht anzustarren, studierte John den weißen Hirsch, wie er da auf dem Erkerdach lag, die goldene Krone um den Hals. Wie hatte man die übers Geweih gekriegt? Das wollte sicher wieder niemand beantworten. Links neben dem Hirsch stand zu lesen: »Dinners and Teas« und rechts »Ales, Wines, Spirits«. Konnte es sein, daß Ann und Matthew über ihn, John Franklin, sprachen? Sie machten jedenfalls besorgte Gesichter. Äußerlich war er doch in Ordnung? Vielleicht sagten sie: »Er kommt nach der Mutter.« Hannah Franklin war die langsamste Mutter weit und breit.

Er sah wieder nach der Möwe. Jenseits des Marschlandes lagen die Sandküste und das Meer. Seine Brüder hatten es schon gesehen. Es gab dort eine Bucht, genannt The Wash. In ihrer Mitte hatte King John seine Kronjuwelen verloren. Womöglich wurde man König, wenn man sie wiederfand. Er konnte beim Tauchen lang die Luft anhalten. Wenn einer viel besaß, waren die anderen sofort respektvoll und geduldig.

Der Waisenjunge Tommy im Kinderbuch war einfach fortgegangen. Nach dem Schiffbruch war er zu den Hottentotten gekommen und am Leben geblieben, weil er eine tickende Uhr hatte. Die Schwarzen hielten sie für ein Zaubertier. Er hatte einen Löwen gezähmt, der für ihn auf die Jagd ging, Gold gefunden und ein Schiff nach England erwischt. Reich kam er zurück und half seiner Schwester Goody bei der Aussteuer, denn sie heiratete gerade.

Als reicher Mann würde John tagelang die Gesichter der Häuser studieren und in den Fluß blicken. Abends würde er vor dem Kamin liegen von der ersten Flamme bis zum letzten Knistern, und alle würden es für ganz selbstverständlich halten. John Franklin, der König von Spilsby. Die Kühe grasten, die Ziege half gegen Unglück, Vögel ließen sich nieder, Grabsteine sogen sich voll Sonne, Wolken tanzten, überall Friede. Hühner waren verboten.

»Tranfunzel«, hörte John sagen. Tom Barker stand vor ihm, beobachtete ihn durch halbgeschlossene Augen und zeigte die Zähne. »Laß ihn!« rief der kleine Sherard dem schnellen Tom zu, »der kann doch nicht wütend werden!« Aber das wollte Tom eben herausfinden. John hielt die Schnur wie zuvor und sah Tom ratlos ins Auge. Der redete nun mehrere Sätze, so rasch, daß kein Wort zu verstehen war. »Verstehe nicht«, sagte John. Tom deutete auf Johns Ohr, und weil er schon so nahe dran war, packte er es und zog am Ohrläppchen. »Was soll ich?« fragte John. Wieder viele Worte. Dann war Tom weg, John versuchte sich umzudrehen, obwohl ihn jemand festhielt. »Laß doch die Schnur los!« rief Sherard. »Ist der blöd!« schrien die anderen. Jetzt traf der schwere Ball gegen Johns Kniekehlen. Er fiel um wie eine zu steil gestellte Leiter, erst langsam und dann mit Wucht. Von der Hüfte und vom Ellenbogen her breitete sich Schmerz aus. Tom stand wieder da, nachsichtig lächelnd. Halblaut sagte er, ohne den Blick von John abzuwenden, etwas zu den anderen, wieder mit dem Wort »schläft«. John brachte sich wieder in die Höhe, die Schnur immer noch in der emporgestreckten Hand, daran wollte er nichts ändern. Vielleicht stellte sich die vorige Lage wie durch ein Wunder wieder her, und was dann, wenn er die Schnur hatte sinken lassen. Die Kinder kicherten und lachten, es klang wie Federvieh. »Hau ihm mal eine rein, dann wacht er auf!« »Der tut nichts, der glotzt nur.« Dazwischen stand immer irgendwo Tom Barker und sah unter den gesenkten Wimpern hervor. John mußte seine Augen weit aufreißen, um alles im Blick zu behalten, denn der andere wechselte ständig den Standort. Behaglich war das nicht, aber weglaufen wäre feige gewesen, auch konnte er gar nicht rennen, und außerdem hatte er nicht die geringste Angst. Schlagen konnte er Tom aber nicht. Blieb also nur übrig, ihm nachzugehen. Ein Mädchen rief: »Wann läßt der endlich die Schnur los?« Sherard versuchte Tom festzuhalten, aber er war zu klein und zu schwach. Während John das noch zu sehen meinte, zog ihn jemand von hinten an den Haaren. Wie war Tom dorthin gekommen, da fehlte schon wieder ein Stück Zeit. Er drehte sich um, stolperte, und auf einmal lagen sie alle beide am Boden, denn Tom war mit dem Bein in die Schnur verheddert, und die hielt John jetzt wieder fest. Tom wandte sich um und stieß John die Faust gegen den Mund, kam wieder frei und tauchte weg. John fühlte, daß in der oberen Zahnreihe einer wackelte. Das war der Friede nicht! Er tappte energisch hinter Tom her wie eine ferngelenkte Puppe. Nutzlos fuhrwerkte er mit den Armen, als wolle er den Feind nicht schlagen, sondern fortwedeln. Einmal hielt ihm Tom das Gesicht richtig hin mit höhnischer Miene, aber Johns Hand blieb in der Luft stehen wie gelähmt, wie das Denkmal einer Ohrfeige. »Der blutet ja!« »Geh doch nach Hause, John!« Den Kindern wurde es peinlich. Auch Sherard mischte sich wieder ein: »Der kann sich doch nicht richtig wehren!« John ging weiter hinter Tom her und angelte nach ihm, aber ohne Überzeugung. Sie waren vielleicht nicht alle gegen ihn, auch wenn sie lachten und gespannt zusahen, aber einen Moment lang konnte John nicht mehr einsehen, warum die Gesichter von Menschen so aussahen: fletschende Zähne, seltsam geweitete Nasenlöcher, auf- und zuklappende Augenlider, und einer wollte immer noch lauter sein als der andere. »John ist wie eine Hobelbank«, rief einer, vielleicht Sherard, »wenn er einen packt, dann hält er ihn fest!« Aber eine Hobelbank kriegt keinen, der sich dünn macht. Es wurde langweilig.

Tom ging einfach weg, hoheitsvoll und nicht zu rasch, von John gefolgt, soweit die Schnur reichte. Dann gingen die anderen. Sherard sagte noch tröstend: »Tom hat Angst gekriegt!«

Die Nase war verkrustet und schmerzte. Zwischen Daumen und Zeigefinger hielt er den Milchzahn, nach dem die Zunge in der Lücke noch vergebens tastete. Der Kittel war blutig. »Guten Tag, Mr. Walker!« Der alte Walker war längst vorüber, als John das herausbrachte.

Im Auge hatte er jetzt wieder eine interessante Schliere, wenn er sie ansehen wollte, wich sie aus. Guckte er aber weg, rückte sie nach. Dieses Hin- und Herrücken mußte die Art sein, wie das Auge sich überhaupt bewegte. Es sprang von Punkt zu Punkt, aber nach welcher Regel? John legte einen Finger auf das geschlossene Lid des rechten Auges und durchforschte mit dem linken die High Street von Spilsby. Er spürte, wie das Auge weiterzuckte, immer Neues erfassend, zuletzt den Vater am Fenster, und der sagte: »Da kommt ja der Schwachkopf!« Vielleicht hatte er recht: Johns Hemd war zerrissen, sein Knie aufgeschunden, der Kittel voll Blut, und er stand vor dem Marktkreuz, glotzte und befühlte sein Auge. Das mußte Vater kränken. »Deiner Mutter das anzutun!« hörte John, und dann kamen schon die Prügel. »Tut weh!« stellte John fest, denn der Vater mußte ja wissen, ob seine Anstrengungen Erfolg hatten. Der Vater meinte, er müsse seinen Jüngsten ordentlich verdreschen, damit er aufwache. Wer nicht kämpfen und sich nicht ernähren konnte, fiel der Gemeinde zur Last, das sah man an Sherards Eltern, und die waren nicht einmal langsam. Vielleicht Spinnarbeit, vielleicht mit krummem Rücken auf dem Feld. Vater hatte sicher recht.

Im Bett sortierte John die Schmerzen des Tages. Er liebte die Ruhe, aber man mußte eben auch das Eilige tun können. Wenn er nicht mitkam, lief alles gegen ihn. Er mußte also aufholen. John setzte sich im Bett auf, legte die Hände auf die Knie und wühlte mit der Zunge in der Zahnwunde, um besser nachdenken zu können. Er mußte jetzt Schnelligkeit studieren wie andere Menschen die Bibel oder die Spuren des Wildes. Eines Tages würde er schneller sein als alle, die ihm jetzt noch überlegen waren. Ich möchte richtig rasen können, dachte er, ich möchte sein wie die Sonne, die zieht nur scheinbar langsam über den Himmel! Ihre Strahlen sind schnell wie ein Blick des Auges, sie erreichen frühmorgens auf einen Schlag die fernsten Berge. »Schnell wie die Sonne!« sagte er laut und ließ sich in die Kissen zurückfallen.

Im Traum sah er Peregrin Bertie, den steinernen Lord von Willoughby. Der hielt Tom Barker fest gepackt, damit er John zuhören mußte. Tom kam nicht frei, seine Raschheit reichte nur für ein paar winzige Bewegungen. John sah ihm eine Weile zu und überlegte sich immer wieder von neuem, was er ihm sagen könnte.

Zweites Kapitel
Der Zehnjährige und die Küste

Woran lag es? Vielleicht war es eine Art Kälte. Menschen und Tiere wurden starr, wenn sie froren. Oder es war wie bei den Leuten aus Ing Ming, die Hunger hatten. Er bewegte sich stockend, also fehlte ihm irgendeine besondere Nahrung. Er mußte sie finden und essen. John saß, während er das dachte, oben im Baum neben der Straße nach Partney. Die Sonne beschien Spilsbys Kaminröhren, und die Uhr von St. James, eben nachgestellt, zeigte vier Stunden nach Mittag. Große Tiere, dachte John, bewegen sich langsamer als Mäuse oder Wespen. Vielleicht war er ein heimlicher Riese. Scheinbar war er klein wie die anderen, aber er tat gut daran, sich vorsichtig zu bewegen, um niemanden totzutreten.

Er stieg wieder hinunter und wieder hinauf. Es ging wirklich zu langsam: die Hand griff nach dem Ast und fand Halt. Jetzt hätte er aber schon längst den nächsten Ast im Blick haben müssen. Was tat das Auge? Es blieb bei der Hand. Es lag also am Schauen. Den Baum kannte er schon sehr gut, aber schneller ging es trotzdem nicht. Seine Augen ließen sich nicht hetzen.

Wieder saß er in der Astgabel. Viertel nach vier. Er hatte ja Zeit. Ihn suchte keiner, höchstens Sherard, und der fand ihn nicht. Heute morgen die Kutsche! Mit starrem Blick hatten ihn die Geschwister angesehen, als er hineinkletterte, denn sie waren ungeduldig, und sie waren nicht gern seine Geschwister. John wußte, daß er seltsam aussah, wenn er etwas in Eile tat. Schon wegen der weit aufgerissenen Augen. Für ihn konnte sich der Türgriff plötzlich in eine Radspeiche oder in den Schwanz eines Pferdes verwandeln. Die Zunge im Mundwinkel, die Stirn gespannt, der Atem keuchend, und die anderen sagten: »Er buchstabiert wieder!« So nannten sie seine Bewegungen, Vater selbst hatte den Ausdruck aufgebracht.

Er schaute zu langsam. Blind sähe es besser aus. Er hatte eine Idee! Er stieg wieder hinunter, legte sich auf den Rücken und lernte die ganze Ulme auswendig, jeden Ast, jeden Handgriff von unten her. Dann band er sich einen Strumpf ums Gesicht, tastete nach dem untersten Ast und bewegte seine Glieder aus dem Kopf, während er laut zählte. Die Methode war gut, aber etwas gefährlich. Er beherrschte seinen Baum doch noch nicht, es passierten Fehler. Er nahm sich vor, so schnell zu werden, daß der Mund mit dem Zählen nicht mitkam.

Fünf Stunden nach Mittag. Er saß keuchend und schwitzend in der Astgabel und schob den Strumpf in die Stirn hinauf. Keine Zeit verlieren, nur etwas verschnaufen! Der schnellste Mann der Welt würde er bald sein, sich aber noch listig verstellen, als habe sich nichts geändert. Zum Schein würde er immer noch träg hören, zäh sprechen, das Gehen buchstabieren und überall kümmerlich nachklappen. Aber dann käme eine öffentliche Vorführung: »Keiner ist schneller als John Franklin«. Auf dem Pferdemarkt in Horncastle würde er ein Zelt aufstellen lassen. Alle würden kommen, um richtig über ihn zu lachen, die Barkers aus Spilsby, die Tennysons aus Market Rasen, der sauergesichtige Apotheker Flinders aus Donington, die Cracrofts – eben alle von heute morgen! Er würde zunächst zeigen, daß er dem schnellsten Sprecher folgen konnte, auch bei völlig ungebräuchlichen Wendungen, und dann würde er so schnell antworten, daß keiner ein Wort verstand. Mit Spielkarten und Bällen würde er umgehen, daß allen die Augen flimmerten. John memorierte noch einmal die Äste und kletterte hinunter. Den letzten Halt verfehlte er und fiel. Er zog die Augenbinde hoch: immer das rechte Knie!

Heute mittag hatte Vater von einem Diktator in Frankreich gesprochen. Der sei gestürzt und habe den Kopf verloren. Wenn Vater viel Luther und Calvin getrunken hatte, verstand John gut, was er sagte. Auch sein Gang war dann anders, so als befürchte er ein plötzliches Nachgeben der Erde oder Änderungen der Witterung. Was ein Diktator war, mußte John noch herausfinden. Wenn er ein Wort verstanden hatte, wollte er auch wissen, was es hieß. Luther und Calvin, das waren Bier und Genever.

Er stand auf. Jetzt wollte er Ballspielen üben. Binnen einer Stunde wollte er den Ball gegen eine Wand werfen und wieder auffangen können. Aber eine Stunde später hatte er den Ball kein einziges Mal gefangen, sondern Prügel bezogen und ganz neue Entschlüsse gefaßt. Er hockte auf der Schwelle des Franklinhauses und dachte angestrengt nach.

Das Ballfangen hätte er fast geschafft, denn er hatte ein Hilfsmittel erfunden: den starren Blick. Er sah nicht etwa dem Ball nach, wie er hochstieg und niedersauste, sondern blieb mit dem Auge auf einer bestimmten Stelle der Mauer. Er wußte: den Ball fing er nicht, wenn er ihm folgte, sondern nur, wenn er ihm auflauerte. Einige Male wäre der Ball beinahe in die Falle gegangen, aber dann kam ein Unglück nach dem anderen. Zunächst hörte er das Wort »Zahnlükke« – so hieß er seit gestern. Tom und die anderen waren da und wollten nur mal zuschauen. Dann das Lächelspiel. Wenn man John anlächelte, mußte er zurücklächeln, er konnte es nicht unterdrücken. Auch wenn man ihn unterdessen an den Haaren zog oder gegen das Schienbein trat, er wurde das Lächeln so schnell nicht los. Daran hatte Tom seinen Spaß, und Sherard konnte nichts ändern. Dann stahlen sie den Ball.

In der überdachten Passage neben dem Franklinhaus war

Lärm verboten. Das Geschrei rief Mutter Hannah herbei, die um Vaters Laune besorgt war. Den Gegnern fiel auf, daß sie fast ebenso ging und redete wie John. Auch sie konnte nicht wütend werden, und das ließ Widersacher frech werden. Mutter verlangte den Ball, und man warf ihn ihr zu, aber so heftig, daß sie ihn nicht auffangen konnte. Die Jungen waren groß geworden, sie gehorchten einer Erwachsenen nicht, wenn sie langsam war. Jetzt kam Vater Franklin. Wen beschimpfte er? Mutter. Wen prügelte er? John. Dem verdutzten Sherard verbot er, sich hier noch einmal sehen zu lassen. So war das abgelaufen.

Der starre Blick eignete sich auch zum Nachdenken. Erst sah John nur das Marktkreuz, dann kam um diese Mitte herum immer mehr hinzu, Stufen, Häuser und Kutschen, er überblickte alles, ohne daß sein Auge hüpfte oder hetzte. Zugleich fügte sich in seinem Kopf eine große Erklärung allen Übels zusammen wie ein gemaltes Bild, mit Stufen und Häusern und dem Horizont dahinter.

Hier kannten sie ihn und wußten, wie sehr er sich anstrengen mußte. Er wollte lieber unter fremde Leute, die womöglich eher so waren wie er selbst. Es mußte sie geben, vielleicht sehr weit weg. Und dort würde er Schnelligkeit besser lernen können. Außerdem wollte er gern das Meer sehen. Hier konnte er nichts werden. John war entschlossen: heute nacht noch! Die Mutter konnte ihn nicht schützen und er sie auch nicht, er machte ihr eher noch Kummer. »Es ist nicht einfach mit mir«, flüsterte John, »ich werde mich ändern, und dann wird alles anders sein!« Er mußte weg, nach Osten zur Küste, wo der Wind herkam. Er fing schon an, sich zu freuen.

Irgendwann würde er zurückkommen wie Tommy im Buch, flink und beweglich und in reiche Kleider gehüllt. Er würde in die Kirche gehen und mitten im Gottesdienst laut »Stop« rufen. Alle, die ihn oder die Mutter gekränkt hatten, würden von selbst das Dorf verlassen, und Vater würde stürzen und den Kopf verlieren.

Gegen Morgen schlich er aus dem Haus. Er ging nicht über den Platz am Marktkreuz vorbei, sondern zwischen den Ställen durch direkt auf die Weiden. Sie würden ihn suchen, also mußte er an die Spuren denken. Er passierte Ing Ming. Sherard wollte er nicht wecken, der war arm und würde mitgehen wollen, und er war doch zu klein, um auf einem Schiff genommen zu werden. John erreichte die Ställe von Hundleby. Feuchtkühl war es noch und das Licht schwach. Er war gespannt auf die Fremde, und seine Pläne waren gut ausgedacht.

In einem dünnen Wassergraben watete er bis zum Bache Lymn. Sie würden denken, er sei in Richtung Horncastle gegangen und nicht zum Meer. In weitem Bogen wanderte er dann nördlich an Spilsby vorbei. Als die Sonne aufging, tappte er durch eine Furt des Steeping River, die Schuhe in der Hand. Jetzt war er schon weit östlich des Dorfs. Allenfalls den Schäfer konnte er noch treffen im Hügelland, aber der schlief bis in den Vormittag, getreu seiner Meinung, die Morgendämmerung müsse den Tieren des Waldes gehören. Der Schäfer hatte Zeit und dachte viel nach, meist mit geballten Fäusten. John mochte ihn, aber heute war es besser, ihm nicht zu begegnen. Vielleicht würde er sich einmischen. Ein Erwachsener hatte über das Weglaufen immer eine andere Meinung als ein Kind, auch wenn er nur ein Schäfer war, ein Langschläfer und Rebell.

Mühsam ging John durch Wälder und Wiesen, vermied jeden Weg, kroch durch Zäune und Hecken. Wenn er im dunklen Gehölz gegangen war und durchs Gebüsch aus dem Wald wieder ausstieg, griff die Sonne nach ihm, erst mit dem Licht und dann mit der Wärme, immer kräftiger. Dornen zerkratzten seine Beine. Er war froh wie noch nie, denn er war nun ganz auf sich selbst gestellt. Von fern hallten die Schüsse einer Jagdgesellschaft durch die Stämme. Er machte einen Bogen nach Norden durchs Weidegebiet, denn er wollte kein Wild sein.

John suchte einen Ort, an dem niemand ihn zu langsam fand. Der konnte aber noch weit sein.

Einen einzigen Schilling besaß er, ein Geschenk von Matthew, dem Seemann. Dafür bekam er im Notfall einen Braten mit Salat. Für einen Schilling konnte man auch einige Meilen mit der Postkutsche fahren, wenn man außen mitfuhr, also sich aufs Dach setzte. Aber da würde er sich nicht richtig festhalten können oder den Kopf nicht einziehen, wenn niedrige Torwege kamen. Am besten waren allemal das Meer und ein Schiff.

Als Steuermann war er vielleicht brauchbar, aber die anderen mußten ihm auch vertrauen. Vor Monaten hatten sie sich verirrt auf der Waldwanderung. Allein er, John, hatte die allmählichen Veränderungen beobachtet, den Sonnenstand, die Steigungen des Bodens – er wußte, wo es zurückging. Er ritzte eine Zeichnung in den Waldboden, aber sie wollten sich die gar nicht ansehen. Sie trafen eilige Entscheidungen, die sie ebensoschnell wieder umstießen. Allein konnte John nicht zurück, sie hätten ihn nicht gehen lassen. Sorgenvoll schlich er hinter den kleinen Königen des Schulhofs her, die ihr Ansehen der Schnelligkeit verdankten und jetzt nicht wußten, wie es weitergehen sollte. Wäre nicht der schottische Viehtreiber gewesen, sie hätten im Freien übernachtet.

Jetzt stand die Sonne im Zenit. In der Ferne bevölkerte eine Schafherde die Nordseite eines Hügels. Die Wassergräben wurden häufiger, die Wälder dünner. Er sah weit ins flache Land hinein und erkannte Windmühlen, Alleen und Herrensitze. Der Wind frischte auf, die Möwenschwärme wurden größer. Bedächtig überwand er Zaun um Zaun. Kühe kamen nickend und schaukelnd, um ihn zu besichtigen.

Er legte sich hinter eine Hecke. Die Sonne füllte seine Augen hinter den geschlossenen Lidern mit rotem Feuer. Sherard, dachte er, wird sich betrogen fühlen. Er schlug die Augen wieder auf, um nicht traurig zu werden.

Wenn man nur so dasäße und ins Land schaute wie ein

Stein, ganze Jahrhunderte lang, und aus Grasflächen würden Wälder, und aus Sümpfen Dörfer oder Äcker! Niemand würde ihm eine Frage stellen, man würde ihn als Menschen nur erkennen, wenn er sich bewegte.

Von der Erdbevölkerung konnte man hier hinter der Hecke nichts weiter hören als ferne Hühner und Hunde, und ab und zu einen Schuß. Vielleicht begegnete er im Wald einem Räuber. Dann wäre der Schilling dahin.

John stand auf und schritt weiter durch die Marschwiesen. Die Sonne sank schon zum Horizont, weit hinten über Spilsby. Die Füße schmerzten, die Zunge klebte. Er umging ein Dorf. Immer breitere Gräben waren zu durchwaten oder zu überspringen, und John sprang schlecht. Dafür hörten die Hecken auf. Er folgte einem Weg, obwohl er auf ein Dorf hinführte, dessen Kirche so aussah wie St. James. Die Vorstellung vom elterlichen Haus und vom Abendessen schob er leicht beiseite. Er dachte trotz des Hungers vergnügt, daß sie jetzt dort saßen und warteten, sie, die nicht warten konnten, und daß sie Bemerkungen für seine Ohren sammelten, die sie nicht loswerden würden.

Das Dorf hieß Ingoldmells. Die Sonne ging unter. Ein Mädchen verschwand mit einer Last auf dem Kopf ins Haus, ohne ihn zu sehen. Da erkannte John jenseits des Dorfs das, was er suchte.

Eine bleigraue, riesenhaft ausgedehnte Ebene lag da, schmutzig und neblig, wie ein ausladender Brotteig, etwas drohend wie ein ferner Stern von nah gesehen. John atmete tief. Er setzte seine Füße in einen stolpernden Trab und lief auf das ausladende Ding zu, so schnell er konnte. Jetzt hatte er den Ort gefunden, der zu ihm gehörte. Das Meer war ein Freund, das spürte er, auch wenn es im Augenblick nicht so gut aussah.

Es wurde dunkel. John suchte nach dem Wasser. Es gab nur Schlamm und Sand und dünne Rinnsale, er mußte warten. Hinter einer Bootshütte liegend, starrte er auf den schwärzlichen Horizont, bis er einschlief. Nachts wachte er mitten im Nebel auf, ausgekühlt und hungrig. Das Meer war jetzt da, er hörte es. Er ging hin und senkte sein Gesicht auf wenige Fingerbreit über die Linie, wo das Land ins Meer überging. Wo die war, ließ sich aber nicht genau ausmachen. Mal saß er im Meer, mal an Land, das gab zu denken. Woher kam nur der viele Sand? Wohin verschwand das Meer bei Ebbe? Er war glücklich und klapperte mit den Zähnen. Dann ging er wieder zur Hütte und versuchte zu schlafen.

Morgens tappte er am Ufer entlang und beobachtete die Gischtfetzen. Wie kam er auf ein Schiff? Zwischen schwarzen, faulig riechenden Netzen zimmerte ein Fischer am umgedrehten Boot. John mußte sich seine Frage gut überlegen und sie etwas üben, damit der Fischer nicht gleich die Geduld verlor. In der Ferne sah er ein Schiff. Die Segel schimmerten vielfältig in der Morgensonne, der Rumpf war schon jenseits der Wasserkante verschwunden. Der Mann sah Johns Blick, kniff die Augen zusammen und prüfte das Schiff. »Das ist eine Fregatte, ein Mann des Krieges.« Ein etwas erstaunlicher Satz! Dann zimmerte er wieder. John sah ihn an und stellte seine Frage: »Wie komme ich, bitte, auf ein Schiff?«

»In Hull«, sprach der Fischer und wies mit dem Hammer nach Norden, »oder Skegness im Süden, aber nur mit viel Glück.« Er betrachtete John mit einem schnellen Blick von oben bis unten und, wie der in der Luft stehenbleibende Hammer verriet, mit Interesse. Ein weiteres Wort kam nicht aus seinem Munde.

Der Wind zerrte und schob, John stampfte nach Süden. Glück hatte er bestimmt, also Skegness! Er wandte kaum den Blick von den unaufhörlich ins Land greifenden Wellen. Ab und zu setzte er sich auf eine der hölzernen Barrikaden, die in gestaffelter Formation das Meer an seiner Sandarbeit hindern sollten. Ständig sah er neue Rinnsale, Teiche und Löcher entstehen, die sich alsbald wieder in strahlend glatte Flächen zurückverwandelten. Triumphierend schrien die

Möwen: »Richtig so!« oder »Geh nur!« Am besten gar nicht erst betteln! Sofort auf ein Schiff, da gab es auch zu essen. Wenn die ihn erst einmal genommen hatten, dann fuhr er dreimal um die Welt, bevor sie ihn wieder nach Hause schicken konnten. Die Häuser von Skegness schimmerten schon hinter den Dünen. Er war schwach, aber zuversichtlich. Er setzte sich nieder und starrte eine Weile auf den feingerippten Sand, und seine Ohren hörten die Glocken der Stadt.

Die Wirtin in Skegness sah John Franklins Bewegungen, blickte ihm in die Augen und sagte: »Der kommt nicht mehr vom Fleck, der ist ja halb verhungert.« John fand sich an einem Tisch mit rauhem Tuch wieder, einen Teller vor sich mit einer Scheibe darauf, wie dickgeschnittenes Brot, aber aus Fleischstücken zusammengesetzt. Den Schilling durfte er steckenlassen. Es schmeckte kühl, sauer und salzig und war für den Schlund, was Glocken für die Ohren waren und feingerippter Sand für die Augen. Er aß voll tiefer Freude, die gierigen Fliegen störten nicht, er lächelte während der ganzen Mahlzeit. Auch die Zukunft sah reich und freundlich aus, dabei überschaubar wie auf einem Teller. Er war auf dem Weg in fremde Erdteile. Er würde die Schnelligkeit erforschen und lernen. Eine Frau hatte er gefunden, die ihm zu essen gab. Da konnte auch ein gutes Schiff nicht weit sein.

»Wie heißt das?« fragte er und deutete mit der Gabel auf den Teller. »Das ist eine gestandene Schüssel«, sagte die Wirtin, »Sülze vom Schweinskopf, die gibt Kraft.«

Er hatte jetzt Kraft, aber ein Schiff fand er nicht. Kein Glück sonst in Skegness. Sülze ja, Fregatte nein. Aber das konnte ihn nicht beirren. In der Nähe sollte der Gibraltar Point liegen, da kamen viele Schiffe vorbei auf dem Weg in die Bucht Wash. Dort wollte er sich umsehen. Vielleicht konnte er ein Floß bauen und hinausfahren bis zur Schifffahrtslinie, dann sahen sie ihn und mußten ihn mitnehmen. Er wanderte nach Süden aus dem Ort hinaus: Gibraltar Point!

Nach einer halben Stunde im gleißenden Sand drehte er

sich um. Die Stadt verschwamm schon wieder im Dunst. Davor aber bewegte sich ein Punkt, sehr klar zu erkennen. Da näherte sich jemand ganz rasch! John beobachtete die Bewegung mit Sorge. Immer länglicher wurde der Punkt in der Senkrechten, hüpfte auf und ab. Das war kein Mensch zu Fuß! John stolperte eilends hinter einen der Wellenbrecher aus Holzbalken, kroch flach am Boden bis zur Wasserlinie und versuchte sich in den Sand einzuwühlen. Er lag auf dem Rücken, scharrte mit Fersen und Ellenbogen und hoffte, das Meer würde ihn mit einigen langen, leckenden Schlägen so einsinken lassen, daß nur die Nase heraussah. Jetzt hörte er Hundegebell näher kommen. Er hielt die Luft an und blickte starr in die Wolken des Himmels, mit hölzernen Gliedern, als sei er selbst der Wellenbrecher. Als die Jagdhunde direkt in sein Ohr kläfften, gab er auf. Sie hatten ihn. Nun sah er auch die Pferde.

Vom Fluß Steeping her war Thomas angeritten, von Skegness der Vater mit den Hunden. Thomas zerrte ihn am Arm, John wußte nicht warum. Dann übernahm ihn Vater, es kamen die Prügel, gleich hier unter der Nachmittagssonne.

Sechsunddreißig Stunden nach dem Beginn seiner Flucht war John wieder auf dem Heimweg, vor seinem Vater sitzend auf dem immerzu wackelnden und stoßenden Pferd, und durch verschwollene Augen beobachtete er die fernen Berge, die wie im Hohn zusammen mit ihm zurückritten nach Spilsby, während Hecken, Bäche und Zäune, die ihn Stunden gekostet hatten, vorüberflimmerten auf Nimmerwiedersehen.

Jetzt hatte er keine Zuversicht mehr. Auf das Erwachsenwerden wollte er nicht mehr warten! Eingesperrt in die Kammer mit Wasser und Brot, damit er daraus etwas lerne, wollte er auch nichts mehr lernen. Bewegungslos starrte er immer auf den gleichen Fleck, ohne etwas zu sehen. Sein Atem ging, als sei die Luft wie Lehm. Seine Lider schlossen sich nur alle Stunden, er ließ alles laufen, was lief. Jetzt wollte er nicht mehr schnell werden. Im Gegenteil, er wollte sich zu Tode verlangsamen. Es war sicher nicht leicht, Kummers zu sterben ohne Hilfsmittel, aber er würde es schaffen. Allem Zeitablauf gegenüber würde er sich jetzt willentlich verspäten und bald so nachgehen, daß sie ihn ganz für tot hielten. Der Tag der anderen würde für ihn nur eine Stunde dauern, und ihre Stunde Minuten. Ihre Sonne jagte über den Himmel, platschte in die Südsee, schoß über China wieder herauf und rollte über Asien weg wie eine Kegelkugel. Die Leute in den Dörfern zwitscherten und zappelten eine halbe Stunde, das war ihr Tag. Dann verstummten sie und sanken um, und der Mond ruderte hastig über das Firmament, weil auf der anderen Seite schon wieder die Sonne herankeuchte. Immer langsamer würde er werden. Der Wechsel von Tag und Nacht schließlich nur noch ein Flimmern, und endlich, weil sie ihn ja für tot hielten, sein Begräbnis! John sog die Luft ein und hielt den Atem an.

Die Krankheit wurde ernster, mit heftigem Leibschneiden. Der Körper warf heraus, was er eben hatte. Der Geist wurde dämmrig. Die Uhr von St. James, er sah sie durchs Fenster, konnte John nichts mehr sagen, wie sollte er sich noch mit einer Uhr zusammenbringen? Um halb elf war es wieder zehn, jeder Abend war wieder der Abend zuvor. Wenn er jetzt starb, war es wieder wie vor der Geburt, er war nicht gewesen.

Fiebrig war er wie ein Ofen. Senfpflaster wurden aufgelegt, Tee von Königskerzen und Leinsamen eingeflößt, dazwischen schluckte er Gerstenschleim. Der Doktor befahl, die anderen Kinder gut fernzuhalten. Sie sollten Johannis- und Heidelbeeren essen, das helfe gegen die Ansteckung. Alle vier Stunden wanderte ein Löffel mit einem Pulver aus Columbowurzel, Kaskarillenrinde und getrocknetem Rhabarber über Johns Lippen.

Krankheit war keine schlechte Methode, um den Überblick wiederzugewinnen. Besucher kamen ans Bett: Vater, Großvater, dann Tante Eliza, schließlich Matthew, der Seemann. Mutter war fast ständig da, stumm und ungeschickt, aber nie hilflos und immer friedlich, als wüßte sie sicher, daß alles doch noch gut werden würde. Ihr waren alle überlegen, und sie brauchten sie doch. Vater siegte, und immer ganz unnütz. Er war immer oben, zumal beim Reden, und sogar wenn er Freundliches sagen wollte: »Nicht mehr lange, und du bist auf der Schule in Louth. Da wirst du einen Casum setzen lernen, das werden sie dir einbleuen und anderes mehr.« Geschützt durch Krankheit studierte John, was sonst noch alles kam. Großvater war schwerhörig. Jeden, der lispelte oder nuschelte, betrachtete er als Herausforderer. Ein Verräter war, wer es wagte, einen Nuschler zu verstehen: »Dadurch gewöhnt er sich's ja an!« Während dieses Vortrags durfte John die Taschenuhr sehen. Auf dem reichbemalten Zifferblatt trug sie einen Bibelspruch, der mit »Selig sind…« anfing, es war eine verzwickte Schrift. Als Junge, erzählte Großvater unterdessen, sei er von zu Hause fortgelaufen zur Küste. Auch er sei wieder eingefangen worden. Der Bericht endete so plötzlich, wie er angefangen hatte. Großvater befühlte Johns Stirn und ging.

Tante Eliza schilderte ihre Reise von Theddlethorpe-All-Saints, wo sie wohnte, bis nach Spilsby, eine Fahrt, auf der sie nichts gesehen hatte. Ihre Rede ging dennoch fort und fort wie eine ausrauschende Drachenschnur. An Tante Eliza konnte man lernen, daß bei allzu schnellen Reden der Inhalt oft so überflüssig war wie die Schnelligkeit. John schloß die Augen. Als die Tante das endlich merkte, ging sie übertrieben leise und etwas gekränkt hinaus. Anderntags kam Matthew. Er sprach vernünftig und machte Pausen. Er behauptete keineswegs, daß auf See alles sehr schnell gehen müsse. Er sagte nur: »Auf einem Schiff muß man klettern können und vieles auswendig lernen.« Matthew hatte besonders starke Unterzähne, er sah aus wie ein wohlwollender Bullenbeißer. Sein Blick war scharf und sicher, es war immer deutlich, wo er hinsah und was ihn wirklich interessierte. Matthew wollte von John eine Menge hören und wartete geduldig, bis die Antworten fertig waren und herauskamen. Auch John hatte viel zu fragen. Es wurde Abend.

Wenn einer vom Meer etwas verstand, dann hieß das Navigation. John sprach das Wort einige Male nach. Es bedeutete: Sterne, Instrumente und sorgfältige Überlegungen. Das gefiel ihm. Er sagte: »Segel möchte ich setzen lernen!«

Bevor Matthew ging, beugte er sich näher zu John heran. »Ich fahre jetzt zur Terra australis, ich werde zwei Jahre lang weg sein. Danach bekomme ich ein eigenes Schiff.«

»Terra australis, terra australis«, übte John.

»Lauf nicht wieder weg! Du kannst ein Seemann werden. Du bist allerdings etwas nachdenklich, also mußt du Offizier werden, sonst erlebst du die Hölle. Versuch die Schule zu überstehen, bis ich wieder da bin. Ich schicke dir noch Bücher über Navigation. Ich werde dich als Midshipman auf mein Schiff nehmen.«

»Bitte noch mal!« bat John. Als er alles genau verstanden hatte, wollte er gleich wieder schneller werden.

»Es geht schon viel besser«, verkündete der Arzt mit Stolz. »Gegen die Kaskarillenrinde kommt das böse Blut nicht an!«

Drittes Kapitel

Dr. Orme

Alle Knöpfe falsch geknöpft: noch einmal von vorne! War das Halstuch ordentlich gebunden, die Kniehose zureichend geschlossen? Vor dem Frühstück Überprüfung der äußeren Person durch den Unterlehrer. Durchgefallen: kein Frühstück. Für jeden falsch sitzenden Knopf: Nasenstüber. Waren die Haare nicht gekämmt: Kopfnuß. Den Kragen der Weste über den Rock legen, die Strümpfe glattziehen. Lauter Gefahren lauerten schon am Anfang des Tages. Schuhe mit

Schnallen, Ärmelaufschläge, Rockschöße und der Hut, diese Falle!

Das Anziehen war bestimmt eine gute Übung für später. Die Schule hatte Nachteile, aber John war fest davon überzeugt, daß man an jedem Ort der Welt irgend etwas für das Leben lernen konnte, also auch in der Schule. Selbst wenn dem nicht so war, kam Flucht nicht in Frage. Es mußte gewartet werden – wenn nicht aus Lust, dann aus Klugheit.

Von Matthew noch keine Nachricht. Aber warum auch? Zwei Jahre, hatte er gesagt, und die waren noch längst nicht um.

Lernen im Unterricht. Der Schulraum war dunkel, die Fenster hoch droben, draußen Herbststurm. Dr. Orme saß wie in einer Altarnische hinter seinem Pult, und auf diesem stand die Sanduhr. Alle Körner mußten durch die Engstelle, um unten denselben Haufen zu bilden wie vordem oben. Der entstandene Zeitverlust hieß Lateinstunde. Es wurde schon kühl, und der Kamin war beim Lehrer.

Die ältesten Schüler hießen Moderatoren, sie saßen oben an der Wand und überwachten alle anderen. In der Nähe der Tür saß Unterlehrer Stopford und notierte sich Schülernamen.

John starrte gerade auf die Windungen in Hopkinsons Ohr, da wurde eine Frage an ihn gerichtet. Aber er verstand ihren Sinn. Jetzt Vorsicht! Bei eiligen Antworten kam sein Stottern und Würgen, das störte die Zuhörer. Andererseits hatte Dr. Orme schon in der ersten Woche ein für alle Mal erklärt: »Wer das Richtige sagt, braucht dabei nicht gut auszusehen!« Daran konnte man sich halten.

Aufsagen, Konjugieren, Deklinieren, den richtigen Casum setzen. Wenn das geschafft war, hatte er wieder Zeit für die Windungen Hopkinsons oder für die Mauer, die er durchs Fenster sah, nasse Ziegel und flatternde Schlingpflanzen im Sturm.

Lernen in der freien Zeit am Abend. Bogenschießen im Hof erlaubt, Würfeln und Kartenspielen verboten. Schach erlaubt, Backgammon verboten. Wenn er durfte, ging John zu seinem Kletterbaum, wenn nicht, dann las er oder übte etwas. Manchmal probierte er Schnelligkeit mit dem Messer: die eine Hand lag gespreizt, mit der anderen stieß er die Klinge in die Dreiecke zwischen seinen Fingern. Das Messer war entwendet, der Tisch litt empfindlich, und ab und zu traf es einen der Finger. Es war ja nur die Linke.

Auch Briefe schrieb er, an Mutter oder an Matthew. Beim Schreiben wollte ihm nie einer zusehen, dabei schrieb er gern und in Schönschrift. Wie er den Gänsekiel eintauchte, abstreifte, die Buchstaben malte, das Blatt faltete, um es zu versiegeln – das zu sehen hielt keiner aus.

In der Schule ein anderer zu werden, das war schwer. Hier war es wie in Spilsby: sie kannten seine Schwäche, keiner glaubte an seine Übungen, alle waren nur davon überzeugt, daß er immer so bleiben würde, wie er war.

Mit anderen Schülern umgehen lernen. Auch auf einem Schiff würde er es mit einer Menge von Leuten zu tun haben, und wenn zu viele ihn nicht mochten, wurde es mühsam.

Die Schüler waren mit allem rasch fertig und merkten sofort, wenn einer nachklappte. Namen nannten sie stets nur einmal. Fragte er nach, dann buchstabierten sie. Beim schnellen Buchstabieren kam er schlechter mit als beim langsamen Sprechen. Die Ungeduld der anderen aushalten. Charles Tennyson, Robert Cracroft, Atkinson und Hopkinson, die wetzten an John ihre Schnäbel, wo es ging. Ihm schien es, als sähen sie ihn immer nur mit einem Auge an. Mit dem jeweils anderen verständigten sie sich untereinander. Sagte er etwas, dann legten sie den Kopf schief, das hieß: »Du langweilst, komm endlich zum Schluß!« Die schwierigste Aufgabe war nach wie vor Tom Barker. Gab man ihm, was er verlangte, dann tat er, als habe er ganz anderes verlangt. Wer zu ihm sprach, wurde sofort unterbrochen, wer ihn ansah, stieß auf eine Grimasse. Im Schlafsaal mußten John und Tom nebeneinanderliegen, weil sie beide aus Spilsby kamen. Sie teilten sich die Truhe zwischen ihren Betten. Jeder sah, was der andere hatte. Vielleicht eine gute Vorbereitung auf die Seefahrt, da ging es auch eng zu, und manche konnten sich nicht leiden.

Nichts konnte John elend machen, seine Hoffnung war die eines Riesen. Über Hindernisse, die er nicht besiegen konnte, sah er einfach hinweg. Meistens wußte er sich aber zu helfen. Er hatte an die hundert Redewendungen auswendig gelernt, sie lagen bereit und nützten sehr, denn ihre Geläufigkeit gab manchem Zuhörer den Mut, noch ein wenig zu warten, bis John zum Kern seiner Antwort kam. »Wenn du so willst«, »zuviel der Ehre« oder »das ergibt sich aus der Sache selbst«, »vielen Dank für die Bemühung« – das ließ sich schnell hersagen. Auch die Admirale konnte er schon flüssig. Es wurde viel von Siegen geredet, da wollte er Admiralsnamen sofort erkennen und ergänzen können.

Und Gespräche wollte er führen lernen. Er hörte ohnehin gern zu und freute sich, wenn die eingefangenen Bruchstücke einen Sinn ergaben. Mit Tricks war er vorsichtig. Einfach ja sagen und so tun, als habe er verstanden, das bewährte sich nicht. Allzuoft wurde von einem, der ja gesagt hatte, irgend etwas erwartet. Sagte er aber nein, dann fielen sie erst recht über ihn her: Warum nein? Begründung! Grundloses Nein war noch schneller entlarvt als grundloses Ja.

Überreden will ich niemanden, dachte er. Wenn die anderen nur mich nicht überreden. Sie sollen mich fragen und gespannt auf meine Antwort warten. Dahin muß ich es bringen, das ist alles.

Der Baum. Der Weg dorthin führte durch die Evangeliumsgasse und dann durch eine Straße, die Das gebrochene Genick hieß. Durch Klettern wurde er nicht schneller, das wußte er inzwischen. Aber damit war der Baum nicht unnütz. Von Ast zu Ast ließ sich zusammenhängend nachdenken, viel besser als zu ebener Erde. Wenn er fest schnaufen mußte, sah er eine Ordnung in den Dingen.

Von oben war die Stadt Louth zu überblicken: rote Ziegel, weiße Simse und zehnmal mehr Kaminröhren als in Spilsby. Die Häuser sahen allesamt der Schule ähnlich, nur schienen sie geschrumpft. Auch fehlte ihnen der zugemauerte Hof und die Rasenfläche. Die Schule hatte drei hohe, eckige Schornsteine, als sollte drinnen was geschmiedet werden. Gehämmert wurde genug.

Der »Tag der Korrektur«. Es gab zwei, den Stocktag und den Rutentag. Konnte eine Pflanze in Freiheit so wachsen, daß ein Rohrstock daraus wurde? Seltsam war auch, daß es so viele Bezeichnungen gab, wenn es ums Bestrafen ging. Der Kopf hieß Rübe oder Poetenkasten, der Hintern Register, die Ohren Löffel, die Hände Tatzen und die zu Bestrafenden Malefaktoren. John hatte mit gebräuchlichen Wörtern schon genug zu tun. Ihm schienen diese zusätzlichen Vokabeln verschwendet.

Die Strafe selbst ignorierte er. Den Mund geschlossen, den Blick auf die ferne Welt gerichtet, so überstand man alle Tage der Korrektur. Schmählich war, daß die Moderatoren den Delinquenten festhielten, als wolle er fortlaufen. John ignorierte sie ebenfalls. Strafen gab es auch außer der Reihe. Zu spät beim Gebet, zum Baum nicht abgemeldet, beim Würfeln erwischt: da kam es ad hoc! Im Siegel der Schule stand: »Qui parcit virgam, odit filium« — »Wer die Rute spart, haßt das Kind.« Dr. Orme bemerkte, es handle sich um minderes Latein. Parcere regiere den Dativ.

Dr. Orme trug seidene Kniehosen, wohnte in einem Haus am Gebrochenen Genick und machte dort, wie es hieß wissenschaftliche Experimente mit Uhren und Pflanzen — beides sammelte er mit Eifer. Einer seiner Vorfahren, so sagte man, habe zu den berühmten »acht Kapitänen von Portsmouth« gehört. Obwohl John nie erfuhr, was diese Kapitäne getan haben sollten, bekam der zarte Schulmeister für ihn etwas Navigatorisches, oft sah er ihn sogar als einen auf geheimnisvolle Weise Verbündeten an.

Dr. Orme brüllte und prügelte nie. Vielleicht interessierten ihn die Kinder weniger als seine Uhren. Er ließ die nötige Disziplin vom Unterlehrer herstellen und kam nur zu den Unterrichtsstunden herüber.

Mit Menschen wie Stopford wollte John besser umgehen lernen, sie waren nicht ungefährlich. In den ersten Schultagen hatte er einmal auf eine Frage Stopfords gesagt: »Sir, für die Antwort brauche ich etwas Zeit!« Der Unterlehrer war irritiert. Es gab Schülerverbrechen, die selbst ihm keine Freude machten. Mehr Zeit zu verlangen, das war keine Zucht mehr.

Thomas Webb und Bob Cracroft führten dicke Notizbücher, in die sie alle Tage in Schönschrift etwas eintrugen. Auf den Einbänden stand »Aussprüche und Gedanken« oder »Gebräuchliche lateinische Phrasen«. Das machte einen guten Eindruck, deshalb begann John ein umfängliches Heft mit der Überschrift: »Bemerkenswerte Phrasen und Konstruktionen zur Erinnerung« und trug Zitate von Vergil und Cicero ein. Wenn er nicht darin schrieb, lag das Heft unter seiner Wäsche in der Truhe.

Das Abendessen. Nach langem Gebet nur Brot, Dünnbier und Käse. Fleischbrühe bekamen sie zweimal die Woche, Gemüse nie. Wer in Obstgärten einfiel und plünderte, kriegte den Stock. In Rugby, erzählte Atkinson, hätten sie vor zwei Jahren ihren Rektor in den Keller gesperrt. Seitdem gebe es dreimal die Woche Fleisch im Stück und nur einmal Prügel. »Ist er denn noch unten?« fragte John.

In der Flotte hatten sie auch gemeutert, gegen Admirale!

Der Schlafsaal war groß und kalt. Überall standen die Namen von gewesenen Schülern, die es zu etwas gebracht hatten, weil sie hier tüchtig gelernt hatten. Die Fenster waren vergittert. Die Betten ragten frei in den Raum. Beiderseits zugänglich war jeder Schläfer, keiner konnte sich zu einer schützenden Wand kehren und sie anstarren oder auf sie hinweinen. Man tat, als ob man schliefe, bis man schlief. Die Lampe brannte immer. Stopford wanderte auf und ab und sah nach, wo die Schüler ihre Hände hätten. John Franklins Reisen unter der Decke fielen nicht auf, er entzog sie dem Auge durch Gemächlichkeit.

Oft lernte er auch beim Einschlafen, indem er wiederholte, was er gelernt hatte, oder er sprach mit Sagals.

Den Namen hatte er irgendwann geträumt. Inzwischen stellte er sich einen großen Mann vor, weißgekleidet und ruhig, der von jenseits der Saaldecke herunterblickte und zuhören konnte, auch bei schwierigen Gedanken. Mit Sagals ließ sich reden, der war nie plötzlich weg. Er sagte kaum etwas, nur ab und zu ein einziges Wort, das aber einen Sinn ergab, gerade wenn es ganz außerhalb von Johns Überlegung stand. Ratschläge gab Sagals nicht, aber an seinem Gesicht meinte John deutlich zu erkennen, was er dachte. Zumindest, ob es mehr ein Ja oder mehr ein Nein war. Er konnte auch freundlich-hintergründig lächeln. Das Beste war aber, daß er Zeit hatte. Sagals blieb immer so lange über dem Saal, bis John eingeschlafen war. Matthew würde auch bald kommen.

Auf Navigation verstand er sich jetzt. Mit Gowers »Abhandlung über Theorie und Praxis der Seefahrt« hatte er angefangen. Im Einbanddeckel war ein kleines Schiff festgeknüpft, es hatte verstellbare Rahen und ein bewegliches Ruderblatt. Hier übte John Wenden und Halsen. Das Buch selbst war das Meer, ein Fahrwasser zum Zuklappen. Moores »Praktischen Navigator« hatte er gelesen und sich an Euklid versucht. Rechnen fiel ihm leicht, wenn keiner drängte. Manchmal verwechselte er noch plus und minus, er wurde den Zweifel nie ganz los, ob der Unterschied so kleiner Zeichen wirklich von Belang sei. Die Abdrift von Schiffen, die Mißweisung des Kompasses, die Mittagshöhe, all das konnte er ausrechnen. Im Frühjahr sprach er mehr als hundertmal in die hellen Blätter des Baums hinein: »Sphärische Trigonometrie, sphärische Trigonometrie.« Er wollte den Namen seines Gebiets fehlerfrei vorbringen können.

Ein neuer Lehrer sollte kommen, ein junger Mann namens Burnaby. Vielleicht unterrichtete er Mathematik.

Navigation: wenn man in Louth dieses Wort gebrauchte, meinte man damit den Binnenkanal vom Lud zur Humbermündung. Soviel zu Louth! Dabei lag das Meer nur einen halben Tag weit entfernt. Nach einem neuen Gespräch mit Sagals widerstand John der Versuchung. Er wollte weiter auf Matthew warten.

Er wollte auch Tom Barker dazu bringen, in die Marine mitzukommen.

Ins Heft schrieb John jetzt nur noch englische Sätze zum eigenen Gebrauch, Erklärungen seines Eigensinns und Zeitsinns, die er notfalls geläufig wollte abgeben können.

Atkinson und Hopkinson waren mit ihren Eltern am Meer gewesen. Nein, auf Schiffe habe er nicht geachtet, sagte Hopkinson. Dafür erzählte er von Bademaschinen. Das waren Kabinen auf Rädern, die von einem Pferd ins Meer gezogen wurden, damit der Badende sich ungesehen zu Wasser lassen konnte. Und daß die Damen in Flanellsäcken badeten. Was Hopkinson eben so alles interessierte. Atkinson redete ausschließlich von einem Galgen, an dem der Mörder Keal aus Muckton gehängt worden sei, und dann gevierteilt, und dann den Vögeln zum Fraß vorgeworfen. »Das ergibt sich aus der Sache selbst«, antwortete John höflich, aber etwas enttäuscht. Atkinson und Hopkinson waren keine Zierde für eine seefahrende Nation.

Andrew Burnaby zeigte meist ein sanftes Lächeln. Er sagte gleich zu Anfang, er sei für alle da, besonders für die Schwächeren. So sah John sein Lächeln oft. Es wirkte immer ein wenig angespannt, denn wer für alle da war, der hatte wenig Zeit. Zu Körperstrafen neigte Burnaby nicht, aber er hatte den Ehrgeiz, die Zeit auszunutzen. Die Stunden der Sanduhr bedeuteten nichts mehr, es ging jetzt um Minuten und Sekunden. Für die Antworten auf seine Fragen setzte er heimlich oder ausdrücklich eine geziemende Zeitgrenze, und was nicht rechtzeitig kam, mußte nachgearbeitet werden. John überschritt diese Grenze jedesmal und antwortete oft außer der Reihe unerwartet auf die vorletzte Frage, denn nichts konnte ihn von einer Lösung abhalten, auch wenn sie schon ganz unziemlich geworden war. Das mußte besser werden. Ins Phrasenheft schrieb er: »Es gibt für alles zwei Zeitpunkte, den richtigen und den verpaßten«, und darunter: »Sagals, erstes Buch, drittes Kapitel«, damit es wie ein anerkanntes Zitat aussah. Er legte das Heft jetzt nicht mehr unter die Wäsche, sondern offen obenauf. Sollte Tom es ruhig lesen. Ob er es wohl tat?

Am Sonntag Jubilate regnete es. John ging mit Bob Cracroft auf den Jahrmarkt. Es troff von den Zelten, man patschte in die Pfützen. John war nicht glücklich, denn er dachte an Tom Barker und an sich selbst. Wenn es den idealen Menschen auch bei uns gibt und nicht bloß in Griechenland, dachte er, dann hat er lange, helle Glieder, lacht leise und kann so gemein sein wie Tom. Seit er Tom bewunderte, betrachtete er sich selbst mit Mißfallen. Wie er daherkam zum Beispiel: breitbeinig, rundäugig, mit schiefem Kopf wie ein Hund. Seine Bewegungen klebten in der Luft, und sprechen konnte er nur wie die Axt auf dem Hackklotz. Es gab nicht viel zu lachen, und wenn, dann lachte er zu lang. Die Stimme war heiser geworden, als krähe ein Hahn aus ihm. Das würde auf dem Meer keine Rolle spielen. Aber da war noch eine neue Erscheinung, die immer unerwartet auftrat, eine Schwellung, die nur sehr langsam verschwand. Ausgerechnet an so einer Stelle auffällig zu werden! John war besorgt. »Das ist normal«, hatte Bob bemerkt, »Offenbarung, Kapitel drei, Vers neunzehn: ›die ich liebe, die stelle ich bloß und strafe sie.‹« Es war wieder ein Beweis für die völlige Unverständlichkeit der Bibel. John sah ins Getümmel des Jahrmarkts mit dem glasstarren Blick, als gelte es einen Ball zu fangen. Am Zaun stand Spavens, der Einbeinige, der ein Buch mit Seemannserinnerungen geschrieben hatte. »Das Geld verreckt!« verkündete er. »Alles ist doppelt so teuer, und mein Verleger stellt sich taub!«

Nicht weit von ihm war der Stand mit der Wunderdrehscheibe. Wenn sie schnell genug um ihre eigene Achse wirbelte, wurden Harlekin und Colombine, die auf den entgegengesetzten Seiten aufgemalt waren, zum Paar vereinigt. Es hatte mit Schnelligkeit zu tun, aber John fühlte sich heute zu dumm dafür. Er ging wieder zu Spavens, weil der langsam genug redete. Ein Wort nach dem anderen brachte er an, wie man Bilder an einer Wand befestigt. »Der Friede, das ist Gott!« rief er mit tropfender Nase. »Aber was schickt er? Krieg und Teuerung!« Er reckte den Beinstumpf unter dem Mantel heraus, mit dem wohlgedrechselten, schuhwichspolierten Holzstampfer daran. »Die teuren Siege schickt er uns, um uns nur noch mehr zu prüfen!« Bei jedem Satz stieß er seinen Stampfer in den Rasen, einen kleinen Graben hatte er schon hineingestampft, und jedesmal spritzte den Umstehenden das Schlammwasser auf die Strümpfe. Bob Cracroft flüsterte: »Ich glaube, der ist nicht besonders objektiv.« Dann begann er von sich selbst zu sprechen.

Als Zuhörer war John inzwischen gern gesehen, gerade weil er fragte, wenn er etwas nicht verstanden hatte. Sogar Tom hatte gesagt: »Wenn du etwas verstanden hast, muß es richtig sein.« John hatte überlegt, wie das gemeint war, und geantwortet: »Ich verstehe jedenfalls nichts zu früh!«

Diesmal war John kein guter Zuhörer. Am anderen Ende des Marktes hatte er das mannshohe Modell einer Fregatte ausgemacht, sie hatte einen schwarz-gelben Rumpf, alle Kanonen, alle Rahen und Wanten. Sie gehörte zum Werbezelt der Kriegsmarine. John studierte jeden Faden und stellte zu jedem Einzelteil wenigstens drei Fragen. Der Offizier ließ sich nach einer Stunde ablösen und sank aufs Lager.

Abends schrieb John ins Heft: »Zwei Freunde, der eine schnell, der andere langsam, die kommen durch die ganze Welt. Sagals, zwölftes Buch.« Schrieb's und legte es Tom auf die Wäsche.

Sie saßen am Ufer des Lud bei der Mühle, ringsum war kein Mensch, nur ab und zu knarrte eine Kutsche über die Brük-ke. Tom hielt den Fuß ins Wasser, einen dieser wunderschö-nen Füße. Er sagte: »Sie haben sich über dich gestritten.« Johns Herzschläge klopften zu den Seiten seines Halses hoch. Ob Tom in den »Bemerkenswerten Phrasen« gelesen hatte?

»Burnaby sagte, du seist aus gutem Holz, du habest Ein-sicht in die Autorität, und deine weitere Erziehung würde lohnen. Dr. Orme hält dich dagegen für einen Auswendig-lerner, dem man mit den alten Sprachen keinen Gefallen tue. Er will mit deinem Vater sprechen, damit du in eine Lehre kommst.«

Tom hatte abends am offenen Fenster des *Wheatsheaf Inn* gelauscht. »Ich habe nicht alles verstanden. Über mich haben sie kein Wort geredet. Burnaby sagte – ich dachte, das interessiert dich?«

»Ja, sehr«, sagte John, »vielen Dank für die Bemühung.«

»Burnaby sprach über dein gutes Gedächtnis. Später meinte er noch, die Freiheit sei nur ein Zwischenstadium, ich weiß nicht, ob das noch über dich war. Er rief wütend: ›Die Schüler lieben mich.‹ Ich glaube, Dr. Orme war auch wütend, aber leiser. Er sagte etwas von ›gottähnlich‹ und ›Gleichheit‹ und daß Burnaby noch nicht reif sei. Oder die Zeit. Es war ziemlich leise.«

Über die Brücke fuhr eine Kutsche stadtauswärts. Jetzt brachte John seine Frage heraus:

»Hast du in meinem Buch gelesen?«

»In welchem Buch? In deinen Notizen? Was sollte ich damit?«

Darauf begann John von Matthew zu sprechen, und daß er entschlossen sei, Seefahrer zu werden. »Matthew ist in meine Tante verliebt, der nimmt mich mit, und dich auch!«

»Wozu? Ich werde Arzt oder Apotheker. Wenn du ertrinken willst, dann tu das alleine!« Und wie um das zu bestätigen, nahm Tom den wunderschönen Fuß aus dem Wasser des Lud, in dem nun bestimmt kein Mensch ertrinken konnte, und zog den Strumpf wieder an.

Burnaby lehrte neuerdings wirklich Mathematik, immer samstags. Daß John bereits vieles konnte, schien ihm keine rechte Freude zu machen, aber das Lächeln blieb. Wenn John in Burnabys Erklärungen einen Fehler entdeckt hatte, geschah es oft, daß der Lehrer von Erziehung zu reden begann, beschwörend und feurig oder etwas wehmütig, aber immer lächelnd. John wollte versuchen, Erziehung zu verstehen, denn er wollte gern Burnaby recht froh machen.

Dr. Orme saß samstags dabei und hörte zu. Mathematik konnte er vielleicht besser als Burnaby, aber ein Absatz in der Stiftungsurkunde der Schule verbot ihm, etwas anderes zu unterrichten als Religion, Geschichte und Sprachen.

Ab und zu schmunzelte er.

John Franklin saß im Kerker. Er hatte einen, der sich ungeduldig abwandte und den Rest seiner Antwort nicht mehr hören wollte, einfach gepackt und festgehalten, ohne genügend zu bedenken, daß es sich um Burnaby handelte. Ich kann nichts loslassen, hatte John daraus gefolgert, kein Bild, keinen Menschen und keinen Lehrer. Burnaby hingegen hatte gefolgert, daß John schwer bestraft werden müsse.

Der Kerker war die schwerste Strafe. Für John Franklin nicht, der konnte warten wie eine Spinne. Wenn er nur etwas zu lesen gehabt hätte! Inzwischen liebte er Bücher aller Art. Papier konnte warten und drängte nicht. Gulliver kannte er, Robinson und Spavens' Biographie, neuerdings auch Roderick Random. Eben wäre dem armen Jack Rattlin beinahe das gebrochene Bein abgesägt worden. Der unfähige Schiffsarzt Mackshane, wahrscheinlich ein heimlicher Katholik, hatte schon die Aderpresse angesetzt, da war ihm Roderick Random in den Arm gefallen. Mit giftigem Blick hatte der Pfuscher das Feld geräumt, sechs Wochen später war Jack Rattlin auf zwei gesunden Beinen wieder zum Dienst erschienen. Ein gutes Argument gegen alle voreiligen Maßnahmen. »Es gibt drei Zeitpunkte, einen richtigen, einen verpaßten und einen verfrühten.« Das wollte John ins Heft schreiben, wenn er hier wieder heraus war.

Im Kerker war es wenig behaglich, der Kellerstein hatte noch Winter. Auf dem Rücken liegend, sprach John durchs Gewölbe hindurch mit Sagals, dem Geist, der alle Bücher der Welt geschrieben hatte, dem Schöpfer aller Bibliotheken.

Burnaby hatte gerufen: »So lohnt ihr 's mir!« Warum »ihr«? Es war doch nur John gewesen, in dessen Griff er gezappelt hatte. Und Hopkinson, vor Hochachtung raunend: »Mann, bist du stark!«

In der Schule würde er nicht bleiben können. Wo konnte er auf Matthew warten? Der hätte längst auftauchen müssen. Besser fliehen, sobald er konnte! Auf einem Lastkahn sich verstecken unter der Plane im Getreide. Sollten sie denken, er sei im Lud ertrunken.

Im Hafen von Hull konnte er auf einem Kohlensegler anfangen wie der große James Cook.

Mit Tom war nichts los. Sherard Lound, der wäre mitgegangen! Aber der hackte jetzt Rüben auf dem Feld.

Während John mit Sagals Rat hielt, tat sich die Kellertür auf, und Dr. Orme kam herein, den Kopf tief zwischen den Schultern, als wolle er zeigen, daß ein Kerker für Lehrer eigentlich nicht gedacht sei.

»Ich komme, um mit dir zu beten«, sprach Dr. Orme. Er sah John sehr genau, aber nicht unfreundlich an. Seine Augendeckel klappten auf und zu, als sollten sie seinem angestrengten Gehirn Luft zufächeln. »Man hat mir deine Bücher und dein Schreibheft vorgelegt«, sagte er. »Wer ist eigentlich Sagals?«

Viertes Kapitel

Die Reise nach Lissabon

Jetzt war er auf einem Schiff, mitten im Meer! »Und ich bin nicht zu spät dran«, flüsterte John und lächelte den Horizont an. Mit der Faust hieb er begeistert auf die Reling, immer wieder, als wollte er dem Schiff einen Rhythmus vorgeben, in dem es dahinstampfen sollte bis nach Lissabon.

Die Kanalküste war schon außer Sicht, der Nebel nur noch ein Dunststreifen. Das Tauwerk stand oder lief kreuz und quer, es führte an irgendeiner Stelle immer nach oben und zog dem Schauenden den Kopf in den Nacken. Nicht das Schiff trug die Masten, sondern die Segel zogen und hoben das Schiff, es schien sich nur mit tausend Stricken an ihnen festzuhalten. Was hatte er nicht für Schiffe gesehen im Kanal, reich getakelt, mit Namen wie *Leviathan* oder *Agamemnon!* Seit den Grabsteinen von St. James hatte er keinen so würdigen Ort für Buchstaben getroffen wie den Bug oder das Heck eines Schiffes. Zuletzt war aus dem Nebel ein riesenhaftes Linienschiff aufgetaucht, beinahe wären sie gerammt worden trotz der Glocken und Nebelhörner.

Vor ihm lag das Meer, die gute Haut, die wahre Oberfläche des ganzen Sterns. Einen Globus hatte John in der Bibliothek in Louth gesehen: die Erdteile pelzig und schartig, sie verschränkten sich ineinander und machten sich recht flach, um möglichst viel von der Kugel zu bedecken. Im Hafen von Hull hatte er beobachtet, wie man Balkenpyramiden ins Wasser baute, um die Herrschaft des Landes über das Meer zu beweisen, Delphine nannte man sie, um noch mehr Verwirrung zu stiften. Der holländische Matrose sagte: »Das ist kein Delphin, das ist eine Duckdalbe!«, und da er weder grinste noch blinzelte, sondern nur ausspuckte wie üblich, mußte es richtig sein. John bat um Wiederholung und lernte das Wort. Er erfuhr auch, daß die Franzosen gern einen langen Arm machten und daß seit der Revolution die Hohlspiegel der Leuchttürme aus reinem Silber seien. John fühlte sich wohl. Vielleicht war das hier bereits die ganze Freiheit.

In Hull hatte er bei einer gestandenen Schüssel über Freiheit nachgedacht. Man besaß sie, wenn man den anderen nicht vorher sagen mußte, was man plante. Oder wenn man es verschwieg.

Halbe Freiheit: wenn man es eine gute Weile vorher ankündigen mußte. Sklaverei, wenn die anderen einem voraussagten, was man tun würde.

Alle Überlegungen führten immer wieder zu dem Ergebnis, daß es besser war, sich mit dem Vater zu verständigen und nicht einfach wegzubleiben. Midshipman wurde man nur über Beziehungen. Da Matthew nicht zurückgekommen war, blieb nur der Vater.

Bald überquerten sie den dritten Grad westlicher Länge. Die Stadt Louth lag auf Null, der Meridian zerteilte den Marktplatz. Ohne Dr. Orme, das wußte John, säße er noch dort und blickte nicht aufs Meer, sondern in die abwehrbereiten Ohrwindungen Hopkinsons, der gerade an Flanell dachte.

Dr. Orme hatte die Schulordnung geändert. Es gab jetzt zweimal die Woche Fleisch im Stück und einen neuen Unterlehrer, der die Moderatoren zur Mäßigung anhielt.

Dr. Orme! John war dankbar und wußte, er würde es immer sein. Der hatte nicht behauptet, für ihn da zu sein, er hatte nicht von Liebe geredet und nicht von Erziehung, sondern sich für Johns besonderen Fall interessiert, aus Neugier und ohne eine Spur von Mitleid. Er hatte Johns Augen und Ohren, das Auffassen und Behalten geprüft. Bei Dr. Orme fühlte sich John auf sicherem Grund, denn der interessierte sich nicht für Schüler, und wenn er es doch einmal tat, war es etwas wert. Er sagte nie, was er dachte. Fiel ihm etwas ein, dann lachte er nur. Er zeigte seine kleinen schiefen Zähne und holte Luft, als tauche er gerade aus dem tiefsten Wasser auf.

Der Wind briste auf, John begann zu frieren. Er ging hinunter und legte sich in die Koje.

Der Vater hatte nach einem langen Gespräch mit Dr. Orme genickt und halblaut etwas gesagt, was so anfing: »Der erste Sturm wird ihn...« John wußte, was sie dachten. Dr. Orme glaubte, er würde den Wellengang nicht aushalten und dann doch noch Geistlicher werden wollen – so nämlich lautete seine Empfehlung. Der Vater hoffte, er würde über Bord gewaschen werden. Die Mutter wollte, daß ihm alles gelang, durfte es aber nicht sagen.

Johns Blick begann durch den schwarzen Balken über der Koje hindurchzusehen, und bald war er selbst der verschollene Matthew, der mit einem Löwen die Terra australis durchstreifte. Später war er wieder John Franklin und erklärte den Bewohnern von Spilsby, wie sie ihre Äcker aufrecht stellen sollten, damit das Land wegsegeln könne. Der Wind trieb es aber sehr arg, knarrend öffneten sich Risse längs der Wege, alles brach auf und schüttelte hart durcheinander. John richtete sich in großer Besorgnis auf und traf mit dem Kopf den schwarzen Balken. Schweiß bedeckte seine Stirn. Neben dem Lager stand ein hölzerner Bootsmannseimer mit Eisenreifen, gebaut wie ein kleines Faß, aber unten doppelt so breit wie oben. John war auf dem Schiff, mitten in der Bucht von Biskaya, und im Sturm.

Seekrankheit kam nicht in Frage. Er wollte jetzt einige Rechenaufgaben lösen.

»Welche wahre Zeit hat man in Greenwich«, flüsterte er, »wenn...« Er stellte sich für einen Moment die stabilen Kais und die unerschütterlichen Gebäude von Greenwich vor und die feststehenden, bequemen Bänke, von denen aus man den Schiffsverkehr beobachten konnte. Er schob den Gedanken schnell aus dem Gehirn. »...wenn unter 34 Grad 40 Minuten östlicher Länge...« Er lehnte sich über die Kante und hielt mit der einen Hand sich, mit der anderen den Eimer fest. »...die wahre Zeit post meridiem 8.24 Uhr ist?« Ächzend versuchte er im Kopf die Winkel auszurechnen. Jetzt kam hoch, was in ihm war. Sphärische Trigonometrie half also auch nicht. Das Gehirn konnte den Bauch, diesen trübseligen Reisenden, nicht überlisten. Etwas später lag John kerzengerade, mit Kopf und Füßen eingespreizt, und wollte herausfinden, was ihn krank machte.

Es gab um die gedachte Querachse des Schiffs eine Schaukelbewegung, alle halbe Minuten lang aufwärts oder abwärts und sehr unregelmäßig im Rhythmus. Mit ihr hatte die Schwäche des Magens am meisten zu tun, aber auch die Lähmung des Kopfes, der nach und nach so dumm wurde wie der Eimer unter ihm. Was zu Lande problemlos zusammengehörte, unterschied sich hier durch den Grad der Trägheit, mit der es auf die Schiffsbewegungen reagierte: der Kopf eher als der Körper, der Bauch eher als der Magen und dieser schneller als sein Inhalt. Dann gab es Schwankungen um die Längsachse des Schiffes, ein Krängen und Rollen, das sich in immer neuen Kombinationen mit dem Auf und Ab verband. Johns Gehirn fuhr hin und her wie ein Stück Butter in der heißen Pfanne und schien sich ganz aufzulösen. Mit letzter Kraft versuchte er irgendeine Regelmäßigkeit zu erkennen, an die sich Kopf, Magen, Herz, Lunge und alles andere hätten halten können wie an einen gemeinsamen Nenner. »Was nützt es, wenn ich den Standort eines Schiffs bestimmen kann, aber seine Bewegungen nicht aushalte?« Er seufzte und rechnete weiter, den Eimer vor Augen. »Antwort: 6 Uhr 5 Minuten 20 Sekunden!« flüsterte er. Nichts konnte ihn davon abhalten, eine Rechnung zu ihrem Ende zu bringen.

Es schien ihm, als tauche das Vorschiff zu tief ein, vielleicht war der Bug leckgesprungen. Der Wasserdruck erhöhte sich, je tiefer das Leck saß, er drückte mit der Quadratwurzel der Höhe ins Schiff. Sank also ein Schiff, dann sank es von Sekunde zu Sekunde immer gründlicher. Er ging besser nach oben.

Durch die Tür kam er nach sorgfältigem Zielen. An Deck begann ein Kampf zwischen seinen zwei armseligen Händen und einem rauhen Element, das ihn ohne Umschweife hierhin stellte, dorthin umlegte und zwischen Holz und Tauwerk einklemmte nach Belieben. Er fand sich jedesmal in einer neuen Lage wieder, und die schwere See verpaßte ihm dazu ein Riesenmaul voll Wasser nach dem anderen. Ab und zu sah er Menschen, die sich an Seile oder Hölzer schmiegten, um in einem präzis gewählten Augenblick neuen Halt zu suchen. Nur so kamen sie vorwärts. Es war, als wollten sie dem Sturm vortäuschen, sie seien ein fester Teil des Schiffs. Sie getrauten sich nur hinter seinem Rücken, menschliche Bewegungen zu machen. Vom Großmast her hörte John einen schwachen Knall und wütendes Schlagen und Knattern. Schreie, durch den Sturm gedämpft, erreichten sein Trommelfell. Das Großmarssegel war noch gesetzt gewesen, damit war es nun vorbei. Die See schien weiß wie kochende Milch, und es rollten Wogen heran, auf denen ganze Dörfer Platz hatten.

Plötzlich packten ihn zwei Fäuste, die nicht dem Sturm gehörten. Sie verfrachteten ihn mit einer Geschwindigkeit unter Deck, die dem freien Fall gleichkam. Ein Fluch war der einzige Kommentar. Im Logis war der Bootsmannseimer trotz seiner Bodenbreite umgeschlagen. John wurde wieder just so übel, wie es roch »Trotzdem«, sagte er, während er samt dem Eimer umfiel, »für mich ist es das Richtige.« Er sog die Lunge voll Luft, damit eine etwaige Beklommenheit gar nicht erst Platz hatte. Er war der geborene Seemann, das wußte er gewiß.

»Das ist der beste Wind, den man haben kann«, sagte der Holländer. »Der portugiesische Norder, immer schön von achtern, wir fahren mehr als sechs Knoten.« Bei jedem anderen hätte John das neue Wort nicht verstanden, aber der Holländer wußte, daß sein Zuhörer alles begriff, wenn er Pausen bekam. Außerdem hatten sie nun beide viel Zeit, denn der Matrose hatte sich im Sturm den Knöchel verstaucht.

Das Wetter blieb sonnig. Auf der Höhe von Kap Finisterre sahen sie einen großen Schiffsmast treiben, von Krebsen bedeckt und schon drei Jahre unterwegs, wenn der Kapitän recht hatte.

Nachts näherten sie sich einem Leuchtfeuer. »Das ist Burlings«, hörte John. Eine Insel mit Kastell und Leuchtturm. Da nahm er etwas wahr, was ihn an Dr. Ormes Theorien erinnerte:

Der Lichtstrahl kreiste um die Spitze des Turms – wie bei jedem einarmigen Drehfeuer. John sah den Strahl wandern, aber das Licht blieb rechts immer weiter sichtbar, auch wenn es schon wieder links hinüberschwenkte, und es war links noch da, wenn es rechts wieder auftauchte. Vergangenheit und Gegenwart – was hatte Dr. Orme darüber gesagt? Am gegenwärtigsten war das Licht, wenn es beim Aufblitzen direkt in Johns Pupille traf. Was er sonst noch sah, mußte schon vorher geleuchtet haben, es leuchtete jetzt nur noch in seinem eigenen Auge, ein vergangenes Licht.

Eben kam der Holländer. »Burlings, Burlings!« murrte er. »Die Insel heißt Berlengas!« John starrte noch immer auf den Leuchtturm. »Ich sehe einen Schweif statt eines Punktes«, erklärte er, »und Gegenwart habe ich nur, wenn es blitzt.« Plötzlich kam ihm ein trauriger Verdacht: Vielleicht ging sein Auge eine ganze Runde nach? Das Aufblitzen stammte dann nicht von der gegenwärtigen, sondern von der letzten Umdrehung!

Johns Erklärung dauerte ihre Zeit, es wurde selbst dem Holländer zu lang. »Ich seh' das anders«, warf er ein. »Ein Seemann muß seinen Augen trauen können wie seinen Armen oder...« Er verstummte. Dann nahm er seine Krücken

47

und verholte sein geschwollenes Bein vorsichtig unter Deck. John blieb oben. Berlengas! Die erste fremde Küste außerhalb Englands. Es ging ihm wieder gut. Er legte die geballte Faust aufs Schandeck, feierlich. Jetzt wurde alles anders, heute schon ein wenig und morgen ganz.

Gwendolyn Traill war dünn, blaßarmig, weißhalsig und von bauschigen Stoffen so eingehüllt, daß John sonst nichts Genaues ausmachen konnte. Sie trug weiße Strümpfe, ihre Augen waren blau, das Haar rötlich. Sie redete hastig. John merkte, daß sie das selbst nicht mochte, aber für nötig hielt. Das war so ähnlich wie bei Tom Barker. Sie hatte Sommersprossen. John betrachtete das Nackenhaar über dem Spitzenkragen. Es wurde Zeit, einer Frau beizuwohnen, um Bescheid zu wissen. Später, als Midshipman, würde er wegen so mancher Verspätung ausgelacht werden, aber in dieser Sache wollte er einen Vorsprung haben. Eben hatte Vater Traill etwas gesagt, hoffentlich keine Frage. Es ging um ein Grab. »Was für ein Grab?« fragte John. Er wollte bei den Mahlzeiten aufpassen und einen guten Eindruck machen, denn Mr. Traill würde dem Vater alles schreiben.

Gwendolyn lachte, und Vater Traill warf ihr einen Blick zu. Das Grab von Henry Fielding. John antwortete, den kenne er nicht, er wisse überhaupt noch nicht viel von Portugal.

Unbehaglich war hier das Schnarren und Zischen aus den Mündern. Die Leute in Lissabon sprachen, als fürchteten sie, sich an jedem Wort, das sie nicht sofort aussprachen, die Lippen zu verbrennen, und sie bliesen viel Luft über und unter ihm heraus. Dazu fächelten und fuchtelten sie mit den Händen. Als John sich verirrt hatte und zum Aquädukt am Alcántara geraten war, hatte er nach dem Weg gefragt. Statt ruhig in eine Richtung zu weisen, die er dann bis zum Traillschen Hause ohne weiteres eingehalten hätte, fuchtelten sie. Er fand sich auf dem Vorplatz des Klosters zum Herzen Jesu wieder. Katholisch waren sie hier natürlich, das war noch hinzunehmen. Nicht aber, daß sie sich lustig machten über den Gegensatz zwischen dem mächtigen England und dem ratlosen John. Nach dem Essen zogen sich die Eltern Traill zurück. John war mit Gwendolyn allein. Sie sprach über Fielding. Sie blähte ihre sommersprossigen Nüstern, ihr Hals rötete sich: daß er Fielding nicht kannte! Den großen englischen Dichter! Sie blies sich richtig auf, als würde sie gleich aufsteigen wie eine Montgolfiere, wenn niemand sie festhielt. John sagte: »Ich kenne große englische Seefahrer.« Von James Cook hatte Gwendolyn noch nichts gehört. Sie lachte, ihre Zähne waren dauernd zu sehen, und ihr Kleid raschelte, weil sie sich so viel bewegte. John hörte, daß Fielding die Gicht gehabt habe. Wie bringe ich sie bloß zum Schweigen, überlegte er, und wie stelle ich es an, daß ich ihr beiwohne! Er begann eine Frage vorzubereiten, wurde aber abgelenkt, weil Gwendolyn nie eine Pause machte. Er hätte ihr gern lange zugehört, wenn sie jetzt ein einziges Mal geschwiegen hätte. Sie sprach von einem Tom Jones. Wahrscheinlich ein weiteres Grab. »Gehen wir doch hin!« sagte er und packte sie an beiden Armen. Das war aber falsch gedacht. Wenn er sie schon festhielt, dann hätte er folgerichtig nicht vom Gehen reden, sondern sie küssen sollen. Er wußte aber nicht, wie das ging. Das mußte alles besser geplant werden. Er ließ sie los. Gwendolyn verschwand mit einigen schnellen Worten, die vielleicht nicht zum Verstehen gesagt waren. John wußte nur eins: er hatte zu lange überlegt. Das war die störende Wirkung des Echos, von dem Dr. Orme gesprochen hatte: er hing den gehörten oder den eigenen Worten zu lang nach. Wer aber über seine Formulierungen immer noch einmal nachsann, konnte kein Weib überzeugen.

Am Nachmittag ging er mit der Familie Traill durch dunkle, vom Klang der Glocken erfüllte Gassen spazieren. Sie kamen auf einen der bebauten Hügel und sahen die Häuser frei im Licht, weiß wie die Zifferblätter neuer Uhren, ganz roh gebaut und ohne Ornamente, und rundum war das Land nicht grün, sondern fahlrot. Mr. Traill erzählte vom großen Erdbeben vor vielen Jahren. Gwendolyn ging voraus und bewegte sich zierlich. Sie setzte in Johns Körper allerhand Dinge in Gang, ohne ihn auch nur anzusehen.

Aber die Zeit war verstrichen, die Gelegenheit vorbei. »Denken ist gut«, hatte der Vater gesagt, »aber nicht so lange, bis das Angebot einem anderen gemacht wird.« Wer eine Runde nachging, hatte eine zu schmale Gegenwart, dünn wie die Grenze zwischen Land und Meer. Vielleicht sollte er versuchen, richtige Zeitpunkte einzufangen wie einen Ball: wenn er rechtzeitig den starren Blick anwandte, dann war er, tauchte die Gelegenheit auf, schon beim Zufassen, und sie entging ihm nicht. Übungssache!

»Bald feiert Lissabon das Markusfest«, erzählte Mr. Traill. »Sie bringen dann einen Stier zum heiligen Altar und legen ihm eine Bibel zwischen die Hörner. Wird er wild, dann steht der Stadt eine schwere Zeit bevor, hält er still, ist alles gut, dann wird er geschlachtet.«

Ganz unerreichbar war Gwendolyn nicht. Manchmal sah sie ihn an. John spürte bei aller Ungeduld, die sie sich auferlegte, auch eine Art Geduld, vielleicht eine allein weibliche, an die er nicht herankam. Wäre er ein unzweifelhafter Seefahrer und mutiger Mann gewesen, dann hätte Gwendolyn ihm sicher viel Zeit eingeräumt. Wie zur Bekräftigung dieses Gedankens feuerte ein klobiger Dreidecker auf der Foz do Tejo einen langanhaltenden Salut, den die Küstenbatterie erwiderte. Gwendolyn und das Meer: noch ging nicht beides zugleich, denn zwischen zwei Stühlen fiel man aufs Gesäß. Also wurde er erst Offizier, verteidigte England und wohnte dann einer Frau bei! War Bonaparte erst besiegt, dann war immer noch Zeit. Gwendolyn würde warten und ihm alles zeigen. Vorher hatte es wenig Zweck, sich auffällig zu benehmen. Außerdem fuhr das Schiff schon in zwei Tagen.

»Also gut«, sagte Gwendolyn nach dem Essen unerwartet, »gehen wir zum Dichtergrab!« Sie war so zäh und bedächtig wie John in der Mathematik.

Über Fieldings Grab wuchsen Brennesseln wie auf den Gräbern aller Leute, die im Leben etwas getaugt hatten. Daß das so war, wußte John vom Schäfer in Spilsby.

Er blickte Gwendolyn entschlossen an, um zu beweisen, daß er das in aller Freiheit tun konnte, ohne zu stammeln oder rote Ohren zu bekommen. Plötzlich sah er seine Arme um ihren Nacken gelegt und fühlte seine Nase von einer Haarlocke gekitzelt. Da fehlte wieder deutlich ein ganzes Stück des Vorgangs. Gwendolyn machte ängstliche Augen und streckte ihre Hände zwischen seine und ihre Brust. Die Sache war etwas unübersichtlich. Wie dem auch war, er meinte, mitten in einer Gelegenheit zu stecken, und beschloß, seine so tüchtig eingeübte Frage zu stellen: »Bist du damit einverstanden, daß ich dir beiwohne?«

»Nein!« sprach Gwendolyn und entschlüpfte seinen Armen.

Da hatte er sich also geirrt. John war erleichtert. Er hatte seine Frage gestellt. Die Antwort war negativ, das war in Ordnung. Er nahm sie als Hinweis darauf, daß er sich nun wirklich für das Meer zu entscheiden hatte. Jetzt wollte er Seefahrt und Krieg.

Auf dem Rückweg sah Gwendolyn mit einem Male ganz fremd aus, ihr Gesicht so flächig, die Stirne breit, die Nasenlöcher so deutlich. Wieder überlegte John, warum das menschliche Gesicht überhaupt so aussah und nicht ganz anders.

Vom Schäfer in Spilsby hatte er auch gehört, daß die Frauen etwas ganz anderes in der Welt wollten als die Männer.

Von der Kaimauer aus leuchtete Lissabon wie ein neues Jerusalem. Dieser Hafen, das war wirklich die Welt! Dagegen war Hull am Humber nur eine notdürftige Landestelle für verirrte Schaluppen. Schiffe gab es hier, dreistöckig und mit goldenen Namen an den Kastellen. Durch solche kunstvollen Schrägfenster wollte John einst als Kapitän auf den Horizont blicken.

Das eigene Schiff war klein. Aber es schwamm für sich allein wie jedes andere, und es hatte einen Kapitän wie das größte auch. Die Matrosen kamen erst spät an Bord, von Einheimischen herangerudert. Einige hatten einen solchen Rausch, daß sie per Flaschenzug über die Reling gehievt werden mußten. Der Vater hatte hie und da ein Glas zuviel getrunken, Stopford einige mehr, aber was diese Seeleute sich antaten, mußte noch anders heißen. Sie fielen in die Kojen und tauchten erst wieder auf, als man die Anker lichtete. Zuvor zeigte einer, nicht so betrunken wie die anderen, John seinen Rücken: kreuz und quer war die braune Haut von weißen Striemennarben durchfurcht, wie Krater und Klippen sah das aus, so viele Hautfetzen waren losgerissen und verkehrt wieder angewachsen. Die Rückenbehaarung, ursprünglich gleichmäßig dicht, hatte sich der Landschaft angepaßt und bildete Gehölze und Lichtungen.

Der Inhaber des Schauspiels sagte: »Das ist die Kriegsmarine. Für jeden Dreck die Peitsche!« Ob man an einer solchen Strafe auch sterben konnte? »Und ob!« sagte der Matrose.

John wußte jetzt: es gab noch Schlimmeres als Stürme. Ferner gab es den Alkohol, auch da würde er mithalten müssen, das gehörte alles zur Tapferkeit. Da wurde ihm schon ein Glas hingereicht: »Versuch mal! Das nennen wir Wind.« Eine dünnflüssige, klebrige Soße, rot und giftig – John brachte mit angestrengter Gelassenheit zwei Schlucke hinunter und horchte in sich hinein. Er stellte fest, daß ihm vorher wohl etwas beklommen zumute gewesen war. Er trank aus. Jetzt sah er die Sache anders.

Was er da an Geschichten über die Kriegsmarine hörte, galt gewiß nicht für Tapfere.

Sie fuhren gut zweihundert Seemeilen nach Westen in den

Atlantik hinaus, um nicht gegen den portugiesischen Norder ankreuzen zu müssen. Außerdem war es gut, den längs der Küste lauernden englischen Kriegsschiffen auszuweichen, die ständig darauf erpicht waren, aus angeblich überbesetzten Handelsschiffen ihre Mannschaft aufzufüllen. Einigen an Bord war es schon so ergangen, sie waren gefangen worden wie wilde Tiere, hatten Gefechte mitmachen müssen und waren bei der ersten Gelegenheit wieder davongelaufen. Sie haben eben Angst gehabt, dachte John.

Zehn Tage noch, und sie waren wieder im englischen Kanal. John durfte jetzt oft mit dem Kapitän essen, und der schenkte ihm obendrein Weintrauben und Orangen. Von ihm erfuhr er auch, daß jedes Schiff eine Höchstgeschwindigkeit hatte, über die es auch beim besten Wind nicht hinauskam, und wenn tausend Segel gesetzt waren.

Die Arbeit auf dem Schiff beobachtete John sehr genau. Er ließ sich auch beibringen, wie man Knoten machte. Er stellte einen Unterschied fest: beim Üben schien es mehr darauf anzukommen, wie schnell man einen Knoten fertig hatte, bei der wirklichen Arbeit aber darauf, wie gut er hielt. John paßte genau auf, bei welchen Segelmanövern Schnelligkeit wirklich nötig war. Beim Wenden war es klar: das Schiff verlor um so mehr Fahrt, je länger seine Segel gegen den Wind standen, also mußte man sich bei der Arbeit an den Brassen beeilen. Es gab noch mehr solcher Situationen. John beschloß, sie im Lauf der Zeit auswendig zu lernen wie einen Baum von unten.

Jetzt kam es nur auf den Vater an. Der mußte an Kapitän Lawford schreiben und dafür sorgen, daß es für seinen Sohn einen Platz als Volontär gab. Daß er das tun würde, war nicht sehr wahrscheinlich. Es gab aber noch eine zweite Möglichkeit: daß Matthew wieder auftauchte und John mitnahm.

John war wieder zu Hause. Matthew blieb weiterhin verschollen. Man sprach ungern darüber, und wenn, dann nur, um John die Marine auszureden. Kurz bevor die Ferien zu Ende gingen, versammelten sich die Franklins um den großen Eßtisch. Bei manchen Entscheidungen ließ der Vater die Familie mitsprechen. Er selbst sagte das Wichtige, und die anderen redeten gerade so viel, daß es nicht so aussah, als sagten sie nichts.

»Zur See? Einmal und nie wieder!« sprach Großvater mit fester Stimme. Er mußte freilich daran erinnert werden, daß er nie zur See gefahren war.

Aber John brauchte keinerlei Unterstützung, denn etwas Unerwartetes war geschehen: der Vater hatte seine Meinung geändert. Er war plötzlich – als einziger – von der Seemannslaufbahn ganz begeistert und stellte sich auf Johns Seite. Es schien auch, als müsse er die Mutter gar nicht mehr überreden. Sie blickte so ermutigend und heiter, vielleicht war Vaters Sinneswandel sogar ihr Werk. Zu sprechen brauchte sie ohnehin nie, auch nicht im Familienrat. John war einige Zeit zu verwirrt, um sich schon freuen zu können.

Thomas sagte nichts, er lächelte nur durchtrieben. Und die kleine Schwester Isabella weinte laut, warum, wußte niemand. Dann war die Sache entschieden.

»Wenn du auf See einen Befehl nicht verstehst«, sagte Thomas langsam, »dann sage einfach ›aye aye, Sir‹ und spring über Bord. Es wird bestimmt nicht falsch sein.« John beschloß, daß er über solche Bemerkungen nicht nachdenken müsse.

Er wollte, daß Sherard die Neuigkeit erfuhr. Sherard würde sich darüber freuen, das wußte er. Aber er war nicht zu finden. Der Gutsverwalter sagte, er arbeite auf den Feldern, zusammen mit seinen Eltern und anderen Leuten aus Ing Ming. Wo, wollte er nicht sagen. Er wünsche keine Unterbrechungen während der Arbeitszeit.

Es war schon spät, die Kutsche wartete.

Nur noch ein Jahr Schule. Für einen wie John war das so gut wie nichts.

Fünftes Kapitel

Kopenhagen 1801

»Johns Augen und Ohren«, schrieb Dr. Orme an den Kapitän, »halten jeden Eindruck eigentümlich lang fest. Seine scheinbare Begriffsstutzigkeit und Trägheit ist nichts anderes als eine übergroße Sorgfalt des Gehirns gegenüber Einzelheiten aller Art. Seine große Geduld...« Den letzten Satz strich er wieder.

»John ist ein zuverlässiger Rechner und versteht es, Hindernisse durch sonderbare Planungen zu überwinden.«

Die Kriegsmarine, dachte Dr. Orme, wird für John eine Qual werden. Das schrieb er aber nicht hin. Schließlich war die Kriegsmarine der Adressat.

John kennt kein Selbstmitleid, dachte er.

Aber er senkte die Feder nicht aufs Blatt, denn von einem Lehrer bewundert zu werden, nützt selten, und schon gar nicht in der Kriegsmarine.

Wenn der Kapitän den Brief vor der Ausreise überhaupt noch las. John selbst war es, der unbedingt in den Krieg wollte. Und daß er zu langsam war, und daß er erst vierzehn war... Was konnte er schreiben? Das Unglück steckt in seinen eigenen Schuhen, dachte er. Dann knüllte er den Brief in den Papierkorb, stützte das Kinn und begann zu trauern.

Nachts lag John Franklin wach und wiederholte die allzu schnellen Vorgänge des Tages in seiner eigenen Geschwindigkeit. Das waren eine Menge. Sechshundert Mann in so einem Schiff! Und jeder hatte einen Namen und bewegte sich. Dann die Fragen! Es konnten jederzeit Fragen kommen. Frage was für Dienst tun Sie. Antwort unteres Geschützdeck und Segelausbildung in Mr. Hales Abteilung.

Sir. Nie das Sir vergessen! Gefährlich!

Alle Mann achteraus zum Straf... Straf-voll-zug. Das mußte doch zu sprechen sein! Strafvollzug.

Alle Mann Segel setzen.

Waffen empfangen.

Klar Schiff zum Gefecht, eine Sache des Überblicks.

Alles geladen, Sir. Ausfahren. Belegen.

Untere Batterie klar zum Gefecht. Und unbedingt alles, was kam, immer genau voraussehen!

Schreiben Sie den Mann auf, Mr. Franklin! Aye aye, Sir – Name – Schreiben – schnell!

Die rote Farbe der Innenräume soll Blutspritzer, soll Blutspritzer – verhindern! Nein, unauffällig machen! Der gestreute Sand soll das Ausrutschen im Blut verhindern. Gehörte alles zum Gefecht. Lassen Sie backbrassen und so weiter, das saß...

Die besten Empfehlungen vom Kapitän, Sie möchten bitte unter Deck kommen, Sir.

Segel: Großroyal, Kreuzroyal, Vorroyal. Eins tiefer hakte es schon. Den Höhenwinkel von Nachtgestirnen konnte er feststellen – den er gar nicht brauchte. So etwas wollte doch keiner wissen. Aber: welches Tau gehört wohin? Wo sitzt der Klüverbaum am Stampfstag oder umgekehrt? Wanten und Parduhnen, Falle und Schoten, dieser ganze unendliche Hanf, rätselhaft wie ein Spinngewebe. Er zurrte immer dort mit, wo schon andere zurrten, aber wenn es dann falsch war? Er war Midshipman, er galt als Offizier. Also noch mal: Großsegel, Großmarssegel, Großbramsegel...

»Ruhe da!« zischte der in der Koje neben ihm. »Was soll das Geflüster in der Nacht!«

»Reffbändsel«, flüsterte John, »Besangaffel.«

»Sag das noch mal!« sagte der andere sehr ruhig.

»Vorstag, Stampfstock, Stampfstockgeien, Stampfstockstagen.«

»Ach so«, brummte der Nachbar, »aber jetzt ist Schluß!«

Es ging auch mit geschlossenen Lippen, nur auf die Bewegungen der Zunge konnte nicht verzichtet werden. Wenn er sich etwa vor Augen führte, wie man vom Fuß des Fockmastes über Vormars, Vor-Stengen-Eselshoofd und Vorbramsaling in den Vortopp gelangte und dabei immer außen um die Püttings herumkletterte, weil nur das als seemännisch galt.

Konnte er Fehler sehen? Konnte er sehen, woran es lag, wenn es nicht weiterging, weil die Fahrt aus dem Schiff war? Und was tat er, wenn ein Teil des laufenden Gutes unklar kam?

Er merkte sich auch alle Fragen, die bisher unbeantwortet waren. Es galt, sie genau im passenden Moment zu stellen, und deshalb mußten sie sitzen. Ein Gigsegel war etwas ganz Besonderes, warum? Sie fuhren gegen die Dänen, warum nicht gegen die Franzosen? Er mußte auch diejenigen Fragen sofort erkennen können, die ihm, John Franklin, gestellt werden konnten. Frage was für Dienst tun Sie oder Frage wie heißt Ihr Schiff, Midshipman, wie heißt der Kapitän. Wenn man nach der Eroberung von Kopenhagen an Land ging, da liefen Admirale herum, vielleicht sogar Nelson selbst. Schiff seiner Majestät *Polyphemus,* Sir. Kapitän Lawford, Sir. Vierundsechzig Kanonen. In Ordnung.

Ganze Flotten von Wörtern hatte er auswendig gelernt, und Batterien von Antworten, um sich zu rüsten. Beim Sagen wie beim Tun mußte er auf alles, was kam, schon vorbereitet sein. Wenn er erst kapieren mußte – das ging zu lang hin. Wenn eine Frage für ihn nur noch war wie ein Signal und wenn er ohne Zögern das Geforderte hinausschnarrte wie ein Sittich, dann blieb die Beanstandung aus, die Antwort ging durch. Er schaffte es! Ein Schiff, vom Meer begrenzt, war lernbar. Zwar konnte er nicht sehr schnell laufen. Dabei bestand der ganze Tag daraus: laufen, Befehle übermitteln, weiterlaufen, von einem Deck ins andere – lauter enge Niedergänge! Aber er hatte sich alle Wege gemerkt, sogar aufgezeichnet und jede Nacht repetiert, die ganzen zwei Wochen über. Das lief sich von selbst, wenn keiner unvorhergesehen entgegenkam. Dann freilich half nichts, weiter ging's ohne feinere Steuerung, die Entschuldigungsformel war geübt. Bald hatten die anderen gelernt, daß sie besser auswichen. Die Offiziere lernten ungern. »Sie müssen sich das so vorstellen«, hatte er vor drei Tagen mühsam zum fünften Leutnant gesagt, der ihm, Folge einer gehörigen Rumration, sogar zuhörte, »jeder Schiffsrumpf hat eine ihm eigene Höchstgeschwindigkeit, die er nie überschreitet, was immer Sie takeln, bei jedem Wind. So ist das auch mit mir.«

»Sir. Ich werde mit Sir angeredet!« antwortete der Leutnant, nicht ohne Wohlwollen.

Erklärungen hatten meist nur Befehle zur Folge. Am zweiten Tag hatte er einem anderen Leutnant dargestellt, alle raschen Bewegungen hinterließen für sein Auge einen Strich in der Landschaft. »Entern Sie auf in den Vortopp, Mr. Franklin! Und – ich möchte einen Strich in der Landschaft sehen!«

Inzwischen ging es besser. John streckte sich zufrieden in der Koje. Seefahrt war lernbar. Was seine Augen und Ohren nicht konnten, das tat sein Kopf in der Nacht. Geistiger Drill glich die Langsamkeit aus.

Blieb nur die Schlacht. Die konnte er sich nicht vorstellen. Kurz entschlossen schlief er ein.

Durch den Sund war die Flotte hindurch. Bald war man in Kopenhagen. »Wir zeigen es ihnen!« sagte ein gestandener Mann mit hohem Schädel. John verstand den Wortlaut gut, da er mehrmals wiederholt wurde. Zu ihm sagte derselbe Mann: »Los, feuern Sie die Leute an!« Da war etwas mit dem Großmarssegel, man war im Verzug. Es fiel der wichtige Satz: »Was soll Nelson denken?« Beide Sätze merkte er sich für die Nacht, ferner schwierige Vokabeln wie Kattegat, Skagerrak, Farbenschapp und Kabelgatt. Nach Empfang der Rumration erfuhr er auf eine sorgfältig gestellte Frage, daß die Dänen seit Wochen dabei seien, Kopenhagens Küstenbefestigungen zu verstärken und Verteidigungsschiffe auszurüsten. »Oder glaubst du, die warten, bis wir an der Ratssitzung teilnehmen?« John verstand das nicht gleich, aber er hatte sich angewöhnt, alle Antworten, die in Frageform gegeben wurden und in hoher Tonlage endeten, mit der automatischen Erwiderung »Natürlich nicht!« zu quittieren, was den Gegenfrager augenblicklich zufriedenstellte.

Nachmittags waren sie da. Nachts oder morgen in der Frühe würde man die Batterien und Schiffe der Dänen angreifen. Nelson kam heute vielleicht noch aufs Schiff und sah sich alles an. Und was sollte er denken! So ging der Tag hektisch zu Ende, mit viel Geschrei, flachem Atem und angehauenen Knöcheln, aber ohne Angst und Zorn. John hatte das Gefühl, mithalten zu können, denn er wußte stets, was kommen konnte. Eine Antwort war ja oder nein, ein Befehl führte nach oben oder nach unten, eine Person war Sir oder nicht Sir, sein Kopf prallte gegen laufendes oder stehendes Gut. All das befriedigte durchaus. Ein neues schwieriges Wort war einzuüben: Trekroner. Das war die stärkste Küstenbatterie vor Kopenhagen. Wenn die anfing, dann fing die Schlacht an.

Nelson kam nicht mehr. Das untere Geschützdeck war klar, die Herdfeuer gelöscht, der Sand gestreut, und alle Mann dort, wo die Rolle sie hinordnete. Einer, direkt am Rohr, fletschte dauernd die Zähne. Ein anderer, der Kugelschieber, öffnete und schloß vielleicht hundertmal die Hand und besah jedesmal prüfend die Fingernägel. Mittschiffs schreckte einer hoch und rief: »Ein Zeichen!«, so daß die Köpfe zu ihm herumfuhren. Er zeigte nach achtern, aber da war nichts. Niemand sagte ein Wort.

Und John hatte, während die Erfahrenen fieberten oder erstarrten, einen der Augenblicke, die ihm gehörten, denn er konnte die schnellen Vorgänge und Laute ignorieren und sich solchen Veränderungen zuwenden, die ihrer Gemächlichkeit wegen für andere kaum noch wahrnehmbar waren. Während man auf den Morgen und die Kanonen des Trekroner zuschlich, genoß er die Bewegung des Mondes und die Verwandlungen der Wolken am fast windstillen Nachthimmel. Unverwandt sah er durch die Stückpforte, sein Atem wurde tief, er sah sich als ein Stück Meer. Erinnerungen begannen vorbeizutreiben, Bilder, die langsamer wanderten als er selbst. Eine Gemeinde von Schiffsmasten sah er, die eng zusammenstanden, und dahinter die Stadt London. Immer wenn Schiffe so nah und ruhig versammelt waren, gehörte eine Stadt dazu. Viele hundert Takelagen hingen wie eine langgestreckte, gekritzelte Wolke über den Ufergebäuden. Auf der London Bridge drängten sich die Häuser, als wollten sie partout ins Wasser und dabeisein, zögerten nur im letzten Moment. Ab und zu fiel wirklich ein Haus von der Brücke herab, immer wenn man nicht hinsah. Ganz andere Gesichter hatten die Häuser in London als zu Haus im Dorf. Hochtrabend, unwirsch, oft protzig, manchmal wie tot. Einen Brand hatte er auch gesehen in den Docks, und eine Dame, die sich aus einem Laden fast alle Kleider zur Prüfung ans Kutschenfenster bringen ließ, denn sie wollte nicht mit den Schuhen in den Dreck. Der Kaufmann hatte noch andere Kunden, aber er blieb ungerührt am Wagenschlag und beantwortete alle Fragen ganz freundlich. Er war so ruhig, daß John ihn als Bundesgenossen ansah, obwohl er deutlich witterte: dieser Mensch war schnell. Es gab eine Art Kaufmannsgeduld, die war angenehm, aber nicht mit seiner verwandt.

In der Kutsche saß noch ein Mädchen. Weißarmige, magere, etwas verlegene, rothaarige englische Mädchen waren einer der acht oder zehn Gründe, weshalb es sich lohnte, die Augen offenzuhalten. Thomas hatte ihn weggezogen nach Art aller älteren Brüder, die sich um jüngere kümmern müssen und vor Ungeduld einen Haß bekommen. Den Dreispitz hatten sie gekauft, den blauen Rock, die Schnallenschuhe, die Seekiste, den Dolch. Ein Volontär erster Klasse hatte sich selbst einzukleiden. Als sie das Denkmal auf dem Fishstreet Hill bestiegen, zählte er dreihundertfünfundvierzig Stufen. Ein kalter Frühling, überall roch es nach Kohlenrauch. In der Ferne sah man Schlösser, die sich an grüne Parks klammerten. Einen Epileptiker betrachtete er, der entweder mit der Stirn schlug oder weit weg starrte. Wegelagerer gebe es, hörte er, aber in Tyborn stehe ein Galgen. Als Midshipman, sagte der ältere Bruder, habe man sich wie ein Gentleman zu benehmen. Auf dem Markt sahen sie dann noch einen Streit. Es ging um einen Fisch, der vielleicht künstlich aufgeblasen worden war, vielleicht aber auch nicht.

Von überall her sah man die Masten der Schiffe mindestens ab den Bramrahen aufwärts. Die tausend Kamine der Stadt waren alle eins tiefer. Daß Schiffe sich mit Hilfe des Windes nach wohlüberlegten Plänen über das Meer bewegen konnten, war kaum zu begreifen, auch wenn man Moores »Praktischen Navigator« auswendig kannte. Segeln war etwas Königliches, und die Schiffe sahen auch so aus. Er wußte ja, was dazu gehörte, um die ganze Leinwand zum Stehen zu bringen. Vorher mußte man die Rümpfe bauen, das ganze gebogene, versplintete und verschraubte Holz, sorgsam gerieben und kalfatert und gelabsalbt, exakt bemalt, oft beschlagen mit Kupferteilen. Die große Ehrwürdigkeit eines Schiffs kam von den vielen Stoffen und Verrichtungen, die zu seinem Bau nötig waren.

Bumm!

Das war der Trekroner, und die Schlacht!

Benehmen wie ein Gentleman. Beim Geschütz so wenig wie möglich im Weg stehen. Vom Batteriedeck zum Achterdeck rennen und zurück. Befehle möglichst sofort verstehen oder, wenn nicht möglich, energisch Wiederholung erbitten. »Hört mal, Männer«, rief der Offizier mit dem hohen Schädel, »sterbt nicht für euer Vaterland!« Pause. »Sorgt dafür, daß die Dänen für das ihre sterben!« Schrilles Gelächter, ja, so feuerte man die Leute an! Im übrigen wurde die Schlacht wohl recht schwer. Der Trekroner und die anderen Geschütze trafen in einem fort. Für einen, der immer etwas spät reagiert, geht bei solchen Stößen jeder Halt verloren. Am schlimmsten waren die eigenen Breitseiten. Das Schiff schien jedesmal einen Satz zu machen. Die gute Ordnung ging weiter, wie er sie gelernt hatte. Nur war ihr Zweck jetzt, dem Gegner das Chaos zu schicken, und das kam wieder zurück mit jener Plötzlichkeit, die John nicht liebte. Von einem Augenblick zum anderen trug die schwarze Kanone an der Seite einen widerwärtig gleißenden tiefen Kratzer, fast eine Furche, wie von einem ausgerutschten, maßlos kräftigen Werkzeug. Das ekelhafte Schillern dieser Metallwunde prägte sich tief ein. Im Moment stand niemand mehr aufrecht. Wer konnte denn noch aufstehen? Die Handgriffe waren eingelernt, jetzt stockte die Zuarbeit, denn die Hälfte war nicht mehr dabei. Dann das Blut. So viel davon schwimmen zu sehen machte besorgt. Schließlich fehlte es ja irgend jemandem, es lief aus den Menschen heraus, überall.

»Keine Betrachtungen! Ans Rohr!« Das war der, der vorhin: »Ein Zeichen« gerufen hatte. Plötzlich war die Stückpforte viel weiter geöffnet als je zuvor. Das dort fehlende Holz bedeckte mittschiffs mehrere Körper. Wem gehörten die?

An Deck erfuhr er, drei von zwölf Schiffen seien auf Sand gelaufen, die *Polyphemus* aber nicht. An der Seite eines anderen Schiffs ganz in der Nähe quoll weißer Rauch auf. Das Bild blieb in Johns Auge stehen. Auf der *Polyphemus* fuhr vielerlei zerrissenes Holz blitzschnell über das Deck, dabei kreisend und mähend. Mit Bekümmerung sah John, wie selbst die sonst so ruhigen Offiziere, die niemals auszuweichen brauchten, ganz würdelos beiseite sprangen. Natürlich handelten sie richtig, aber es blieb eine entwürdigende Bewegung. Er überbrachte die Meldungen.

Jetzt sahen alle Niedergänge ganz anders aus. Hindernisse standen aus der Wand, Balken lösten sich von oben und pendelten in Höhe seiner Stirn. Da er weder ausweichen konnte noch stehenblieb, empfing er von dem splitternden Schiff Kratzer, Stiche und Beulen, die ihn bestimmt aussehen ließen wie einen Helden. Er versuchte sich jederzeit zu benehmen wie ein Gentleman. Ein Auge konnte man leicht verlieren, Nelson hatte auch nur eins. Was dachte Nelson jetzt? Er stand irgendwo auf dem Achterdeck des *Elephant*. Nelson würde immer alles erfahren.

Die Pumpen waren zu hören, vielleicht brannte es? Oder

machte das Schiff Wasser? An Deck taumelten die Leute herum wie betrunken. Der Kapitän saß auf einer Kanone und rief: »Laßt uns alle zusammen sterben!« Vorher hatte es ja anders geheißen. Neben dem Kapitän fehlte plötzlich der Kopf eines Zuhörers und damit der Zuhörer selbst. John wurde unglücklich. Er geriet bei allen jähen Veränderungen in Verwirrung, seien es Sitzordnungen, Verhaltensweisen oder Koordinatensysteme. Das ständige Fehlen von immer neuen Leuten war schwer auszuhalten. Er empfand es zudem als tiefe Erniedrigung für einen Kopf, wenn er als Folge der Handlungen ganz anderer Menschen so ohne Vorrede seinen Körper einbüßte. Es war eine Niederlage und nicht etwa eine Ehre. Und ein Körper ohne Kopf, was für ein trauriger, ja lächerlicher Anblick.

Als er wieder im Geschützdeck war, gab es jäh eine scharfe Helligkeit und großes Getöse: ein Schiff in der Nähe war explodiert. Er hörte »Hurra«, dazwischen immer wieder einen Schiffsnamen. Mitten im Hurra aber kamen ein durchdringendes Knarren und Krächzen und ein Stoß: ein dänisches Schiff legte sich längsseits. Und durch die zerrissene Stückpforte sprang einer herein.

John fing das Bild eines hellen, fremden Stiefels auf, der plötzlich hereinfuhr und Halt fand, eine schnelle, bedrohliche Bewegung, über der John, weil das Bild in ihm stehenblieb, alle weiteren Vorgänge nicht erfaßte. Sein Kopf dachte automatisch: Wir zeigen es ihnen!, denn dies war die Situation, an die er gedacht hatte, als er dem Satz zum erstenmal begegnet war. Das nächste, was er sah, war der geöffnete Mund ebendieses Mannes und seine, Johns, Daumen an dessen Hals. Irgendein Zufall hatte den anderen zum Unterliegen gebracht, jetzt konnte er ihn fassen, er!

Wenn John einen gepackt hatte, gab es kein Entkommen. Nun sah er an der unteren Peripherie seines Blicks die Pistole auftauchen. Das lähmte sofort. Er sah gar nicht hin, behielt lieber seine starken Daumen im Auge, als könnte er ihnen damit den Sieg über die Pistole erzwingen, die sich, nicht zu

leugnen, auf seine Brust richtete. Im Kopf begann sich eine
einzige Sorge gegen alle anderen durchzusetzen, sie wuchs
und wuchs. Sie hielt keinerlei Grenzen ein, sie explodierte:
der konnte sofort abdrücken und ihn töten, daß er sterben
mußte oder langsam brandig zugrunde ging. Das war jetzt
da, kein Ausweichen möglich. Es stand bevor und war nicht
abzuwandeln. Ganz klar fühlte John plötzlich, wo sein Herz
saß, wie jeder, der weiß, daß der Tod perfekte Sache ist.
Warum konnte er nicht die Pistole wegschlagen oder sich
zur Seite werfen? Unerfindlich, aber er konnte nicht! Er hatte den da an der Kehle und dachte nur, daß einer, der erstickt ist, keine Pistole mehr abfeuert. Daß aber einer, der
noch nicht erstickt ist, sondern am Ersticken, weil ihn ein
anderer würgt, die Pistole erst recht abfeuert, ja, das wollte
John vielleicht denken, konnte aber nicht, denn hier stellte
sich sein Gehirn bereits tot. Lebendig blieb nur die Vorstellung, durch fortgesetztes äußerstes Würgen jener Kehle die Gefahr zu bannen. Der andere schoß immer noch
nicht.

Es war ein Mann, für einen Soldaten alt, bestimmt über
vierzig. John hatte noch nie auf jemandem gekniet, noch nie
auf jemanden heruntergesehen, der sein Vater hätte sein
können. Die Kehle war warm, die Haut weich. John hatte
noch nie einen Menschen so lange angefaßt. Jetzt war das
Chaos wirklich da, die Schlacht innerhalb seines Körpers.
Denn die Nerven, die zu seinen Fingern gehörten, fühlten
während des Zudrückens ein Entsetzen über diese Wärme
und Weichheit. Sie fühlten, wie die Kehle – schnurrte! Sie
vibrierte, zart und elend, ein tief elendes Schnurren. Die
Hände waren entsetzt, aber der Kopf, der die Erniedrigung
des Getötetwerdens fürchtete, dieser Verräterkopf, der dabei
noch falsch dachte, tat, als verstünde er nichts.

Die Pistole fiel herunter, die Beine hörten auf zu treten,
der Mann rührte sich nicht mehr. Schußwunde an der Schulter, helles Blut.

Die Pistole war nicht geladen gewesen.

Hatte der Däne nicht noch irgend etwas gesagt, hatte er sich ergeben? John saß da und starrte dem Toten auf die Kehle. Gefürchtet hatte er die Erniedrigung des gewaltsamen Todes. Aber selber einen Organismus zu zerdrücken, verspätungshalber, weil die Angst nicht schnell genug gewichen war, das hieß fast mehr als den Kopf verlieren. Es war eine Demütigung, eine Ohnmacht, und niederschmetternder als die andere. Jetzt, da er überlebt hatte und sein Kopf wieder alle Gedanken zulassen mußte, ging die Schlacht im Inneren weiter, Hände, Muskeln und Nerven rebellierten.

»Ich habe den umgebracht«, sagte John und bebte. Der Mann mit dem hohen Schädel sah ihn aus müden Augen an. Er blieb unbeeindruckt. »Ich konnte nicht aufhören zuzudrücken«, sagte John. »Ich war für das Aufhören zu langsam.«

»Schluß!« antwortete der Schädel heiser, »die Schlacht ist vorbei.« John zitterte immer mehr, aus dem Zittern wurde ein Schütteln, seine Muskeln zogen sich an wechselnden Stellen zusammen und bildeten schmerzende Inseln, als wollten sie damit das Innere panzern oder etwas Fremdes herauspressen mitten durch die Haut. »Die Schlacht ist vorbei!« rief der, welcher vorhin das Zeichen gesehen hatte. »Wir haben es denen gezeigt!«

Sie steckten neue Bojen aus. Die Dänen hatten alle Markierungen des Wasserwegs entfernt, damit die englischen Schiffe auf Grund liefen. Langsam rückte das Beiboot, ganz in der Nähe des zerschossenen und geborstenen Trekroner, am Rand einer Untiefe vor. John saß teilnahmslos auf der Ducht und starrte zum Land. Langsamkeit ist tödlich, dachte er. Wenn für andere, dann um so schlimmer. Er wollte ein Stück Küste sein, ein Uferfelsen, dessen Handlungen immer genau seiner wirklichen Geschwindigkeit entsprachen. Ein Ausruf ließ ihn nach unten blicken: im klaren, flachen Wasser lagen zahllose Erschlagene auf dem Grund, etliche mit blauen

Röcken, viele mit geöffneten Augen nach oben sehend. Schrecken? Nein. Natürlich lagen die da.

Er selbst gehörte ja dazu, stehengebliebenes Uhrwerk, das er war. Weit mehr gehörte er zu jenen als zu den Bootsgasten. Schade nur um die viele Arbeit. Er glaubte einen Befehl zu hören, verstand ihn aber nicht. Kein Mensch verstand nach diesem Kanonendonner einen Befehl. Er wollte um Wiederholung bitten, glaubte aber dann doch zu verstehen. Er richtete sich auf, stand auf, schloß die Augen und fiel um, ganz allmählich wie eine zu steil gestellte Leiter. Als er im Wasser war, fand sich ganz ungebeten die Frage ein: Was wird Nelson denken? Der Verräterkopf war auch hier zu langsam, er wollte von der Frage nicht ablassen. So fischten ihn die anderen wieder heraus, bevor er überlegen konnte, wie man ertrank.

Nachts starrte er geradewegs nach oben und suchte Sagals. Er fand ihn nicht mehr. Ein Kindergott nur, und jetzt mit untergegangen. John betete sämtliche Segel von der Fock bis zum Kreuzroyal an die hundert Mal vor und zurück. Er sagte vom Vorroyalstag bis zu den Kreuzroyal-Parduhnen das stehende und von der Besanbaumschot bis zur Fockroyalbraß das laufende Gut auf. Er beschwor alle Rahen von Kreuztopp bis Vortopp. Er machte Klarschiff mit allen Stengen, allen Decks, Quartieren, Dienstgraden – nur er selbst war unentwirrbar unklar gekommen. Die Zuversicht war dahin.

»Ich vermute«, sagte Dr. Orme, als sie sich wiedersahen, »daß du über seinen Tod traurig bist.« Recht langsam sagte er das. John brauchte seine Zeit, dann begann sein Kinn zu zittern. Wenn John Franklin weinte, dann dauerte das einen Augenblick. Er heulte, bis es ihm in der Nase und in den Fingerspitzen kribbelte.

»Du liebst doch das Meer«, begann Dr. Orme wieder. »Das muß nichts mit Krieg zu tun haben.«

John hörte auf zu weinen, weil er nachdachte. Er studierte

dabei seinen rechten Schuh. Sein Auge folgte unablässig dem schillernden Viereck der großen Schnalle: oben nach rechts, Seite nach unten, unten nach links, Seite nach oben und kehrte mehr als zehnmal zum Ausgangspunkt zurück. Dann heftete er den Blick auf Dr. Ormes flaches Schuhwerk, das keine Lasche und keine Schnalle trug, sondern den Spann freiließ und vorn mit einer Schleife besetzt war. Schließlich sagte er: »Mit dem Krieg, da habe ich mich geirrt.«

»Wir haben bald Frieden«, sagte Dr. Orme. »Es wird keine Schlachten mehr geben.«

Zweiter Teil

John Franklin erlernt
seinen Beruf

Sechstes Kapitel

Zum Kap der Guten Hoffnung

Sherard Philip Lound, zehnjähriger Volontär auf der *Investigator,* schrieb nach Hause. »Sheerness, den 2. Juli 1801. Liebe Eltern!« Er leckte sich die Lippen und schrieb ganz ohne Klecks – wahrscheinlich war es Master Wright-Codd, der Lehrer, der ihnen den Brief vorlas.

»Für das Schiff wird dies die längste Reise sein, die es je gemacht hat. Ich freue mich, daß ich dabei bin, noch dazu als Volontär erster Klasse. Der Kapitän wehrt allen Dank ab und sagt, John Franklin hätte sich für mich eingesetzt. Kapitän möchte ich auch werden. Mit John war ich in London. Er ist seit Kopenhagen noch langsamer und brütet viel vor sich hin. Nachts träumt er von den Toten. John ist ein guter Mensch. Zum Beispiel kaufte er mir eine Seekiste genau wie seine eigene. Sie ist kegelig gebaut, sehr tief und hat viele Fächer. Unten läuft eine dicke Scheuerleiste um sie herum. Die Griffe sind Schlaufen aus Hanfseil. Der Deckel ist mit Segeltuch bespannt. Auf dem schreibe ich.« Er schob den Bogen weiter hinauf, leckte die Lippen und tauchte den Kiel ein. Die Seite war erst halb voll.

»Ein Rasierzeug bekam ich auch geschenkt, weil John sagte, irgendwo in der Terra australis würde es bei mir so weit sein. Außerdem hat er mir die Stadt erklärt. Die Leute grüßen sich nicht, weil sie sich nämlich gar nicht kennen. Auf dem Schiff ist auch Johns Tante Ann (Chapell), sie ist ja jetzt die Frau des Kapitäns. Er nimmt sie mit bis auf die andere Seite der Erde. Sie fragt mich manchmal, ob ich etwas brauche. Ich bin gespannt und zufrieden. Ich höre jetzt auf mit dem Schreiben, weil es auf dem Schiff eine Menge zu tun gibt.«

Kapitän des Schiffes war niemand anderes als Matthew, endlich wiedergekehrt, nachdem man ihn schon zu den Verschollenen gerechnet hatte. John Franklin war eben fünfzehn Jahre alt geworden.

»Es geht ihm nicht besonders«, sagte sogar Matthew, und da er jetzt Johns Onkel war, nahm er ihn noch nachdrücklicher gegen andere in Schutz, zum Beispiel gegen Leutnant Fowler.

Oft stand John ratlos herum, immer dort, wo er störte. »Der ist wirklich keine Kanone«, meinte Fowler. »Ein schlechter Mann ist er nicht«, sagte Matthew, »nur im Moment noch schwerhörig von der Schlacht.« Fowler dachte bei sich: Die ist schon einen Monat her.

Ein Deck tiefer sprach Sherard: »John ist nämlich unheimlich stark. Er hat mit der bloßen Hand einen Dänen erwürgt. Mein Freund war er aber schon vorher!«

Wenn John davon etwas mitbekam, litt er noch mehr. Zwar meinten sie es gut, und er wollte sie keinesfalls enttäuschen. Aber zu helfen wußte er sich nicht, und bei solchem Lob noch weniger. Nachts träumte er, wenn nicht wieder die Erschlagenen auf dem Meeresgrund erschienen, von einer seltsamen Figur. Sie war symmetrisch glatt ohne Kanten, eine freundliche, geordnete Fläche, nicht ganz Viereck und nicht ganz Kreis, mit gleichmäßiger Innenzeichnung. Plötzlich aber konnte sie sich in etwas Verworrenes und Splittriges verwandeln. Sie fuhr zu einer ungeometrischen Fratze auseinander und war so garstig und bedrohlich, daß John schweißbedeckt aufwachte und Angst vor dem Wiedereinschlafen hatte. Er fürchtete sich schließlich vor der glatten, symmetrischen Figur fast mehr als vor dem Schrecklichen, was daraus wurde.

Die *Investigator,* vormals *Xenophon,* war eine in Ehren brüchig gewordene Korvette. Mitten im Krieg gegen Frankreich konnte die Admiralität für Forschungsreisen ein besseres Schiff nicht entbehren. »Wenn ich das schon höre: Forschung«, sagte der Stückmeister Colpits, »dann weiß ich gleich: klar bei Lenzpumpen! Wenn man das Schiff wenigstens nicht umbenannt hätte. Es fordert das Schicksal noch mehr heraus!« Mr. Colpits war ein Tagewähler. In Gravesend hatte er sich alle Unglückstage für die nächsten drei Jahre aufschreiben lassen. Die Sterndeuterin hatte gesagt: »Sie müssen achtgeben, daß Sie nicht mit dem Schiff verloren gehen. Wenn Sie bei der Strandung davonkommen, werden Sie ein langes Leben haben.« Es sprach nicht für Mr. Colpits, daß die Mannschaft das bereits in Sheerness auswendig kannte.

Als Matthew vor Antritt der Fahrt die Regeln verlas, schob er die Unterzähne vor und sagte in scharfem Ton: »Die Sterne verraten uns nur, wo das Schiff sich befindet – sonst nichts!«

Fast alle in der Mannschaft stammten aus Lincolnshire. Es war, als habe Matthew unter den Bauernsöhnen dieser Gegend die wenigen, die sich vor der See nicht fürchteten, auf einem einzigen Schiff versammelt. Die Zwillingsbrüder Kirkeby kamen aus der Stadt Lincoln und waren berühmt für ihre Muskeln. Ein vollbeladenes Fuhrwerk hatten sie mit eigener Hand – die Ochsen waren zusammengebrochen – über den Steep Hill bis zur Kirche hinaufgezogen. Die beiden sahen sich sehr ähnlich, man konnte sie nur an ihren Redensarten unterscheiden. Stanleys Kommentar lautete gewöhnlich: »Das ist, was der Doktor verschrieben hat!« Olof sagte nur: »Tierisch gut!« – über das Wetter, den Tabak, die getane Arbeit oder die Frau des Kapitäns –, »tierisch gut«.

Dann gab es Mockridge, den schielenden Steuermann mit der Tonpfeife. Er hatte ein sprechendes und ein aufnehmendes Auge. Blickte John ins aufnehmende, dann verstand er oft die Worte, bevor sie heraus waren. Meistens war es aber sicherer, ins sprechende zu sehen.

Mr. Fowler und Mr. Samuel Flinders waren Leutnants und hochfahrend wie so viele dieser Gattung. Die Mannschaft nannte sie die Luvs, weil sie gerne Wind machten.

Vierundsiebzig Mann, drei Katzen und dreißig Schafe bevölkerten das Schiff. Nach zwei Tagen kannte John alle, auch die Schafe und besonders die Wissenschaftler: einen Astronomen, einen Botaniker und zwei Maler. Jeder hatte seinen eigenen Diener. Nathaniel Bell war ebenfalls Midshipman und keine zwölf Jahre alt. Er litt an schwerem Heimweh schon auf der Reede von Sherness, obwohl seine drei älteren Brüder dabeiwaren und ihm gut zuredeten. Selbst der vertraute Geruch, den die Schafe verbreiteten, half ihm nicht – er vergrößerte das Leiden nur noch.

Schafmist konnte nach der Meinung von Mr. Colpits von großem Nutzen sein: »Für das Stopfen kleinerer Lecks das Beste, was man haben kann«, verkündete er düster. »Wir müssen allerdings mit größeren rechnen.«

Die *Investigator* war ein Kriegsschiff. Daher gab es auch zehn Seesoldaten und einen Trommler. Sie wurden von einem Korporal kommandiert, und dieser wieder von einem Sergeanten. Bereits im Hafen exerzierten sie fleißig und marschierten so lange auf dem Deck hin und her, bis sie mit dem Quartiermeister aneinandergerieten. Mr. Hillier ließ wissen, er brauche den Platz für wichtigere Arbeiten. Das Hieven und Verstauen der Vorräte war eine Tätigkeit nach Johns Geschmack. Wohin steckte man die zwei Ersatzruder? Wohin fünfzig Erdkästen für Pflanzenproben? Stimmte es, daß Zwieback und Pökelfleisch für anderthalb Jahre reichen würden und der Rum für zwei? John rechnete nach. Die Bücher in der Kajüte boten, wenn man die »Encyclopedia Britannica« mitrechnete, Lesestoff für ein gutes Jahr. Wohin mit den Geschenken für die Eingeborenen: 500 Äxte und Krummbeile, 100 Hämmer, 10 Fässer mit Nägeln, 500 Taschenmesser, 300 Scheren, zahllose farbige Guckgläser, Ohr- und Fingerringe, Glasperlen, bunte Bänder, Nähnadeln mit Faden und 90 Medaillen mit dem Bild des Königs – alles war in doppelt geführten Listen genau verzeichnet, und Mr. Hillier wußte im Schlaf, wo es zu finden war. Die Kanonen hatte Matthew zum Teil durch leichte Karronaden ersetzt, und sogar die ließ er dort verstauen, wo sie am wenigsten im Wege standen. Als Mr. Colpits' Gesicht so aussah, als wolle er dazu eine Bemerkung machen, kam ihm Matthew zuvor: »Wir sind Forscher! Wir bekommen einen Paß von der französischen Regierung.«

Der erste Ärger! Matthew war eine Zeitlang aus gutem Grund nicht ansprechbar, und alle gingen ihm aus dem Wege, Wissenschaftler, Midshipmen und Katzen, sogar der Koch.

In Sheerness hatten zwei hohe Offiziere der Admiralität das Schiff besichtigt. Die meisten von Matthews Wünschen waren so weit erfüllt worden: nahtneue Segel wanderten als riesige Würste in die Takelage hinauf, frisches Tauwerk aus gutem baltischem Flachs wurde eingeschoren, wo das alte brüchig war. Der Bug glänzte von Kupfer bis über die Klüsen, denn mit Eisfeldern war zu rechnen. Da aber sahen die hohen Herren auf einer Leine Frauenwäsche hängen. Eine Frau an Bord? Auf einer so langen Reise? »Unmöglich!« sprachen sie, und Ann, gegen die niemand in der Mannschaft etwas hatte, mußte das Schiff verlassen. Dabei waren doch sonst auf Schiffen, die nicht gerade ins Gefecht zogen, Frauen sehr wohl geduldet. Ihr Helden der Verwaltung! Die freundliche, gesunde, tröstliche Ann wolltet ihr Matthew nicht genehmigen! Der Kapitän war weiß vor Zorn. »Nie wieder«, raunte er eigentümlich leise, »nie wieder befolge ich irgendeine lausige Instruktion von oben! Ich lese so etwas gar nicht erst!«

Sie liefen aus. Der nächste Ärger wartete schon. Vor Dover schickte Matthew den Lotsen von Bord und verließ sich auf die Marinekarten. Nach wenigen Meilen lief das Schiff bei Dungeness auf eine Untiefe. Sie braßten die Segel back und ließen die Boote zu Wasser. Die Strömung half mit. Binnen kurzem kamen sie frei. Aber jetzt mußte die *Investigator* vor der großen Reise erst noch nach Portsmouth ins Dock. Es mußte nachgesehen werden, ob sie am Unterwasserschiff Schaden genommen hatte. Matthew machte eine ruhige, aber in allen Quartieren deutlich hörbare Bemerkung über die Admiralität und ihre Karten.

Mr. Colpits dagegen war froh. Er hielt diese Sandbank für die vorausgesagte und meinte, er könne nun nicht mehr verloren gehen. Mockridge dachte an andere Dinge. »Portsmouth«, sagte er sinnend, »da kenne ich eine Menge Mädchen.« Sein Fernauge war bereits deutlich auf sie gerichtet. Stanley Kirkeby stimmte zu und teilte mit, dies habe der Doktor verschrieben. Sein Bruder Olof schwieg. Er urteilte stets erst im nachhinein. Jedes »tierisch gut« setzte eine genaue Prüfung voraus. Außerdem war noch nicht sicher, ob die Mannschaft überhaupt in die Stadt durfte.

John Franklin wollte sein wie jeder andere Mann. Deshalb hörte er bei Gesprächen über Frauen gut zu. »Ich mag sie mit etwas breiteren Hüften«, sagte der Stückmeister. Bootsmann Douglas wiegte das Haupt. »Kommt drauf an, kommt drauf an.« Der Gärtner hatte wieder eine andere Meinung. Offenbar führte sich ein jeder sehr sorgfältig vor Augen, was ihm die Erinnerung anbot. John interessierte sich vor allem für das praktische Vorgehen. Er ging zu Mockridge und stellte einige wohlüberlegte Fragen nach dem Wann und Wie. Auch hier war die Antwort meist ein »je nachdem«, aber John blieb hartnäckig. »Zieht der Mann die Frau vorher aus?« fragte er. Mockridge dachte außergewöhnlich lange nach. »Mir macht es Freude so«, sagte er, »aber du bist der Freier, es wird gemacht, wie du es haben willst!« Wie Mockridge es machte, so war es sicher üblich. John hegte allerdings noch Bedenken wegen der vielen Knöpfe. »Wo geknöpft, gegürtet und geschnürt ist, mußt du dann selbst sehen. Und vergiß nicht: mach gröbere Komplimente nur bei älteren Frauen! – Hast du Angst?« Die hatte John, und deshalb begann er ganz gegen seinen Instinkt davon zu reden, daß er schließlich vor Kopenhagen einen Soldaten mit der bloßen Hand... Er schämte sich sofort. Mockridge schaute milde mit seinem Fernauge auf John und richtete das scharfe, sprechende nur auf den eigenen Pfeifenkopf. »Wenn du erst bei einer Frau gelegen hast, wirst du Kopenhagen vergessen können!«

An Land wollte sich John alle Frauen anschauen und versuchen, ihre Kleider auswendig zu lernen. Aber es gab so viel zu sehen, daß er sein Ziel fast aus den Augen verloren hätte. Die Stadt quoll über von lauter Matrosen, so viel Jugend auf einmal gab es nirgends auf der Welt, und er gehörte dazu. Er hatte auch eine Uniform an, und wenn er einfach so dastand, war er einer von ihnen. Freilich konnte er nicht tanzen, und es wurde viel getanzt.

Das Rathaus konnte er nicht genug ansehen, es war ein schmales Gebäude mitten in einer Hauptstraße, von Fuhrwerken umdrängt. Dann gab es einen Semaphor-Turm am Hafen, der mit vielerlei Armen winkte und die Befehle der Londoner Admiralität empfing oder bestätigte. Zum ersten Mal saß John in einer Seemannskneipe. Der Wirt fragte ihn, was er bestellen wolle, und er las einen der Namen ab, die über der Theke standen: Lydia. Alles lachte, denn das war der Name eines Schiffes aus Portsmouth. Die standen hier ebenso feierlich verzeichnet wie die Getränke.

Gestärkt durch einen Luther und Calvin wandte er sich wieder den Frauen zu. Die Kleider waren recht verschieden. Gemeinsam war ihnen nur der respektable, bedrohlich emporwachsende Bug des Mieders. Welches stehende oder laufende Gut sich dahinter verbarg, war nicht leicht auszumachen. Alles kam auf eine Probe an. Mockridge brachte ihn zu einem Haus in der Keppel Row und sagte: »Mary Rose ist in Ordnung. Du wirst Spaß haben. Sie ist ein süßes dickes Mädchen, immer fröhlich. Beim Lachen zieht sie die Nase kraus.« John wartete draußen vor dem niedrigen Gebäude, während Mockridge drinnen irgend etwas verhandelte. Die Fenster des Hauses waren entweder blind oder verhangen. Wer etwas sehen wollte, mußte wohl hineingehen. Da kam schon Mockridge und holte ihn.

John fand, daß Mary Rose weder dick war noch die Nase kraus zog. Sie hatte ein knochiges Gesicht, die Stirn war hoch, alles aus lauter gebogenen Linien aufgebaut. Irgend etwas an ihr erinnerte an ein Schiff. Sie war ein Mann des Kriegs von weiblichem Geschlecht. Zunächst schob sie den unteren Teil des Fensters hoch, um mehr Licht hereinzulassen, und sah John prüfend an. »Bist du ins Gebüsch gefallen?« fragte sie und deutete auf seinen Kopf und seine Hände. »Das war kein Gebüsch. Ich war in der Schlacht von Kopenhagen«, antwortete John beklommen und stockte.

»Und die vier Schillinge hast du?« John nickte. Da sie schwieg, sah er seine Aufgabe klar vor sich. »Ich werde dich jetzt ausziehen«, sagte er mit Todesverachtung. Sie sah ihn unter den vielfältig geschwungenen Bögen ihrer Augenlider, Brauen, Stirnknochen und unter den Buchten ihres Haaransatzes belustigt an. »So siehst du aus!« sagte sie lächelnd. Ihr weicher Mund konnte spöttische Sätze ganz freundlich sagen. Jedenfalls war es bis jetzt nicht zum Davonlaufen.

Nach einer halben Stunde war John immer noch da. »Mich interessiert alles, was mir noch unbekannt ist«, sagte er. »Dann faß doch mal hier an – gefällt dir das?« »Ja, aber bei mir funktioniert alles nicht richtig«, stellte John etwas mißmutig fest.

»Nicht so wichtig! Kanonen gibt's genug hier.«

In diesem Augenblick ging die Tür auf, und ein dicker, großer Mann stand da mit fragendem Gesicht, er wollte offenbar herein. »Raus!« schrie Mary Rose. Der Dicke ging. »Das war Jack. Der zum Beispiel ist eine Kanone – im Fressen und Saufen!« Mary Rose war guter Laune. »Als sein Schiff einmal festsaß, warfen sie ihn außenbords. Sofort kam der Kiel wieder frei!« Sie lehnte sich zurück und lachte herzlich mit geschlossenen Augen. So konnte John ihre runden Knie und Schenkel betrachten und sich überlegen, wie es weiterging. Aber was nun einmal nicht wollte, war auch dadurch nicht zu bewegen. Er holte seine Hose vom Stuhl und prüfte, wo oben und unten war. Dann kramte er die vier

Schillinge heraus. »Ja, zahlen mußt du schon«, sagte Mary Rose, »sonst denkst du noch, du hättest keinen Spaß gehabt!« Sie faßte ihn um den Kopf. Johns Lippen fühlten ihre Augenbrauen, er spürte die kleinen Härchen. Friedlich und weich war ihm zumute. Es gab keine Anstrengung und keine Überlegung, denn ihre Hände waren es, die seinen Kopf hin- und herbewegten. »Du bist ein ernster Junge«, sagte sie, »und das ist etwas Gutes. Wenn du älter bist, wirst du ein Gentleman. Laß dich wieder sehen – das nächste Mal funktioniert es, das weiß ich.« John kramte noch einmal in der Tasche. »Ich habe hier«, begann er, »einen Schraubschäkel aus Messing.« Er gab ihn ihr zum Geschenk. Sie nahm ihn, sagte nichts. Zum Abschied sagte sie rauh: »Wenn du hinausgehst, stell dem dicken Jack ein Bein. Wenn er sich den Hals bricht, hab' ich den Abend frei!«

Als John das Schiff betrat, schien Mockridge erstmals beide Augen im gleichen Winkel auf ihn zu richten. »Wie war's?« John dachte nach, faßte einen Entschluß und hielt sich daran. »Ich bin verliebt«, sagte er. »Ich war nur anfangs etwas kleinmütig wegen der Knöpfe.« Er log ja nicht. Noch lange dachte er an den angenehmen Geruch ihrer Haut. Und es blieb die Hoffnung, daß die Langsamkeit der Frauen etwas mit der seinen zu tun hätte.

Am Unterwasserschiff keinerlei Schäden. Matthew hatte nun auch seinen Paß für die *Investigator* und, trotz des Mißgeschicks von Dungeness, den Segen der Marinebehörde. Ein weiterer Forscher, Dr. Brown, und der langerwartete Segelmeister Thistle hatten sich an Bord eingefunden, die Mannschaft war vollständig. Matthew ließ den Anker lichten.

Nach vier Tagen trafen sie auf die Kanalflotte – kein angenehmer Anblick. Da lagen wieder die hochbordigen Klötze, vollbeladen mit Pulver und Eisen, zum Schießen besser geeignet als zum Fahren, und lauerten auf die Franzosen.

»Nie wieder!« sagte John erleichtert. Sie fuhren in Gewässer außerhalb Europas, wo es nur um Beobachtungen und gute Karten gehen würde. Die schöne fremde Welt – er mußte sie jetzt wirklich sehen, sonst konnte er nicht mehr an sie glauben. Das Meer selbst mußte ihn aus dem Kleinmut herausholen. Ein Kind war er nicht mehr. Als Sherard einmal wie früher sagte: »Ich passe auf wie Adler!«, da überkam es John seltsam, als müsse er weinen über Verlorenes.

Aber jetzt war er unterwegs.

Wer zur See fährt, kann nicht lange verzweifelt sein. Es gibt dafür auch viel zuviel Arbeit. Matthew trainierte seine Bauernmannschaft, bis ihr die Augen im Stehen zufielen. John lernte nicht nur alle Manöver und Gefechtsrollen, sondern auf dem ganzen Schiff jeden Block, jeden Beschlag, jede Naht. Er wußte, wo sich Taue und Ketten bekniffen, wie man Augen in ein Ende einschor, Taklings spleißte, Stengen laschte. Die Kommandos für sämtliche Segelmanöver konnte er auswendig, und das waren viele. Sorge bereitete nur der Kater Trim, eine graugetigerte Schönheit ohne jedes Mitleid. Das Tier saß in der Fähnrichsmesse mit bei Tisch und hatte bald herausgefunden, daß man dem langsamsten Midshipman leicht mit einem Pfotenschlag ein Stück Braten von der Gabel hauen konnte, um es dann an einem geschützten Ort zu verzehren. Das Manöver glückte viel zu oft. Die Tischgenossen warteten schon darauf, sie verschluckten sich fast vor Lachen. Unwillig bemerkte John, wie Trim dadurch immer beliebter wurde. Es war aber eine derjenigen Sorgen, über denen man die größeren vergessen konnte.

Die schlimme Figur erschien nachts immer seltener. Im Traum war John jetzt mehr mit dem Segelsetzen beschäftigt. Er hörte seine eigene Stimme gellen: »Schot vor. An die Marsfallen. Hol steif. Hiß Marssegel. Fest Marsfallen…«, und das Schiff tat zuverlässig, was es sollte.

Zu Beginn des Navigationsunterrichts sagte Matthew, er glaube nicht, daß irgend jemand in der Welt Gutes verrichten könne, ohne die Sterne bei Stand und Namen zu kennen. Dann erklärte er den Himmel und den Sextanten. John wußte schon Bescheid, aber er hatte das kostbare Instrument jetzt zum ersten Mal in der Hand. Die Spiegel und Meßstriche auf der Segmentskala stimmten auf einen sechzigstel Zoll genau. In der Mitte drehte sich ein Lineal mit dem orientalischen Mädchennamen Alhidade. John lernte als erstes, daß ein Sextant nicht zu Boden fallen durfte, und dann, wie man ihn bediente. »Entweder genaue Zahlen oder beten, ein Drittes gibt es nicht!« sagte Matthew. Wenn er durch den Peildiopter spähte, sah er selbst aus wie ein Präzisionsinstrument: das linke Auge geschlossen und von scharfen Sechzigstel-Zoll-Fältchen umgeben, die Nase gerümpft, die Oberlippe gekraust wie im Ausdruck tiefster Verachtung für alles Ungefähre. Das Kinn war zurückgenommen, soweit das bei Matthew ging. Da stand einer und wußte genau zu schauen, bevor er handelte. John und Sherard waren sich darüber einig, daß sie Matthew am meisten liebten, wenn er peilte.

Dann die Chronometer, von Matthew liebevoll Zeithüter genannt. Nur wenn man die genaue Greenwicher Zeit hatte, konnte man ausrechnen, bis zu welcher Länge man nach Westen oder Osten vorgedrungen war. Die Zeithüter waren einzeln in langer Handarbeit gebaut worden und trugen stolze Namen: Earnshaw's Nr. 520 und 543, Kendall's Nr. 55, Arnold's 176. Jeder hatte sein eigenes Gesicht – schwarze Ornamente auf schneidigem Weiß –, und jeder ging auf seine Weise ein wenig vor oder nach. Nur gemeinsam verbürgten sie Genauigkeit. Durch ständiges Vergleichen kam jede Eigenwilligkeit des einzelnen sofort an den Tag. Uhren waren Geschöpfe. Das größte Wunder an ihnen war, daß ihre starke Federkraft durch die geheimnisvolle Ankerhemmung vollkommen gleichbleibend wirkte. Ging ein Zeithüter nur um eine Minute nach, so vertat man sich bei der Positionsberechnung schon um fünfzehn Seemeilen. Auch der Kompaß, Walker's Nr. 1, war eine respektable Figur. Er hatte die Neigung, überempfindlich zu reagieren, besonders wenn Kanonen in der Nähe waren.

Gern betrachtete John Land- und Seekarten. Er starrte sie so lange an, bis er jeden Strich zu verstehen meinte und alle Gründe für die Gestalt der Erde in diesem Gebiet. Küstenstrecken beurteilte er danach, wievielmal der Weg von Ingoldmells nach Skegness in sie hineinging – das war ein brauchbares Maß. »Eine Karte ist im Grunde etwas Unmögliches«, sagte Matthew, »denn sie verwandelt Erhabenes in Ebenes.«

Am liebsten sah John zu, wenn die Geschwindigkeit gemessen wurde. Als er zum ersten Mal selbst messen durfte und gefühlvoll die Logrolle ablaufen ließ, war er endlich ganz und gar froh. Nach einem Vorlauf von achtzig Fuß stand das Scheit richtig, der Anfangsknoten flutschte heraus, und Sherard drehte das Glas um. Achtundzwanzig Sekunden liefen Sand und Leine, dann hielt John fest und prüfte. »Drei Knoten und ein halber, berühmt ist das nicht.« Er maß gleich noch einmal.

John hätte sogar nachts Logleine und Sanduhr mit in die Koje genommen, wenn er hätte messen können, wie schnell ein Mensch schlief oder wieviel Fahrt seine Träume machten.

Matthew hatte seine Spleens. Tag für Tag ließ er Hängematten lüften, Wände mit Essig abwaschen und die Decks mit dem »heiligen Stein« schrubben. Das polternde Geräusch dieses Scheuerblocks weckte morgens die letzten Schläfer.

Oft wurden zum Essen Sauerkraut und Bier verordnet, und ein großer Vorrat an Zitronensaft stand bereit. So wollte Matthew den Skorbut überwinden. »Bei mir stirbt keiner«, sagte er drohend, »höchstens Nathaniel Bell am Heimweh.«

»Oder wir alle, aber nicht an einer Krankheit«, raunte Colpits im Kreis der Unteroffiziere. Er war jetzt wieder überzeugt, daß die prophezeite Strandung doch noch kommen würde. Es gab aber noch eine dritte Möglichkeit. Das Schiff machte pro Stunde zwei Zoll Wasser. Der Zimmermann kroch stundenlang in der Bilge herum, kam mit blassem Gesicht wieder an Deck und bat Matthew um ein Gespräch unter vier Augen. Sofort entstanden Gerüchte.

»Ich wette, eine der Planken ist aus Vogelbeerholz«, vermutete einer, »das wird uns zu den Fischen bringen!« »Red keinen Unsinn!« schrie Mockridge. »Seht hier die Decksplanke aus Wacholder, die gleicht jede böse Wirkung aus!«

Es wurde viel geredet während des Pumpens, und gegen eine alte Geschichte hilft kein Verstand, vor allem wenn sie sich zu bestätigen scheint. Nach drei Tagen wurden die Gesichter noch länger. »Jetzt genehmigt sie sich schon vier Zoll pro Stunde«, sagte der erste Leutnant, »bald brauchen wir keine Katzen mehr, die Ratten ersaufen von selber.«

Madeira! John war wieder an Land. Der Boden stand so fest, daß die Beine ungläubig wackelten. Der Krieg rückte wieder näher: eben waren die Soldaten des 85. Regiments an Land gebracht worden und verjagten rund um die Stadt Funchal alle Kaninchen und Eidechsen durch fortwährendes Schanzen. Funchal sollte gegen einen französischen Angriff verteidigt werden. Dieser aber drohte nur deshalb, weil sie dort schanzten. England hatte das portugiesische Madeira in aller Freundschaft besetzt. Wie immer, wenn John zu einer Sache einen eigenen Gedanken hatte, der von anderen vielleicht nicht geteilt wurde, fühlte er Sorge aufsteigen. Aber er dachte: Ich weiß zu wenig Bescheid.

In Funchal wurden die Nähte der *Investigator* kalfatert bis oben hin. Nachts schlief man an Land, die Offiziere und Unteroffiziere in einem Hotel. John lernte, wieviel Flöhe und Wanzen sich an einem einzigen Ort zur gleichen Zeit versammeln konnten, es war etwas für die Naturforschung!

Die Wasserfässer wurden neu gefüllt, und Matthew kaufte Rindfleisch. Er erklärte seinen Midshipmen, wie man am bläulichen Fleisch eine alte Kuh von einer jungen unterscheiden konnte. Der Madeirawein war ihm zu teuer. Ein Faß zu zweiundvierzig Pfund Sterling, das war Seeräuberei mit anderen Mitteln. Das mochten die lungenkranken englischen Adligen bezahlen, die hier im Ochsenschlitten spazierenfuhren und Romane lasen.

Die Forscher versuchten auf den Pico Ruivo zu steigen, einen hohen Berg am Rand eines uralten ausgedehnten Vulkankraters. Wegen beträchtlicher Blasen an den Füßen erreichten sie den Gipfel nicht. Bei der Rückkehr schlug auch noch ihr Boot voll, und sie waren ihre Käfersammlung los. »Schade! Interessantere Käfer als auf Madeira gibt es nirgends auf der Welt«, seufzte Dr. Brown.

Als das Schiff bei sanftem Südwind die Insel wieder verließ, waren nur Franklin und Taylor auf dem Achterdeck, die anderen aßen. Taylor sah eine rote Staubwolke, die aus Nordosten über das Wasser kam. Beide folgerten daraus zunächst nichts. John dachte: Wüste. Er stellte sich vor, wie der Wind den roten Sand der Sahara emporhob, wie er ihn über die Küste hinaus und über das dunkle Meer hinjagte, vielleicht bis nach Südamerika. Irgend etwas schien John sonderbar. »Halt!« sagte er, und Minuten später: »Die Wolke hat doch...« Wieder etwas später standen schon alle Segel back, die starke Bö aus Nordost fuhr in den schwachen Südwind hinein und rupfte die Takelage der *Investigator*. Eine der Spieren kam klatschend herunter, und ein großer Block aus Ulmenholz erschlug eine der Katzen – aber nicht den Kater Trim. Die Sache verlief noch glimpflich. Alle aßen von einer aufgefischten Riesenschildkröte und tranken einen Schluck Malvasier auf das Wohl der toten Katze.

John dachte nach. Er hatte es gesehen und doch ratlos herumgestanden. Gewiß, wer eine Gefahr erkennen wollte, mußte erst einmal schauen. Aber beim Handeln brauchte man dann das Eingelernte, die Blindheit. Statt »Halt, die Wolke...« hätte er rufen sollen: »Wind schlägt um.« Gut sechs Minuten Zeit wären geblieben, um durch Abfallen und gleichzeitiges Anbrassen die Spieren zu schützen. Man hätte sogar noch die Bramsegel bergen können. John kam zu der Überzeugung, daß er auch alles Unvorhersehbare üben müsse. Irgendwann wollte er einmal ein Schiff retten, indem er schnell und richtig handelte.

Sherard fragte ihn ab: »Es ist Sturm, und der Leeraum reicht zum Halsen nicht aus.« Oder: »Mann über Bord bei Hart-am-Wind-Kurs!« John nahm sich jedesmal genau fünf Sekunden, um vor seinem inneren Auge alles gut betrachten zu können. Dann kam die Antwort: »›Mann über Bord‹ rufen. Tagrettungsboje zum Mann werfen, aber nicht auf den Mann – bei Nachtrettungsboje egal, da ohnehin dunkel. Beidrehen, Leeboot zu Wasser. Einer behält Mann immer im Auge.« »Gut«, sagte Sherard, »jetzt siehst du Flammen im Vorschiff!« Fünf Sekunden, Atemholen und: »Sofort abfallen auf Raumkurs, Luken dicht, Geschütze entladen, Kartuschen über Bord, Pulverkammer zu, Riegel vor, Speigatten verstopfen, Boote an den Rahen anschlagen zum Wasserwippen...« Hinter ihm stand längst Matthew. »Nicht schlecht«, meinte er. »Du fängst vielleicht etwas spät mit dem Löschen an.« John verstand langsam und wurde rot. Kleinlaut murmelte er: »An die Pützen...«

Wochenlang kein Land. Es war jetzt so warm, daß auch nachts keiner mehr in der Jacke herumlief. John spürte wohlig die Ruhe des Meeres, eine Ruhe, die von der Windstärke ganz unabhängig war. Die Mannschaft arbeitete immer besser. Sogar Stückmeister Colpits wurde freundlicher, obwohl er mit seiner Munition nur friedlichen Zwecken dienen konnte. Als Stanley Kirkeby sich am Arm verletzt hatte und fieberte, mußte er eine Mischung aus Schießpulver und Essig einnehmen. Schnell war er wieder auf den Beinen.

Im Traum sah John eine neue Figur. Das mondhelle nächtliche Meer wuchs zu einer eigenen Gestalt auf, es bäumte sich empor zu einer gelockten Wasserwolke, die spiralenförmig um sich selbst kreiste, nach oben im Umfang zunehmend wie eine wuchernde Pflanze, wie ein flackernder und brennender Busch aus Wasser oder ein Strudel, aber nicht aus Wind und Strömung, sondern aus eigener Kraft. Das Meer gab sich selbst einen Körper, es konnte sich neigen, Haltungen einnehmen, Richtungen anzeigen. Aus der scheinbar ewigen Geraden des Horizonts stieg im Traum mühelos diese riesenhafte Figur auf, sie war wie eine Wahrheit, durch die alles anders werden mußte. Himmelwärts öffnete sich ein Krater, ein Mund oder Schlund. Vielleicht war das Ganze ein Leviathan, vielleicht ein Tanz von Millionen kleiner Wesen. John träumte das oft. Manchmal folgten nach dem Aufwachen lange Gedanken. Mary Rose in Portsmouth fiel ihm ein, und daß es bei Frauen nicht auf einen äußeren, sondern auf einen verborgenen inneren Zeitpunkt ankam. Ein andermal sann er über den Zug des Volkes Israel durchs Rote Meer nach und vermutete, daß nicht Gott, sondern das Meer selbst für Rettung gesorgt habe.

Wenn er morgens in der Hängematte lag und nachdachte, hellwach schon längst vom Poltern des »heiligen Steins«, dann gab es Augenblicke von rauschhafter Klarheit. Er wußte, daß, sehr langsam, etwas Neues begann. Gleichzeitig spürte sein Rücken schon, wie das Meer heute aussah. Nicht mehr lang, und er war ein Seemann durch und durch.

Siebentes Kapitel

Terra australis

Die *Investigator* leckte trotz der Ausbesserung bald wieder, und mehr als zuvor. »Sie zwitschert jetzt schon fünf Zoll pro Stunde, die alte Saufgurgel«, sagte der Bootsmannsmaat. »Wenn wir am Kap nicht wieder kalfatern, können wir uns gleich in den Booten einrichten. Ein Sturm, und wir brauchen keinen Arzt mehr!« Aber das war einer der wenigen pessimistischen Sätze, die gesprochen wurden. Mr. Colpits war dazu übergegangen, vielsagend zu schweigen, und der Rest der Mannschaft dachte: Bis zum Kap werden wir es schon schaffen.

Der Sommer ging einfach weiter und wurde immer wärmer. Die Zeit der kurzen Hosen schien stehengeblieben. Jetzt wurde es Oktober, aber hier war das erst der Anfang des Sommers. Allein durch ihre Dauer veränderte die Wärme die Menschen. Nichts an Bord war unwichtig, jedem wurde zugehört. All das gab John das Gefühl, gar nicht mehr so langsam zu sein wie noch vor Monaten. Überdies konnte Trim ihn nicht mehr blamieren. John gab dem Kater seinen Bissen, noch bevor er danach krallte.

Matthew ärgerte sich, weil er eine Insel Saxemberg nicht finden konnte. Ein gewisser Lindeman wollte sie vor gut hundert Jahren gesichtet haben – er hatte genaue Koordinaten angegeben. Aber obwohl Tag und Nacht drei Männer Ausschau hielten, wurde Saxemberg nicht ausgemacht. Vielleicht war Lindeman verrückt gewesen oder sein Chronometer des Teufels. Oder die Insel war zu flach und blieb hinter der Kimm. Womöglich war man kaum fünfzehn Seemeilen an ihr vorbeigesegelt. »Wenn keiner sie findet, gehört sie mir«, sagte Sherard. »Ich baue mir ein Haus darauf, das mir keiner wegnehmen kann.«

Am Kap der Guten Hoffnung lag eine Schwadron englischer Kriegsschiffe, die mit Zimmerleuten und Material aushalfen. Neues Werg wurde in die geschundenen Nähte der *Investigator* gezwängt. Nathaniel Bell, heimwehkränker denn je, wurde mit einer der Fregatten nach Hause geschickt. Für ihn kam ein anderer Midshipman herüber, Denis Lacy, ein Bursche, der viel über sich selbst redete, weil er fand, die anderen müßten wissen, mit wem sie es zu tun hätten. Zunächst konnte John ihm aus dem Wege gehen.

Da der Astronom wegen starker Gichtanfälle nach Kapstadt gebracht worden war, mußten Leutnant Fowler und

John eine Sternwarte einrichten. Als ihre Fernrohre bereits den Himmel absuchten, merkten sie, daß neben ihrer Station der Pfad von Simonstown nach Companies Garden vorbeiführte. Wer immer dort entlangzog – Gentlemen auf dem Morgenritt, Sklaven mit Feuerholz, Seeleute von den Schiffen in der False Bay –, alle blieben stehen und fragten, ob es schon etwas Interessantes zu sehen gäbe. Gut, daß Sherard dabei war! Er machte einen Zaun aus Pfählen und Seilen, zog alle Frager auf sich und erzählte mit runden Augen so abenteuerliche Neuigkeiten über die gesichteten Himmelskörper, daß die Gentlemen ihren Ritt und die Sklaven ihre Last wieder aufnahmen.

Nach drei Wochen ging die Fahrt weiter. Die letzten europäischen Kriegsschiffe kamen außer Sicht. »Ich glaube, ich möchte immer dort sein, wo es nicht um Körper geht, oder wenn, dann respektvoll«, sagte John zu Matthew.

Der wußte, was gemeint war. »Wo wir hinkommen, da kann man einen Krieg ersticken, solange er noch klein ist.«

Die *Investigator* lief mit sechs Knoten direkt nach Osten. In etwa dreißig Tagen würden sie die Terra australis an einem bereits bekannten Punkt erreichen, dem Kap Leeuwin. John stellte sich schon die Eingeborenen vor. »Ob sie ganz nackt sind?« fragte Sherard. John nickte geistesabwesend. Er dachte daran, daß für die Wilden ein Weißer ein wunderbarer Mensch sein mußte, weil er von so weit her kam. Sie würden einem Weißen immer lange zuhören, auch wenn sie kein Wort verstanden. Ferner war John gespannt darauf, ob es dort wirklich Fische und Krebse gab, die auf Bäume kletterten, um sich nach dem nächsten Wasser umzusehen. Mockridge hatte das erzählt, und auf den war meistens Verlaß. Freilich kannte er sich in der Terra australis noch nicht aus.

Johns neuer Quälgeist wurde dieser Lacy.

Wenn Denis Lacy John Franklin zusah, wurde er ungeduldig. »Ich kann das nicht sehen!« sagte er dann und lächelte entschuldigend. Er war der Schnellste, und er zeigte das allen, nicht nur John. Aus höherer Geschwindigkeit leitete er das Recht ab, anderen wegzunehmen, was sie gerade in den Fingern hatten. »Laß es mich machen!« Jeden längeren Vorgang mußte er durch irgend etwas interpunktieren und in kürzere Stücke aufteilen. Je länger einer sprach, desto öfter unterbrach ihn Denis, um zu versichern, daß er verstanden habe. Zwischendurch sprang er auf, weil er etwas tun mußte – einen Becher aufstellen, der vielleicht vom Tisch rollen konnte, Trim verscheuchen, der sich eventuell gleich an einer herumliegenden Uniformjacke die Krallen schärfen würde, oder aus dem Fenster spähen, ob zufällig Land in Sicht sei. Er schien im übrigen in seine eigenen Beine verliebt, denn er tänzelte gern hin und her oder rannte die Niedergänge in einer Weise hinab, daß es klang wie ein Trommelwirbel. Über die Rahen lief er, ohne Halt im Fußpferd zu suchen, freihändig bis zur Nock hinaus. Man erwartete nur noch, daß er eines Tages von einer Mastspitze zur anderen sprang. Wenn er wirklich einmal ruhig irgendwo lehnte, dann betrachtete er verstohlen seine muskulösen Beine. Er meinte es nicht böse mit den Bedächtigeren. Einmal gelobte er sogar Besserung. »Trotzdem«, sagte der Gesteinsforscher, der nie etwas sagte, »er ist eine Nackenplage!« Denis Lacy gegenüber fühlte sich jeder andere wie eine Schildkröte.

»Land in Sicht!«
Die gesamte Mannschaft wurde von der Trommel an Deck gerufen. Matthew gab sich grimmig, aber seine Augen funkelten zufrieden. Nach dreißig Tagen hatte er auf die Meile genau das Kap Leeuwin getroffen. »Jetzt erforschen wir unbekannte Küsten. Der Mann im Ausguck ist lebenswichtig, Riffe können überall sein!«
Matthew senkte die Stimme. »Wir werden auch Eingeborene treffen. Wer mit ihnen Streit anfängt, dem verspreche ich hier vor dem Mast, daß er nicht unter sechsunddreißig

Peitschenhieben davonkommt. Wir sind Forscher und keine Eroberer. Außerdem sind die Kanonen unter Deck.«

Der Stückmeister blickte zum Himmel und bewegte das Kinn hin und her, als scheuere ihn etwas im Nacken. Matthew fuhr fort: »Streit kann man auch dadurch anfangen, daß man sich mit ihren Weibern einläßt. Daß ich keinen erwische! Im übrigen wird Mr. Bell gleich alle auf venerische Leiden untersuchen, Anweisung von oben. Das heißt aber noch lange nicht, daß ihr etwas dürft, was ich euch verboten habe! Wer Nägel oder andere Zahlungsmittel stiehlt, schiebt Wache bis zum Umfallen! Keiner schießt ohne Befehl! Noch Fragen?«

Keine Fragen. Bell konnte mit der Untersuchung beginnen.

Die Australier waren durch Matthew nicht sehr empfehlend eingeführt, aber er war zu lange mit Kapitän Bligh gesegelt und hatte auch zu viel von den üblen Erfahrungen Cooks und de Marions gehört, um leichtsinnig zu sein.

Aus der Miene des untersuchenden Wundarztes schlossen John und Sherard, daß sie wahrscheinlich nicht an einer Lustseuche litten. Sie waren sehr froh darüber.

Erster Landgang am Kap Leeuwin. Die Leutnants blieben an Bord und machten eine Karronade klar, um eine fluchtartige Rückkehr der Boote zu decken. Zunächst ließ Matthew nach einer Flasche suchen, die Kapitän Vancouver vor rund zehn Jahren hier zurückgelassen haben sollte. »War da noch was drin?« fragte Sherard. Sie fanden eine verlassene Hütte und verwilderte Gartenanlagen, eine Wüstung. In einer Baumgabel hing ein kupfernes Schild: »August 1800. Christopher Dixson. Schiff *Elligood*«. Während sie von den Austern satt wurden, die in den Klippen zu Tausenden wuchsen, meinte Matthew: »Die Gegend scheint etwas überlaufen. Wir sind in zehn Jahren schon das dritte Schiff. Nie gehört von Mr. Dixson.«

Im zart gekrausten Wasser der Bucht lag die *Investigator*

wie ein ganz fremdes Schiff voller Hoheit. Aus der Entfernung sahen ihre Planken aus, als seien sie dicht. Der junge Maler William Westall war dabei, Schiff und Bucht zu zeichnen, und der Kapitän sah ihm kauend über die Schulter. »Da sieht man aber nicht, daß sie an zwei Ankern liegt. Ich hätte gern, daß beide Ketten drauf sind!« So war Matthew. Er wollte von der Arbeit, die man sich gemacht hatte, auch etwas sehen.

Als sie ihren Streifzug begannen, hörten sie plötzlich großes Beifallklatschen. Es waren aber nur zwei schwarze Schwäne, die von einem Teich aufflogen. Und kletternde Krebse gab es weit und breit nirgends.

Dann sahen sie den ersten Einheimischen, einen alten Mann. Er näherte sich unsicheren Schritts, schien aber die Weißen nicht im geringsten zu beachten, sondern führte ein lautes Gespräch mit unsichtbaren Freunden im Wald. Als Mr. Thistle einen Vogel schoß, erschrak der Alte keineswegs. Er staunte nur kurz und führte dann die Unterhaltung fort. Etwas später rückten zehn braune Männer an, lange Stäbe in der Hand und nackt wie der Alte. Matthew hieß die Seinen stehenbleiben und legte den Australischen ein weißes Schnupftuch und den erjagten Vogel als Geschenk hin. Vielleicht hatte aber gerade diese Vogelart keine so gute Bedeutung. Die Männer wurden ablehnend und begannen, die Weißen mit wedelnden Armbewegungen zum Schiff zurückzudrängen. Sie nahmen auch das Schnupftuch nicht. Als sie die *Investigator* liegen sahen, deuteten sie immer wieder hin und sprachen in einem fordernden Ton. Das war nicht mißzuverstehen. »Es heißt: Geht nach Hause!« vermutete Mr. Thistle. Matthew hielt es für möglich, daß sie nur das Schiff besichtigen wollten, und machte einladende Gesten. Darauf bedeuteten ihm die braunen Männer, er möge das Schiff zu ihnen bringen. So wurde es wohl mit den Wilden etwas mühsam. Ein Missionar hätte das Kreuz hervorgezogen und Gebete gesprochen, und das wäre womöglich besser gewesen als ein Schnupftuch und ein toter Vogel von der falschen

Sorte. Frauen sah man nicht. Sie wurden gewiß verborgen gehalten. John dachte an Mr. Dixson von der *Elligood*. Niemand konnte wissen, wie der sich hier benommen hatte. Die australischen Männer blickten ernst unter ihren dicken Augenknochen hervor wie Hausherren, denen ein etwas zweifelhafter Besucher vorgestellt wird. Ihre Bärte und Haare waren gesträubt, vielleicht auch das ein Zeichen des Zweifels, ganz wie bei dem Kater Trim.

»Die sehen sich hier ja tierisch ähnlich!« sagte Olof Kirkeby nach eingehender Prüfung zu seinem Zwillingsbruder.

Untereinander sprachen die Australischen erst wenig, dann immer mehr, und schließlich begannen einige zu lachen. Bald taten das alle bis auf einen, sie redeten und lachten. Matthew meinte, sie hätten nun doch Vertrauen gefaßt. Mr. Thistle vermutete, das jetzige sei ihr normales Verhalten, es sei durch das Erscheinen der Weißen nur kurz dem ängstlichen Staunen gewichen. Sherard sagte: »Sie lachen, weil wir Kleider anhaben.« John sah am längsten hin, bevor er etwas sagte. Seine Antwort kam, als alle die Frage für erledigt hielten, und wie gewöhnlich so schleppend, daß nur noch Matthew und Sherard zuhörten. »Sie wissen jetzt, daß wir ihre Sprache nicht verstehen. Darum reden sie absichtlich Unsinn und lachen darüber.« Matthew staunte und schlug sich auf den Oberschenkel. »Stimmt«, rief er und wiederholte das Ganze noch einmal etwas schneller für die anderen. Jetzt sahen alle sehr genau hin: es stimmte! Dann blickten sie John an. In die Stille hinein sagte Sherard: »John ist klug. Ich kenne ihn schon zehn Jahre!«

Inzwischen hatte Mr. Westall die Ansicht der Bucht vollendet. Jeder Hügel, jeder Baum stimmte, auch das Schiff an seinen Ankertauen und die Ausfahrt ins offene Meer. Vorne aber sah man einen riesenhaften alten Baum, den es hier nirgends gab. Seine Äste rahmten alles ein, und in ihrem Schatten lehnte ein Eingeborenenpärchen von hübscher Gestalt, das bewundernd zum Schiff hinausblickte. »Das Mädchen male ich genauer, wenn wir zum ersten Mal Frauen gesehen haben«, meinte Mr. Westall. John fühlte einen Zweifel aufsteigen, er wußte aber noch nicht, wie er zu bestimmen war.

An der ganzen Situation war etwas verkehrt. Es war John zumute, als werde er gleich »Halt!« rufen müssen, er wußte bloß noch nicht, was er anhalten sollte. Irgend etwas war bei den eigenen Leuten anders als sonst. Was hatte die Anwesenheit von Eingeborenen bei ihnen verändert? John beobachtete die Engländer jetzt ebenso scharf wie vorher die Australischen.

Die Kirkebys blieben ruhig. Sie starrten unentwegt auf die Wilden und blieben dabei stumm. Andere aber gingen viel zu nah hin, gestikulierten herum, und zwar bei weitem zu schnell. Vielleicht wollten sie begütigen, vielleicht auch nur zeigen, daß ihnen zu der Situation etwas einfiel. Das änderte aber nichts an ihrer Zudringlichkeit. Sie wollten verblüffen, so wie alle John verblüffen wollten, wenn sie ihn noch nicht genug kannten. Besonders unangenehm waren einige, die ihre Köpfe zusammensteckten und über die Wilden lachten.

»Mehr Respekt, meine Herren!« sagte Matthew mit gefährlicher Ruhe, »keine Witze mehr, auch keine guten, Mr. Taylor!«

Plötzlich wußte John, wie es war: alle glaubten, die Wilden seien noch zu wenig darüber belehrt, wen sie vor sich hätten. Die Weißen fühlten sich noch nicht ausreichend respektiert. Sie warteten darauf, daß dieser Fehler korrigiert würde.

Als sich die Engländer wieder in die Boote setzten, hatte John zu viel mit sich selbst zu tun, um weiter genau beobachten zu können. Da hörte er Matthews Stimme scharf sagen: »Ich warte nicht mehr lange, Mr. Lacy!« Es ging um ein Gewehr, welches Denis wohl aus purem Übermut hatte abfeuern wollen.

Es fiel John auf, daß Matthew sich ruhiger bewegte als sonst, schleppender als irgendein anderer auf dem Landeplatz. Auch bei den Australischen gab es einen, der sich so verhielt. Er saß ruhig da, lachte wenig und nahm alles wahr – seine Augäpfel waren in ständiger Bewegung.

Da fiel ein Schuß. Die braunen Männer verstummten. Getroffen war niemand. Einer der Marinesoldaten war an den Abzug seiner Waffe geraten.

Aber warum passierte das ausgerechnet beim Abschied, und warum einem Mann, der am Gewehr vorzüglich ausgebildet war?

Nach wenigen Tagen trafen sie in einem weiteren Küstenabschnitt einen ganzen Stamm, also auch Frauen und Kinder, die aber bald in Sicherheit gebracht wurden. John konnte die Australischen gut auseinanderhalten, denn er sah lang genug hin. Nicht einmal Dr. Brown konnte das so gut, obwohl er doch Forscher war und die Wilden von Kopf bis Zehen vermaß. Er schrieb in ein Heft: »King-George-Sund und Umgebung. A: Männer. Durchschnittswerte von 20 Exemplaren. Länge: 5 Fuß 7 Zoll. Oberschenkel: 1 Fuß 5 Zoll. Schienbein: 1 Fuß 4 Zoll.«

»Was machen wir damit, kriegen die jetzt Kleider?« fragte Sherard. »Nein, das ist Ethnographie«, antwortete der Forscher. John hatte zu notieren, wie die gemessenen Körperteile hießen: Kaat – der Kopf, Kobul – der Bauch, Maat – das Bein, Waleka – das Gesäß, Bbeb – die Brustwarze. Es war ein Tauschhandel: Nägel und Ringe gegen Maße, Gewichte und Vokabeln.

Als Matthew die Worte für Feuer und Arm wußte und damit einen australischen Namen für Gewehr, ließ er am Ufer die Trommel schlagen, so daß Weiße wie Eingeborene sich neugierig versammelten. Er hob ein Gewehr hoch in die Luft und rief auf australisch einige Male: »Feuer-Arm.« Dann schoß er auf ein Ösfaß, das er auf einen Stein hatte legen lassen, und traf es so gut, daß es ins Wasser gefegt wurde. Er ließ wieder laden und das Ösfaß auf den alten Platz legen. Jetzt sollte John schießen. John begriff nicht sofort – es lag daran, daß er anderer Meinung war und nicht wollte. Zum ersten Mal seit langer Zeit tat er noch langsamer, als er war, aber es half nichts, er konnte Matthew nicht widersprechen.

Es war ein Ösfaß aus Blech, das viel Lärm machte, und John war der Langsamste. Matthew wollte den Wilden zeigen, daß auch ein langsamer Engländer mit dem Feuerarm jähe Veränderungen bewirken konnte. John hatte eine ruhige Hand und verstand sich aufs Zielen. Er traf das Blech. Beifall bekam er nicht, denn das hatte Matthew verboten. Es sollte wie eine ganz alltägliche Sache wirken. Das Ergebnis war seltsam. Die Australischen lachten, vielleicht aus Befremdung. Das Wort »Feuerarm« benutzten sie nie, sie hatten für das Gewehr einen anderen Namen. Daß Vögel und Ösfässer umfielen, wenn sie getroffen waren, hatten sie gesehen. Vielleicht wußten sie noch nicht, daß es mit Menschen genauso war. Immerhin waren jetzt die Weißen der Ansicht, sie würden von den Wilden in ihrer Überlegenheit anerkannt, und so hatten sie auch selbst wieder mehr Respekt vor ihrem Kapitän.

Weil er nun Zeit hatte, saß John lange im Wipfel eines Baums und beobachtete Engländer und Einheimische. Er stellte fest, daß jetzt auch die Australischen Ethnographie betrieben. Jedesmal wenn das Boot von der *Investigator* herüberkam, beäugten und betasteten sie alle glattrasierten Weißen, um sich dann gegenseitig zu versichern, daß es sich auch bei den neuangekommenen Exemplaren nicht um Frauen handle.

Während der ganzen Küstenfahrt saß John Franklin am liebsten im Vortopp. Riffe konnte er rechtzeitig sehen und hören, denn er tat oder dachte nie zweierlei zur gleichen Zeit. Es dauerte ein wenig, bis er eine gesichtete Brandung aussang, aber auf Sekunden kam es ohnehin nicht an. Wichtig war nur, daß einer nicht aus Langeweile abschweifte oder gar träumte. »Es riecht verdammt nach Untiefen«, sagte

Matthew, »lassen Sie loten, Mr. Fowler, und schicken Sie Franklin in den Vortopp, keinen anderen!«

John merkte selbst, wie gut er im Ausguck war. Zufrieden nahm er seinen Platz ein. Er dachte: Ich werde ein Kapitän sein, der niemals untergeht. Mit mir bleibt eine ganze Mannschaft oben, siebzig Mann oder siebenhundert. Die Färbungen des Wassers, die Kulissen der Küstenlinie, die ewige Gerade der Kimm, an alldem konnte er sich noch immer nicht sattsehen. Er hatte die Seekarten vor Augen, die im Bereich der Terra australis fast nur gepunktete Linien oder ganz und gar unbeschriftete Flächen aufwiesen, und allenfalls die Worte »vermuteter Küstenverlauf«. Johns Phantasie fügte hinzu: Vermutete spätere Stadt, vermuteter Hafen. Jeder Berg, den er sah, würde später einmal einen Namen tragen, Straßen würden ihn umrunden. Unentwegt spähte John nach dem aus, was Matthew die entscheidende Bucht nannte – das war die eine, die sich vielleicht zu einer breiten Passage quer durch die Terra australis öffnete. Er, John Franklin, wollte die Passage als erster sehen, und wenn er dafür zwei oder drei Wachen hintereinander im Topp verbringen mußte. Das hatte er Matthew auch gesagt.

Der Kapitän hatte die Macht, alles zu benennen. Jede Insel, jedes Kap und jede Einfahrt erhielt einen der lieben alten Namen aus Lincolnshire: Spilsby-Insel, Donington-Spitze, und eines Tages gab es im Spencer-Golf einen Franklin-Hafen. John und Sherard stellten sich sogleich eine Stadt »Franklin« vor, die dort wachsen würde. Sherard skizzierte Grundrisse und wußte jetzt schon, was die Stadt reich machen würde: Vieh- und Schafzucht, Schlachthäuser und Wollwebereien. Sherards Spezialschiff fuhr alle halbe Jahre zum Südpol und holte Eis für das Loundsche Kühlhaus. »Ich friere das Fleisch ein, und wenn eine Hungersnot ausbricht, taue ich es wieder auf.« Sherards Lieblingsgeschichte war die von der Speisung der Fünftausend, und er pflegte dazu technische Erläuterungen zu geben. John stimmte zu. Er dachte auch an Sülze vom Schweinskopf. Die ganze Welt konnte schön sein, wie das Leben auf einem Schiff, wenn nur jeder etwas tat, wovon die anderen etwas hatten.

»Aber reich muß man schon sein«, versicherte Sherard. »Wer nicht reich ist, kann nicht helfen. Ich werde meine Eltern herholen. Sie werden lesen lernen und den ganzen Tag spazierengehen!«

John saß im Vortopp und streichelte den Kater Trim, der sich in abenteuerlicher Schräglage seiner Hand entgegenstreckte und kaum an das Raubtier erinnerte, das nach Bratenstücken krallte. Geborene Navigatoren waren auf die Dauer nicht zu entzweien. John glaubte inzwischen zusammen mit der übrigen Mannschaft fest daran, daß Trim seemännischen Verstand besitze. Von ihm ging die Kunde, er könne Tampen aufschießen, ja sogar Toppsegel reffen. Außerdem blicke er stets mindestens eine halbe Seemeile hinter die Kimm. Wenn man ihn genau beobachtete, konnte man das schon glauben. Mit seinen spähenden Pupillenschlitzen schien er weit mehr zu sehen als Matthews Doggenauge, Johns Vogelblick oder Mockridgens raffiniert-verwinkeltes Sehwerkzeug. Wenn Trim mit Interesse irgendwohin sah, dann mußte da etwas sein. So auch jetzt.

Trim blickte weit voraus, als wenn dort das Meer sich offenbaren und der große Strudel am Horizont erscheinen werde. John folgte dem Blick, aber er sah nichts. Was er feststellte, machte einen ruhigen, geregelten Eindruck. Das Bild war fast allzu symmetrisch: der Bug unter ihm, die Küste an Backbord, und nach rechts hinausgestreckt ein stilles Meer mit zarten, fernen Wolkenbänken. Aber da war eben doch etwas! Eine weiße Erhebung mitten im Meer, vielleicht zwölf Seemeilen voraus – die Spitze war gerade eben mit dem Glas zu erkennen, womöglich ein Felsen. John sang ihn aus. »Kann auch ein Eisberg sein«, rief er hinunter. Eine gute Viertelstunde lang spähte er bewegungslos. Warum kam das Gebilde bei einer Geschwindigkeit von nur drei Knoten so schnell auf? »Ein Schiff!« rief John und starrte durchs Fernrohr mit offenem Mund. Im Nu wimmelte das Deck unter ihm von Menschen. Ein Schiff? Hier? Matthew enterte auf und überzeugte sich selbst. Ja, es war ein Schiff, ein Rahsegler. Royal- und Bramsegel waren schon gut sichtbar, ein Eingeborenenboot war es ganz sicher nicht. »Klar Schiff zum Gefecht!« schrie Matthew und schob das Glas zusammen. An Deck begann ein banges Hetzen kreuz und quer, eine Bärenschufterei mit den verfluchten Kanonen, die man erst wieder an ihre Stelle hieven und mit Schabeisen vom Rost befreien mußte. Von oben sah es aus, als zerplatze das glatte, wohlgerundete Schiff mit einem Mal vor lauter Aktivität in tausend Splitter. Flaschenzüge krächzten, Eisen kreischte, Lafetten polterten. Bald würde es echte Splitter geben. Das war es wohl, was John am Anfang der Reise im Traum gesehen hatte. Jetzt kam der Tod und machte die Sache wahr. Mit leerem Sinn starrte John auf den Punkt am Horizont: mit einem Punkt fing alles Unglück an. Trim war längst wieder unten und hatte sich in Matthews Kajüte verkrochen, die galt bei den Katzen als sicherer Ort.

Die Trommel begann zu hämmern. Mr. Colpits war vor lauter Verantwortung rot angelaufen und brüllte, was er konnte. Gerade zwei Stunden hatte er noch Zeit, wenn der Wind so blieb. John hörte dumpf die bekannte Musik: Herdfeuer löschen, Sand streuen, Munitionstransport. Es war wieder so weit.

Eine Stunde später wußte er noch mehr. Das fremde Schiff hatte zwei Segel unter dem Bugspriet, die John aus Erzählungen kannte: sie hießen Blinde und Schiebblinde und fanden sich nur auf französischen Kriegsschiffen. Bald sah er auch die französische Flagge emporsteigen. Auf der *Investigator* heißte Taylor den Union Jack. Die größten Segel wurden zu bauschigen Tuchballen aufgegeit, um nicht alsbald in Fetzen geschossen zu werden – von den Franzosen wußte man, daß sie auf die Takelage zielten. Die Lunten brannten. Neben dem Rudergänger stand bereits der Ersatzmann. Wir haben doch einen Paß, dachte John. Er versuchte sich Matthews Gedanken vorzustellen. Nach dem Paß werden sie nicht fragen, dachte er, sie werden unsere Entdeckungen aus der Welt schaffen, indem sie uns versenken. Sie werden das Land nach ihrer Revolution nennen, einen Franklin-Hafen wird es nicht geben! Die Ablösung kam herauf, John machte dem Matrosen Platz und enterte ab. Matthew feuerte die Mannschaft an: »Wir lassen uns nichts bieten! Wenn sie es versuchen, erteilen wir ihnen eine Lehre!« Freilich war ziemlich deutlich zu erkennen, daß das gegnerische Schiff stärker bewaffnet war als das eigene. Außerdem brauchte man auf die *Investigator* kaum noch zu schießen – sie machte pro Stunde schon acht Zoll Wasser auf eigene Rechnung.

John wußte jetzt genau, was er in Kopenhagen gehabt hatte: Angst, Panik! Diesmal wollte er aber keine Angst haben, obwohl es ihn sehr dahin drängte. Er wollte nach genauer Beobachtung und folgerichtiger Überlegung das Vernünftigste tun. Noch eine halbe Stunde höchstens. Jetzt wurde der Rum ausgegeben. Für die Katastrophe war alles vorbereitet. Ob man sie überstehen würde, war eine andere Frage.

Plötzlich horchte John auf. Ganz deutlich hatte er einen Befehl gehört. Woher er kam, war unklar, aber es schien ein guter Befehl. John handelte so schnell wie möglich.

Sherard Lound stand an einem der Backbordgeschütze und bestaunte den näher kommenden Franzosen. Das Biest hatte wenigstens dreißig Kanonen. Er drehte sich zu John um, aber der war verschwunden. Doch, da kam er von achtern herangetappt und hielt eine zusammengelegte weiße Fahne in der Rechten. Sherard war verwirrt. Signalfähnrich war Taylor. Irgend jemand rief: »He, Mr. Franklin, was zum Teufel...« John drehte sich aber nicht um, er hatte es wohl überhört. Gemächlich befestigte er die Fahne und heißte sie Hand über Hand in den Topp. Im selben Moment ein Knall: die *Investigator* kriegte einen Schuß vor den Bug. Drüben auf dem anderen Schiff waren die Geschütze längst ausgerannt, es sah bedrückend aus. Mitten im Lärm hörte Sherard, wie der zweite Leutnant John Franklin irgend etwas mit kühler Miene ins Gesicht sagte. Taylor war zur Stelle und beeilte sich, das weiße Tuch wieder herunterzubekommen. Er hatte allerdings Schwierigkeiten. Knoten, die John Franklin festgezogen hatte, waren von einem Taylor nicht zu lösen. Vom Achterdeck her ertönte Matthews Stimme: »Lassen Sie den Lappen oben, Mr. Taylor. Wozu gebe ich eigentlich Befehle?«

Dann rief einer auf dem Vordeck: »Seht euch das an!« Am Mast des französischen Kriegsschiffs stieg eine englische Flagge hoch und gesellte sich zur Trikolore.

Einen Augenblick lang herrschte tiefe Stille. Irgend etwas war Sherard noch unklar. Warum hatte John und nicht Taylor, und warum hatte Taylor dann ... Aber er konnte nicht weiter nachdenken. Ein allgemeiner Jubel der Erleichterung brach aus.

Le Géographe war ein Forschungsschiff, ausgestattet mit einem englischen Paß. Beide Schiffe lagen nun beigedreht, über ihre friedlichen Absichten gab es kaum noch einen Zweifel.

»Fraternité«, riefen die Franzosen. »Nett, euch zu treffen!« brüllte Mockridge hinüber. Irgend jemand stimmte bemerkenswert falsch ein Lied an, es folgte donnernder Gesang in erstaunlich richtiger Tonfolge. Um Lieder waren auch die Franzosen nicht verlegen. Die Offiziere beider Schiffe hatten Mühe, sich auch nur den Nächststehenden verständlich zu machen. Auf dem Achterdeck erschien Trim, prüfte blinzelnd die Szene, streckte dann eine Hinterpfote in die Höhe und begann sich zu putzen. Matthew ließ sein Boot klarmachen. »Der Kapitän verläßt das Schiff, Gentlemen!« Die Midshipmen eilten zu den Großrüsten und zogen die Hüte. Der Bootsmann pfiff Seite. Das Ritual lief ab wie zu Hause im Spithead, und das war vielleicht gut in einer Situation, in der man noch nicht genau wußte, wie lang der Friede halten würde. Noch immer war die *Investigator* durchaus gefechtsklar und wies dem anderen Schiff die Breitseite. Vielleicht geschah das aber auch nur, um den Stückmeister zu beruhigen.

»Was war denn vorhin?« fragte Sherard seinen Freund, aber der schien es selbst nicht zu wissen. Mockridge meinte nur: »Mr. Franklin hat gute Augen. Er sieht manche Befehle, ohne sie zu hören, und das durch dicke Wände hindurch.«

Die Schiffe blieben eine Nacht und einen halben Tag zusammen, die Kapitäne unterhielten sich ausgiebig, die Mannschaften winkten sich zu. Krieg in Europa, Friede südlich der Terra australis! Zum ersten Mal seit Beginn aller Geschichte trafen sich in dieser Gegend zwei europäische Schiffe verschiedener Nation, und – sie fügten einander nichts zu. Mr. Westall sagte: »Das ist was für die Ehre der Menschheit.« John schwieg, aber Sherard hatte den Eindruck, als sei er sicher und heiter wie nie zuvor. Er schien sogar flinker zu verstehen, was einer sagte. John war gewiß mit einem großen, guten Einfluß im Bunde, und vor allem: mit Matthew. Und mein Freund ist er auch, dachte Sherard.

Trim schlief inzwischen auf einer Persenning, und Mr. Colpits knurrte: »Erst die Schufterei, dann eine Ewigkeit die Lunte in der Hand, und letzten Endes alles für die Katz!«

Achtes Kapitel

Die lange Heimreise

In der Kapitänskajüte des Ostindienfahrers *Earl Camden* standen Leutnant Fowler von der Royal Navy und Kapitän Dance von der Ostindischen Kompanie.

»Sie werden mir noch viel zu erzählen haben, Mr. Fowler«, sagte Dance. »Jetzt müssen Sie erst einmal nach England zurück. Wen haben Sie von der alten *Investigator* noch dabei?«

»Auf die *Earl Camden* kommen noch der Maler William Westall–«

»Ich kenne seinen älteren Bruder. Der malt gute Bilder nach der Bibel, ich kenn' eines: ›Esau verlangt Isaaks Segen‹. Ja, gut, und weiter?«

»John Franklin, Midshipman, achtzehn Jahre alt, über drei Jahre auf See.«

»Guter Mann?«

»Keine Beanstandungen, Sir. Der erste Eindruck, den er macht, ist allerdings –«

»Nun?«

»Er ist nicht gerade sehr hurtig.«

»Ein Lahmarsch also, eine Napfschnecke?«

»Vielleicht. Aber von besonderer Art. Keine Beanstandungen. Ohne ihn hätten wir vielleicht nicht überlebt.«

»Bei welcher Gelegenheit?«

»Als die *Investigator* schließlich abgewrackt werden mußte, fuhren wir von Sydney aus mit *Porpoise* und *Cato* weiter, liefen aber nach zwei Wochen auf ein Riff. Wir retteten uns mit einem einzigen Boot und wenigen Vorräten auf eine schmale Sandbank. Das Festland war gut zweihundert Seemeilen entfernt.«

»Sehr bedauerlich!«

»Als der Kapitän mit dem Boot nach Sydney aufgebrochen war, um Hilfe zu holen, gaben schon die ersten die Hoffnung auf. Die Sandbank ragte nur wenige Fuß aus dem Wasser. Die Vorräte waren knapp. Niemand rechnete damit, daß der Kapitän durchkommen würde. Wir warteten dreiundfünfzig Tage!«

»Und Franklin?«

»Der gab die Hoffnung nicht auf. Wahrscheinlich kann er das gar nicht. Er schien sich auf Jahre einzurichten. Wir wählten ihn in den Sandbankrat.«

»Was soll denn das sein?«

»Wir standen dicht vor einer Meuterei. Franklin überzeugte die Verzweifelten davon, daß man Zeit habe und daß eine langsame Meuterei immer noch besser sei als eine schnelle. Der Sandbankrat war eine Regierung aller.«

»Klingt sehr französisch. Aber für Sandbänke vielleicht geeignet. Was hat dieser Franklin denn nun Besonderes geleistet?«

»Er hat bereits in der ersten Minute damit angefangen, Gerüste zum Hochlagern der Vorräte zu bauen. Als wir nach drei Tagen fertig waren, kam der Sturm und überflutete die Insel, aber nicht die Gerüste. Weil Franklin so langsam ist, verliert er niemals Zeit.«

»Gut! Ich werde ihn mir ansehen. Und Sie, Mr. Fowler? Könnten Sie sich eventuell um das Training der Geschützmannschaften kümmern? Der Friede ist wieder vorbei. Wir müssen mit französischen Kapern rechnen.«

»Sie würden sich auf ein Gefecht einlassen, Sir?«

»Möglich. Meine Schwadron wird aus sechzehn Schiffen bestehen, und keines davon ist unbewaffnet. Also?«

Fowler war der Form nach nur Passagier. Aber er nahm gern eine Gelegenheit wahr, Napoleon Bonaparte einen Schaden zuzufügen. Er sagte zu.

Da die *Earl Camden* erst in einigen Tagen auslief, saß John Franklin im Hafen von Whampoa neben dem Maler William Westall untätig auf einer Mauer und beobachtete, was verladen wurde. Schiffe von über acht Fuß Tiefgang durften nicht flußaufwärts bis nach Kanton. Sie warteten auf ihre Ladung hier in Whampoa: Kupfer, Tee, Muskat, Zimt, Baumwolle und mehr. Eben ließ sich der Hafenoffizier aus einem Gewürzsack eine Stichprobe geben. John hatte gehört, daß hier auch Opium ankam, viele tausend Kisten im Jahr. Wer Opium rauchte, sah bunte Bilder und dachte nicht an Besserung. In diesem Sack war aber nur Agar-Agar – eine stangenförmig gepreßte Meeresalge, die man brauchte, wenn der Saft von englischen Schweinsköpfen zu Sülze gestehen sollte.

Was Heimweh war, wußte John jetzt auch.

In der Frühjahrswärme roch die Mauer, auf der sie saßen, genau so wie die Grabsteine von St. James in Spilsby.

»Ich habe die falschen Bilder gemalt. So geht es nicht mehr! Man muß ganz anders malen!« sagte Westall mit scharfer Stirnfalte vor sich hin. »Ich habe alles nur beschrieben mit aufzählender Genauigkeit – Erdformen, Pflanzenwuchs, Menschengestalten, genau nach der Natur, zum Wiedererkennen.« »Das ist doch gut«, meinte John. »Nein, es ist trügerisch. Wir sehen die Welt nicht wie ein Botaniker, der gleichzeitig Architekt, Arzt, Geologe und Kapitän ist. Das Kennen geschieht nicht so wie das Sehen, es verträgt sich nicht einmal allzugut damit, und es ist oft eine schlechtere Methode, um festzustellen, was es gibt. Ein Maler soll nicht kennen, sondern sehen.«

»Was malt er aber dann?« fragte John nach einer ausführlichen Überlegung. »Vieles kennt er ja.« Westall antwortete: »Den Eindruck! Das Fremde, oder wenigstens das Fremde im Vertrauten.«

John Franklin, der immer freundlich und etwas erstaunt dreinblickte, war ein idealer Zuhörer für unerbittliche Denker. Daher hörte er manchen Satz, den sonst niemand hören wollte. Er blieb auch dann neugierig, wenn er nicht verstanden hatte. Fremde Gedanken erfüllten ihn mit Respekt. Freilich war er vorsichtig geworden. Gedanken konnten zu weit gehen. Bootsmann Douglas hatte kurz vor seinem Tod verkündet, alle Parallelen fügten sich in der Unendlichkeit zu einem rechten Winkel. Ganz ohne Zähne hatte er das behauptet und war dann gleich gestorben – Skorbut. John erinnerte sich auch an Burnaby, wie der über Gleichheit gesprochen hatte, lächelnd, mit weit geöffneten Augen und dabei oft so wirr. Vorsicht konnte nicht schaden.

»Von jetzt an werde ich alle Fragen stellen, die überhaupt nur möglich sind«, sagte Westall. »Wer sich weigert zu fragen, macht eines Tages nichts mehr richtig, von der Malerei ganz zu schweigen!« Er fing gleich damit an: »Wir glauben zum Beispiel zu wissen, was in der Welt das Bleibende und was das Veränderliche sei. Nichts wissen wir! In unseren besten Momenten ahnen wir das. Und gute Bilder enthalten diese Ahnung.«

John nickte und blickte auf die riesige Wasserstadt aus Dschunken und Plattformen. Er horchte in sich hinein, ob er den Satz wohl verstanden habe. Vor seinen Augen bewegten sich Tausende von Menschen und trieben Handel, hungrige wie reiche. Alles, was John sah, diente dem Geschäft: Mattensegel, Sonnenschirme, Mauern mit geschwänzten Zinnen, floßähnlich ausladende Kähne und die langen Stäbe, mit denen man sie an größere Schiffe heranstakte. Tagelang schon hatte er dem Geschäftsleben zugesehen – Grasmatten gegen Kupfermünzen, Seide gegen Gold, Lackhölzer oder zarte Dinge aus Glas. Das Wichtigste an alledem sah man nicht direkt. Es war etwas, das immer da war, und man ahnte es nicht auf Malerart, sondern wußte es aus logischer Überlegung: ohne Geduld war der Handel kein Handel. Ohne Geduld waren Kaufleute nur Räuber, sie war wie die Hemmung im Uhrwerk.

»Alles Gleichbleibende möchte ich jedenfalls kennen«, sagte John zu Westall, der keine Antwort erwartet und längst weitergeredet hatte. Mit dem Gleichbleibenden fühlte John sich verwandt, aber es war schwer zu fassen.

Jetzt kannte er schon so viele verschiedene Plätze, aber er fand in dieser Vielheit noch keine größere Sicherheit. Zumal immer fraglich war, warum das Bleibende blieb. Warum hatte ein Vogel Strauß Federn und flog doch nicht? Warum trug eine Seeschildkröte einen schweren Panzer, von den Fischen aber nicht ein einziger? Warum wuchsen Hengsten keine Hörner, wohl aber den Rehböcken? »Es gibt eben keine Sicherheit!« beharrte Westall.

Die Unähnlichkeit der menschlichen Rassen war fast noch beunruhigender, vor allem weil auch noch Gegensätze aufeinandertrafen in jeder einzelnen. Australische Leute stützten sich auf Stöcke und blickten langsam. Sie konnten aber auch blitzschnell Fische aus einem Bach greifen mit bloßer Hand. Chinesen hielten ihre Körper in müheloser Spannung ganz aufrecht, sie wirkten so stolz. Sprach man sie an, dann machten sie viele Verbeugungen hintereinander. Die Franzosen waren feierlich und begeistert und wollten alles ändern. Sie verwandten aber unendliche Zeit auf die Zubereitung und den Verzehr ihrer Mahlzeiten. Die englische Küche verabscheuten sie, selbst wenn sie am Verhungern waren, John hatte das in Sydney gesehen. Und die Portugiesen: sie rechneten stets mit dem nächsten Erdbeben und bauten ihre Häuser entsprechend. Aber ihre Kirchen stellten sie in großer Pracht immer dort wieder auf, wo sie eingestürzt waren. Und die Engländer! Sie waren voller Liebe für ihr Land und fuhren doch gern so weit wie möglich davon weg. Westall nickte.

»Nichts kann man voraussagen. Niemand kann begründen, warum alles so und nicht anders geschieht. Stärker als alle Voraussagen sind Zufall und Widerspruch.«

John bewunderte den Maler. Der war doch nur fünf Jahre älter als er und hatte die Kraft, es mit den Dingen aufzunehmen und zu fragen, ob sie wirklich so seien. Für ihn, John, kam das nicht in Betracht. Wer viel fragte, mußte es schnell tun. Einen Frager suchte jeder möglichst bald wieder loszuwerden. Überdies wußte John sehr gut, daß man den Antworten nicht immer zustimmen konnte. Zur befremdlichen Antwort hatte man dann noch den Unfrieden.

Über den Zufall hätte er aber gern mehr gewußt, vor allem über den zufälligen Tod.

Vor seinem Auge lag wieder Denis Lacy, von der Großbram gefallen aus über fünfzig Fuß Höhe mitten auf das Deck. Warum war der Behendeste abgestürzt und nicht der Langsamste? Warum zu einem Zeitpunkt, als alles überstanden war und der Rest der Mannschaft auf dem Weg nach Kanton? John sah das schreckliche Bild wieder genau. Die ganze vielfältige Wasserstadt konnte es nicht überdecken. Er sah die Blutlache, in der Denis gelegen hatte mit zertrümmertem Schädel. Aus dem Stoff des Hemdes ragten Knochensplitter wie lange Stacheln, die Brust hob und senkte sich noch, Schaum quoll aus Mund und Nase, dann hörte das Herz auf zu schlagen. Um von diesem Bild wegzukommen, dachte John an Stanley Kirkeby, wie der, und zwar äußerst schmerzhaft, auf der Känguruh-Insel von einem Seehund in den Hintern gebissen worden war. Auch hier aber: warum geschah so etwas, warum unterblieb es nicht? Oder der Quartiermeister, der aus dem Boot fiel und von einer roten Schirmqualle erbärmlich genesselt wurde. Den Ausschlag hatte man noch wochenlang gesehen. Dabei war es die einzige Qualle weit und breit. Oder Segelmeister Thistle und Midshipman Taylor, von Haien gefressen, weil ihr Boot in der Brandung umschlug – warum sie, warum nicht Mr. Colpits, für den das wenigstens keine Überraschung gewesen wäre? Aber der war nicht verlorengegangen, im Gegenteil! Der saß jetzt in Sydney, verwaltete auf Befehl des Gouverneurs ein Warenlager und aß viel und regelmäßig.

»Tabellen müßte man darüber anlegen, wie die Leute leben und sterben«, sagte John, »eine Geometrie.« Er wußte auch schon, wie. Mit gleichbleibenden Maßen für alle erdenklichen Geschwindigkeiten. Er dachte unwillkürlich an die Zeithüter und an Matthew. Der war jetzt auf dem Weg nach England mit den kostbaren Seekarten, mit der Post und dem Kater Trim. Matthew würde er in Spilsby wiedersehen. Sherard hingegen war in der Terra australis geblieben, um zu siedeln und vielleicht einen Hafen zu bauen. Nichts hatte ihn davon abhalten können.

Mockridge war tot. Drei Männer waren ertrunken, als die Cato auf der Klippe zerschellte, nur drei, und einer von ihnen mußte Mockridge sein! Daß die Menschen verschieden waren, konnte man noch hinnehmen, und daß man die einen gern mochte und die anderen nicht. Aber daß der Zufall dabei tat, was er wollte, das war bitter. John nahm sich zusammen und kehrte zum Gespräch mit Westall zurück: »Das mit der Genauigkeit und der Ahnung muß ich noch überlegen«, sagte er. »Ich kann keine Bilder malen, ich muß Kapitän werden. Deshalb möchte ich doch lieber so viel kennen wie möglich.«

»Und nun zu dem, was hinter Ihnen liegt, Mr. Franklin«, sagte Kapitän Dance. »Geben Sie bitte einen zusammenfassenden Bericht!« John hatte das erwartet. Dance wollte sich ein Bild von ihm machen. Über die Reise wußte er zweifellos schon alles von Leutnant Fowler. John war vorbereitet. Er hatte sich überlegt, worauf es bei einer Zusammenfassung ankam.

Jeder Bericht hatte eine äußere Seite, die logisch zusammenhing und leicht zu begreifen war, und eine innere, die nur im Kopf des Sprechenden aufschien. Zu unterdrücken war diese innere nicht, das hätte nur lästiges Stottern und allerlei Fehler im Ausdruck verursacht. John mußte ihr also Zeit einräumen, ohne sie nach außen zu wenden. Noch vor wenigen Monaten hatte er dazu geneigt, den inneren Bildern zuliebe das letzte Wort so lange zu wiederholen, bis er weitererzählen konnte. Jetzt verstand er es, Pausen zu machen. Kaltblütig riskierte er, daß dabei der andere ihm ins Wort fiel und beleidigt war, wenn John sich nicht aufhalten ließ.

Mit einem gut geübten Satz fing er an. Der enthielt den Namen des Schiffes und des Kapitäns, die Zahl der Mannschaft und der Kanonen, den Zeitpunkt des Auslaufens in Sheerness. Von da an: Stichworte, Daten, Positionen, alles in möglichst gleichförmiger Folge. Was in dieser Weise fixiert war, galt im allgemeinen als ordentlich berichtet. Bis zur Begegnung der *Investigator* mit der *Géographe* – Kapitän Nicolas Baudin, sechsunddreißig Kanonen – nahm Dance die Denkpausen geduldig hin. Dann aber sagte er: »Schneller, Mr. Franklin! Was gibt es nachzudenken? Sie waren ja dabei!« Auch darauf war John vorbereitet.

»Wenn ich erzähle, Sir, brauche ich meinen eigenen Rhythmus.«

Dance fuhr herum und starrte ihn erstaunt an.

»So etwas habe ich bisher nur einmal gehört. Von einem schottischen Kirchenältesten. Weiter!«

John berichtete von der zweijährigen Reise rund um die Terra australis – oder Australien, wie Matthew der Einfachheit halber zu sagen pflegte. Von Port Jackson sprach er, vom Aufenthalt in Kupang auf Timor, vom schrecklichen Ausbruch eben der Krankheit, die Matthew hatte besiegen wollen. Verlustzahlen. Das Schiff praktisch sinkend, nur durch halsbrecherisches Pumpen der wenigen Gesundgebliebenen über Wasser gehalten. Wie das gewesen war, das Sterben, das Pumpen, die Angst vor dem Siechwerden – John schwieg es in die Pausen hinein. Dance hörte nur Zahlen, geographische Begriffe und Pausen. Port Jackson zum zweiten Male. Der Gouverneur erklärt das Schiff für nicht mehr seetüchtig, ein Wrack. Die Mannschaft zur Rückreise über Singapore auf die Schiffe *Porpoise*, *Cato* und *Bridgewater* verteilt. Wer in der Kolonie bleiben will, um zu siedeln, bekommt die Erlaubnis. Lange Pause für Sherard Lound. Streit war nicht im Spiel gewesen – Sherard hatte eben eigene Träume. »Die Pause wird zu lang«, mahnte Dance. Er befürchtete, daß der junge Mann noch schlimmer stocken würde, wenn erst der Schiffbruch drankam: *Porpoise* und *Cato,* zur gleichen Zeit und mitten in der Nacht. Von der unmittelbar in der Nähe segelnden *Bridgewater* keinerlei Hilfe. Kapitän Palmer! Ostindienfahrer wie Dance selbst. Er kannte ihn von früher. Ein erbärmlicher Whistspieler, jetzt auch noch ein pflichtbrüchiger Seemann, pfui Teufel! Dance merkte verblüfft, daß er Johns Bericht vorausgeeilt war und ihm deshalb nicht hatte folgen können. Während er sich über Palmer erregte, hatte ihn der Midshipman glatt überholt und trotz einer langen Pause für den Schiffbruch, das Geräusch der berstenden Planken, das Schreien der Hilflosen, die Schnittwunden durch Korallen und den toten Mockridge befand sich Franklin bereits mit geretteten Vorräten auf der Sandbank. Hunger und Warten. Ein Offizier erschießt zwei

Mann in Notwehr. Das hatte Fowler gar nicht berichtet! Franklin sagte kein Wort über die Meuterei, er umschrieb sie: »Der Vorschlag, aus den Holzresten Flöße zu zimmern und nach Westen zu paddeln, wurde verworfen.« Ausführlicher sprach er über Flinders, den Kapitän: der segelt also im offenen Boot gut 900 Seemeilen weit bis nach Port Jackson zurück, um dann mit drei Schiffen zurückzukehren und seine Mannschaft zu retten. Matthew Flinders, ein erstaunlicher Navigator! Der Midshipman schloß mit einem ganzen Satz: »Die Leute von der Sandbank fuhren mit der *Rolla* nach Kanton, nur der Kapitän mit dem Schoner *Cumberland*« – hier eine kleine Pause für Trim – »direkt nach England.«

»Wir wollen hoffen, daß er ankommt«, sagte Dance. »Wir haben wieder Krieg.« John verstand und erschrak.

»Er hat doch einen Paß!« sagte er.

»Nur für die *Investigator*.« Der Finger des Kapitäns malte viele Striche untereinander auf den Kajütentisch, wie Falten auf einer Stirn. Dann kam er zur Sache: »Sie sind bei uns Passagier, Mr. Franklin, aber, wie ich höre, ein brauchbarer Signalmann... Hören Sie mir zu, Mr. Franklin?«

John war bekümmert. Er dachte an Matthew. Mühsam wandte er sich wieder Dance zu. »Aye aye, Sir!«

»Die *Earl Camden* ist Flaggschiff für eine Schwadron von Ostindienschiffen, ich bin der Kommodore. Und Sie sind hiermit Signalfähnrich.«

Kommodore Nathaniel Dance war sechzig Jahre alt, lang, hager, mit großer Nase und wirrem Grauhaar. Seine Worte waren, wenn er nicht Bibelstellen erklärte oder über geistige Dinge sprach, bedächtig und einleuchtend. Eine Bewegung folgte aus der anderen ohne Kraftaufwand. Seine Augen konnten boshaft funkeln, wie es bei gutmütigen Leuten oft vorkommt. Er spielte den Ungeduldigen und hörte doch zu. Manchmal sagte er Grobheiten wie: »Danke, ich beginne mich zu langweilen!«

Mit dem Maler Westall stritt er sich, und noch dazu bei

Tisch. Er fand, Kunst müsse schön sein. Das könne sie aber nur mit Hilfe aufzählender Genauigkeit. Die Schöpfung sei schöner als alles, was der Mensch phantasiere. Westall entgegnete schlau, der Mensch sei die Krone der Schöpfung und der Geist in ihm das Höchste. Nicht die physische Beschaffenheit der Dinge sei an sich schön, sondern was Auge und Gehirn aus ihnen machten. Dazu gehörten Ahnung, Angst und Hoffnung. Nach Tisch schimpfte Westall: »Sein Onkel ist Nathaniel Dance, der Maler. Deshalb denkt dieser Teerstrumpf, er sei mit der Kunst näher bekannt.«

Am nächsten Tag fing der Streit wieder an. Der Kommodore schien nichts lieber zu tun, als den Künstler in Verwirrung zu stürzen. »Die Angst malen, die Willkürlichkeit der Sicht? Warum nicht gleich die Blindheit? Sechzig Jahre Angst und Willkür habe ich hinter mir! Nein, Mr. Westall, der Mensch soll sich erheben über seine Schwäche durch die Gnade Gottes. Ihr Bruder weiß das. Denken Sie an ›Esau verlangt Isaaks Segen‹ – das ist ein Bild! Kunst soll erbauen!«

Die *Earl Camden* verließ Whampoa an der Spitze der Schwadron, fünfzehn schwer beladene Ostindienfahrer hinter sich. Diese Schiffe waren schwach bewaffnet und nicht so stabil gebaut wie Kriegsschiffe, vor allem aber schwächer bemannt. Seesoldaten fehlten ganz. Das Tauwerk war von ungeteertem Manilahanf und schien leicht zu handhaben. Nach einigen Tagen merkte John, daß es nicht nur am Hanf, sondern auch an der Mannschaft lag. Die dunkelhäutigen Laskars waren vorzüglich eingeübt, verstanden schnell und strengten sich an. An Bord waren auch die Frauen einiger Seeleute, dunkle und weiße. Niemand fand etwas dabei. Ein Indiaman war keine schwimmende Gefechtsstation. Nur der Rumpf war mit schwarzen und gelben Streifen bemalt, um das Raubgesindel zu täuschen. Innen war es ein friedliches Schiff. Bald hatte sich John in Tag- und Nachtarbeit die ganze Schwadron eingeprägt. Er kannte die Laskars ebenso bei Namen wie die Offiziere. Immer wieder dachte er darüber nach, wodurch einer ein guter Kapitän war, und ob das auch auf Dance zutraf.

Wer sollte in der Welt herrschen über die anderen?

In jedem Fall Leute wie Matthew. Das ließ sich begründen. Nach dem Schiffbruch zum Beispiel war er so lange auf der Sandbank geblieben, bis er bei klarem Himmel einen Stern schießen und die Position bestimmen konnte. Drei volle Tage hatte er bleiben und den Sturm abwarten müssen. John kannte genug Leute, die längst vorher abgefahren wären. Sie hätten niemals Port Jackson erreicht, vom Zurückkommen ganz zu schweigen. Vielleicht war Matthew dem Ursprung nach ein Langsamer, der es bis zum Kapitän gebracht hatte? Wenn Mockridge recht hatte, dann war Matthew nur deshalb Midshipman geworden, weil sich die Haushälterin eines Schlachtschiffkommandanten für ihn eingesetzt hatte. Und hätte Matthew nicht Freunde in der Admiralität gehabt, vor allem einen gewissen Banks, dann wäre er, nachdem man seine Frau auf der *Investigator* entdeckt hatte, oder spätestens nach der Strandung im Kanal des Kommandos enthoben worden.

Ob einer mit einem morschen Schiff und einer todkranken Mannschaft einen Kontinent umrunden und dabei immer noch zuverlässige Karten zeichnen konnte, das entschied sich nicht schon unter den Augen der Admirale an der Küste. Wer langsam war, der konnte viel, aber er brauchte gute Freunde.

Was der Kommodore seiner Flotte mitzuteilen hatte, ging durch Johns Hände, und was zurückkam, lasen seine Augen zuerst. Er kannte inzwischen alle Flaggen und Kombinationen, ohne nachzudenken. Wenn er hinsah, dann »blind« – bei Flaggen ging das. Manchmal beobachtete ihn der alte Dance. Sein Blick schien anerkennend. Er sagte nichts.

John hatte sich eine Liste mit eigenen Zielen angelegt:

Durch seemännisches Können jeden Hafen erreichen. Unglück verhindern, zum Beispiel nicht auf eine Küste zutreiben im Sturm. Niemals sich schämen müssen wie Kapitän Palmer von der *Bridgewater*. Und an keinem schlimmen Ausgang schuld sein, nicht den Tod anderer verursachen. Die Liste war gar nicht so lang.

Die Schwadron durchfuhr das Südchinesische Meer und näherte sich den Anamba-Inseln. »Hoffentlich passiert nichts«, sagte Westall eines Abends unvermittelt und machte sich nicht die Mühe, ausführlich zu werden.

»Segel in Sicht!«

Die Befürchtungen bestätigten sich: französische Kriegsschiffe. »Sie haben uns aufgelauert«, raunte Leutnant Fowler. »Wenn ich hier das Kommando hätte, würde ich jeden Fetzen Stoff geben und den Pulk nach drei Seiten auseinanderziehen!« »Es wäre die einzige Chance«, meinte ein anderer, »das sind bestimmt Vierundsiebziger, die rauchen uns in der Pfeife. Wir sollten längst vor dem Wind sein.« Und ein Jüngerer sagte: »Der Alte ist zu langsam.«

Wer sollte herrschen in der Welt? Welcher Dritte von drei Menschen sollte den anderen beiden sagen, was zu tun war? Wer sah am meisten, wer war ein guter Kapitän?

Eben enterte Nathaniel Dance in den Großtopp, um die Sache aus der richtigen Augeshöhe zu betrachten. Wie prüfte man aber, ob ein älterer Kommodore noch den sicheren Blick besaß oder ob er ihn verloren hatte? Nun war er endlich im Topp, schraubte sorgfältig am Schärfering herum, spähte aus und schneuzte sich die Nase. Dann stieg er wieder herunter – kein bißchen schneller als vorher. Er brauchte die Offiziere nicht mehr holen zu lassen, sie und die Mannschaft standen längst da.

»Gentlemen«, sagte der alte Mann und schlenkerte ungeniert sein linkes Bein, das ihm im Ausguck eingeschlafen war, »da sind fünf Franzosen, die haben etwas vor. Aber sie haben nicht richtig gerechnet. Mr. Sturman, seien Sie doch bitte so gut und lassen Sie das Schiff gefechtsklar machen. Mr. Franklin?«

»Sir?« Das war zur Mechanik geworden. Wenn John seinen Familiennamen hörte, ergänzte er ihn ohne Nachdenken sofort mit »Sir«, so kam die Antwort nicht langsamer als bei den anderen.

»Setzen Sie Signal: Schwadron klar zum Gefecht, aufschließen zur Linie, beidrehen!«

Zaghafter Jubel erklang. Im Grunde waren alle sehr beklommen. Die Flaggen, die John aufheißte, brachten zunächst nur Rückfragen. Die ganze Flottille staunte ungläubig. Schließlich stand doch so etwas wie eine Schlachtlinie. Aber jetzt geschah Verblüffendes: auch die Kriegsschiffe drehten bei. Noch waren ihre Rümpfe auch aus dem Topp nicht zu erkennen. »Unsere aber auch nicht!« kicherte Fowler im Geschützdeck. »Vor morgen werden sie nichts wagen.«

Hinter der Insel Pulau Aur, deren Spitze man eben ausgemacht hatte, ging die Sonne unter. Die bauchigen Handelsschiffe lagen da in ihrem grimmigen schwarz-gelben Kleid, als wären es schwerbestückte Linienschiffe. Schafe im Wolfspelz waren sie, die Franzosen würden sich nicht lange bluffen lassen! In der Nacht erwarteten alle das Kommando zum Segelsetzen, aber es blieb aus. Dance wollte tatsächlich bleiben, wo er war. Keiner schlief. Einige sagten mit heiserer Stimme: »Warum nicht kämpfen? Wir zeigen es ihnen!« Eine Ahnung von Mut kam auf, und wen sie nicht ergriff, der hatte wenigstens die Hoffnung, daß die Franzosen von selbst abziehen würden, um einer vermeintlichen englischen Übermacht zu entkommen.

In der Dunkelheit gab es keine Signale zu setzen, John hatte Zeit, sich mit seinen Zweifeln zu beschäftigen. Mit Entschiedenheit und Zuversicht tat er sich heute nicht leicht. Er konnte sich nicht darauf verlassen, daß er immer das Richtige tat. Da war die weiße Fahne damals auf der *Investigator*! Ganz deutlich hatte er einen Befehl gehört, der vielleicht nie gegeben worden war. In diesem Fall hätte er unter jedem anderen Kapitän mit dem Kriegsgericht rechnen müssen.

Andererseits Nelson! Der hatte vor Kopenhagen den Befehl des obersten Admirals zum Rückzug schlicht mißachtet – kein Kriegsgericht! Aber auch Nelson war erst im nachhinein und durch den Erfolg geschützt gewesen. Gewißheit konnte nur einer haben, der selbst von großer Dauer war, wie die Sterne, die Berge oder das Meer. Und die hatten wiederum keine Worte, um auszusagen, was sie aus langem Bestand wußten. In diesem Punkt gab es, fand John, mehr Freiheit, als man sich wünschen konnte. Das Richtige konnte man schon tun, aber es war immer möglich, daß alle anderen es für das Falsche hielten. Sie konnten sogar recht haben.

Der Tag brach an. Die Segel am Horizont waren noch da und rührten sich nicht. Die Franzosen lagen weiterhin beigedreht. Der Kommodore ließ seine Schiffe in der alten Richtung weitersegeln, um den Gegner zur Entscheidung zu zwingen. Es dauerte nicht lange, bis drüben die Segel sich mehrten und heraufwuchsen. Jetzt hatte John zu tun. Dance änderte den Kurs erneut und schickte seine Flotte genau dem Feind entgegen.

John merkte zu seinem Ärger, daß er zitterte. Dadurch, daß er es merkte, wurde seine Angst noch größer. Daß die Schlacht von Kopenhagen sich wiederholen würde, hielt er nicht für wahrscheinlich, aber das half ihm wenig. Darum versuchte er sich vorzustellen, daß dies alles irgendwann wieder vorbei sein würde. Im Westen lag Pulau Aur. Er dachte daran, wie sich nach dem Kampf Überlebende zu dieser Insel flüchten würden, Engländer und Franzosen. Ob sie sich dann die Nahrung teilten und gemeinsame Beschlüsse faßten? Oder würden sie einander umbringen? Auch in diesem Gedanken wohnte bereits die Angst. Also beschloß er, an völlig andere Dinge zu denken, nützliche und freundliche. Er zählte auf: »Proviant, Wasser, Feuerzeug, Werkzeug, Verbandsstoff, Gewehre mit Munition...« Es war die Liste der Dinge, die bei Schiffbruch in die Boote mußten. So etwas wußte er auswendig. Wenn er schon die Angst nicht besiegen konnte, dann wenigstens das elende Zittern.

Warum war Dance in der Nacht nicht geflüchtet? Das Risiko wäre geringer gewesen. Er konnte doch unmöglich wagen, geentert zu werden!

John fühlte sich schwach, aber er spähte, entzifferte, meldete, bestätigte richtig. Wenn Signale kamen, bewegten sie sein Gehirn von außen. Kamen keine, setzte er die Liste fort: »Fernrohr, Sextant, Kompaß, Chronometer, Papier, Lotleine, Fischangel, Kessel, Nadel...« Für seine Angst war diese Liste lang genug. Zu dem wenigen, was man aus einem sinkenden Schiff keinesfalls rettete, gehörte der »heilige Stein«.

Das Zittern nahm eher noch zu.

»Spieren, Segeltuch, Zwirn, Flaggen...«

Die Kriegsschiffe waren schnell heran.

»Signale«, murmelte John, »lieber Gott, wenn es geht, nur Signale diesmal!«

Auf der *Earl Camden* traf eine der ersten französischen Kugeln den Rudergänger. Dance sah zum wartenden Ersatzmann und hob das Kinn in dessen Richtung. Dabei legte er den Kopf schief, so daß die Stirn zum Ruder wies, das Kinn zum Mann. Er hätte auch sagen können: »Übernehmen Sie!«, aber der Platz am Ruder troff von Blut, da redete er lieber mit Kinn und Stirn. Dann zog er die Uhr heraus und studierte sie so sorgfältig, als sei an James Medlicotts Tod der Zeitpunkt das Wichtigste.

Johns Zittern verstärkte sich. Er überlegte, wie er es verbergen könnte. Das eigene Gesicht, den eigenen Körper kann niemand festhalten. Er bückte sich, faßte den Toten um Rücken und Knie und hob ihn auf, wie man es bei Frauen und Kindern tat. Mockridge hatte von einem verunglückten Jungen in Newcastle erzählt, einem Neunjährigen, der vor Müdigkeit abends in die laufende Maschine gestolpert war. Die Geschichte hatte John sehr erschreckt. Er hatte sich oft vorgestellt, wie er selbst das verletzte Kind davongetragen hätte, wäre er dabeigewesen.

»Der Mann ist doch tot!« rief einer der Laskars. John gab keine Antwort. Er trug den Leichnam sorgfältig, stieß an kein Hindernis. Was er tat, war natürlich Unsinn. Aber jetzt tat er es zu Ende, zumal dabei sein Zittern verborgen blieb. Die Kanonen brüllten, das Schiff stieß und bockte. John legte den Toten neben die Kranken und ging so schnell wie möglich fort. Der Wundarzt würde feststellen, daß nichts mehr zu machen war. John stieg wieder hinauf. Er glaubte fest daran, daß er das Unsinnige nicht aus Feigheit getan hatte. Es war eher eine Art von Mißbilligung, ja, das war es gewesen. Und das war nicht unwürdig. Johns Atem wurde ruhiger, die Angst wich. Oben würde jetzt bald der Enterangriff der Franzosen kommen. John lehnte ihn genauso ab wie alles andere an dieser Situation. In ihm war nichts als Trotz. Er sagte: »Ich kann das nicht gutheißen, ich werde nicht kämpfen!«

Schauen wollte er, abwarten wie ein Berg, tot oder lebendig. Für den Krieg waren alle zu langsam, nicht nur er.

In tiefer Ruhe stieg John die letzte Treppe zum Deck hinauf. Es gab jetzt kaum einen entschlosseneren Menschen auf diesem Schiff als ihn, soviel war sicher.

Aber die Probe blieb aus.

Alles war anders gekommen.

Nach einer dreiviertel Stunde hatte John ein neues Signal zu setzen: Allgemeine Verfolgung des Feindes bis zu zwei Stunden. Die Franzosen hatten genug und rissen aus. Sie wurden gejagt von sechzehn englischen Handelsschiffen mit wohlgestauten Ladungen von japanischem Kupfer, Salpeter, Agar-Agar und Tee in den Bäuchen. Fünf Kriegsschiffe, die von Kanonen und Munition nur so starrten und auf deren

Decks ein Bataillon Seesoldaten mit aufgepflanztem Bajonett bereitstand, suchten das Weite.

Irgendwann merkte John, daß rund um ihn herum alles lachte wie toll, ohne aufzuhören, weil die Welt im Augenblick verrückter und heller nicht sein konnte und weil einer auf dem Vordeck gerufen hatte: »Ich glaube, die wollten gar nicht zu uns!« John merkte auch, daß er längst mitlachte, daß sein Trotz aber nicht darin endete, sondern sich im Gegenteil erst Luft machte in diesem Gelächter.

Vom Achterdeck her rief der Kommodore: »Mr. Westall, ich hoffe, Sie haben ein paar Skizzen gemacht!« Der Maler antwortete: »Leider nicht, Sir, ich war vom Ablauf der Übung etwas überrascht.« Nun machte das Wort »Übung« die Runde, das Gelächter ging weiter.

Für den Sieg hatte Nathaniel Dance alles aufs Spiel gesetzt. Jetzt war er ein Held. Sie alle waren Helden.

Der Kommodore lud seine Offiziere und Kapitäne auf das Flaggschiff zur Feier des »Sieges von Pulau Aur«. Er hob das Glas: »Es gelang nur, weil Gott uns gnädig war und weil wir nichts überstürzt haben. Dreimal hinsehen, einmal handeln. Junge Leute begreifen das nicht immer. Langsam und fehlerlos ist besser als schnell und zum letzten Mal. Nicht wahr, Mr. Franklin?«

Alle sahen nun John an, wahrscheinlich weil sie erwarteten, daß er freudig »aye aye, Sir!« sagen würde, wie es sich gehörte. Aber er sah den Kommodore nur an und zitterte ein wenig. Das war denn doch ungewöhnlich! Alle staunten. Aber er war eben dabei, einen Satz vorzubereiten, den er dazu sagen wollte. Zur Einleitung, um die Geduld der anderen nicht zu sehr zu beanspruchen, begann er so:

»Sir, ich mißbillige...« und überlegte sich, wie es weitergehen sollte. Alle waren plötzlich ganz still. Da nahm er doch lieber gleich den wichtigen Satz in Angriff:

»Der Krieg, Sir, ist für uns alle zu langsam!«

In dem herzhaften Gelächter, das sich nun erhob, verglich

er fieberhaft noch einmal das Gesagte mit dem, was er hatte sagen wollen. Aber das half nichts mehr, zumal Fowler ihn auf die Schulter hieb und alles wieder durcheinanderrüttelte.

Nur der Kommodore hatte vielleicht verstanden oder wollte verstehen. »Weder zu langsam noch zu schnell«, sagte er ernst. »Meine Zeit steht in Deinen Händen. Errette mich von der Hand meiner Feinde, o Herr, und von denen, die mich verfolgen!« Dann fügte er hinzu: »Nun macht auch Mr. Franklin endlich Sätze statt Pausen. Wir werden noch viel von ihm haben. Ein guter Tag ist das heute!«

Obwohl keiner der Anwesenden daraus klug geworden war, lachten alle wie über einen gelungenen Witz, denn so gehörte es sich gegenüber einem siegreichen älteren Herrn.

Bald wußten alle auf der *Earl Camden*, daß John es anders gemeint hatte. Er ging zu Dance und allen anderen und stellte seinen Satz richtig. Zu Westall sagte er: »Ich wäre gern immer sofort mutig, aber was ich tue, muß ja auch richtig sein. Ich muß alles auf mühsame Art sein, mutig auch.«

Westall kniff ein Auge zu: »Aber ein gutes Bild geben Sie ab.«

Ceylon lag hinter ihnen, sie passierten das Kap Komarin. John sah auf die See hinaus, während der Maler ihn skizzierte. Westalls Zunge leckte unentwegt die Unterlippe, denn anders konnte er nicht zeichnen. John setzte neu zum Sprechen an.

»Mr. Westall, ich muß Ihnen auch etwas sagen: Genauigkeit finde ich doch besser als Ahnung.«

Westall prüfte mit erhobenem Daumen den Abstand zwischen Johns Augen und dann, längs der Kante seiner linken Hand, die Ansatzhöhe der Ohren. »Dieses Bild wird genau«, sagte er.

John war sehr zufrieden. Er schwieg still und saß unbewegt. Wenn Mr. Westall ihn auf die alte, gute Art malen wollte, dann durfte er ihm das Bild keinesfalls verwackeln.

Auf der Reede von Bombay sahen sie den Monsun heraufziehen. William Westall ging von Bord. Er sagte: »Ich möchte bleiben und Indien malen. Mit dem Monsun fange ich an. Das schönste Bild meines Bruders heißt: ›Kassandra prophezeit den Untergang Trojas‹. Mein Bild wird heißen: ›Der Monsun zieht herauf‹, und es wird dasselbe ausdrücken – nur besser!« John verstand kein Wort, und er war traurig, weil auch dieser liebe, verrückte Mensch nun dahin war.

Portsmouth! Die Befestigungen und Docks sahen aus wie immer, die ganze Stadt war, als habe er sie erst gestern zuletzt gesehen. Daß irgendein John Franklin nach drei Jahren aus der Südsee zurückkam, brachte hier niemanden dazu, auch nur das Glas abzusetzen. Portsmouth brodelte von jungen Männern und Weibern, Lärm, Arbeit und Unternehmungslust, die Stadt war mit sich selbst beschäftigt. Wenn hier alte Leute lebten, dann nicht trotzdem, sondern deshalb. Niemand pflegte hier Rosen, keiner predigte oder hörte einer Predigt zu. Man lebte schnell, weil es so schnell damit zu Ende sein konnte. In den Docks schufteten sie hart, auch nachts im Schein der Tranlampen. Es war eine hungrige, schnelle Stadt, und darin blieb sie sich immer gleich.

John erfuhr, daß der nichtsahnende Matthew von den Franzosen auf Mauritius gefangen und als angeblicher Spion in Arrest gesteckt worden sei. Er hatte also angenommen, der Friede sei noch gültig, und war deshalb im französischen Mauritius vor Anker gegangen, obwohl sein Begleitschreiben nur für die selige *Investigator* galt. Hoffentlich ließen sie ihm die Seekarten, die so viel Mühe gekostet hatten, und schickten ihn bald wieder nach Hause.

Mary Rose war noch da.

Sie wohnte nach wie vor in der Keppel Row, nur zwei Häuser weiter. Über dem Feuer hing der große Wasserkessel in einem wohlkonstruierten Gestell – sie konnte damit Tee aufgießen, ohne das Wasser vom Feuer zu nehmen. Überhaupt schien es ihr gut zu gehen.

Sie sagte: »Du sprichst schneller als vor drei Jahren.«

»Ich habe jetzt einen eigenen Rhythmus«, antwortete John, »auch mißbillige ich mehr als früher, das beschleunigt.«

Marys Gesicht hatte um die geschwungenen Linien herum mehr Falten bekommen. John sah auf ihren atmenden Körper. An den Unterarmen glänzten feine, zarte Härchen gegen das Licht. Dieser Flaum war das Stärkste, er tat mit John viel. Große Dinge kamen in Gang. »Mir ist wie eine Sinuskurve, alles steigt immerzu!« Bald vergaß er die Geometrie und wußte statt dessen, daß auf der Welt vieles wieder gut werden konnte und daß zwei Menschen genügten, um es zu bewerkstelligen. Er sah eine himmelfüllende Sonne. Paradoxerweise war sie zugleich das Meer und wärmte eher von unten als von oben. Vielleicht ist so die Gegenwart, wenn sie einmal nicht davonläuft, dachte John.

Er hörte Marys Stimme. »Bei dir ist das anders«, sagte sie. »Die meisten sind nämlich zu schnell. Wenn es soweit ist, dann ist es auch schon wieder vorbei.«

»Das ist genau das, was ich seit einiger Zeit auch denke«, antwortete John und war froh, denn er fühlte sich von Mary sehr verstanden. Er betrachtete ihr Schulterblatt, wie sich da die weiße Haut über dem geschwungenen Knochen spannte. Er besah alles genau. Am zartesten war die Haut über den Schlüsselbeinen – die tat es ihm wieder an, sie verhieß neue Gegenwart und Sonne von unten.

Mary zeigte John, daß Tasten und Fühlen eine Sprache war. Man konnte in ihr sprechen und antworten. Jedes Durcheinander war zu vermeiden. Er lernte viel an diesem Abend. Am Ende wollte er ganz bei Mary bleiben. Sie sagte: »Du bist verrückt!«

Sie sprachen bis tief in die Nacht. Es war schwer, John Franklin etwas auszureden. Falls andere Freier draußen gewartet hatten, waren sie inzwischen mürrisch von dannen gezogen.

»Ich bin auch froh, daß ich mit meinem Körper jetzt alles

kann«, raunte John. Mary Rose war gerührt. »Für so was brauchst du von heute an nicht mehr drei Jahre um die Welt zu fahren!«

Vor dem *White Hart Inn* stand der alte Ayscough, achtzig Jahre alt, davon fünfundsechzig Soldat gewesen in Europa und Amerika. Jeden Tag war er da, wenn die Postkutsche kam. Er sah sich genau an, wer da ausstieg und woher er angereist war.

Den jungen Franklin erkannte er an der Art der Bewegung. Er hielt die Hand des Midshipman mit beharrlichem Griff, denn er wollte alles als erster hören.

»So!« sagte er schließlich. »Ein Schiff hast du also schon wieder, und ein großes! Da werdet ihr bald wieder im Gefecht sein und England verteidigen.«

Dann ging John in die Richtung seines Elternhauses davon. Die Sonne kletterte durch die Obstbäume. So weit er zurückdenken konnte, hatte er sich von hier immer nur weggesehnt. Aber während sich seine Hoffnung aufs Entfernte richtete, hatte er auf diese Kamine geblickt, auf das Marktkreuz und den Baum vor dem Rathaus. Vielleicht war Heimweh nur der Wunsch, diese frühere Hoffnung wieder zu spüren. Er wollte darüber nachdenken und stellte sein Gepäck neben das Marktkreuz.

Er hatte doch eine jetzige Hoffnung, eine frische. Und sie war begründeter als die damalige. Wie kam also das Heimweh zustande?

Vielleicht hatte er all das hier geliebt in einer Zeit, an die er sich nicht mehr erinnern konnte. Jetzt war das Fremde eher hier. Ihm war sogar, als habe die frühlingshafte Mauer in Whampoa vertrauter gerochen als hier die Stufen, die zum Marktkreuz hinaufführten. Dennoch blieb eine Ahnung von Liebe.

»Ja, das Nachhausekommen!« sagte die Stimme des alten Ayscough, der ihm gefolgt war. »Da kann man sich immer nur hinsetzen.« Midshipman John Franklin stand auf und klopfte sich den Staub von der Hose. Er überlegte, ob die Liebe zum Vaterland mehr eine Pflicht oder mehr etwas Angeborenes sei. Einen alten Soldaten konnte er so etwas natürlich nicht fragen.

Das Haus in der schmalen Passage gehörte jetzt einem fremden, dicken Mann, der immer nur »ha – hm« sagte, zur Begrüßung, zur Erklärung, zum Abschied.

Die Eltern wohnten in einem kleineren Haus. Die Mutter funkelte fröhlich mit den Augen und nannte Johns Namen. Es war still, denn der Vater sagte wenig. Traurig schien er, und John bekam Mitleid. War denn kein Geld mehr da – Vater hatte doch ein Vermögen gehabt? John fragte lieber nicht. Er hörte ja, daß die guten Zeiten vorbei waren. Über Thomas sagte der Vater knapp, er befehlige jetzt ein Freiwilligenregiment. Es werde Napoleon bestrafen, wenn er sich hier in der Gegend blicken lassen sollte.

Der Großvater war inzwischen stocktaub. Er sah jeden, der redete, lange an und sagte: »Zu schreien brauchst du nicht. Ich verstehe es sowieso nicht. Alles Wichtige merke ich selber, das muß mir niemand sagen!«

Während er zu Anns Haus ging, versuchte John, sich an Marys Gesicht zu erinnern. Er bekam es aber nicht zusammen, und das wunderte ihn. Vergaß man das Äußere eines Menschen, wenn man ihn liebte? Vielleicht gerade darum.

Ann Flinders, geborene Chapell, war runder geworden. Sie freute sich, John zu sehen. Von Matthews Unglück hatte sie längst gehört. »Erst die Admirale, dann die Franzosen – und er hat doch niemandem etwas getan.« Sie war traurig, aber sie weinte nicht. Über die Reise wollte sie alles hören. Zuletzt sagte sie nur: »Das werden die Franzosen büßen!«

Dann besuchte er die Eltern Lound.

Seit Sherards Brief aus Sheerness hatten sie von ihm nichts mehr gehört. Der, den Matthew mitgenommen hatte, war gewiß beschlagnahmt. Und aus Port Jackson hatte er keine Zeile geschrieben. John dachte an das Gebiet, wohin sein

Freund sich hatte aufmachen wollen – hinter den blauen Bergen, wo alle Flüsse nach Westen flossen und wohin auch die Sträflinge von Botany Bay sich durchschlugen, wenn es ihnen überhaupt gelang auszubrechen.

»Er ist in einem grünen Land mit viel schönem Wetter«, sagte John, »aber die Post ist sehr schlecht dort.«

In Ing Ming war es schlimmer geworden. Mehr Leute und weniger zu essen. Ihre Kuh hatten die Lounds noch. Aber das Gemeindeland war viel zu klein geworden für das Armenvieh: »Die Großen versetzen einfach die Zäune. Und die Wiese wird abgefressen, daß sich kein Halm mehr heraustraut!« Vater Lound war Drescher. Anderthalb Schillinge pro Tag während der Erntezeit. Seine Frau hätte Flachs spinnen können, wäre nicht das Spinnrad längst zusammen mit dem Teekessel zum Pfandleiher gewandert. Es war jener Mann, der zu allem nur »ha – hm« sagte.

»Unsere Jüngeren sind alle noch im Haus«, sagte Vater Lound. »In den Marschen ist der Lohn viel höher. Oder wir gehen in die Spinnerei, da können die Kinder mitverdienen, auch im Winter. Vielleicht wird es besser, wenn wir den Krieg gewinnen.«

Sie zeigten John Sherards letzten Brief. Über sich selbst las er dort: »Nachts träumt er von den Toten.«

Das Dorf war wie verlassen. Tom Barker war bei einem Apotheker in London zur Lehre, andere dienten in der Armee, viele waren ganz fortgegangen. In der Kirche stand Peregrin Bertie, der Lord von Willoughby, und überblickte eine Versammlung von leeren Stühlen.

Den Schäfer gab es noch, den Langschläfer und Rebellen.

Er stand im *White Hart Inn* an der Theke und ließ nichts gelten. »In der Welt herumkommen? Dazu brauche ich kein Schiff«, sagte er, »die Erde dreht sich doch von selber.«

John nahm das geduldig hin. »Du drehst dich aber mit«, antwortete er, »also bleibst du, wo du bist.«

Der Schäfer kicherte: »Die Füße mußt du schon heben!«

Dann sprachen sie über die Gemeindewiese. »Weißt du,

was ein Wunder ist? Eine Wiese, die immer schmaler wird, je mehr Mäuler sie abgrasen!«

»An Wunder glaube ich nicht«, meinte John, »das ist etwas für Kinder.«

Der Schäfer trank aus und wurde wieder rebellisch.

»Irrtum! In der Ökonomie fängt das Staunen mit dem Denken erst an. Aber du bist ja ein Held geworden! Schickst du wenigstens Geld nach Hause?«

Neuntes Kapitel

Trafalgar

Dr. Orme sah John verblüfft an, ohne etwas zu sagen. Dann stand er auf und freute sich. »John!« rief er, und seine Wimpern schienen dem Gehirn Luft zuzufächeln. »Ich habe auf dich gewartet. Aber Hoffnung hatte ich kaum noch.«

John wunderte sich selbst über die Nüchternheit, mit der er jetzt seinen alten Lehrer betrachtete. Ich bedeute ihm etwas, dachte er, das paßt gut, ich glaube, ich mag ihn auch noch.

Sie setzten sich an den Gartentisch hinter dem Haus am Gebrochenen Genick. Es entstand eine Pause, denn sie wußten nicht so recht, wie sie anfangen sollten. Dr. Orme erzählte eine »kleine Geschichte zur Auflockerung«. Er war eben ein richtiger Lehrer.

»Achilles, der schnellste Läufer der Welt, war so langsam, daß er keine Schildkröte überholen konnte.« Er wartete ab, bis John die Verrücktheit dieser Behauptung ganz begriffen hatte. »Achilles gab der Schildkröte einen Vorsprung. Sie liefen zur gleichen Zeit los. Als er an ihrem Anfangspunkt eintraf, war sie schon an einem neuen. Er lief nun dorthin, aber als er ankam, war sie abermals weitergekrochen. So ging es unzählige Male. Der Abstand verringerte sich, aber er holte sie nie ein.« John kniff die Augen zusammen und überlegte. Schildkröte? dachte er und sah auf den Boden. Er betrachtete Dr. Ormes Schuhe. Achilles? Das war doch etwas Ausgedachtes. Der Lehrer mußte lachen. Einer seiner kleinen schiefen Schneidezähne fehlte jetzt.

»Gehen wir erst einmal hinein«, sagte er, »ich bin inzwischen in der Erforschung der Natur etwas weitergekommen.« Drinnen sperrte er eine Kammertür auf. Da faßte ihn John am Arm:

»Das mit dem Wettlauf kann nur die Schildkröte erzählt haben!«

In der Kammer stand ein sorgsam gebauter kleiner Apparat, eine Scheibe, die sich um eine Querachse drehte, wenn man die Kurbel bewegte. Auf der Vorder- und Rückfläche war je ein Gesicht aufgemalt, vorn ein Mann zur Linken, hinten eine Frau zur Rechten. Wenn sich die Scheibe drehte, erschienen sie abwechselnd. »Das kenne ich vom Jahrmarkt«, sagte John, »am Sonntag Jubilate vor sechs Jahren.«

»Die Kurbel baute mir der Wagenschmied«, erklärte Dr. Orme, »und das Zählwerk der Uhrmacher. Bei schneller Drehung werden Harlekin und Colombine zum Paar vereinigt.« Er sah in ein kleines Buch und las vor: »Meine eigenen Augen lassen sich schon bei 710 Umdrehungen täuschen. Beim Kirchendiener Reed müssen es 780 sein, bei Sir Joseph, dem High Sheriff, 630, bei meinem faulsten Lateinschüler 550 und bei meiner schnellen Haushälterin 830 Umdrehungen!« John bemerkte eine kleine Sanduhr, die an einem Hebel des Zählwerks angebracht war. »In welcher Zeit?« »Innerhalb von sechzig Sekunden. Setz dich bitte. Ich drehe die Scheibe immer schneller, bis du deutlich das Pärchen siehst. Dann halte ich diese Geschwindigkeit und drehe die Sanduhr um. Damit schalte ich gleichzeitig das Zählwerk ein.«

Vorsichtig begann der Lehrer zu kurbeln, er sah John gespannt an, der Mechanismus schnarrte immer heller.

»Jetzt!« sagte John. Die Zahlenrädchen liefen. Das Einerrad rückte nach jeder Umdrehung mit einer Noppe am Zehnerrad, und dieses auf gleiche Weise am Hunderter. Als die letzten Körner fielen, drehte Dr. Orme die Sanduhr wieder um, und das Zählwerk stand. Feierlich sagte er: »330! Du bist der Langsamste.« John freute sich. Seine Besonderheit war erwiesen.

»Das ist eine sehr wichtige Verschiedenheit der Menschen«, sagte Dr. Orme. »Diese Entdeckung wird noch viel Nutzen bringen.«

Am Nachmittag ging Dr. Orme zum Unterricht ins Schulgebäude hinüber. John kam nicht mit. Er fürchtete, er müsse dann vor den Schülern über seine Erlebnisse berichten. Was ihn bewegte, hätten sie nicht verstanden, und nach dem Munde reden wollte er niemandem. Er ging lieber zu seinem alten Baum. Auch der war ihm recht fremd. Aber er brauchte keinen Baum mehr, er hatte jetzt die Schiffsmasten. Er blieb unten stehen, sah noch einmal hinauf und ging dann weiter. Er durchwanderte die Stadt und dachte über die menschlichen Geschwindigkeiten nach. Wenn es stimmte, daß einige Menschen von Natur langsam waren, dann sollten sie auch so sein. Es war ihnen wohl nicht aufgegeben, so zu werden wie die anderen.

Froh setzte er sich an Dr. Ormes Abendbrottisch. Die Welt sollte so sein, wie sie war! Jetzt hätte es noch Sülze geben müssen. Aber woher sollte die schnelle Haushälterin das ahnen?

John wollte Dr. Orme fragen, ob es in Zukunft wirklich zu keinen Kriegen mehr kommen würde. Bisher sah es nicht danach aus. Vielleicht herrschte aber nach dem Sieg über Napoleon ein ewiger Friede? John zögerte seine Frage hinaus, warum, wußte er nicht.

Dr. Orme sprach von weiteren Apparaten, die er bauen lassen wollte. »Genaues läßt sich noch nicht sagen. Das muß noch mehr durchdacht werden.« Beiläufig berichtete er von einem irischen Bischof, der eine Theorie der Wahrnehmung entworfen hatte, dem Bischof von Cloyne: »Er stellte sich die ganze Welt mit allen Menschen, Dingen und Bewegungen als etwas nur Scheinbares vor. Sie war somit eine Geschichte, die Gott den Gehirnen mit Hilfe künstlicher Sinneseindrücke erzählte, vielleicht nur einem einzigen, dem des Bischofs von Cloyne. Am Ende gab es nur sein Gehirn, seine Augen und Nerven, und die Bilder, die Gott ihm schickte.«

»Warum sollte der das tun?« fragte John.

»Der Sinn der Schöpfung ist den Menschen nicht bekannt«, antwortete der Lehrer. »Außerdem muß eine gute Geschichte keinen Zweck haben.«

»Wenn er alles vorspiegeln kann«, überlegte John, »warum ist er dann mit Wundern so sparsam?«

Da war Dr. Orme überfragt. Er erzählte, was ihn an der Sache interessierte: mit was für einem Apparat Gott, wenn der Bischof recht hätte, dem menschlichen Gehirn solche Bilder eingeben könnte. »Natürlich ist das nur ein Hilfsgedanke«, sagte er. »Gottes Methoden sind nicht wirklich erforschlich.«

Immer noch hielt eine Sorge John davon ab, nach dem Frieden zu fragen. Er liebte Dr. Orme als einen Menschen, der nicht viel von Gott redete, wenn es etwas zu erklären gab. John wollte, daß das so blieb.

Dr. Orme kam von selbst darauf. Die Menschheit werde lernen, meinte er. Sie lerne etwas langsamer, als er angenommen habe. »Es liegt daran, daß die Tüchtigen ständig versuchen, das wenige von der Welt zu verändern, was sie kennen. Eines Tages werden sie die Welt entdecken, statt sie zu verbessern. Und nicht mehr vergessen, was sie schon entdeckt haben.«

Lange Sätze über die Welt mochte John nicht, aber er fand es in Ordnung, wenn kluge Leute wie Dr. Orme oder Westall im Gespräch mit ihm dahin kamen, sie zu formulieren.

Hoffentlich schrieb Dr. Orme sich das auch auf.

»Zum Vergessen fällt mir etwas ein«, sagte John. »Ich

habe mich in eine Frau verliebt und mit ihr geschlafen, aber schon jetzt ist mir ihr Gesicht völlig entfallen!«

Es folgte eine kleine Unterbrechung, weil Dr. Orme seine Tasse aus Versehen auf den Rand der Untertasse stellte.

Für Mary Rose blieb keine Zeit mehr. John hatte sich auf der *Bellerophon* einzufinden, die vor der Themsemündung lag, weit weg von Portsmouth. Auf dem Boot nach Sheerness sprach er mit einem Leutnant, der das Abzeichen eines Commanders trug, einem hageren Mann mit dunklen Augen und langer, spitzer Nase. Sie sah aus, als wäre einer gewöhnlichen Nase noch eine zweite zur Verlängerung aufgesetzt worden. Der Leutnant hieß Lapenotière und sprach außergewöhnlich schnell. Er kommandierte den Schoner *Pickle,* eines der kleinsten Schiffe der Kriegsmarine und meist mit Spähaufträgen an der französischen Küste eingesetzt. Die Leute von der *Pickle* erkundeten Festungsanlagen und fingen Wachboote ein. Der Commander war berühmt für seine Fähigkeit, Gefangene auszuhorchen. »Als Franzose bringen Sie dafür einiges mit«, sagte ein anderer Offizier.

»Ich bin Engländer!« entgegnete Lapenotière ungnädig. »Ich kämpfe für die guten Leidenschaften der Menschheit und gegen die schlechten.«

»Welches sind die guten?« fragte der andere Offizier.

»Glaube und Liebe.«

»Und die schlechten?« fragte John.

»Gleiche Freiheit für alle, Größenwahn der Logik und – Bonaparte!«

»Das ist wahr, zum Teufel, Gott segne Sie!« rief der andere Offizier, sprang auf und stieß sich den Kopf am Decksbalken.

John fand das überflüssig. Er mißbilligte es.

Die Franzosen sollten von England wegbleiben, das war alles.

Der Mannschaft nach war die *Bellerophon* ein irisches

Schiff und kein englisches. In vielen Schlachten hatte sie mit vierundsiebzig Kanonen für Lärm und Tod gesorgt, ein berühmtes Schiff. Warum so viele Matrosen Iren waren, wußte niemand. Bei den Seeleuten hieß sie »der Raufbold« oder »der Grobian«. Im Jahre 1786 war sie widerborstig genug gewesen, sich selbst verfrüht vom Stapel zu lassen, notgetauft mit einer halben Flasche Port. Die *Bellerophon* war aufs Jahr so alt wie John. Auch Matthew hatte auf ihr als Midshipman gedient. Die Galionsfigur war ein zähnefletschender Teufel, sicher wieder ein Grieche wie der Einäugige am Bug der *Polyphemus,* und ohne Arme wie dieser.

Das war nun wirklich ein anderes Schiff als die *Investigator!* Dickes Holz überall, schweres Tauwerk, weite Wege, zahllose Menschen, rotröckige Soldaten und sogar einige blaugekleidete, die mit den Feldkanonen zu tun hatten. Blaue wie Rote exerzierten täglich an Deck, die armen Kerle. Mitleidig und verächtlich sah die Mannschaft zu, wenn sie sich im Takt zu »Laden und Sichern«, »Rechts um« und »Kehrt marsch« bewegten. Nur die australischen Eingeborenen hatten sich am Trommeln und Marschieren wirklich freuen können. Zuletzt hatten sie mit ihren Stöcken mitexerziert und aus den vielen Wendungen und Rucken bald einen Tanz gemacht. John nahm sich vor, die Menschheit zu beobachten. Wenn sie lernte, mußte etwas davon zu merken sein.

In der Mannschaft und unter den gemeinen Soldaten war kaum einer, den man nicht mit Alkohol und Prügeln zum Dienst gepreßt hatte. Einige Frauen gab es, die waren freiwillig da, vielleicht aber doch gezwungen von ihren Männern. Sie wohnten mit im Unterdeck, trugen Hosen und sahen aus wie jeder andere Seemann. Niemand sprach darüber, und etwas, worüber man nicht sprach, war nicht da. Auf einem irischen Schiff, das selbst nur als englisches verkleidet war, konnte das niemanden erstaunen.

Wohin ging es? Nach Brest, sagte man. Blockade eines Hafens – ein endloses Geschäft. Alle waren schlechter Laune, von den Gepreßten gar nicht zu reden.

Die Fähnrichsmesse lag unter der Wasserlinie im Orlop. Die Luft war dort zum Schneiden. Auf dem Tisch Zigarren, Grog, Kuchen, Käse, Pfeifen, Messer und Gabeln, eine Flöte, Gesangbücher, Teetassen, ein Rest Schweinefleisch und eine Schiefertafel. Darum herum: Langeweile und Schlägereien aus Langeweile, ferner die weisen Sprüche des neunzehnjährigen Bant, der alles zu wissen glaubte. »Die Weiber um dreißig herum sind die besten!« Solche Dinge pflegte er zu verkünden. Er kam aus einem Dorf bei Devonport, wo man gewiß froh darüber war, daß er sich für die Flotte entschieden hatte. »Die um dreißig wissen Bescheid. Sie haben alles, was die Zwanzigjährigen auch haben, und man verplempert keine Zeit! Die um vierzig sind oft sogar noch besser!« Walford, der Älteste der Messe, blies den Rauch in die Luft. »Halt jetzt das Maul!« Und nach einer Weile: »Das hat dir wieder jemand erzählt. Ein Siebzigjähriger vermutlich.« Bant wurde wütend, aber bevor er etwas sagen oder tun konnte, kriegte er die Flöte über die Finger, daß er vor Schmerz wie gelähmt dasaß. So schnell war Walford. Außerdem hatte der Älteste immer recht, das gehörte zu den Prinzipien, die es gegen Napoleon zu verteidigen galt.

Für John begann das Elend mit der Langeweile der anderen. Wer Grausamkeit nicht gelernt hatte, mußte wenigstens frech werden können. In den ersten Wochen wurde John von beinahe niemandem respektiert. Aber er verlor nicht die Zuversicht. Er wußte, daß sich seine Lage ändern würde. Einer fragte ihn ab und zu um Rat: Simmonds, der Jüngste, der direkt von zu Hause kam.

Manchmal dachte John an die Zukunft. Was tat einer wie er, wenn der Krieg aus war? Ein Midshipman ohne Schiff bekam nicht einmal den Halbsold. Mit Sherard in Australien siedeln? Aber wo ihn suchen? John gehörte jetzt schon zu den Älteren. Simmonds war vierzehn, Henry Walker sechzehn Jahre alt.

Den ganzen Herbst und Winter nur das Kreuzen vor Brest! Einer wie John hielt das aus. Er lernte den neuen Signalcode und las alle Bücher, die er in die Finger bekam.

Der Krieg würde zu Ende gehen. Er wollte versuchen, zur Ostindischen Kompanie zu kommen.

Mit Simmonds hatte er Mitleid. Wenn Walford abends die Gabel feierlich in den Tisch rammte, wie es der Brauch war, dann mußten die Jüngeren die Messe verlassen und in die Koje gehen. Es hieß, sie wüchsen noch und brauchten mehr Schlaf, aber das war nur ein Vorwand, der wahre Zweck war, sie zu demütigen. Wenn Simmonds den Wachantritt verschlief – das geschah leicht, denn er wohnte beim Stückmeister im Unterdeck –, dann pflegte Bant ihn aufzusuchen und von unten aus der Hängematte zu drücken, bis er fiel. Der Kleine hatte Beulen und Schrammen wie einst John. Er erntete auch sonst viel Spott. Die simpelsten Dinge mußte er noch lernen. Er wußte nicht einmal, wie man einer Trosse einen Hundspünt aufsetzte. Das lag auch an ihm, er ließ es an Ernst fehlen. Statt zu lernen, erzählte er von seinem Hund in Berkshire. Er war ein freundlicher, leichtlebiger Bursche, immer angenehm und zuversichtlich, aber die Winde für das Anbrassen der Großrah suchte er beim Fockmast. John hielt ihn fest: »Du mußt einfach überlegen! Sie kann nur beim Kreuzmast stehen!« Er erklärte ihm auch kompliziertere Dinge. Im Lauf der Zeit merkte er, daß selbst die Älteren weniger wußten als er. Nichts hatte er je vergessen, sein Kopf war wie eine wohlgefüllte Scheune. Erst ärgerten sie sich darüber. Er ließ sich aber nicht davon abhalten, sein Wissen weiterzugeben, denn er hielt das für seine Pflicht, wenn es bei anderen fehlte. Nach einem halben Jahr kannten ihn alle gut genug. Er wurde respektiert, wie er es erwartet hatte. Bei wichtigen Vorgängen wurde er gefragt und bekam Zeit zur Antwort. Mehr kann ich nie erreichen, dachte er. Ein Fehler blieb: es war Krieg.

Der Winter war vorbei. Endlich weg von Brest! Es kam ein

neuer Kapitän, James Cooke, ein kahlköpfiger, schlanker Mann mit gespaltenem Kinn. Er sah fast so edel aus wie Burnaby und lächelte viel. Cooke war ein Mann Nelsons durch und durch und verstand etwas vom Anfeuern. Noch war Nelson weit weg, er jagte hinter einem Teil der französischen Flotte her. Aber Cooke verwandelte das Schiff schon jetzt so, als stünde der Admiral neben ihm auf dem Poopdeck. Er hielt Reden über Tod, Ruhm und Pflicht und verband das mit großer Freundlichkeit. Jedem hörte er gut zu, aber ohne eindeutig zu reagieren. Vielleicht tat er nur so, als ob er zuhörte, aber alle fühlten sich von ihm in einem höheren Sinne wahrgenommen. Es war, als breche ein Zeitalter der Freiheit und Güte an: Bant maulte nicht mehr, Walford half und ermunterte, alle versuchten, besser zu werden. Das bewirkten allein die Worte eines Kapitäns! Nur John horchte vergebens in sich hinein: »Ich merke noch nichts!« Bei dem Wort »Ruhm« hatte er besonders starke Zweifel. Ruhm: man wollte die bessere Seite sein. Es gab aber keine Sicherheit, wer in einer Schlacht die bessere Seite war. Überhaupt war durch den Tod nichts zuverlässig zu beweisen. John hielt im Inneren seines Kopfes eine eigene Rede. Die Zunge bewegte er hinter den geschlossenen Lippen. Über den Ruhm war er sich bald im klaren. Bei »Ehre« hingegen hielt er die Zunge still und überlegte hin und her. Ehre gab es. Was sie genau war, mußte er noch mehr erforschen.

Die *Bellerophon* fuhr nach Cartagena in Spanien. Die Galionsfigur wurde neu bemalt. Nelson selbst kam auch. Ein zarter, entschiedener Herr, und auch er verstand zu lächeln. Als er der Mannschaft der *Bellerophon* gegenüberstand, sprach er im Flüsterton und fast bittend. Er schien ein Mann voller Liebe zu sein – Liebe zum Ruhm und zu seiner eigenen Sorte. Und so gab es bald niemanden mehr, der nicht von Nelsons Sorte sein wollte.

»Mich steckt es nicht an«, sagte John. Dieser Nelson schien ganz sicher zu sein, daß alle das tun würden, wofür er sie liebte, und sie taten es auch. Er liebte Verrückte, und so schien es verlockend, verrückt zu werden für England. Plötzlich waren die gepreßten Seeleute und die geschundenen Soldaten zum Heldentum entschlossen. Sie glaubten jetzt zum Höchsten zu gehören, was die Erde hervorgebracht hatte. Sie mußten es nur noch zeigen. Die Ehre verpflichtete jeden, das zu tun, wofür er schon gelobt worden war. Ehre war eine Art nachzuliefernder Beweis.

»Welchen Widerstand findet ein Säbel im menschlichen Fleisch und an den Rippen? Wie stark ist eine Herzwand?« Das wollte der vierzehnjährige Simmonds wissen. »Du mußt es nur wollen, dann geht es spielend!« versicherte ihm der sechzehnjährige Walker. Sie fühlten alle viel Kraft und sehnten sich nach einer angespannten Situation mit Tod und Entsetzen, um zu sehen, ob sie mit Ruhe oder Übermut darüber hinwegkämen. Jeder, der es noch nicht erlebt hatte, wollte es wissen. Es kamen ja immer neue, John fühlte sich alt. Scharf beobachtete er den jungen Simmonds, denn er hätte gern herausbekommen, wie schnell dessen patriotische Begeisterung zunahm, ob sie abends stärker war als morgens und ob sie mehr von innen kam oder mehr von außen.

Die französischen und spanischen Schiffe lagen noch im Schutz der Batterien von Cadiz. Die *Bellerophon* segelte hin, die ganze Flotte traf dort zusammen. Eines Abends sagte John in der Messe: »Mit dreihundertdreißig Umdrehungen pro Minute bin ich für Gefechte nicht geeignet!« Sie hörten das nicht gern.

»Ich glaube nicht, daß du ein Quäker bist, Franklin!« sagte Walford. »Aber an Leidenschaft läßt du es fehlen!« Was ein Quäker war, wußte John sehr gut, denn auf einem Schiff kannte er alles: Quäker waren Attrappen, die man zur Geschützpforte hinaussteckte, wenn die Kanonen repariert oder an Land gebracht wurden. Eine Attrappe wollte er nicht sein. Bei der Arbeit gab er sich jetzt doppelt Mühe. Er war auch wieder Signalfähnrich. Er beherrschte alle Regeln, alle Fehler und deren Korrekturen. Er wollte so gut sein, daß niemand die Leidenschaft vermißte.

Einen Leutnant hörte er sagen: »Der edelste Gedanke der Menschheit ist, sich zu opfern. Wir gehen nicht in die Schlacht, um zu töten, sondern um unser Leben für England aufs Spiel zu setzen!« Das wären kostbare Sätze für das Phrasenheft gewesen, wenn John noch eines besessen hätte. Der Leutnant blickte beim Sprechen durch die Zuhörer hindurch. In seinem Gesicht zeigte sich eine Art furchtsamer Zufriedenheit, als denke er: Noch ist alles da, noch ist alles klar, noch habe ich keinen Fehler gemacht.

Vom Mut wurde viel geredet. Wenn Worte weit genug reichten, würden die Männer diesen Mut auch in der Schlacht haben. Und viele wollten auch befördert werden, weil sie glaubten, sie würden dann in der Zeit nach dem Heldentum nicht mehr gequält. Und sie dachten auch daran, daß von tausend Mann Besatzung im allgemeinen nicht mehr als zwei- oder dreihundert fielen und daß es auch aus brennenden und sinkenden Schiffen stets Überlebende gab.

Die englische Flotte lag jetzt südwestlich von Cadiz, der Morgen brach an. Frühstück, Rumration, Klarschiff. Bant setzte die Tasse ab: »Eine glorreiche Zeit! Und wir dürfen mit Nelson sein!« Er redete also auch schon so. Aber obwohl er inbrünstig blickte wie ein Hund vor der Jagd, klangen seine Worte nachgeahmt. Er stammte eben aus Devonport. Bei Simmonds war das anders. Der fühlte wirklich etwas Großes, er meinte die Wahrheit zu spüren. »Jetzt will ich es wissen!« sagte er. John glaubte ihm.

James Cooke hielt eine letzte Rede. »Wir sind auf dem Weg in die Unsterblichkeit!« lächelte er. »Gebt noch Besseres als sonst, nur wenig noch, und ihr seid dreimal besser als die Franzosen.«

Wie hatte er das gerechnet?

In der Fähnrichsmesse wurde die Verbandsstation eingerichtet. Simmonds konnte vor Eifer nicht mehr normal gehen, nur noch rennen, als gelte es Tod oder Leben. Vielleicht schlug Leichtlebigkeit in Kraft und Mut um. Bei der Mannschaft bemerkte John Ähnliches. Nur hie und da schien der Heroismus etwas zu knirschen, als sei zu wenig Öl daran. Auf dem Vordeck hörte John den Satz:

»Die Toten sehen es anders.«

Er lernte ihn, um ihn geschwind sprechen zu können, und schoß ihn auf Walford ab. Noch immer vertraute John darauf, daß es zu keiner Schlacht kommen würde.

Aber da rief der Ausguck: »Fremde Schiffe!« Es dauerte nicht lange, und das Meer war weiß von Segeln, so weit man sah. John blieb ganz ruhig, aber es war ihm für einen Moment, als rieche er Schneeluft. Seine Nase wurde kalt. Eine unregelmäßige Reihe schwimmender Festungen, nordwärts ziehend, bildete ein Drittel des Horizonts gegen Osten. Sie waren also ausgelaufen, dann umgekehrt und versuchten nun, nach Cadiz zurückzukommen.

Die Kälte mußte etwas Inneres sein. John stand neben dem dritten Leutnant auf dem Poopdeck. Da gehörte er hin. Aber ihm war übel. »Signal vom Flaggschiff, Sir!« »Welcher Befehl?« John merkte, daß er doch wieder zitterte. Es war keines von den gelernten Signalen. Mit »253« fing es an, das war »England«. Da kam bestimmt was Diffuses. John verstand es nicht, er mußte seinen Magen unter Kontrolle halten. Der starre Blick brachte nicht die gewohnte Klarheit. John atmete kaum, er war in der Defensive. Nie würde er sein wie Nelson. Nie würde er zu diesem Bund von Männern gehören, die bereit waren, einander alles zu glauben, sogar den Mut, bis zum Sieg. Nur nicht aufs Deck kotzen, dachte er, denn so etwas hieß auf die Krone spucken. Das wollte er auf keinen Fall.

Es wehte ein kärglicher Wind aus Nordwest. »Schnell ins Gefecht!« sagten alle, »nur schnell!« Sie hatten keine Zeit mehr, dringend brauchten sie jetzt den Ruhm, schon damit es vorbei war. Ewig ließ sich eine heroische Stimmung nicht halten. Das Schlimmste, was jetzt passieren konnte, war, daß die Schlacht nicht stattfand. Siebenundzwanzig englische Kriegsschiffe schwankten bei unzuverlässiger Brise mit der alten Dünung auf den Feind zu, viele Tausende von Männern, die nach vorn sahen, Skelette, Muskeln, Fett und Nerven, Haut, Adern und Schweiß, und Gehirne, die entschlossen waren zum blinden Zorn – ihr Blut hatten sie schon zum Pfand gegeben. Von weitem sah das gebieterisch und drohend aus. Von nahem gesehen, wollte der Volontär Midshipman werden, der Maat Quartiermeister, der fünfte Leutnant vierter. John staunte erneut, wie fremd Menschen aussehen konnten. Aber war der Kampf nicht notwendig? Nichts war daran verrückt! »England verteidigen!« sagte er laut, doch davon wurde ihm nicht besser. Was kümmerte es die Hügel um Spilsby, ob die Franzosen im Land waren? Es war weniger die Angst, die ihn lähmte, als eine tiefe Unschlüssigkeit. Was sollte er tun? Zu dem Trotz, der ihn auf der *Earl Camden* übermannt hatte, wollte er nicht zurück. Tote tragen und schauen wie ein Berg? Es war doch nur wegen des Zitterns gewesen. Eine andere Möglichkeit war, die Sache zu sehen wie der Bischof von Cloyne: er, John Franklin, war der menschliche Geist, und irgendwer spiegelte ihm alles nur vor, um zu sehen, ob er muckste, wenn es unangenehm zuging. Damit wollte er es versuchen: nichts gab es wirklich, sicher war nur, daß alles Erscheinung war.

Dennoch fühlte er sich unnütz und allein. Auch Schiffe sahen ihm jetzt ganz fremd aus. Aber er war Seemann auf einem Kriegsschiff, er konnte nicht mitten in der Schlacht den Beruf wechseln. Mit zusammengebissenen Zähnen heißte er das diffuse Signal über die Toppen. Er atmete so tief wie möglich und arbeitete planvoll. Sein starrer Blick folgte der Mittschiffslinie und sah alle Bewegungen nur wie am Rande. Ein bißchen half es, die Ruhe kehrte wieder. Aber ausgerechnet jetzt blickte ihn Rotherham, der erste Leutnant, scharf an.

»Franklin, Sie zittern ja!«

»Sir?«

»Sie zittern!«

»Aye aye, Sir!« Der hielt ihn also wohl auch für einen Quäker. Warum, wenn sie sich doch hier alle gegenseitig ihren Mut glaubten, machte man bei ihm eine Ausnahme?

Der Kapitän ging unter Deck und verkündete Nelsons Signal. Die Männer schwitzten, grinsten und jubelten. Sie wollten jetzt die großen Worte hören, sie bekamen nicht genug davon. Mit Kreide aus dem Navigationsunterricht schrieben sie auf die Kanonenrohre: BELLEROPHON – TOD ODER RUHM. Draußen näherte sich ein französischer Zweidecker. Von drüben fiel der erste Schuß.

Irgendwer schrie im Takt etwas vor, und die anderen fielen ein. Das ganze Schiff brüllte wie ein Riese mit rasselnder Stimme: »NO FEAR OF THAT!«, immer wieder, drohend und beschwörend, »NO FEAR OF THAT!« John war zumute, als gelte die Drohung ihm.

Die unteren Segel wurden hochgegeit, sie hoben sich wie Vorhänge. Die Buggeschütze begannen zu feuern. Was jetzt kam, war John bekannt – Qualm, Splitter und zweierlei Schreie, die von der gemeinsamen und die von der vereinzelten Art. Und das verfluchte Zittern. John stand auf dem Achterdeck nur vier Schritte von James Cooke entfernt, der auf den Schultern die Epauletten trug. Herrgott, die ließen sich doch abknöpfen! Er bot das beste Ziel!

Auf dem Boden lag ein Sterbender und flüsterte: »No fear of that!« Es war Overton, der Segelmeister. John trug ihn gemeinsam mit einem irischen Bootsmann hinunter auf jenen Tisch, in den Walford ein Jahr lang jeden Abend seine Gabel gerammt hatte. Was der Wundarzt in der Hand hielt, war kaum besser.

»Ich gehe wieder zu den anderen, Mr. Overton, ich kann sie nicht allein lassen.« Keine Antwort. Der schien es vorzuziehen, vor der Operation zu sterben.

Ruhig atmen! Achterdeck. Mittschiffslinie. Den starren Blick auf alles und nichts gerichtet: Übersicht. Die Franzosen hatten die Segel in Fetzen geschossen. Das feindliche Schiff lag mit seiner Backbordbreitseite direkt am Steuerbordbug der *Bellerophon* und schoß, was nur herausging. Jetzt kam der Enterangriff. Zweihundert Männer stürmten brüllend vom französischen Vordeck aus los, die Klingen zuckten im Licht. Da ließ die Dünung die beiden Schiffe für Sekunden auseinandertreiben, und die Stürmenden fielen in die Lücke. Sie strauchelten und verschwanden, aneinandergeklammert zu ganzen Trauben, erstaunten Blicks noch im Fallen. Nur knapp zwanzig erreichten das Vordeck der *Bellerophon,* man tötete sie sofort. John sah nach der anderen Richtung. Das Schiff stand jetzt von drei Seiten her unter Beschuß.

James Cooke fiel um. »Wir bringen Sie nach unten, Sir.«

»Nein, laßt mich nur ein paar Minuten ausruhen!« sprach der Kapitän. »Da!« schrie Simmonds. »Drüben im Kreuzmars!«

Im Gewirr der ineinander verhakten Takelagen sah John einen Gewehrlauf. Einen Dreispitz erkannte er, und unter einer schmalen, geröteten Stirn ein Auge am Visier. Er beschloß, das zu ignorieren, und hob einen schwarzhäutigen Matrosen auf, den es eben getroffen hatte. Andere trugen den Kapitän hinunter. Als John und Simmonds mit dem Schwarzen in den Niedergang stiegen, krümmte der sich ein zweites Mal zusammen. »Es war wieder der im Kreuzmars, ich kenne schon das Geräusch!« rief Simmonds. Man konnte jetzt wirklich einzelne Schüsse unterscheiden, das Gewehrfeuer war spärlich geworden. »Wenn wir den nicht abschießen, kriegt er alle!« Da war also ein einziger Mann, der alle bedrohte, mit einem Gewehr und einem weit geöffneten scharfen Auge im Gewirr der Taue. Wer ihn zu töten versuchte, war selbst der nächste.

Der Schwarze atmete nicht mehr, sein Herz stand still. Sie ließen ihn liegen und kehrten um. »Laß mich vorausrennen, ich bin schneller!« sagte Simmonds. Er jagte die Treppe hinauf, sprang aber plötzlich trampelnd kreuz und quer wie ein verschrecktes Tier, verfehlte die oberste Stufe und kam John wieder entgegengefallen.

Da war jetzt ein Loch mitten in Simmonds' Hals.

Der Franzose mußte den Niedergang dauernd im Visier haben. Vielleicht waren sie auch zu zweit da oben, der eine lud, der andere schoß. John schleppte Simmonds auf seinen Armen hinunter. »Zuviel der Ehre!« flüsterte der Kleine. Plötzlich sagte der solche Sachen! Simmonds war nicht alt genug, um Witze zu machen, oder war er es jetzt doch? John dachte einen Moment lang an den irischen Bischof und dessen Theorie. Die hatte ihn sehr im Stich gelassen.

Inzwischen röchelte der Verletzte schon, ein langgezogener, klagender Laut kam aus seiner Kehle. Vor ihnen hatte eine Kugel das Geländer zerrissen. John mußte mit Simmonds' Körper die Splitter zurückdrücken wie eine Klapptür. Ich kann doch nicht immer alle hinuntertragen, dachte er. Ich trage keinen mehr hinunter, ich bleibe oben. In der Verbandsstation schien Simmonds noch zu leben. Cooke war schon tot. John geriet in eine klopfende, drückende Wut. Er versuchte wieder klarzukommen, indem er die Farben der letzten vier Signalzeichen von vorhin rekapitulierte: »Vier, einundzwanzig, neunzehn, fünfundzwanzig.« Es war gut, bei jeder Gelegenheit auch das Einfachste zu üben.

Dr. Orme hatte angeraten, auf die eigene innere Stimme zu hören und nicht auf die anderen. Aber was war mit der Angst? John stand eine Weile mit hängenden Armen da. Dumm sehe ich aus, dachte er, ich sehe sogar feige aus. Die anderen lachen über mich zu Recht! Es ging nicht mehr, er konnte nicht länger zusehen. Simmonds ächzte und starb. John versuchte, mit dem starren Blick an ihm vorbeizusehen. Aber das gelang ihm nicht.

Er mußte es tun, er mußte hinauf! Sich herauszuhalten zu können war ein Traum gewesen! Weg war die Unentschlossenheit des Kopfes. Aber jetzt wurde der Körper rebellisch.

Die Beine lahmten, die Zunge klebte, Kinn und Hände zitterten mehr als zuvor. John hielt es mit dem Kopf, er wollte sehen, wie weit er kam. Das erste Gewehr lud er im Unterdeck. Dabei übergab er sich und beschmutzte die Waffe. Er mußte sie abwischen, dann stieg er ins Mitteldeck. Dort fand er ein zweites, schon geladenes Gewehr. Das dritte lud ihm ein stöhnender Seesoldat direkt neben der obersten Treppe und reichte es ihm nach. John hatte jetzt drei Gewehre. Er wußte, daß er nicht schießen konnte, solange er vor Angst und Wut zitterte. Er durfte nicht zwiespältig sein, mußte den Zorn wegdenken, die Angst verstreichen lassen, den Ekel verschieben, und er durfte damit nicht zu früh aufhören. Was nützte es, wenn er alle Schuld auf sich lud und das Ziel verfehlte! Er hob das erste Gewehr über die Deckung hinaus, hoch über seinen Kopf, und versuchte es auf den Kreuzmars des französischen Schiffes zu richten, ohne daß mehr als seine Hände sichtbar wurden. Alle Winkel und Entfernungen mußte er aus dem Gedächtnis schätzen. Hinter seiner rechten Hand erschien im Holz des Niedergangs plötzlich eine helle Mulde. Auch den Schuß und das Singen des Querschlägers hatte er gehört. Danach konnte er den Winkel noch genauer bestimmen. Er korrigierte die Richtung.

»Schieß doch endlich!« rief einer hinter ihm. Aber John Franklin, der stundenlang eine Schnur in die Luft halten konnte, hatte auch Zeit zum Zielen. Er wollte erst schießen, wenn er schon so gut wie getroffen hatte. Er wartete. Noch einmal vereinte er alles zu einem zusammenhängenden, einleuchtenden Bild: die Winkel, die geschätzte Höhe, die besiegten Bedenken, die bessere Zukunft. Dann schoß er. Er warf das Gewehr weg, packte das zweite, richtete es ein und schoß wieder, nahm das dritte und tappte die Treppe hinauf. War der Schütze noch da? Das Takelgewirr war jetzt noch dichter, das zerfetzte französische Bramsegel hüllte den genauen Standort ein. Ungedeckt schoß John noch einmal auf den Kreuzmars. Nichts rührte sich dort.

Auf dem Achterdeck stand nur Leutnant Rotherham. Walford war mit einem Enterkommando auf dem feindlichen Deck.

Da sah John, wie der Wind unter den Fetzen des Bramsegels drüben einen Dreispitz aufs Meer hinaustrieb. Unter dem Kreuzmars hing plötzlich ein Fuß. Es war nur eine winzige Bewegung, ein Fuß, der wenige Zoll tiefer sackte, weil er keinen Halt mehr suchte. »Da, seht!« schrie einer von den irischen Bootsleuten.

Der feindliche Schütze fiel herab, Kopf voraus. Es war, als wolle nur der Kopf hinunter und der Körper folge widerstrebend, immer wieder Halt suchend an Spieren und Stengen, bis er doch hinunter mußte in die See.

»Den hat es erwischt!« schrie der Bootsmann.

»Nein, ich«, sagte John.

Auf Poop- und Achterdeck der *Bellerophon* waren allein achtzig Mann tot oder so schwer verwundet, daß sie im Grunde schon im Sterben lagen. Die Überlebenden waren zu erschöpft, um zu jubeln. Auf beiden Schiffen herrschte fast Stille. Es stank.

Simmonds war tot. Der wußte es jetzt.

»In dem Punkt magst du recht haben«, krächzte Walford, »die Toten sehen es anders.« Er allein schien sich durch Reden erholen zu wollen. Es gab jetzt viel zu tun, auch Signale waren zu entziffern. Admiral Nelson war erschossen worden. Den Oberbefehl hatte Collingwood. Walford ging mit dem fünften Leutnant und einem Prisenkommando auf das französische Schiff *L'Aigle* und Henry Walker auf den Spanier *Monarca,* ein Schiff, auf dem hauptsächlich Iren Dienst getan hatten.

Ein Sturm zog herauf und wütete schlimmer als der, den John mit vierzehn Jahren in der Biskaya erlebt hatte, er versenkte mehr Schiffe als die Kanonen. Vor allem die Prisen gingen verloren. Das Meer sprach sein Wort, es gab Lecks zu stopfen, Stengen zu laschen und zu pumpen bis zum Umfallen. Die ganze Nacht kämpfte man, um von der drohenden Küste wegzukommen.

Am frühen Morgen ließ der Sturm nach. John ging ins Orlopdeck und setzte sich teilnahmslos irgendwo zwischen die Verwundeten. Er war zu müde zum Denken oder Weinen, sogar zum Schlafen. Er ließ die Bilder kommen und gehen, die Gesichter von Menschen, an die er sich umsonst gewöhnt hatte, Mockridge, Simmonds, Cooke, Overton, der schwarze Matrose – der französische Scharfschütze geriet ihm dazwischen und dann plötzlich Nelson. Was war das für eine Verschwendung! »Nichts für die Ehre der Menschheit«, und was er selbst getan hatte, darüber mußte er noch nachdenken. Eine der Frauen sah ihn sitzen. Sie dachte wohl, er wäre am Weinen, und sagte: »Hoppla, hoppla!« John nahm die Faust von der Stirn und antwortete: »Ich kann mir nicht mehr alle merken. Alle sind immer zu schnell wieder weg.«

»Daran gewöhnt man sich«, sagte die Frau, »und an Schlimmeres, was du noch nicht kennst. Hier ist etwas zu trinken.« Die Frauen gaben mit ihrer unerschütterlichen Häuslichkeit dem Krieg etwas Selbstverständliches, was er nicht verdiente. Diese da war eine von den Blassen, Sommersprossigen. Sie hatte zum Zahlmeister gehört, der jetzt tot war. Stunden später wußte John nicht mehr, ob er sie geküßt oder gar mit ihr geschlafen hatte, oder ob das nur eine Phantasie gewesen war, eine Vision nach Art des Bischofs. Keine Sonne jedenfalls, keine Gegenwart.

Er arbeitete immer noch zuverlässig. »Ich kann sechsunddreißig Stunden wach sein und arbeiten«, sagte er, um sich an irgend etwas zu halten, denn der Sieg über die Franzosen gab ihm wenig. Er merkte aber, daß die Stundenzahl über die vergangene Zeitspanne nichts sagte. Außerdem wußte er nicht, ob es Arbeit war, wenn man jemanden erschoß. In der Ferne sah er ein Signal von der *Euryalus*, Collingwoods neuem Flaggschiff. Der Schoner *Pickle* wurde nach London beordert, um die Siegesnachricht zu überbringen. John stellte sich für einen Augenblick den Commander Lapenotière vor, den Mann mit der langen Nase, wie er in London erschien und mit all seiner Beredsamkeit nur vier Worte zu sagen hatte, um alles aufspringen zu lassen: »Sieg bei Kap Trafalgar.«

Die *Bellerophon* ankerte im Spithead vor Portsmouth. Von der Küste leuchtete das Southsea Castle mit seinen Fahnen herüber, rechts davon erkannte man mit einem guten Glas die Gefangenenhulken, morsche, ausgediente Kriegsschiffe, die jetzt die französischen Kriegsgefangenen aufnehmen sollten. Die riesigen alten Schiffsrümpfe waren grau gestrichen und entmastet, jedes mit einem hohen Spitzdach und mehreren Kaminen versehen. Sie sahen aus wie plumpe Häuser, die im Wasser standen. Was war schon ein Schiff ohne Masten.

In den Straßen von Portsmouth herrschte noch immer siegestrunkenes Gewimmel – oder schien das nur so? Vielleicht war es auch nur der Alkohol, schließlich war Sonntag, die Dockarbeiter mußten nicht in die Werften. Am Semaphor-Turm sah John die Zeigerarme in emsiger Bewegung. Da wurde wieder eine Nachricht an die Admiralität eingestellt, um dann von Hügel zu Hügel fortzuklappern bis nach London. Sicher war es eine weitere Bestätigung des Sieges, so etwas hörten Admirale immer wieder gern.

John ging auf dem schnellsten Weg in die Keppel Row und fand aus den vielen niedrigen Häusern das richtige heraus.

Aus Marys Tür schaute eine Alte, die er nicht kannte.

»Was für eine Mary, hier gibt es keine Mary!«

John sagte: »Mary Rose, hier wohnte sie!«

Er erinnerte sich längst wieder ganz deutlich an ihr Gesicht. Und das Haus war das richtige.

»Mary Rose? Die ist doch untergegangen.« Die Tür schlug zu. Drinnen hörte John Gelächter. Er klopfte, bis noch einmal aufgetan wurde. »Also Mary heißt hier keine«, sagte die Alte. »Oder meinten Sie die alte Frau im Nachbarhaus – wie hieß die noch...«

»Nein, jung«, sagte John, »mit hohen Bögen über den Augen!«

»Die ist doch tot, nicht wahr, Sarah?«

»Unsinn, Mutter, die ist weggezogen. Verrückt war die.«

»Wenn schon. Das kommt jedenfalls davon!«

»Wo ist sie denn jetzt?« fragte John.

»Weiß keiner.«

»Solche Augenbögen hatte nur eine«, sagte John.

»Dann werden Sie sie ja wiederfinden. Jetzt haben wir zu tun.« Damit ging die Alte wieder hinein. Die Jüngere zögerte noch einen Augenblick. Dann meinte sie: »Lassen Sie es lieber bleiben. Ich glaub', die Sie suchen, die ist weggekommen, die ist, glaub' ich, im Spinnhaus oder wo. Die konnte wohl nicht mehr bezahlen.«

Spinnhaus hieß Armenhaus. In der Warblington Street sollte eines sein. John ging hin und bat darum, Mary Rose zu sprechen. Der Pförtner bedauerte. Eine solche hätten sie hier nicht. Im Hintergrund schrie ein alter Mann immer wieder: »Ratten, Ratten, helft!« Der Pförtner sagte nur noch: »Versuchen Sie es in Portsea. Elm Road.«

Eine halbe Stunde später traf John dort ein. Ein weiteres Armenhaus, umgeben von einer dicken Mauer. Sie hatte keine Fenster, nur Löcher, durch welche die Elenden heraussahen und Vorübergehende anbettelten. Lauter alte, gichtige Hände streckten sich heraus, dazwischen zwei Kinderarme. Die Verwalterin war überaus freundlich: »Mary Rose? Das ist die, die ihr Kind getötet hat. Die haben wir nicht mehr hier. Sie wird im White House in der High Street sein. Ist Ihnen was, Herr Offizier?«

John wandte sich wieder der Stadt zu. Wenn das hier ein Armenhaus war, wie sah dann das Gefängnis aus?

Der Wächter am White House zuckte die Achseln: »Hier jedenfalls nicht. Vielleicht ist sie schon auf einer Hulk und wird nach Australien deportiert. Oder Sie versuchen es im neuen Gefängnis. Penny Street.«

John marschierte dorthin. Es wurde schon dunkel. In der Penny Street hörte er, daß vor morgen früh nichts zu machen sei.

Weil er sich vorgenommen hatte, heute in einem Bett zu schlafen, mietete er sich im teuren Hotel *The Blue Posts* ein – sonst war nichts mehr frei. Er hatte auch wenig Lust, gerade jetzt die *Bellerophon* und die Kameraden wiederzusehen. Erst mußte er Mary Rose wiedergefunden haben, und wenn er sie von einer Hulk herunterholte.

Der nächste Tag brach an. Ohne weiteres drang John bis in den Arbeitsraum des Gefängnisses vor. Ein Beamter begleitete ihn. Er sah einige öde, abgerissene Menschen, die aus teerigen alten Tauen Werg zupften, daß die Finger bluteten. Ein weiterer Beamter kam. Ja, eine Mary Rose sei hier, aber die sei gefährlich und aufsässig, sie schreie oft stundenlang. Warum er sie denn sehen wolle? »Grüße«, sagte John, »von ihrer Familie.«

»Familie?« echote der Beamte zweifelnd. »Also gut, vielleicht macht es sie ruhiger.« Er holte sie.

Die Frau ging in Ketten, die Hände auf dem Rücken. Es war gar nicht Mary Rose, jedenfalls nicht die, welche John suchte. Es war eine eher rundliche junge Frau von kranker Gesichtsfarbe und mit ganz und gar stumpfsinnigem Blick. John fragte sie, wo denn die andere Mary Rose sei, die aus der Keppel Row. Da lachte sie plötzlich. Sie war beim Lachen fast niedlich anzusehen, denn sie zog die Nase kraus.

»Die andere Mary Rose, das war doch ich«, sagte sie.

Dann begann sie zu schreien und wurde weggebracht.

John trieb sich in der Stadt herum und überlegte. Mittags stand er lang bei einer Suppenküche für die Bedürftigen und fragte nach Marys Augenbögen. Manche sagten wieder: »Die ist untergegangen«, denn es hatte ein Schiff dieses Namens gegeben.

Ansonsten kannten sie entweder überhaupt keine oder zu

viele Frauen, die so hießen. Irgendwelche besonderen Augen waren ihnen nicht aufgefallen, und sie pflegten auch nicht hinzusehen. Wie konnten sie das tun: nicht hinsehen? Sie verschwendeten alles, was gut war, schon mit ihren stumpfen Augen. Vielleicht hielten sie sich selbst bereits für etwas Verschwendetes. Er merkte, daß Elend ihn anwiderte.

John blieb drei Tage in der Stadt. Er besuchte die ärgsten Kaschemmen, die meist stolze Namen trugen wie *The Heroes*, er war sogar im berüchtigten *Ship Tigre* am Capstan Square. Nichts! Er fragte dort drei arbeitslose Dockarbeiter, aber die hatten andere Sorgen. Ein Schurke namens Brunel hatte eine neue Maschine aufgestellt, mit der zehn ungelernte Arbeiter pro Tag ebenso viele Taljenblöcke herstellen konnten wie vorher einhundertzehn gelernte. Pulver wollten sie haben, um das Ding in die Luft zu jagen. John riet ihnen davon ab und ging weiter. Er fragte gut hundert Seeleute, an die dreißig Dirnen, zwei Ärzte und einen Rathausschreiber, er fragte sogar in der methodistischen Sonntagsschule. In der Kneipe *Fortune of War* zeigte ihm ein alter Mann statt einer Antwort seinen verwelkten Oberarm: da war als Tätowierung eine schöne Nackte zu sehen, einst prallbusig mit vollem Haar, jetzt wegen der vielen Hautfalten selbst etwas ramponiert. Über ihr las John die Schrift »Mary Rose« und darunter »Love«.

Schließlich fand er eine Dirne, die sagte: »Ich kannte eine, die so aussah, aber die hieß nicht Mary Rose. Die hat vor einiger Zeit geheiratet, einen Händler oder Hutmacher aus Sussex. Wie sie jetzt heißt, weiß ich nicht.«

Johns Schuhsohlen waren dünner geworden. Er spürte jeden Stein. Irgendwann saß er an einer Straßenkreuzung auf einem Karren und wußte nicht mehr weiter. Er starrte vor sich hin und sagte: »Das gibt es also auch.«

Die *Bellerophon* lief bald wieder aus. Seine Seekiste war an Bord geblieben. Man mußte nicht notwendigerweise dorthin, wo man eine Seekiste hatte. Der Mann, der auf der *Victory* das große diffuse Signal geheißt hatte, ein Able Body namens Roome, war nach der Schlacht bei der ersten Gelegenheit desertiert. Aber das wollte John auf keinen Fall. Es fiel ihm auch nicht ein, was er dann hätte anfangen sollen. Zur Ostindischen Kompanie hatte man ihn nicht freigeben wollen, was blieb ihm also übrig? Hinzu kam, daß es jetzt nur noch die Kameraden gab. Die kannte er doch wenigstens. Er empfand es als schwerer denn je, irgend jemanden anzusprechen, irgend jemandem zu bekennen, daß er nicht weiter wußte. Er stand auf, um zur Pier zu gehen.

»England verteidigen«, sagte er und lächelte jenes dünne Lächeln, das er bei anderen Leuten nicht mochte.

Der letzte, den er nach Mary Rose fragte, war ein kleiner Junge. Der wußte es auch nicht, aber er hielt John fest und wollte etwas über die Tiere auf der anderen Seite der Erde wissen. John setzte sich hin und erzählte vom Riesenwaran, einer Echse, die Salvator genannt wurde.

Auf Timor hatte er den Waran beobachtet. Aber es erstaunte ihn jetzt selbst, daß ihm gegen seinen Willen so viel Bitteres einfiel zu dem fremden Tier.

»Der Salvator flieht nicht. Aber er kämpft auch nicht gern, das ist gegen seine Natur. Er ist klug wie ein Mensch und hat gern Freunde. Aber er bewegt sich kaum – meist sitzt er still da –, und darum findet er wenige. Er wird älter als alle anderen Tiere, seine Freunde sterben vor ihm.«

»Was kann er denn?« fragte der Junge ungeduldig.

»Er ist bescheiden und verträglich. Nur Hühner stören ihn, die frißt er auf, wenn er kann. Was direkt vor ihm liegt, erkennt er manchmal nicht so gut –«

»Erzähl lieber, wie er aussieht!«

»Er hat hohe Schilde über den Augen und eiförmige Nasenlöcher, und auf der schwarzen Haut gelbe Punkte. Sein Schwanz ist lang und gezackt, und die Zunge dünn. Mit ihr betastet er alles sehr sorgfältig.«

Der Junge sagte: »Den mag ich, glaub ich, nicht so. Der ist bestimmt giftig.«

»Das ist er nicht«, antwortete John traurig. »Aber die

Leute glauben das. Deshalb muß er viel aushalten. Die Singhalesen quälen ihn mit Steinwürfen und mit Feuer.«

»Wenn er so langsam ist, hat er selber schuld«, entschied der Junge.

John stand auf. »Langsam? Das ist er nur scheinbar. Der schnellste Läufer der Welt kann ihn nicht einholen, und in der Ferne sieht er viele Meilen hinter die Kimm!«

Damit ging er, und das war sein Abschied von Portsmouth.

Er war unendlich müde. An seinen Untergang glaubte er nicht, aber es schien ihm, als sei dennoch, auf eine noch nicht bestimmbare Weise, alles aus, auch wenn es weiterging. Er konnte nicht mehr weinen wie ein Kind, schon weil er nicht mehr glaubte, daß Weinen in der Welt etwas änderte. Aber dafür nistete sich tief in seinem Inneren ein dauerhafter Kummer ein, lichtscheu und allgemeingültig. Er machte sich breit und hielt sich doch verborgen, er trug den Namen der Mary Rose, streckte aber die Finger nach allem anderen aus. John wollte nicht untergehen: er verlegte sich wieder aufs Mithalten. Er vermied es sorgfältig, seine Fähigkeit der Mißbilligung weiter zu üben. Dafür erntete er Lob und wurde Leutnant. Das war nicht wenig.

Zehn Jahre lang überließ er die wichtigste Entscheidung, die über das eigene Leben, seiner Seekiste. Das wäre beinahe eine zu lange Zeit geworden.

Zehntes Kapitel

Kriegsende

Im Morast neben der geborstenen Lafette wachte einer auf. Er hob den Kopf, bewegte seine Finger, dann die Hände in den Gelenken, dann die Arme aus den Schultern. Er begann seinen Körper zu betasten. Mitten in der Stirn hatte er ein blutendes Loch, ein weiteres fand er am Hinterkopf. Auch die Rippen und eine Schulter schmerzten stark. Die Beine konnte er nicht bewegen.

Er saß eine Weile da und starrte auf seine Stiefel, er sah ihnen zu, wie sie da so unbegreiflich still lagen. Dann zog er sich an den Trümmern des Kanonengestells noch etwas höher und versuchte sich umzusehen.

In geringer Entfernung lag im zertrampelten Sumpf ein toter Engländer, zwei Schritte weiter ein Amerikaner, dann wieder ein Engländer, alle mit vor Anstrengung oder Wut verzerrten Gesichtern, der Amerikaner mit dem Säbel noch in der Faust, den er hoch über seinen Kopf gereckt hielt.

Der Lahme wollte jetzt versuchen, auf die kleine Anhöhe zu kommen, damit ihn jemand sehen konnte. Aber die dünnen Grasgewächse rissen zu leicht aus, sie gaben keinen Halt. Er schöpfte Atem und blickte in den Himmel. Über den runden Wölkchen, die aus Pulverdampf entstanden sein mochten, zeigten sich scharfgeschliffene graue Schwaden. Die Sonne blieb verborgen.

Ringsum hörte er das Stöhnen einiger, die noch lebten. Auf seinen Ruf antwortete niemand. Die Kuppe trug lockeres Erdreich, losgetrampelt von den Stiefeln der angreifenden Engländer, die jetzt hier lagen, und der Amerikaner beim Gegenangriff.

Einige Meilen weiter war noch immer Kampfeslärm zu hören. Der Lahme begann mit den Händen Löcher zu graben, um sich so auf die Höhe hinaufzuziehen. Daß es keinen Zweck hatte, sich an Leichen festzuhalten, merkte er bald. Sie gaben nur nach und fielen vollends, und der Kletternde mit ihnen. Kalt war es, und es schien noch kälter zu werden. Mitte Januar, dazu der Blutverlust. In der Nähe brannte etwas, ab und zu wurde der Atem von einer fetten, rußigen Wolke gewürgt.

In der Ferne ging ein Mann, groß und etwas gebückt. Einen Augenblick lang schien es, als sei er weiß gekleidet. Seine Bewegungen waren ungeschickt und tastend, er stolperte immer wieder über Trümmer und Körper, trat sogar einem Verletzten schlimm auf die Brust.

Jetzt war auch seine Stimme zu hören: »Blind!« rief er. »Ich bin blind. Hört mich einer?«

»Hierher!« rief der Lahme.

Es dauerte lang, bis der andere heran war. Er hatte einen lächelnden Mund, aber darüber eine Gesichtshälfte, die rot aussah, wie angemalt. Er sagte: »Kannst du mich hier herausführen?«

»Ich kann mich schlecht bewegen. Die Beine. Aber ich sehe immerhin.«

»Dann trage ich dich. Sag du nur die Richtung an!«

»Zuviel der Ehre«, sagte der Lahme. Der Blinde huckte ihn auf.

»Zwei Strich backbord! Mehr! Jetzt komm auf! Stütz! Recht so.«

Die neue Art der Fortbewegung wollte geübt sein. Zunächst fielen sie die Böschung, für die der Lahme eine Stunde gebraucht hatte, gemeinsam wieder hinab. Da lagen sie also.

»Den Pflock habe ich nicht gesehen.«

Der Mund des Blinden lächelte, wenn auch in die falsche Richtung. »Der Blinde trägt den Lahmen, was soll man erwarten!«

Das machte den Krieg zu Lande aus: beschwerliches Liegen und Kriechen im Feuchten, fortwährendes Hinlegen und Wiederaufstehen in vielerlei Stellungen, aber keine davon gab Überblick. Es war eine Sache ohne jede Freiheit. Seeleute im Landkrieg – was für ein Elend! Darüber waren sich der Lahme und der Blinde einig. Sie hatten genug. Da war die Explosion im Munitionswagen. Oder wie sich der amerikanische Schoner auf dem Mississippi ans englische Lager geschlichen und es zusammengeschossen hatte. Oder wie die *Carolina* dann selbst in die Luft geflogen war: »Ich habe einen brennenden Handschuh fliegen sehen. Ich fürchte, es war die Hand selbst.« Man hatte am Kanal zwischen Bayou Calatan und dem Mississippi mitgegraben, man hatte die offenen Boote befehligt, mit denen der Angriff auf die Kanonenschiffe der Amerikaner versucht worden war. In der Nacht waren sie sechsunddreißig Meilen weit gegen die Strömung angerudert, aber erst bei Tageslicht eingetroffen – ein gutes Ziel für die Schützen der anderen Seite. Warum hatte man das noch unverletzt überstanden, und wofür? Heute war es gegen New Orleans selbst gegangen. Die Schlacht war verloren. Wer jetzt noch lebte, der tat es kaum mehr lange.

Unwichtig, wer von den beiden die schlimmeren Einzelheiten erlebt hatte. Jetzt hieß es den Weg ins offene Land finden, und wenn das die Wüste selbst war. Da war immer noch mehr Leben als hier. Ruhe finden hieß es, irgendwo, und keinesfalls zurückkommen. Weder helfen noch sich helfen lassen – weg nur von hier, so gut es ging.

Der Lahme sah über den Kopf des Blinden in die wackelnde und hüpfende Landschaft und fing an, über sich selbst zu sprechen. »Neunundzwanzig Jahre bin ich jetzt alt. Zehn davon Kriegsdienst. Niederlande, Brasilien, Westindien. Ich habe alles falsch gemacht. Dabei wußte ich es besser. Aber das wird anders. Ich habe noch Zeit.«

Sie waren auf einem brauchbaren Weg. Der Blinde schritt aus und sagte nichts, er nannte nicht einmal seinen Namen. Er schien aber zuhören zu wollen.

»Bei Trafalgar habe ich mich schon aus den Augen verloren, und danach noch mehr. Dabei wollte ich nur das Zittern loswerden. Ich wollte nicht mehr feige oder dumm aussehen, nie wieder. Das war verkehrt.«

Keine Antwort.

»Der Kopf kann den dazugehörigen Menschen falsch führen. Er kann ein Verräterkopf sein und damit alles auf lange Zeit verderben. Aber ich glaube, man kann auch lang dauernde Fehler überleben. – Mehr nach Steuerbord! Immer gegenhalten, sonst gehst du im Kreis!«

Der Blinde schwieg, korrigierte die Richtung und schritt aus.

»Ich spreche jetzt über das Sehen, verzeih mir. Damit hängt alles zusammen. Es gibt zweierlei Arten: einen Blick für die Einzelheiten, der das Neue entdeckt, und einen starren Blick, der nur dem gefaßten Plan folgt und beschleunigt für den Moment. Wenn du mich nicht verstehst, anders kann ich es nicht sagen. Ich hatte schon mit diesen Sätzen viel Mühe.«

Der Blinde sagte kein Wort, aber er schien nachzudenken.

»Im Gefecht gibt es nur den starren Blick, nichts anderes. Er greift an und ist wie eine Falle aufgestellt für drei oder vier Möglichkeiten. Er ist nur gut, wenn man anderen schaden muß, um sich selbst zu retten. Wenn er zur Gewohnheit wird, verliert man die Gangart, das eigene Gehen ist dahin.«

Der Lahme lehnte schon geraume Zeit an einer Baumwurzel, und der Blinde ruhte aus.

»Süchtig bin ich geworden, kriegssüchtig! – Hast du etwas gesagt, Blinder? Sagtest du ›Sklave‹?«

Der Blinde kauerte und schwieg. Der Lahme fuhr fort:

»Es geht mir durcheinander. Ich sehe eine Säule, die aus dem Meer aufsteigt, einen Turm aus Wasser. Mir ist schwarz vor den Augen. Nelson haben wir geliebt. Er nahm uns die eigene Gangart und erhöhte die Feuergeschwindigkeit. Wir hätten nicht gewonnen –«

»Wo sind wir?« hörte er den Blinden fragen.

»Zu Hause an der Küste«, hörte er sich antworten, »hinter Skegness an der deutschen See, Gibraltar Point.«

Er schloß die Augen und rutschte zur Erde.

Er hörte den Blinden noch etwas sagen, aber er verstand es nicht mehr.

»Jetzt geht es schon besser«, sprach der Wundarzt der *Bedford* zufrieden. »Etwas Verrückteres habe ich noch nicht gesehen! Vorn ein Loch und hinten ein Loch, und die Kugel ging nicht durch den Kopf, sondern unter der Haut am

Schädel entlang, glatt herum! Es ist was für die Wissenschaft. Man hielt Sie für tot, Mr. Franklin!«

Der Verwundete öffnete den Mund. Ob er verstanden hatte, war schwer zu beurteilen. Es war dem Arzt auch nicht wichtig.

»Man wollte Sie schon begraben. Da gab es nur das Rätsel, wie Sie überhaupt bis an die Küste gekommen sind, noch dazu so weit entfernt von der Landestelle...«

John Franklin flüsterte etwas: »Einen Blinden...«

»Wie bitte?«

»Einen Blinden haben Sie nicht gefunden?«

»Ich verstehe Sie nicht, Sir?«

»Einen weißgekleideten Menschen, der blind war?«

Der Wundarzt stutzte und sah besorgt aus.

»In Ihrer Nähe war niemand, auch kein Toter. Es ist ja einige Tage her – vielleicht haben Sie sich das auch nur –«

»Dann bin ich auch nicht gelähmt?«

»Gelähmt? Im Fieber haben Sie die Beine bewegt, als wollten Sie einen ganzen Kontinent durchqueren. Wir mußten Sie festbinden.«

»Was für ein Schiff ist das hier?«

»Ihr eigenes!«

Franklin schwieg.

»Die *Bedford*, Mr. Franklin! Sie sind zweiter Leutnant hier! Sie sind Mr. Franklin!«

Der Kranke sah ihn groß an.

»Ich weiß, wer ich bin. Nur der Name war mir etwas fremd.«

Dann schlief er wieder ein. Der Arzt ging nach oben, um dem Kapitän zu berichten.

Friede. Nur die Tapferkeitsmedaille erinnerte noch an den gescheiterten Angriff auf New Orleans. Und die tägliche Arbeit, denn die war jetzt mühsamer. Es fehlten so viele.

Die Schlacht, sagte man, sei überflüssig gewesen. Leider sei die Nachricht vom längst abgeschlossenen Frieden verspätet eingetroffen. Aber was hieß verspätet? Man hatte nicht lange genug auf sie gewartet! Das bedeutete es.

Das Schiff war auf dem Wege nach England. In den ersten Wochen redete man noch über die Niederlage. Fünfeinhalbtausend Briten gegen nur viertausend Amerikaner, aber die Briten hatten im blinden Anrennen zweitausend Mann verloren, die Amerikaner dank ihrer sichereren Befestigungen nur ganze dreizehn, und auch die nur, weil sie ausbrachen und Helden werden wollten.

Was Franklin dazu zu sagen hatte, war durch Schweigen hinreichend ausgedrückt. Über die Unsinnigkeit einer Schlacht reden hieß dem Krieg selbst Sinn beimessen. Hinzu kam, daß er noch sehr matt war. »Wegen ein paar versteckter Deserteure und Schmuggelwaren«, sagte einer, »das war keinen Krieg mit den Amerikanern wert!« Der konnte sich gewiß Ziele vorstellen, die es wert gewesen wären.

»Wir hätten Washington und Baltimore nicht anzünden sollen. Die Amerikaner sind schließlich Verwandte!« Krieg war gut, bloß nicht gegen Verwandte.

»Wäre Pakenham nicht gewesen, dieser Tobsuchtsgeneral!«

»Hätten die Amerikaner nicht so gut geschossen! Woher können sie das eigentlich?«

»Man hätte ihnen die Unabhängigkeit nicht zugestehen dürfen!«

Franklin ächzte und drehte sich zur Wand.

»Er ist noch schwach«, hörte er sagen.

Drei Wochen später tat er wieder Dienst. Er war beinahe wie vorher. Nur war er jetzt das, was er gewesen war, noch deutlicher. Er atmete anders, sein Körper war in Ruhe, sein Kopf war nicht mehr darauf aus, zu verheimlichen, zu verraten oder zu zwingen.

»Der ist anders geworden«, sagten sie und beobachteten ihn genau. Und John selbst dachte: Ich habe keine Angst mehr. Bin ich überhaupt noch zu beeindrucken? Das war schon fast wieder eine neue Angst.

Der Kapitän, ein Schotte namens Walker, war ein Krieger durch und durch, mager, nervös, aber stets in grimmig guter Laune, wenn die Ereignisse sich zu überstürzen begannen. Er und Pasley, der erste Offizier, waren Muster an Knappheit und Präzision. Sie lebten von Geschwindigkeit wie andere Leute von Tee, Rum, Tabak oder guten Worten. Früher hatten sie John äußerlich korrekt, aber doch auch gnadenlos behandelt. Umsonst hatte er sein Bestes versucht. Immerhin hatte er um diesen Preis eine Menge gelernt. Was sie sprachen, war immer Mitteilung oder Befehl. Niemals enthielt es einen Funken Kommentar. Bei Wiederholungen behielten sie den einmal gewählten Wortlaut bei, das verhinderte Konfusion. Aber obwohl sie mit der Knappheit schon viel Zeit sparten, versuchten sie es auch mit der Schnelligkeit der Zunge. John war ihr liebstes Opfer gewesen. Durch rasche Sätze und unvollständige Mitteilungen hatten sie jeden Tag Fallen für ihn aufgestellt, kleine und große. Das mindeste war gewesen, daß er sich mit Dingen beschäftigte, die längst erledigt waren: »Das hatte ich aber gesagt, Mr. Franklin!« Und sie drangsalierten ihn mit ihrer Ungeduld, wenn er nachfragte oder um Wiederholung bat.

Damit war es vorbei. John war mit einem Male wieder stark genug, die Ungeduld anderer zu ertragen, und damit war ihr Spiel zu Ende. Er bewegte sich in seiner eigenen Gangart. Er gab seine Befehle, wie ein Zimmermann Nägel einschlug, jeden einzelnen so gerade und so tief, bis er hielt. Er machte die Pausen da, wo er sie haben wollte, und nicht, wo andere ihn unterbrachen. Er verzichtete auf den starren Blick und den schnarrenden Ton, selbst wenn es brenzlich wurde.

Es war keine bequeme Heimreise. Mehrere Male briste es bis zum Sturm auf, und kurz vor den Azoren hieß es: »Feuer im Achterschiff!« Jedesmal war John Franklin der wachhabende Offizier.

Daß es bessere gab als ihn, wußte er längst, denn er beherrschte seinen Beruf. Das prompte Handeln fehlte eben, und ohne geistesgegenwärtige Freunde geriet er in Schwierigkeiten. Aber plötzlich hatte er diese Freunde.

»Überprüfen Sie die Vollzähligkeit der Wache, Mr. Warren, Sie können das schneller!« Midshipman Warren tat, was er schneller konnte, zur Zufriedenheit. John verließ sich auf andere, und er entschied sorgfältig, auf wen und bei welcher Gelegenheit.

»Er hat es nicht leichter als vorher«, sagte Kapitän Walker durch die Zähne, »aber plötzlich kommt er zurecht. Er weiß, was er kann und was er nicht kann. Darin liegt die halbe Arbeit.«

»Glück hat er aber auch!« bemerkte Pasley. Dann unterließen sie wieder für mehrere Wochen jeden Kommentar. Und suchten sich andere Opfer.

Falls der Friede bevorstand, dann bedeutete er Armut. Für arbeitslose Offiziere gab es nur den halben Sold, von den ausbleibenden Prisengeldern gar nicht zu reden. Für Unteroffiziere und Mannschaften gab es keinen Penny. Und in England herrschte Not.

»Wir haben keine Chance!« schimpfte der Zahlmeister.

Pause, nachdenkliches Schweigen. »Dann sollten wir sie nutzen!« witzelte ein anderer.

»Wir selbst sind die Chance.« Die Zuhörer wandten die Köpfe: Franklin. Nicht, daß sie ihn verstanden hätten. Aber wenn einer überlegte, was er sagte, dann Franklin. So dachten sie immerhin noch ein Weilchen nach. Er hatte den Mut, immer so lange dumm auszusehen, bis er klug war, das konnte man ihm ruhig nachmachen. Der hatte auch sonst einen harten Schädel! Keine Kugel konnte ihn durchdringen. Gott hatte mit Franklin bestimmt noch etwas vor. Sie halfen ihm, wo sie konnten.

John fühlte, daß er nach dem Gespräch mit einem Blinden, der vielleicht nicht einmal wirklich existiert hatte, mehr

Kraft besaß als je zuvor. Überdies trug ihm seine Stirnnarbe einen neuen, unerklärlichen Respekt ein, und der machte ihn noch stärker, als er schon war.

Die Letzten werden die Ersten sein, sagte er zu sich, und ein bißchen dachte er dabei auch an Walker und Pasley – er war ja kein Heiliger.

Es wurde wirklich Zeit für ein eigenes Kommando.

Friede! Und sogar schon der zweite! Nach dem ersten war Napoleon auf Elba gefangengesetzt worden, von dort aber wieder ausgebrochen und erneut Frankreichs Herr geworden. Noch einmal Krieg, dann die große Niederlage. Dieser Friede jetzt schien endgültig zu sein – ganz London flimmerte von Fahnen.

Für die Offiziere wurden Bälle und Diners gegeben. Ehrende Ansprachen, Hochrufe, Champagner und Bier.

John stand etwas unbeteiligt am Rande. Dabei hatte er doch nichts gegen Friedensjubel. Aber es schien ihm, daß er sich für allgemeine Begeisterungen ohnehin nicht recht eignete, und jetzt weniger denn je. Glücklich war er darüber nicht. Ich muß es mit etwas Pflichtgefühl erreichen, dachte er, daß ich mich nicht ganz von der Nation entferne.

Mit einem anderen Offizier sprach John über die *Investigator* und über Sherard. »Wie?« fragte der andere, »Sherard Lound? Sind Sie sicher, daß er nicht Gérard hieß? Von einem Gérard Lound habe ich gehört.« John bat um Einzelheiten.

Dieser Gérard sollte zweiter Leutnant auf der *Lydia* während ihrer Reise zur mittelamerikanischen Küste gewesen sein. Er habe einen etwas zweifelhaften Ruf gehabt. Auch sei zwischen ihm und Lady Barbara Wellesley auf der Reise ums Kap Horn etwas gewesen. Doch, doch! Der Kapitän selbst sei eingeschritten, übrigens – der Erzähler blickte sich um – durchaus zum Mißvergnügen der Lady. Lound sei dann nach einem Gefecht im Jahre 1812 plötzlich spurlos verschwunden gewesen, und es halte sich das Gerücht, der Kapitän selbst habe...

John interessierte sich nicht für Eifersuchtsgeschichten, und er glaubte fest, daß der andere den Namen verwechselte.

Sherard Philip Lound bebaute australisches Land und lebte in Reichtum und Freuden; daran wollte John nicht zweifeln.

Hugh Willoughby, ein Verwandter des steinernen Lord Peregrin Bertie, hatte vor Hunderten von Jahren die Inseln gefunden, auf denen die Sonne keine Tage und Stunden machte. Das hatte John nie vergessen. Jetzt bekam es eine neue Bedeutung für ihn. John Franklin, Leutnant der königlichen Marine, zur Zeit beschäftigungslos und im Halbsold wie Tausende von Leutnants, wußte als einziger ganz genau, wo er hinwollte. In Gesellschaft behielt er seinen Wunschtraum eher für sich. Aber zu sich selbst sagte er hin und wieder: »Am Nordpol war noch keiner!«

Er war sicher, daß es dort, weil im Sommer die Sonne nicht unterging, zweierlei gab: offenes Wasser, und eine Zeit ohne Stunden und Tage.

In London wohnte John im Norfolk Hotel, in dem er Matthew Flinders zum letzten Mal wiedergesehen hatte. Es gelang ihm sogar, dasselbe Zimmer zu mieten, das war ihm wichtig.

Dort drüben auf dem Bett hatte vor fünf Jahren der Kapitän gesessen, blaß und rotäugig von der Gefangenschaft und all dem Kummer. Die Franzosen hatten kurzerhand die Karte Australiens geändert, den Spencer-Golf und den Golf St. Vincent hatten sie nach Bonaparte und Josephine Beauharnais benannt, und der einzige, der dies nie zugelassen hätte, Kapitän Nicolas Baudin, war in einem Sturm umgekommen. Dazu die Behandlung als Spion, der jahrelange Arrest im feuchten Quartier, die Krankheit – armer Matthew!

Der Kater Trim, sein einziger Freund auf Mauritius, war im Kochtopf hungriger Eingeborener gelandet. Das Fell hatten sie Matthew wieder zugestellt. Inzwischen waren die Karten berichtigt, sogar der Franklin-Hafen war wieder zu finden. Nur die Trim-Bay, eine Bucht am äußersten Nordende der Port Philip Bay, war nirgends mehr eingezeichnet. Wenn dort jemals eine Siedlung entstehen sollte, dann mußte sie Trim City heißen, dafür wollte John sich einsetzen, wenn er irgendeinen Einfluß bekam.

Wäre Matthew noch am Leben, dachte John, dann würde er auch zum Nordpol fahren wollen. Einfach um zu sehen, was da war.

Dr. Brown – Robert Brown von der *Investigator* – war jetzt ein bekannter Naturforscher. John brauchte seine Hilfe für das Nordpol-Vorhaben und suchte nach ihm.

Es war gegen Mittag. In der Royal Society schien niemand zu sein, den er fragen konnte. Alle saßen im Saal und hörten die Vorlesung eines gewissen Babbage über Astronomie. John fand einen Stuhl und konzentrierte sich. Über die Sterne wußte er so viel, daß er selbst bei schnellen Reden mitkam.

Nach ihm betraten noch zwei Frauen den Raum und setzten sich in die Reihe hinter ihm. Johns Nachbar drehte sich um und sagte halblaut: »Seit wann haben Frauen etwas in der Wissenschaft zu suchen? Die sollen zu Hause bleiben und Pudding kochen!« Die Frauen hatten es gehört. Die jüngere beugte sich vor und sagte: »Aber der Pudding ist doch fertig! Sonst wären wir ja nicht hier.« Dann mußten sie beide sehr lachen und steckten damit andere an, die zugehört hatten. Dr. Babbage fragte das Auditorium erzürnt, was an Galileis Entdeckungen so lustig sei, er wolle auch einmal lachen. Aber jeder sah sofort, daß er nicht wirklich lachen wollte, weil es ihm mit den Sternen zu ernst war.

Nach dem Vortrag ging John zu der jüngeren der beiden

Frauen hin und fragte sie, was sie an der Astronomie besonders interessant finde. Sie sah ihn schräg an und antwortete, sie schwärme für Charles Babbage. Sie meinte es nicht ernst. Das fand John mit einigen gezielten Fragen heraus, sie gab es schließlich zu.

Sie hatte ein Schwirren in der Stimme und freute sich über Fragen, auf die sie unernst antworten konnte. Ab und zu lachte sie und hüpfte auf einem Bein. Eine verrückte junge Frau war das.

»Unser Mann aus dem Sandbankrat!« rief Dr. Brown. »Wissen Sie noch, das Große Riff? Was sind Sie für ein Riese geworden! Ein Mann, den keiner aufhalten kann, habe ich recht?« John überlegte sehr lange, was darauf zu antworten sei. Er mochte solche Reden nicht, aber er brauchte Dr. Brown.

»Man kann mich aufhalten«, sagte er, »mein Kopf ist Argumenten zugänglich.« Dr. Brown lachte und rief: »Gut geantwortet!« Fremd waren sie sich geworden in all den Jahren.

Aber dann sprachen sie von Matthew Flinders und kamen sich näher. Dr. Brown hatte den tapferen Kapitän nicht vergessen und hatte für ihn Sätze voller Liebe und Respekt.

»Aber eines ist schade: er hat eine Methode erfunden, die Mißweisung des Kompasses durch einen Metallstab auszugleichen, und das hat er nie aufgeschrieben.«

»Ich weiß alles darüber«, sagte John.

»Was? Schreiben Sie einen Bericht, Mr. Franklin, mit allen Berechnungen und Zeichnungen! Ich lege ihn der Royal Society und der Admiralität vor. Die Erfindung soll Flinders' Namen tragen.«

»Ich tue es«, antwortete John. Dann begann er vom Nordpol zu sprechen. Dr. Brown zog die Augenbrauen hoch, aber er hörte genau zu. Am Ende versprach er, sich für John einzusetzen. Eine Fahrt zum Nordpol, oder eine andere Entdeckungsreise, gut! Er werde mit Sir Joseph und mit Barrow sprechen. Geld sei im Augenblick nicht da, aber vielleicht...

»Ich werde Ihnen in jedem Fall schreiben, was ich erreicht habe, Mr. Franklin, so oder so!«

Ein schriftlicher Bericht war noch schwieriger als ein mündlicher. Tagelang hatte John sich abgemüht. Jetzt wollte er etwas von London sehen. Er suchte Eleanor Porden auf, die Dame mit dem Pudding, und bat sie, ihn mit der Kutsche ein wenig herumzufahren. Sie lachte und sagte sofort zu.

Ihr Vater war ein großer Architekt und reich. Er hatte für den König Schlösser und Rotunden gebaut. Sie war seine einzige Tochter.

»Gehen wir ins Waterloo-Panorama«, schlug sie vor, »es soll sehr naturgetreu sein.« John fiel ein, daß sie angedeutet hatte, sie schreibe Gedichte. Lieber nicht die Rede darauf bringen, dachte er. Aber schon in der Kutsche waren sie soweit: »Warten Sie mal, ich lese Ihnen ein Gedicht vor!« John brauchte kaum zu warten, und sie las gleich drei. Die Reime schienen ordentlich gemacht. Allerdings kamen etwas zu oft die Wörter »Wohlan« und »Wehe« vor.

»Ich habe es mit Liebesgedichten schwer«, sagte John förmlich. »Vielleicht bin ich nach so vielen Kriegsjahren nicht mehr aufmerksam für Liebe.« Die Dichterin schwieg verdutzt und sagte nach einigen Sekunden: »Wohlan...« Da sie jetzt still war, beschloß John, das einzige Gedicht herzusagen, das ihm geläufig war:

>   »Keiner ahnt voraus den Preis,
>   den er zahlt, bis er was weiß.«

Es sei aus dem »Johnny Newcome«, aber für ihn sei es ein Gedicht über Entdeckungsreisen.

Sie war immer noch still.

Er liebe eben kurze Gedichte, sagte er kleinlaut.

Eleanor faßte sich. Sie waren jetzt schon ganz in der Nähe des Panoramas.

Im Kuppelzelt schaute John geistesabwesend auf die vielen Zinnkrieger und ihre Pferdchen. Die gefallenen Soldaten, insbesondere der niederen Dienstgrade, waren stets etwas kleiner als die noch lebenden. Auch in der Farbe waren sie fahler, sie schienen sich schon dem Erdboden anzupassen. John erläuterte Eleanor die Vor- und Nachteile des starren Blicks anhand der Panorama-Landschaft. Dann spazierten sie ein wenig durch die Stadt.

»Eigentümlich!« meinte Eleanor. »Wenn Sie durchs Gedränge gehen, weichen Sie niemandem aus. Sie entschuldigen sich nur, das ist das einzige, was Sie von einem Bären unterscheidet!« Ihre Stimme schwirrte. John überlegte. Sie beobachtet mich, dachte er. Womöglich schätzt sie mich persönlich. Er begann sich Sätze zurechtzulegen, mit denen er ihr antworten konnte.

Die Stadt empfand John als ziemlich befremdend. Wenn alle Menschen nur ruhig und übersichtlich ihre Wege zurückgelegt und die Richtung beibehalten hätten! Aber es gab ständig unverhoffte Wendungen und willkürliches Gerempel. Jeder, der unter zwanzig und männlich war, boxte sich mit irgendeinem anderen der gleichen Sorte herum. Entweder der Angreifer oder der Getroffene gerieten stets zuverlässig vor Johns Füße. Und dann die Kutscher! Besorgt starrte John auf diese bedenkenlosen Existenzen mit rundem Hut, wie sie einander an den unübersichtlichsten Stellen Nabe an Nabe überholten und dahinrasten, was sie konnten. Ganz London schien in die Geschwindigkeit verliebt. Gut, daß es jetzt Trottoirs gab – das waren erhöhte Steinbänder längs der Fahrbahnen. Aber wenn einem dort vier betrunkene Soldaten begegneten, geriet man über die Kante und war doppelt gefährdet. Blieb man stehen, um Überblick zu gewinnen, wurde man augenblicks von hinten geknufft und gegen die Hacken getreten. Während all dieser Mißhelligkeiten setzte Eleanor unbekümmert das Gespräch fort:

»Wollen Sie nicht meinen Vater kennenlernen, Mr. Franklin?«

»Ich kann keine Frau ernähren«, antwortete John. Er war gegen ein Gitter gestolpert und mußte seinen Ärmel von einer schmiedeeisernen Spitze pflücken. »Ich bin im Halbsold, und fremdes Geld will ich nicht, es sei denn für eine Expedition. Wir sollten uns aber schreiben. Ich schätze Sie auch.«

Miss Porden konnte so schräg aus den Augenwinkeln blicken, man mußte auf alles gefaßt sein.

»Mr. Franklin«, sagte sie, »das war mir zu schnell!«

Nach Arbeit suchte John vergeblich. In den Hafenstädten saßen überall hungernde Seeleute und trübsinnige Offiziere herum. Die meisten Schiffe wurden abgewrackt oder lagen noch für einige Jahre als Gefangenenhulken fest vertäut, so auch die alte *Bellerophon*.

Der Beamte in der Seebehörde bekam einen leidenden Gesichtsausdruck, als John sagte, er wolle auf Entdeckungsreisen oder überhaupt nicht fahren.

»Entdeckt ist doch schon alles«, sagte der Mann, »wir müssen es nur noch bewachen.«

»Ich kann warten«, sagte John heiter.

Er hatte Vertrauen in die Zukunft. War er nicht vor einem Jahr noch auf dem Schlachtfeld gelegen mit lahmen Beinen? Dann war er davongekommen – wie, konnte keiner sagen – und war nicht tot, nicht verrückt, nicht einmal lahm. Er wußte nicht, wie das zugegangen war, aber eben das gab Mut. Auch jetzt waren seine Chancen gering – konnte nicht wiederum etwas Unerklärliches geschehen?

Er lieferte die Abhandlung über Matthews Kompaßkorrektur ab und beschloß, nach Lincolnshire zu fahren. Er sagte Dr. Brown und einigen anderen, wie sie ihn dort erreichen konnten. Dann verabschiedete er sich.

Vor dem *Saracen Head* in Snowhill stand die Postkutsche bereit. Es war fünf Uhr nachmittags.

»Spilsby?« fragte der Kutscher. »Das muß ein langsamer Ort sein!«

John fand sein Urteil über die Dreistheit der Kutscher bestätigt. Aber dann erfuhr er, daß er nicht gemeint war. Jeder Ort hieß langsam, wenn er nur selten von der Postkutsche angelaufen wurde.

John fuhr »außen«, um Geld zu sparen. Er stellte vergnügt fest, daß er keine Angst mehr vor dem Herunterfallen hatte. So waren fünfzehn Jahre Seefahrt doch nicht umsonst gewesen.

Vom Kutschendach aus sah John in die mondhelle Nacht. Er sah die vielen stämmigen Kirchtürme mit den Zackenkronen, wie sie in der Ferne kleiner wurden von Hügel zu Hügel, und die Bauernhöfe, die sich furchtsam aneinander drängten.

Die Not der Dörfer war aus zwei Meilen Entfernung schon zu sehen, zuerst an den schlecht geflickten Dächern, dann an den geborstenen Fenstern. Die Mißernten in diesem und im letzten Jahr – es fehlte das Geld.

Mit einem Male sah er, warum die Nacht so unnatürlich hell war: es brannte! Irgendwo gegen Osten, in Richtung Ely, brannte es an wenigstens drei Stellen. Was geschah in diesem Land? John war Seemann, er rechnete nicht damit, alles sofort zu begreifen. Aber auf dem Land konnte einem unbehaglich werden nach so vielen Jahren.

Was ihn zu Hause erwartete, wußte er immerhin aus Briefen: neue Gesichter, Geldmangel und kummervolle Berichte. 1807 hatte Thomas, der Älteste, sich das Leben genommen, weil ihm das Vermögen der Familie bei Spekulationen durch die Finger geronnen war. Vor sechs Jahren war Großvater gestorben, ein Jahr darauf die Mutter. Der Vater lebte jetzt weit außerhalb des Ortes in einem Bauernhaus. Eine der Töchter versorgte ihn.

Der Horizont war wieder dunkel. John gestand sich ein, daß er fror.

Boston erreichten sie am frühen Vormittag. John hörte Neuigkeiten. Hier gab es jetzt »Ludditen«. Das waren Arbeitslose, die sich nachts die Gesichter schwarz malten und die mechanischen Webstühle kurz und klein schlugen. Und in Horncastle sollte es neuerdings einen schiffbaren Kanal nach Sleaford und sogar eine Bibliothek geben.

Ab Stickford wurde die Straße schlechter. Das letzte Stück fuhr John »innen«. Sein Herz klopfte.

In Keal stieg er aus und ging mit seinem Gepäck auf Old Bolingbroke zu, wo der Vater wohnte. Wenn er noch lebte.

In einiger Entfernung sah er am Wegrand eine Gestalt stehen, schwankend auf einen Stock gestützt. Der Mann schien jede Bewegung noch einmal nachzubessern. Er war damit mehr beschäftigt als mit allem, was rundum vorging. So sah Vater jetzt also aus.

Er erkannte John nur an der Stimme, denn er sah fast nichts mehr. »Ich bin müde«, klagte er. Die Zeit, die Kraft, alles zerfließe von selbst, vom Geld ganz zu schweigen. John fragte, ob er ihn stützen oder führen sollte. Er reichte ihm den Arm hinüber wie einer Dame. Umständlich entschuldigte sich der Vater für seine Langsamkeit. John studierte seine Hand, die jetzt so viele Buckel, Flecken und Adern hatte: er strich mit dem Finger darüber hin. Der Alte staunte etwas.

John sprach vom kühlen Wetter und erzählte von der Reise. Er nannte Huntingdon, nannte Peterborough. Vater freute sich über geläufige Namen und war dankbar, wenn die Worte deutlich nacheinander kamen. Kurz vor dem Eingang blieb er stehen, drehte sich zu John hin und spähte nach seinem Gesicht:

»Jetzt bist du zu Hause«, sprach er. »Wie geht es denn nun weiter?«

Dritter Teil

Franklins Gebiet

Elftes Kapitel

Der eigene Kopf und die fremden Ideen

Vor dem *White Hart Inn* zu Spilsby kam die Kutsche an, und John fragte nach Post.

Kein Brief von Dr. Brown, keine Arbeit! Nur Eleanor Porden hatte geschrieben, einen langen Brief, denn sie schrieb gern. John verschob das Lesen auf einen besseren Tag.

In Spilsby hatte sich viel verändert. Und der alte Ayscough wartete nicht mehr auf Kutschen und Reisende. John fand seinen Grabstein neben dem Turm von St. James.

Den Schäfer hatten sie vor wenigen Monaten als Brandstifter verurteilt und nach Botany Bay deportiert. Er hatte die drei großen Gutsscheunen angezündet. Warum tat er das aber? Schade um ihn.

Und Tom Barker war, als er zu Fuß durch die Wälder ging, von Wegelagerern beraubt und erschlagen worden. Er hatte sich wohl verteidigt. Wer erschlug schon gerne einen Apotheker?

Die Familie Lound wohnte nicht mehr in Ing Ming. Bei Nacht, so hieß es, seien sie über die Gemeindegrenze fortgegangen. Ihr Ziel sei Sheffield gewesen, die Kohlenstadt, wo die Dampfpumpen nickten. Da gebe es jetzt Arbeit.

Von Sherard hatte keiner etwas gehört.

John ging wieder nach Bolingbroke und dachte grimmig: Ich kann warten!

Gegen den Betrag von einem Pfund, zehn Schillingen und Sixpence trat er der Ersten Lesegesellschaft von Horncastle bei. Es war eine Menge Geld, aber dort waren fast achthundert Bücher auszuleihen, und John wollte seine Wartezeit nutzen. Mit Cooks Reisebeschreibungen bestieg er die Kutsche nach Louth. Er wollte mit Dr. Orme ausführlich über den Nordpol sprechen.

Aber Dr. Orme war tot. Im vorigen Jahr war er aus guter Gesundheit heraus plötzlich umgefallen. In der Kirche fand John eine Tafel, die alle seine akademischen und kirchlichen Titel aufzählte. Es waren viele, man hatte immer nur die Anfangsbuchstaben einmeißeln können.

Am Gebrochenen Genick wohnte längst der Nachfolger. Dieser übergab John ein in dünnes Leder eingeschlagenes, vielfach verschnürtes und versiegeltes Paket mit der Aufschrift: »John Franklin, Leutnant der Royal Navy, zu eigenen Händen«. Der Schulmeister vermutete: »Es wird eine Bibel sein.« Er bot John an, sich zu setzen und nachzusehen, aber der lehnte ab. Er ging lieber wieder auf den Friedhof, denn er wollte für sich sein, wenn er Dr. Ormes Zeilen las.

In dem Paket lagen zwei Handschriften. Die eine hieß:

> »Die Entstehung des Individuums
> durch Geschwindigkeit
> oder:
> Beobachtungen zu dem aparten Zeitmaß, welches
> GOTT
> jedem einzelnen Menschen eingepflanzt,
> dargestellt an einem hervorragenden Exemplar.«

Die andere Schrift trug den Titel:

> »Abhandlung über nützliche Vorkehrungen,
> welche geeignet sind, dem trägen Auge
> Bewegungen vorzuspiegeln,
> anwendbar zur Erbauung und Belehrung und
> zur Verkündigung der Botschaft des
> HERRN.«

Im Begleitbrief stand nur: »Lieber John, bitte lies die beiden Hefte durch und schicke sie mir dann zurück. Ich möchte gern Deine Meinung hören.« Gruß, Unterschrift – das war alles.

Zum Weinen war da nichts. Es klang so munter und kurz – dieser Briefschreiber hatte nicht mit dem Tod gerechnet. John sah gleich in die Schriften hinein, so als warte Dr. Orme wirklich auf eine rasche Antwort.

Das erste Manuskript beschrieb ihn, John, ohne seinen Namen zu nennen. Er hieß da »der Schüler F.«. Ihm wurde etwas beklommen zumute, und er wußte nicht, warum. Er wandte sich sofort der zweiten Schrift zu, zumal sie farbige Skizzen enthielt. Auch schienen ihm bei den »Nützlichen Vorkehrungen« die Sätze viel kürzer zu sein als bei der »Entstehung des Individuums«.

John verbarg die Schriften vor seiner Schwester und den anderen, die im Haus wohnten. Er wollte nicht, daß jemand Dr. Ormes Gedanken studierte, bevor er selbst sie kannte.

Zum Lesen ging er hinaus an den Fluß. In Bolingbroke stand die Ruine eines Schlosses, in dem früher einmal ein König geboren worden war. Auf der Sockelmauer des zusammengestürzten Torhauses saß John den ganzen Tag. Am Fluß weideten Kühe und eine Ziege. Ab und zu kamen Stechfliegen. John ließ sie stechen und las weiter.

Die wichtigste der nützlichen Vorkehrungen, von denen bei Dr. Orme die Rede war, hieß Bilderwälzer. Das war ein Apparat, in den ein großes Buch eingespannt war. Mit Hilfe eines starken Mechanismus wurden die Seiten in blitzschneller Folge umgeblättert. Auf jeder Seite war ein Bild aufgemalt, das sich von dem vorigen jeweils nur durch geringfügige Veränderungen unterschied. So entstand, wenn innerhalb weniger Sekunden sämtliche Buchseiten zu sehen waren, die Illusion eines einzigen, und zwar bewegten Bildes. Dr. Orme behauptete, die Sinnestäuschung trete nicht nur bei langsamen, sondern bei allen Menschen ein. Er mußte es wissen, er hatte es zweifellos an der schnellen Haushälterin ausprobiert. John nahm sich vor, mit ihr darüber zu sprechen. Wo waren überhaupt die Geräte? Verkauft, zerlegt oder in einer Dachkammer am Gebrochenen Genick? John fühlte, wie ihn die neue Idee gefangennahm. Morgen wollte er gleich wieder nach Louth fahren. Dr. Orme schrieb auch, wie er seine Erfindung nutzbar machen wollte. Mit einer Laterna magica wollte er das vom Wälzer hergestellte Bild optisch übertragen und auf die Wandfläche eines dunklen Raumes weiterleiten. So konnte eine Anzahl von Menschen in bequemer Haltung eine ganze Geschichte in bewegten Bildern erleben. Auch ohne Worte würden sie begreifen, wie ein Vorgang aus dem anderen folgte. Sie hatten am Ereignis teil, ohne in Gefahr geraten oder Fehler machen zu können.

Johns Kopf war ganz von Dr. Ormes Erfindungsgeist angesteckt, zumal einige Probleme noch nicht gelöst waren.

So war für längere Geschichten eine schier riesenhafte Seitenzahl nötig. Es mußten ohnehin mehrere Künstler viele Monate lang an einem solchen Wälzbuch malen. Ferner lag in dem großen Seitenumfang auch eine technische Schwierigkeit. Man mußte es bewerkstelligen, mehrere Wälzer so einzuspannen, daß ohne Verzögerung immer der nächste einsetzte, wenn der vorige zu Ende ging. Ein drittes Hindernis war die optische Übertragung. Dr. Orme zweifelte, ob es Lichtquellen gäbe, die stark genug leuchteten.

Hierin sah John kein Problem. Die neuen Leuchttürme konnten mit ihren silbernen Hohlspiegeln meilenweit strahlen – so etwas mußte sich auch im Saal verwenden lassen. Das wirkliche Hindernis schienen ihm die Künstler zu sein. Er konnte sich nicht vorstellen, daß ein William Westall es fertigbringen würde, tausendmal die gleiche Landschaft zu zeichnen, immer um ein geringes verschoben. Er würde jedes Bild mit anderen Ahnungen und Stimmungen malen. Die Künstler waren ganz deutlich der schwächste Punkt!

Dr. Orme schlug vor, erhabene Augenblicke der englischen Geschichte darzustellen, aber möglichst nichts Kriegerisches, sondern vor allem Bilder vom friedlichen und geordneten Staatsleben »wie in einem bewegten Panorama«. Er dachte an Bilder von Versöhnung und gemeinsamem Gebet, von der glücklichen Heimkehr eines Schiffes, an Beispiele von Edelmut und zärtlichem Betragen, die zur Nachahmung reizten. Göttliche Wunder hingegen schloß er gleich aus. Die Speisung der Fünftausend oder die Heilung der Aussätzigen seien kein Thema, denn das hieße Gott nachäffen.

Es war dunkel geworden. John dachte über die Speisung der Fünftausend nach, packte die Hefte ein und wanderte zurück. Er verirrte sich beinahe, so tief grübelte er über das Gelesene nach. Jetzt hätte er gern mit Sherard Lound darüber gesprochen.

Kurz nach dem Einschlafen schreckte er noch einmal hoch.

»Druckmaschinen!« murmelte er, »besondere Druckmaschinen, die tausendmal das gleiche drucken und doch für die Veränderungen sorgen!« Aber woher das Geld nehmen?

Damit schlief er ein.

In Louth wußten weder die Haushälterin noch der Schulmeister über Dr. Ormes Experimente Bescheid. Es gab auch keine Geräte mehr. Was sich an Metall- und Holzteilen, Kurbeln und Schrauben angefunden hatte, war an mehrere Handwerker verkauft worden. Und in den nachgelassenen Schriften war nichts weiter aufgetaucht, was auf den Bilderwälzer hinwies. Nachdenklich fuhr John wieder zurück. Eine Idee, die er aus Geldmangel nicht verwirklichen konnte, war ein schlechter Zeitvertreib. Außerdem konnte ihn so etwas unter Umständen vom Nordpol abhalten, und das kam nicht in Frage.

Aber er wollte in der Wartezeit nicht tatenlos sein. Irgend etwas Ehrenhaftes mußte sich finden lassen, möglichst etwas, das auch Geld einbrachte.

Die Dorfbewohner und die Gutsbesitzer behandelten ihn jetzt aufmerksamer – das machten seine Statur und die Narbe auf der Stirn. Wenn er jemanden bat, das Gesagte zu wiederholen, dann wurde er nicht mehr verspottet und stehengelassen, sondern hörte erst eine Entschuldigung und dann die Wiederholung.

Für einen erwachsenen Mann war das Land direkt angenehm.

Einen Versuch wollte John aber noch machen. Ein möglicher Förderer des Bilderwälzers war unter den Mitgliedern der Lesegesellschaft der Apotheker Beesley, ein zartgesichtiger Kräutersammler, wohlhabend und von leidenschaftlichem Wesen. Seine Liebe galt der englischen Geschichte. Er hörte sich Johns Bericht über die Erfindung genau an.

»Ein guter Einfall! Ich bin neugierig, ob er funktioniert.«

Irgend etwas schien ihn aber zu stören. »Sagen Sie, Mr. Franklin, wie kommt Dr. Orme auf Geschichtsbilder? Den Geist der Zeiten kann man mit Bildern nicht fassen.«

John befürchtete schon jetzt, daß Mr. Beesley recht hatte.

»Geschichte, ernsthaft betrieben, gehört zum Ungewissen. Und ein Bild ist etwas Gewisses.«

Behauptungen, die einen Gegensatz aufstellten, klangen im ersten Moment immer richtig, jedenfalls für Johns Ohren. Aber er wollte nicht klein beigeben. Darum sprach er eindringlich von der Besserung des Menschen durch gute Beispiele.

»Den Menschen bessern! Das können nur dreierlei Dinge: das Studium der Vergangenheit, die gesunde Lebensweise in der Natur und bei Krankheiten die Arznei. Alles andere bessert nicht, es ist nur Politik oder Zerstreuung.«

John wurde klar, daß er diesem Apotheker nicht imponieren konnte. Ob er ihm vom Nordpol erzählen sollte? Aber er sah die Art der Antwort voraus. Daher sprach er nur ein wenig über sich selbst. Beesley freute sich und wurde väterlich.

»Bei der Beschäftigung mit Geschichte ist Langsamkeit ein Vorzug. Der Forscher verzögert die rasenden Vorgänge von damals, bis sein Verstand sie fassen kann. Dann aber weist er dem schnellsten König nach, wie er im Gefecht hätte handeln sollen.«

John war verdutzt. Der Apotheker scherzte doch hoffentlich nicht? Überhaupt hatte er etwas Undurchsichtiges und Entrücktes.

Aber schon bald änderte sich das. Er wurde plötzlich so eifrig, daß John ihn wieder für einen ehrlichen Mann halten konnte.

»Keine drei Meilen von hier! Engländer gegen Engländer! Und noch heute kommen aus dem Feld von Winceby ihre Knochen zutage, wenn gepflügt wird. Es wachsen dort andere Blumen als irgendwo sonst. Das meine ich, Mr. Franklin, dieses Gefühl! Zu wissen, was im Lauf der Jahrhunderte auf einem Fleck Erde geschehen kann. Das weitet den Blick und die ganze Person.«

John wußte jetzt, was den Apotheker wirklich bewegte, und er hatte Respekt davor.

»Weite des Horizonts«, erklärte Beesley, »ist das Höchste, was ein Mensch erreichen kann.«

John versuchte das von der sphärischen Trigonometrie her zu bedenken, aber Beesley war längst weiter:

»Ich arbeite an einer Geschichte von Lincolnshire mit Berücksichtigung der edlen Familien«, fuhr er fort, »da gibt es Stammbäume zu verfolgen, Chroniken zu lesen, Besitzverzeichnisse zu prüfen und sich in hohe Häupter einzufühlen. Helfen Sie mit!«

Beesleys Kinn hüpfte beim Sprechen auf und ab wie eine gefangene Maus, das störte beim Zuhören. John zögerte.

»Geschichte ist der Umgang mit Größe und Dauer. Sie läßt uns über die Zeit erhaben sein.«

»Nun bin ich aber Seemann«, wandte John ein.

»Und wo ist Ihr Schiff?«

John dachte nach. Es gab so weniges, bei dem Langsamkeit eine Tugend war. Sich über die Zeit zu erheben – das lockte. Aber verdienen konnte er damit nichts.

John merkte im Lauf der Zeit doch, daß er arbeitslos war und sich unnütz fühlte. Nie hatte er gedacht, daß ausgerechnet er sich würde langweilen können. Aber das war jetzt ein anderes Warten als je zuvor: er hatte einen Beruf, hatte ein Ziel – und nun ging es nicht weiter! Immer wieder schrieb er nach London, aber außer einer nichtssagenden Vertröstung kam keine Antwort.

Fähigkeiten, die man nicht anwandte, existierten nicht. Vielleicht würden sie sich nie mehr hervorlocken lassen?

Das Lesen stärkte nur den Tatendurst, statt davon abzulenken. Da hatte er nun gelernt, auf einem Schiff Kopf und Körper zusammenzubringen, da war er nun ein guter Offizier und so stark wie nie zuvor und nie danach. Sollte jetzt nichts mehr kommen? Halbsold, das war nicht nur etwas Halbes, das war ein zusammenhangloses Nichts und bedrohlich, besonders nachts, wenn er wachlag wie ein lebender, trauriger Bilderwälzer.

Von Flora Reed, der Witwe eines Predigers, hieß es, sie sei radikal. Sie besaß Robert Owens Schrift »Neue Ansicht über die Gesellschaft«, und in Streitgesprächen mit Apotheker Beesley zitierte sie daraus.

John saß mit Mrs. Reed einen ganzen Nachmittag im *Fighting Cocks Inn* zu Horncastle. Sie war angenehm und respektvoll. Nur mit dem, was sie sagte, hatte er Mühe.

Für bewegte Bilder war auch sie nicht zu gewinnen, denn sie fand: »Hunger und Not sind ohne Hilfsmittel zu begreifen. Es genügt die simple Wahrheit für alle, die hören und lesen können. Wer das nicht kann, Mr. Franklin, wird auch durch Ihren Apparat nicht klüger.« Irgend etwas daran war nicht logisch.

Jetzt ließ sie Dünnbier und Kuchen auftragen. John war froh über die Unterbrechung, denn das Zuhören war anstrengend. Mrs. Reeds Stimme war leise, und wenn sie temperamentvoll wurde, verstärkte sich nicht etwa die Lautstärke, sondern nur ihr Lispeln. Das Haar war glatt und schwarz, das Antlitz milde. Die Augen blitzten auf, wenn sie eine Gefahr erkannten.

»Der weite Horizont? Hat das Beesley gesagt? Ich nehme an, er kam wieder vom Kräutersammeln auf die Geschichte. Mr. Franklin, der Horizont liegt vor uns, nicht hinter uns! Er ist immer dort, wo es weitergeht, habe ich recht?«

Als Navigator hatte John Einwände, aber er mochte Mrs. Reed nicht kränken. Sie war auch schon woanders.

»Denken Sie an die Kornzölle! Frankreich hat eine gute Ernte in den Scheunen, es könnte mit seinem Überschuß helfen. Kein Mensch müßte hungern!«

Sie sah ihn freundlich, aber so ganz direkt an. John überlegte, ob sie ihm gern in die Augen blickte, oder ob das nur der starre Blick war, mit dem sie den Zusammenhang ihrer Argumente überwachte. Hätte sie doch nur etwas lauter gesprochen!

»...und warum sind die Grenzen geschlossen? Weil die Grundbesitzer an der Knappheit verdienen, und allein die Grundbesitzer bilden das Parlament!«

»Mrs. Reed, ich bin seit Trafalgar etwas schwerhörig. Die Kanonen.«

»Dann komme ich näher«, sagte sie, ohne die Stimme zu heben.

»Jetzt zu den Armen: sie zünden die Scheunen an und vergrößern die Knappheit noch. Blindheit hier, Habsucht dort, das ist der Horizont. Wollten Sie etwas sagen?«

»Nein, sprechen Sie ruhig weiter.« John merkte, daß er das alles lieber irgendwo nachlas, es ging ihm zu geschwind. Aber Flora Reed gefiel ihm. Wie lange der Prediger wohl schon tot war?

»...Salzsteuer, Brotsteuer, Zeitungssteuer, Fenstersteuer. Aber dieses Geld fließt indirekt doch nur wieder –«

»Moment, Mrs. Reed, ich –«

»Doch, Mr. Franklin! Denn es herrscht die nackte Not. Sehen Sie sich um! Wilderer, Diebe, Schmuggler überall, und warum? Weil ihnen gar nichts anderes –«

»Ich glaube, das möchte ich lieber irgendwo –«

»Wenn den Grundbesitzern das Gewissen schlägt! Erst dann und keine Minute vorher!«

»Ja, das denke ich auch«, nickte John, »aber ich war zu lange auf See, ich weiß vieles noch nicht so genau...«

Während er sprach, hatte Mrs. Reed ein Stück Kuchen in den Mund geschoben. Sie kaute und sah John freundlich an, bis sie fortfahren konnte. Lächelnd sagte sie:

»Kein Bilderapparat, Mr. Franklin, keine Geschichte! Eine Zeitung, in der die Wahrheit steht, eine Liga gegen die Armut und für das Wahlrecht der Armen – so etwas müssen wir zustandebringen!«

John empfand diese Entschiedenheit als sehr angenehm. Wenn Flora seine Hand ergriff, konnte er keines ihrer Worte mehr anzweifeln. Etwas Löwenhaftes hatte sie, und zierlich sah sie aus, wenn sie schwieg. Aber auch dann sah sie ihn mit ihren hellen Augen so fest an, daß er fest zurückschauen mußte.

»Wissen Sie, was mir an Ihnen gefällt, Mr. Franklin? Bei den meisten geht es schnell, bis sie begriffen haben, aber wenn es soweit ist, dann ist es auch schon wieder vorbei. Da sind Sie anders. Kämpfen Sie mit, es ist Menschenpflicht!«

Die Wahrheit, dachte er. Das war das Entscheidende. Bei einer wahrheitsliebenden Zeitung spielte es keine Rolle, ob der Redakteur etwas langsam war. Verdienen konnte er damit zwar auch nichts... »Gut«, sagte er.

Er hatte im Krieg darunter gelitten, daß er bei schnell hereinbrechender Not kein geistesgegenwärtiger Helfer war. Wie oft war er zu spät gekommen! Er hatte sich in den Kugelhagel gestellt, nur um zu beweisen, daß er zwar langsam sei, nicht aber feige. Jetzt hatte er durch Flora Reed entdeckt, daß man der Menschenpflicht auch dadurch genügen konnte, daß man, schnell oder langsam, auf der richtigen Seite mittat. Das war ihm sehr recht. Er sah Flora immer häufiger. Er lieh sich Owens Schrift aus und erfuhr, daß die Armut alle anderen Leiden verursachte, den Krieg inbegriffen, und daß kein Mensch gut sein konnte, wenn der Hunger ihm keine Wahl ließ. Jeder wollte etwas besitzen: wenn aber wenige viel und viele gar nichts bekamen, dann kam Haß auf. Gleichheit mußte es also geben, ferner eine Erziehung zur Gleichheit. Das war ein allgemeines Gesetz, denn das sagten Flora, Robert Owen und alle, die darüber nachgedacht hatten. In Floras Gedanken hing das Elend der Welt zusammen wie ein solides Netz, und man konnte sich auf den Zusammenhang verlassen. Da stand nichts einfach nur für sich selbst. Jedes einzelne war begründet im Ganzen, und erst durch das Ganze war es überhaupt etwas. Darin lag auch Dauerhaftigkeit.

Mochte dies oder jenes sich ändern und verschwinden, so bestand doch die Regel fort, nach der dies begründet werden konnte. Jetzt hatte John etwas, um seine Wartezeit zu veredeln. Denn war es nicht so, daß jedem Menschen das Leben nur gegeben war, damit er etwas für seine Gattung tat? Wenn das stimmte, dann gebot die Logik, immer gleich beim Dringenden und Rettenden anzufangen. Alles andere konnte man denen überlassen, deren Einsicht noch nicht reif genug war. Wenn er schon warten mußte, dann wollte er etwas für die Rettung der Menschheit tun, das schien ihm ganz in Ordnung. Zu lange schon hatte er am Unglück anderer starr vorbeigesehen, um sich selbst davor zu schützen. Nein, jetzt wollte er, wenn er schon warten mußte, wenigstens wirklich gut werden.

John begann aber doch wieder über die Konstruktion des Bilderwälzers nachzudenken. Wenn das Elend, sobald es vor Augen lag, sofort zu begreifen war, dann war doch ein Gerät, mit dem man ohne viele Worte etwas zeigen konnte, recht nützlich!

Gerade als John sich die Vorzüge des allgemeinen Wahlrechts vorzustellen suchte, fiel ihm ein, wie man das Wälzen durch einen langen Stapel gleichförmiger Bildplatten ersetzen konnte. Blitzschnell fielen die Platten nacheinander in einen Metallrahmen, jede war nur für Sekundenbruchteile sichtbar. Alles kam auf einen Transportmechanismus an, der den Stapel mit gleichbleibender Geschwindigkeit weiterzog. John machte sofort eine Zeichnung. Der Apparat hatte Spaken und einen Pallenkranz, er ähnelte stark dem Ankerspill der *Bellerophon*.

John schrieb nieder, was er sich ausgedacht hatte, kopierte auch die Erklärungen und Zeichnungen von Dr. Orme und schickte alles an Dr. Brown nach London. Er wollte nicht, daß die Erfindung unbeachtet blieb.

Anderthalb Jahre schon, und noch immer hatte er Dr. Ormes Schrift über den Schüler F. nicht gelesen. Irgendein sicherer Instinkt hielt ihn zurück. Und Dr. Orme selbst war es gewesen, der ihm empfohlen hatte, auf die innere Stimme zu hören.

Er kannte fast alle Reiseberichte, ferner die Schriften von Spence, Ogilvie, Hall, Thompson. Er hatte im *Fighting Cocks Inn* gelernt, wie man den Zusammenhang der eigenen Argumente überwachte.

Mit Apotheker Beesley hatte er das kräuterreiche Schlachtfeld von Winceby begangen. Über die vornehmen Familien hatte er jetzt eine eigene Meinung: »Der Adel ist edel. Das erfreut. Oft ist er aber auch dumm, und das enttäuscht.«

Er hatte zu Hause gepflanzt und geerntet, sogar das Dach gedeckt, seinen Vater spazierengeführt, Bekanntschaften erneuert.

Mit Flora Reed hatte er eine Nacht verbracht, und dann mehrere. Er hatte sich wieder auf die zärtliche Sprache besonnen, die er seit dem Abend in Portsmouth kannte und von der er wußte, daß er sie mit jeder anderen Frau sprechen konnte, sogar wenn er diese nicht liebte. Der Prediger hatte es daran fehlen lassen, ihm war die Sprache der Bibel als ausreichend erschienen. Daran war er vielleicht sogar gestorben: Menschenpflicht reichte nicht aus, um anderen wohlzutun, von der eigenen Person ganz zu schweigen.

Anderthalb Jahre! Er hatte sich um Floras Landarbeiterversammlung gekümmert, Suppe ausgeschenkt, Flugschriften im Entwurf geprüft, nachts gesetzt und gedruckt. Er hatte Bekanntschaften, die er eben erst erneuert hatte, zu Feindschaften werden sehen, böse Reden gehört und Ärger unterdrücken müssen. Er hatte vom Halbsold zu leben versucht, hin und wieder sich sogar um die Hühner gekümmert. Er hatte den Zorn der Armen, den von der gemeinsamen und von der einsamen Art, erst nur verstehen, dann auch fürchten gelernt. Ein Wohnhaus war angezündet worden, das Haus des reichen Bauern Hardy. Auf Steinen war in roten Lettern zu lesen: BROT ODER BLUT! und: FORT MIT DER DRESCHMASCHINE! Das waren Zeiten!

Zweifel, nichts als Zweifel. Auf See gab es das nicht.

Er liebte Flora nur halbherzig, er wußte es. Es reichte, um ihr beizuwohnen. Ihre Idee war dauerhaft, das schuf Ruhe. Aber jetzt begann Flora Reed sich zu ändern. Hielt die Idee das aus? Wieviel war die Menschenpflicht wert, wenn sie nur eine Klammer war? Oder war er es, John, der sich änderte? Alles war »halb« hier an Land, er selbst auch.

John tauchte aus dem Netz der Menschheitsregeln wieder auf. Sie waren wie ein Element, in dem er sich nur mit angehaltenem Atem bewegen konnte. Zum Luftschöpfen mußte er heraus, auch wenn er noch so lange den Atem anhalten konnte.

Er fing an, Flora zu ärgern. Er sagte etwa: »Der Mensch muß sich über die Zeit erheben können.«

»Was ist denn mit Sonne und Gegenwart?« spöttelte sie. Jetzt hatte sie dieses dünne Lächeln, das John nicht einmal bei sich selbst mochte. Er und Flora hatten in der Liebe einen Ausweg gesucht, ohne es zu wissen. Jetzt wußten sie es, und es war keiner.

John wurde immer ketzerischer. »Ist es denn bewiesen,

daß man Elend immer direkt begreifen kann?« fragte er. Oder: »Wieso gibt es nur ein Elend? Ich behaupte, es gibt viele, und sie haben nichts miteinander zu tun.« Er machte Flora manchmal so traurig, daß sie nur wenig antworten wollte. Er war es dann auch.

Das Gebot, sich stets mit dem Menschheitswichtigen zu beschäftigen, ergriff notwendig immer mehr Gedanken und Handlungen. John ahnte, daß er sich, einfach aus Pflicht zur Gleichheit, eines Tages selbst für austauschbar halten würde. Von der Kriegsmarine her wußte er aber ganz genau, wie es war, wenn Eigenes unwichtig wurde. Es blieb dann nur der Ausweg in die Schnelligkeit. »Besser« war einer dann nur noch, wenn er das Gleiche schneller tat. Und diese Möglichkeit hatte er nicht.

Längst hatte er mit Flora darüber zu sprechen versucht. Aber sie kannte die Kriegsmarine nicht.

Es mußte etwas geschehen.

Am frühen Morgen ging er aus dem Haus. Er nahm die Straße nach Enderby, wandte sich dann nach Osten, erreichte Hundleby und Spilsby und hielt aufs Meer zu, diesmal ohne durch Hecken zu kriechen. In Ashby strich ein magerer Junge einen Zaun. In Scremby grüßte ihn ein Alter und ließ darüber die Pfeife ausgehen: Zu Fuß gingen nur Arme und Dicke so weit übers Land.

Von Gunby Hall her hörte John die Schüsse einer Jagdgesellschaft durch die Wälder. Der Landadel jagte Füchse, schoß Fasanen und dachte sich verschärfte Gesetze gegen Wilddiebstahl aus. John las das Land jetzt anders und mißbilligte viel. Etwa daß man Zwölfjährige, wenn sie bloß ein kleines Stück Fleisch gestohlen hatten, nach Van Diemen's Land brachte, wo keiner sie kannte. Er übernachtete in Ingoldmells, saß dann einen Tag lang auf dem Deich und studierte die Sandarbeit des Meeres, als sähe er sie zum ersten Mal. Aus dem Rauschen der Dünung meinte er ein Gewirr von Stimmen zu hören, wie wenn Schiffe unterwegs wären.

Da wurde kommandiert, gesungen, gewitzelt, geflucht. Spieren knarrten, und Taljenblöcke zwitscherten. »Ausfahren«, hieß es, »Belegen«, hieß es, »an die Marsfallen. Hol steif. Heiß Marssegel.«

Er brauchte die Bewegungen des Meeres, und das Segeln war ihm wichtiger als das Atmen.

So träumte und dachte er. Er sah auch Bilder: Flußbiegungen, Boote, wilde Tiere, gefährliche Augenblicke. Jetzt erschienen Eisberge, Schollen knirschten unter dem Kiel, dann öffnete sich eine weite, glitzernde Durchfahrt. Der Eisgürtel verschwand, und der Polarsommer tat sich auf und mit ihm das Land, wo die Zeit nicht drängte. Das war seine Heimat, nicht Lincolnshire, nicht England. Die ganze übrige Welt konnte zu dieser Heimat nur ein erstes Stück sein – etwas zum Hindurchwandern.

Er ging zurück nach Ingoldmells und nahm die Postkutsche nach Bolingbroke. Durchs Fenster sah er, wie die Hecken und Feldwege vorbeizuckten, und dachte sich: Ihre Bewegung täuscht. Sie sind es, die hier gefangen liegen, während nur ich und die fernen Berge wirklich auf der Reise sind.

Dann fiel ihm Leutnant Pasley ein. Der hatte jetzt ein eigenes Schiff. Und Walker kommandierte einen Vierundsiebziger. Um die Kanonen beneidete er sie nicht, aber ums Fahren.

Kapitän mußte er werden! Den Pol finden! Danach würde er sich wieder um das Land kümmern, danach!

Die englische Geschichte war Beesleys Sache, das Elend der Welt die von Flora, und die Erfindung von Geräten gehörte zu Dr. Orme und seinen Nachfolgern, aber nicht zu John. Und was Dr. Orme über den Schüler F. geschrieben hatte, das wollte er erst lesen, wenn er zweiundachtzig Grad nördlicher Breite erreicht hatte.

Der Entschluß stand fest: er wollte es bei den Walfängern versuchen. Er saß Flora gegenüber, streichelte ratlos ihre

Knie und begann eine wohlüberlegte Erklärung über die Menschenpflicht: »Wenn ich dem Herd des Nachbarn Feuer bringen will, was nützt es, daß ich die Richtung weiß und tüchtig marschiere. Meine Fackel muß auch richtig brennen. Was nützt es, wenn eine Bewegung zwar stimmt, aber zu früh kommt?«

»Laß nur«, meinte Flora, »mit Beispielen hast du es nicht so. Ich bin nicht dieser Nachbar.«

Sie sah ihn so unverwandt an wie beim ersten Mal, aber ihr Blick war dunkel. John merkte, daß er im Augenblick so dumm war wie sein Vorgänger, der Prediger. Lag es vielleicht an Flora? »Es kann doch sein, daß die Sache mit dem Eismeer Unsinn ist und daß ich bald zurückkomme...« John merkte, daß er log.

Sie schwieg. Dieses Schweigen. Eine Tyrannin war sie geworden.

»Vielleicht siehst du mich bald wieder. Ich komme zurück und werde Redakteur.« Das Lügen wurde ihm immer lästiger.

»Und die Fackel brennt dann?«

»Möglich. Ach nein, es ist Unsinn. Ich weiß das alles nicht.«

Flora putzte sich die Nase.

»Du bist kein Redakteur. Gott segne dich!«

Sie küßte ihn. Dann ging er. Himmel, was war er froh, daß er sie los war! Vor Freude fühlte er nicht einmal Mitleid.

Als er nach Hause kam, um sich von Vater und Schwester zu verabschieden, stand vor der Tür eine fremde Kutsche. Aus ihr stieg ein Gentleman namens Roget, Peter Mark Roget. Er überbrachte Grüße von Dr. Brown aus London.

»Ich habe übrigens diese Schrift über den Bilderwälzer gelesen. Es ist schade, daß der Autor schon gestorben ist. Ich interessiere mich für optische Phänomene sehr, Sie sollten einmal mein Kaleidoskop sehen. Ich hoffe, wir können uns demnächst unterhalten.«

»Nein«, antwortete John. »Ich habe mich entschieden. Es gibt viele wichtige Ideen, aber ich folge meinem eigenen Kopf.«

Mr. Rogets Miene bekam mit einem Mal etwas Spähendes.

»Sie werden in England bleiben?«

»Nein. Ich werde wieder zur See fahren. Irgendwann will ich sogar den Nordpol erreichen. Das gelingt mir aber nicht, wenn ich in England bleibe.«

»Dann nehme ich allerdings an, daß wir uns doch bald unterhalten werden.« Mr. Roget begann sich sichtlich zu amüsieren. »Der Präsident der Royal Society hat mich zu Ihnen geschickt, Sir Joseph Banks – er ist zur Zeit drüben auf seinem Landsitz in Revesby. Wollen Sie mich vielleicht zu ihm begleiten?«

John schwieg verdutzt und begann zu ahnen.

»Er kennt Sie, er hat gelesen, was Sie über den Kompaß von Flinders geschrieben haben. Er und Sir John Barrow, der erste Sekretär der Admiralität...«

»Worum geht es?« fragte John heiser.

Mr. Roget zögerte.

»Eigentlich wollte Sir Joseph Ihnen das selbst sagen. Sie – werden in Deptford ein Schiff übernehmen und zum Nordpol fahren!«

Zwölftes Kapitel

Die Reise ins Eis

Die Expedition. Jeder in Deptford wußte, was damit gemeint war. Sie bestand aus den kupfergepanzerten Briggs *Dorothea* und *Trent* und wurde zur Zeit mit allem beladen, was man am Nordpol brauchte.

»Vor allem mit Felljacken und Pelzmänteln«, hofften die Kürschner.

»Mit spannenden Büchern«, sagte ein Buchhändler, »denn dort ist es sehr langweilig.«

»Mit verwegenen Männern«, vermuteten die Damen der feinen Londoner Gesellschaft und ließen sich mit der Kutsche hinfahren, um sie zu besichtigen.

Jeder behauptete, über die Orders der Expedition Bescheid zu wissen. Der eine wollte es in der Admiralität selbst erfahren haben, der andere von Kapitän Buchan, dem Leiter der Unternehmung. Einige beriefen sich auf Leutnant Franklin, den Kommandanten der *Trent*. Andere zweifelten: »Franklin? Der sagt nie was!«

»Ein langsamer Kapitän, so etwas geht gar nicht«, sprach Midshipman George Back, »wie soll das erst werden, wenn wir unterwegs sind?« Andrew Reid sah seinen Freund bewundernd an. Er widersprach nur, um das Gespräch fortzusetzen: »Aber die Hühner waren schnell wieder von Bord, George.«

»Es wird sich als Fehler erweisen. Hühner sind Frischfleisch! Das ist noch das wenigste. Wenn er spricht, tritt immer zunächst eine Pause ein. Wie will so jemand Befehle geben?«

Sie kamen frisch aus der Marineschule und wußten genau, worauf es ankam. Back hatte für Franklin auch einen Spitznamen: Käpt'n Handicap.

Die erste Nacht an Bord. John Franklin hatte Fieber und fröstelte. Im Halbschlaf hörte er zahllose Stimmen, die Unverständliches mitteilten, Entscheidungen verlangten oder Kritik an etwas übten, was er angeblich angeordnet hatte. Er warf sich hin und her, knirschte im Traum mit den Zähnen, schwitzte die Decke durch. Morgens schmerzten seine Nakkenmuskeln, mit schiefem Hals tappte er aus der Kajüte.

Furcht war das, nichts als Furcht, aber schwer zu besiegen. Er ging schweigend durch das ganze Schiff, erwiderte Grüße, nahm Meldungen entgegen und versuchte, sich von einem Mitglied der Horncastler Lesegesellschaft zu einem Kommandanten zu entwickeln. Er kannte das von früher: die Angst, nichts mehr zu verstehen, nichts mehr zu können und auch nicht zur Gegenwehr fähig zu sein, wenn man ihn einfach überging. Die Angst, daß niemand sich seinem Tempo anpassen würde und daß er bei dem Versuch, sich dem der anderen anzupassen, elend scheitern würde.

Nur 250 Tonnen hatte die *Trent*, aber im Augenblick schien sie ihm riesiger und unbegreiflicher als sein allererstes, das Handelsschiff auf der Reise nach Lissabon vor achtzehn Jahren. Diese Art der Angst war ihm vertraut. Sie war bisher stets von der Gewohnheit verjagt worden, jede Sache zu Ende zu bringen, mit oder ohne Glück. Aber nun kam noch eine andere Angst hinzu: Wenn er jetzt sterbenskrank wurde, unterging oder abgelöst wurde, hatte er jahrzehntelang umsonst gewartet und gekämpft.

Die Kraft, Ruhe und Zuversicht, die er auf der *Bedford* nach der Schlacht von New Orleans gefunden hatte, schien sich verborgen zu halten – jedenfalls kam sie nicht auf Kommando wieder. Auch fehlte der Nimbus: eine Narbe, deren Geschichte keiner kannte, half ihm nicht mehr.

Ein gutes Mittel gegen Angst hieß: lernen. Als erstes lernte John die Instruktion der Admiralität.

Der Nordpol war nicht das Ziel der Reise, sondern nur eine von mehreren Stationen. Er war für die Krone nur interessant, sofern er in einer offenen See lag, durch die man zum Pazifik segeln konnte.

Ein Walfänger hatte berichtet, die Eisfelder des hohen Nordens lösten sich immer mehr auf. Sekretär Barrow hatte auf diese Nachricht gehofft. Er verkündete sofort, er und ein gewisser Franklin hätten schon längst an ein offenes Polarmeer geglaubt. Die Expedition, zunächst nur belächelt, schien plötzlich jedermann äußerst wichtig.

Dorothea und *Trent* sollten zwischen Spitzbergen und Grönland hindurch-, dann über den Pol hinweg zur Behringstraße segeln und auf der Halbinsel Kamtschatka den Hafen Petropaulowski anlaufen, in dem seinerzeit Cook gelandet war. Duplikate der Logbücher, Reisenotizen und Karten sollten von dort auf dem Landweg nach England geschickt werden, während die Schiffe nach den Sandwich-Inseln fuhren, dort überwinterten und im nächsten Frühjahr nach England zurückkehrten, am besten gleich wieder über den Nordpol.

Es gab noch eine zweite Expedition, die versuchen sollte, direkt am Rand des nordamerikanischen Kontinents entlang zum Pazifik zu finden. Aber man hielt diesen Weg für den beschwerlicheren.

Was diese Politiker und Kaufleute so interessierte! John legte das Schreiben auf den Kajütentisch und versetzte es mit dem Finger in drehende Bewegung. In seinem Hals klopfte die Aufregung. Vom Nordpol her fing alles neu an, man mußte nur hinkommen.

Er lernte auch das Schiff auswendig und prägte sich alle Zahlen ein, die zu finden waren. Er rechnete nach, was zu rechnen war: das Gewicht der Ladung im Verhältnis zum Gesamtgewicht, Trimmung, Segelfläche, Lateralplan, Tiefgang. Schon biß er sich an der ersten Einzelheit fest: der Tiefgang der *Trent* schien ihm schneller zuzunehmen, als der tägliche Zuwachs an Ladung bewirken konnte. Er rechnete noch einmal genau nach, dann bat er Leutnant Beechey zu sich, seinen Ersten Offizier. Er wollte ab sofort von jeder Wache gemeldet haben, wie tief das Schiff lag und wieviel Wasser in der Bilge stand.

Ob der Leutnant seine Unsicherheit und Unruhe bemerkt hatte? Aber Beechey besaß Taktgefühl. Wenn sich ihre Blicke getroffen hatten, wandte er blinzelnd das Gesicht. Beim Hören schien er den Zustand der Decksplanken zu prüfen, beim Sprechen mit seinen weiß bewimperten Sehschlitzen den Horizont abzusuchen. Seine Miene verriet nie mehr als eine Art übellauniger Wachsamkeit, und er sprach kein Wort zuviel.

So, die Berechnungen waren erst einmal richtig! Die *Trent* hatte ein Leck. Groß schien es nicht, hatte aber den Fehler, daß man es nicht finden konnte. Das Wasser floß ins Unterschiff – wo es herkam, war nicht festzustellen. Sie suchten weiter. Schon im Hafen also das Geräusch der Pumpen! Aber John war seltsamerweise erleichtert: ein Leck, das war endlich eine reale Sorge.

Der Oberkommandierende hielt John offenbar für einen Schützling des Admiralitätssekretärs. David Buchan war ein rotgesichtiger, ungeduldiger Mann. Er wollte nie lange zuhören, und vor allem wollte er wegen eines Lecks die Abreise nicht verschieben.

»Ist das Ihr Ernst? Sie haben ein Leck und finden es nicht? Und wir sollen warten, bis der Polarsommer wieder vorbei ist? Lassen Sie Ihre Leute ein paar Wochen pumpen, sie werden schon merken, wo das Wasser herkommt.«

Buchans Grobheit ließ John nur noch ruhiger werden. Jetzt hatte er sogar einen konkreten Gegner, das half und tröstete.

»Sir, ich komme natürlich auch mit einem Leck ins Polarmeer!«

Das klang so selbstbewußt und spöttisch, daß Buchan etwas unsicher wurde: »Wenn sich das Thema bis zu den Shetlands nicht erledigt hat, heben wir die *Trent* aus dem Wasser und sehen von außen nach.«

Der 25. April 1818 war Abreisetag. Die Pier war hell von Gesichtern. Eleanor Porden tauchte auf, wünschte dem erstaunten John viel Glück und steckte ihm ein längeres Poem zu, an dessen Ende der Nordpol selbst in direkter Rede zu sprechen begann und sich für besiegt erklärte. John wußte jetzt: sie schätzte ihn wirklich. Sie bestaunte sogar noch die langen Eissägen und das Gerät, mit dem man Meerwasser entsalzen wollte. Sie schwärmte von Forschung, Mesmerismus und elektrischen Erscheinungen und beschwor John, er möge im Polargebiet darauf achten, ob besonders viel Magnetismus in der Luft liege und wie sich das auf die Sympathie zwischen den Menschen auswirke. Zum Abschied fiel sie ihm um den Hals, ihre Stimme schwirrte. John konnte beim besten Willen nicht anders als sie um die Hüfte fassen. Wenn er nur nicht alles immer so lang festgehalten hätte! Er spürte, daß er Gefahr lief, ihr und anderen auffällig zu werden, und zog sich eilends auf wichtige Kursberechnungen zurück. Dann legten sie ab. Die Narzissen blühten. Strichweise war die Küste ganz gelb.

Das Wasser strömte täglich stärker ein, und sie waren nicht genug Leute. Zur vollständigen Bemannung der *Trent* fehlte ein gutes Sechstel. Jeder Mann verbrachte die Hälfte seiner Wache mit dem Pumpen.

In Lerwick fand John trotz aller Anstrengungen weder das Leck noch irgendwelche Freiwillige, um die Mannschaft zu verstärken. Die Bewohner der Shetlands lebten von Seefahrt und Walfang, sie wußten gut, was es hieß, wenn ein Schiff im Seichten gekränt und Zoll für Zoll abgesucht wurde. Wenn man ihnen sagte, es würden nur die Kupferplatten besser befestigt, lachten sie verlegen. Auf einem lekken Schiff wollte keiner anheuern. John begann ernstlich zu fürchten, daß dieses unsichtbare Loch in der Bordwand ihn um den Nordpol prellen könnte.

Buchan dachte daran, die fehlenden Seeleute durch ein Preßkommando auszuheben. Aber da dies jetzt illegal war, sagte er zu John: »Stelle anheim, Mr. Franklin!«

Als John mit seinem Ersten Offizier allein war, suchte Beechey mit seinen grauen Augen den Horizont ab und meinte: »Die Mannschaft steht es durch. Sie ist gut. Drei oder vier Gezwungene, die den Humor nicht haben, sind schlimmer als gar nichts.«

»Danke!« murmelte John verblüfft.

Das Gute an Beechey war, daß er seine Meinung dann sagte, wenn sie gebraucht wurde.

Der Seemann Spink aus Grimsby konnte mehr Geschichten erzählen als drei Dorfeichen zusammen, vor allem war er weiter herumgekommen. Mit zwölf Jahren hatten sie ihn zum Dienst gepreßt, dann war er auf der kleinen *Pickle* unter Lapenotière gefahren, in französische Gefangenschaft geraten, ausgebrochen und mit einem gewissen Hewson quer durch Europa geflüchtet bis nach Triest. Von einem elsässischen Schuhmacher erzählte er, dessen Stiefel die Schritte verlängerten, so daß sie beinahe doppelt so schnell marschiert seien, wie ein Franzose laufen könne. Von alemannischen Frauen im Schwarzwald erzählte er, die unter ihren zeltähnlichen Sonntagsröcken zwei bis drei Flüchtlinge vor Bonaparte verstecken konnten, und mitten in Bavaria hätten sie ein Boot mit nur einem Riemen über den stürmischen See Gemse gerudert und dann, im Fischerdorf am Ostufer, einen zarten Braten mit einem wundersamen Kloß verzehrt, wonach sie ganze vierzehn Tage lang ohne Pause hätten zuwandern können, ohne auch nur das geringste zu essen, so wahr er Spink heiße.

Alle rannten aufs Deck: ein Narwal war gesichtet worden, ganz deutlich ragte sein Horn. Das war ein böses Vorzeichen. Es gab nur ein einziges, das noch schlimmer war: wenn die Schiffsglocke von allein zu läuten begann. Aber das kam nie vor, oder es konnte nicht mehr erzählt werden, weil die Schiffe bald darauf untergingen mit Mann und Maus.

Niemand verlor ein Wort darüber. Schließlich erwarteten sie im offenen Polarmeer jenseits der Eisbarriere noch ganz andere Lebewesen von riesigen Ausmaßen. Die Admiralität rechnete sogar damit, daß diese nach dem Schmelzen des Packeises südwärts zu den atlantischen Handelsrouten vordringen und das eine oder andere Schiff verschlingen würden.

Auch wenn in der Mannschaft der *Trent* keiner abergläubisch war – ganz ohne Furcht konnte niemand sein.

Aufsässig oder faul war keiner. John hatte sich schon darauf eingestellt, irgendwann die erste Strafe anordnen zu müssen, aber noch war derlei nicht in Sicht. Seit geraumer Zeit mußte jeder Kommandant ein Strafenbuch führen. John schlug es jeden Abend auf und trug ein: »Keine Ordnungswidrigkeit heute.«

Aus George Back wurde er nicht klug, oder vielmehr: er wurde, was Back anlangte, aus sich selbst nicht klug. Da blieb eine Scheu, eine Verlegenheit, eine Wachsamkeit. Dienstlich war es nicht zu begründen.

John schob den Fall beiseite. Es war besser, ihn überhaupt nicht zu verstehen, als ihn mißzuverstehen. Womöglich rettete ihm dieser Back dann eines Tages das Leben! Instinkte waren gut, aber nur wenn sie sich deutlich ausdrückten.

Ein wenig Wachsamkeit blieb.

Er hatte jetzt den Mut, Wiederholungen zu verlangen, Ungeduld nicht zuzulassen, anderen die eigene Geschwindigkeit aufzuzwingen zum Besten aller: »Ich bin langsam. Richten Sie sich bitte danach!« Das bekam Back zu hören, ganz freundlich, und seine Meldungen wurden brauchbar. Mann über Bord, Feuer im Schiff? Kein Grund zum Verschlucken ganzer Silben. Wichtig war, daß der Kapitän verstand, wo, was und wann. Konfusion war gefährlicher als jeder äußere Notstand, und die Konfusion des Kapitäns war am gefährlichsten, das lernten sie.

Ausdauer. Er brauchte keinen Schlaf, er übte wieder Wendungen und Vokabeln wie als Schiffsjunge. Die Befehlsanfänge etwa: Mr. Beechey, seien Sie doch bitte so gut und lassen Sie... Mr. Back, würden Sie freundlicherweise... Kirby, Sie sorgen sofort dafür, daß.

Er dachte wieder über den starren Blick nach. Der war und blieb gefährlich. Aber wenn dieser Blick nicht mehr

Kriegsdienst war, und wenn er nur selten angewandt wurde, dann war er nicht mehr Sklavenschnelligkeit, sondern die nötige Sekundenkraft eines guten Befehlshabers, der sich im allgemeinen mehr aufs Studium der Einzeldinge und aufs Träumen verlegte. Langsamkeit kam zu Ehren, Schnelligkeit stand zu Diensten. Der Überblick war kein guter Blick, denn er übersah zu viel. Die Geistesgegenwart, zur Regel erhoben, schuf keine Gegenwart und keinen Gesichtspunkt. John setzte auf die Geistesabwesenheit und war sich seiner Sache sicher. Er dachte daran, ein System zu entwerfen, nach dem man leben und Schiffe führen konnte.

Vielleicht fing mit ihm, John Franklin, ein neues Zeitalter an? 74 Grad 25 Minuten. Sie waren schon auf der Höhe der Bären-Insel.

Jenseits von 75 Grad nördlicher Breite begann es zu schneien. John schnupperte aus der Kajütentür und blickte auf das weiß überpulverte Achterdeck. Genauso hatte es gerochen, als er zum ersten Mal in seinem Leben Schnee gesehen hatte. Er sah sich flüchtig um, wagte sich dann hinaus und begann einen schwerfälligen Bärentanz, um zu sehen, wie seine Füße Spuren machten. Er fühlte sich so jung, daß er direkt darüber nachdenken mußte: Vielleicht war er es wirklich! Woher weiß ich denn, dachte er, daß ich auf dieselbe Weise über dreißig bin wie die anderen? Wenn ich nachgehe wie eine Uhr, dann dauert es auch länger, bis ich abgelaufen bin. Also bin ich vielleicht erst zwanzig. Jählings beendete er den Bärentanz, denn er bemerkte Midshipman Back, der ihn von der Großrah her ernst, fast mahnend anstarrte. Er wollte ihn ignorieren, konnte aber nicht umhin, seine Fußspuren noch einmal mit Backs Augen zu betrachten und sich die eigenen Bewegungen vorzustellen. Er mußte lachen und Back wieder ansehen. Der lachte zurück mit weißen Zähnen. Ein hübscher Bursche.

»Der Schnee ist wunderbar, Sir!«

Nein, irgendeine Ironie war nicht herauszuhören. Trotzdem! Er legte sein Gesicht in Kapitänsfalten, wandte sich brüsk ab und ging etwas irritiert in die Kajüte.

Der polare Magnetismus fiel ihm ein. Aber wie den messen?

Jetzt wurde es ernstlich kalt. Die Takelage vereiste, das laufende Gut fror so steif, daß es sich vom stehenden in nichts mehr unterschied. Die Wache hatte nicht nur zu pumpen, sondern auch noch mit Stöcken auf die Taue zu schlagen, um sie beweglich zu halten. Alle Segelmanöver wurden zu Abenteuern, und die Kälte nahm immer noch zu. Jedermann hustete herzzerbrechend. John hingegen wurde übermütig.

Er untersuchte den Schnee und trug, da Ordnungswidrigkeiten weiterhin ausblieben, die Formen der Schneeflocken ins Strafenbuch ein. »Schnee ist im Prinzip sechswinkelig«, schrieb er. Schließlich war Forschung der Zweck der Reise. Vergnügt dachte er an die Gesichter der Admirale, wenn ihnen nach langem Umweg über das heilige Rußland endlich das Strafenbuch der *Trent* zugehen würde.

Zum ersten Mal segelten die Schiffe durchs Treibeis. Die Schollen klimperten und schurrten an der Bordwand entlang.

Niemand wollte schlafen gehen. Keiner war daran gewöhnt, etwas für Nacht zu halten, was so hell war. Die niedrige Sonne schien auf die weißen Segel, das Eis glänzte wie von Diamantkuppen und Smaragdgrotten, eine gefrorene Stadt wuchs herauf und entfaltete sich in verwegenen Figuren. Die nautische Sprache wurde fast überflüssig: man segelte von der »Kirche« zur »Festung«, peilte dann an der »Höhle« vorbei die »Brücke« an. Auch unter der Wasserfläche lag Eis und warf Licht zurück. Die See war in cremiges Weiß gehüllt, die Robben schwammen wie in leuchtender Milch.

Die Mannschaft hing in den Wanten und starrte auf die funkelnden Eismassen, die sich im Kielwasser hinter dem

Schiff herschoben, als wollten sie es einholen. Gegen Mitternacht sank die Sonne, rot und seltsam verformt, die größte Banane der Welt. Sie sank nicht einmal wirklich – sie verbarg sich nur für kurze Zeit, nahm ein Bad und tauchte zum Trocknen wieder auf.

Beechey sagte: »Alles schön und gut, aber wie kriegen wir die Freiwache zum Schlafen?«

Das war ein ewiger Abendhimmel, die Schatten so riesenhaft lang, und wenn die Nebelschwaden aufstiegen, wurden sie sogleich zu rötlichen Wolken und änderten alle Farben bis an den nördlichen Horizont.

John blickte ins Eis, studierte die Formen und versuchte zu verstehen, was sie bedeuteten. Das Meer konnte eben doch aus eigener Kraft über sich selbst hinauswachsen, hier war der Beweis. Hier fand er, was seine Träume gemeint hatten.

Stunde für Stunde zeichnete er die Formen der Eisberge ins Strafenbuch. Er schrieb die Farben dazu: »Grün auf der Linken, rot auf der Rechten, und nach zehn Minuten umgekehrt.« Er versuchte zu benennen, was er sah, aber das gelang schlecht. Es war eher eine Musik, die man in Notenschrift hätte schreiben müssen. Das feingerippte Meer umspielte und trug die Eisfiguren wie ein Takt, und sie selbst hatten, wie Klänge, eine Harmonie, obwohl sie doch etwas Gesplittertes und Geborstenes waren. Aber sie wirkten ruhig und zeitlos, so etwas konnte nicht häßlich sein. Hier war es friedlich. Weit hinten, irgendwo im Süden, sorgte die Menschheit für das Elend der Menschheit. In London war die Zeit etwas Gebieterisches, jeder mußte mit ihr mithalten.

Jenseits des 81. Breitengrades wurden die Schollen zu Plattformen und diese zu Inseln. Und irgendwann stand die *Trent* beim schönsten Dwarswind und rührte sich nicht mehr vom Fleck. »Warum geht es nicht weiter?« rief Reid von unten herauf, und wenige Minuten später kam der Maat Kirby an Deck: »Warum fahren wir nicht?«

Das Warten machte die Mannschaft unruhig. Dabei sprach nichts, aber auch gar nichts gegen das Warten. Vielleicht drifteten die Schiffe sogar zusammen mit dem Eisfeld in die richtige Richtung? Aber da kam schon das Signal von der *Dorothea*. Buchan befahl: »Eis aufhacken, Schiff schleppen!«

Zehn Männer versuchten mit Äxten und Spaten das Eis vor dem Bug zu öffnen, zehn weitere stemmten sich ins Seil, gut zwei Schiffslängen voraus. Nach einigen Stunden waren alle so erschöpft, daß sie am Ende der Wache grundlos kicherten, um nicht zu heulen. Und doch geschah die ganze Anstrengung nur, um ihre und Buchans Ungeduld zu besänftigen. Sie taten auch das Unsinnigste, wenn sie dadurch das Gefühl hatten, daß es weiterging.

Und wenn das Eisfeld nun nach Süden driftete statt nach Norden? Dann war erst einmal fraglich, ob Buchan es überhaupt merkte. Er fuhr gern »nach Gefühl«.

John befahl, daß die Zugmannschaft wenigstens durch Musik aufzuheitern sei. Der Matrose Gilbert ging vorneweg und fiedelte. Er war dafür ganz der richtige Mann. Sein Saitenspiel verfügte zwar über eine gewisse Anzahl unterschiedlicher Töne, aber auch wieder nicht derart, daß man stehenbleiben und lauschen wollte.

Seltsam: je näher John dem Ziel kam, desto mehr spürte er, daß er es gar nicht mehr brauchte. Die völlige Stille, die absolute Zeitlosigkeit, was sollte er ernstlich damit? Er war Kapitän und hatte ein Schiff, er wollte kein Stück Küste mehr sein, kein Uferfelsen, der in die Jahrtausende schaute und an nichts schuld war. Die Uhrzeit war nötig wie Maß und Gewicht, weil auf der Welt Güter und Arbeit gerecht verteilt werden mußten. Die Sanduhr mußte umgedreht werden, die Schiffsglocke alle halbe Stunde glasen, damit Kirby nicht länger zu pumpen hatte als Spink und Back nicht länger zu frieren als Reid. Das würde auch am Pol nicht anders sein, und John war damit zufrieden, weil er jetzt ohnehin mit allem zufrieden war, außer vielleicht mit Buchans Oberkommando.

Es zog ihn zum Pol, unbedingt, aber nicht, weil er von dort her alles neu anfangen wollte. Es hatte ja schon angefangen! Das Ziel war wichtig gewesen, um den Weg zu erreichen. Den hatte er nun, auf dem ging er, und der Pol wurde wieder zum geographischen Begriff. Er hatte nur die Sehnsucht, unterwegs zu bleiben, genau wie jetzt, auf Entdeckungsreise, bis das Leben vorbei war. Ein Franklinsches System des Lebens und des Fahrens.

Buchan hatte Sterne geschossen und gerechnet. Franklin auch. Buchan kam auf 81 Grad 31 Minuten, Franklin auf 80 Grad 37 Minuten. Buchan rechnete mit etwas dunklerer Gesichtsfarbe noch einmal nach und kam John bis auf einige Minuten entgegen, die nur seiner Ehre dienten. Das Eis driftete offenbar schneller südwärts, als man sich nordwärts voranhacken konnte.

Und dann schlichen zwei riesige Eisfelder aufeinander zu, nahmen die *Dorothea* in die Mitte und klemmten sie ein, daß die Spanten krachten. Sie wurde sogar ein Stück emporgehoben. Wenig später ging es der *Trent* ähnlich, wenn auch glimpflicher. Jetzt saßen sie fest wie angenietet. Wie zum Hohn kam von achtern ein Eisberg immer näher herangerückt.

»Möchte wissen, wie er das macht«, sagte Spink, »vielleicht zieht ihn jemand dort unten.« Er wies in die See und meinte es im Spaß, aber alle dachten wieder an den Narwal und schwiegen.

Es war ohnehin so still wie nie zuvor, denn das Schiff rührte sich keinen Zoll mehr. Plötzlich stürmte Gilfillan, der Schiffsarzt, aus seiner Kammer und rief: »Ich glaube, unter meinem Bett rinnt es!«

Franklin ging mit dem Zimmermann hinunter und ließ sich die Stelle zeigen. Unterhalb von Gilfillans Koje war der Raum mit den geistigen Getränken. »Da darf nichts rin-

nen«, beschloß der Kommandant. Sie horchten in die Rum-
kammer hinein: ja, da rann etwas! Der Proviantmeister
prüfte die Bestände, es fehlte nichts. So fanden sie das Leck.

Ein Werftarbeiter hatte einen verfaulten Bolzen herausge-
nommen und, statt den neuen einzusetzen und zu sichern,
die Lücke nur mit einem Batzen Teer überschmiert. Der hielt
zwar kein Wasser ab, verhinderte aber die Sicht auf das
Loch.

Als die *Trent* wieder dicht war, rann nur noch einiges
durch die Kehlen. Stunden später kamen alle wieder auf die
Beine und stellten fest, daß das Schiff im offenen Wasser
schwamm.

Das Eis tat, was es wollte.

Eissturmvögel sahen sie, die auf Fischjagd in den Wellentä-
lern entlangflogen, so dicht, schien es, wie eine Kugel durch
den Lauf. Dorsche, schimmernd wie Goldkristalle, lagen im
niedrigen Licht auf die Decksplanken gebreitet wie ein gehobener Schatz. Bären sahen sie, weiße Fellhaufen, unaufhalt-
sam angelockt vom brennenden Tran, wie sie über die
Schneehügel und durch die Wassertümpel immer näher her-
anwalzten, nichts konnte sie aufhalten.

Einmal, als sie mit dem Boot unterwegs waren, versuchte
eine Herde Walrosse es mit Stoßzähnen und Rundschädeln
zum Kentern zu bringen, ein wütender gemeinsamer Angriff. Als sie wenig später auf einer Eisscholle standen, versuchten die Tiere mit ihrem Gewicht das andere Ende herun-
terzudrücken, sie luden zu einer Rutschpartie ein, die auf
ihren Stoßzähnen geendet hätte. Die Seeleute schossen ihre
Musketen ab, aber erst als der schwere Leitbulle tot war,
schwamm die Herde endgültig davon.

Die nächste Fußwanderung wurde noch gefährlicher, weil
dicker Nebel aufkam, jeder Mann mußte den anderen an der
Jacke fassen. Auf den eigenen Spuren wollten sie zum Schiff
zurückwandern, John Franklin kontrollierte die Richtung
mit dem Kompaß. Aber an den Spuren fiel auf, daß sie

merkwürdig frisch waren, zudem wurden sie immer zahlreicher. Dem Kompaß und der Zeit nach hätte die Gruppe schon längst wieder beim Schiff sein müssen.

Sie hatten sich verirrt und waren im Kreis gelaufen.

John befahl, ein Notlager aus Eisplatten zu bauen. Reid machte keinen Hehl daraus, daß er lieber weitergegangen wäre, einfach querab von der bisherigen Richtung.

»Dabei bleiben wir warm, und irgendwo müssen wir ja ankommen!«

»Ich nehme mir Zeit, bevor ich einen Fehler mache«, entgegnete Franklin freundlich.

Er befahl, daß sich alle so warm wie möglich einpackten und um die Tranlampe setzten. Die Musketen waren für den Fall, daß sich ein Eisbär hier umsah, gut geladen.

John kauerte und überlegte. Was die anderen ihm auch sagten, Vorschläge, Theorien, Fragen – er nickte nur und überlegte weiter.

Selbst als Reid zu Back hinüberraunte: »Du hattest recht mit ›Handicap‹«, schob John alle Fragen, die sich stellen ließen, weit weg. Er brauchte jetzt nur Zeit.

Eine Weile später fragte Reid: »Wollen wir hier einfach nur warten, Sir?« Aber John war immer noch nicht fertig. Mochte auch der Tod bevorstehen, das war kein Grund, eine Überlegung vorzeitig zu beenden. Schließlich stand er auf:

»Mr. Back, Sie schießen alle drei Minuten eine Muskete ab, insgesamt dreißigmal. Danach schießen Sie alle zehn Minuten, drei Stunden lang, danach zu jeder Stunde einmal, zwei Tage lang. Wiederholen Sie!«

»Sind wir dann nicht tot, Sir?«

»Möglich. Aber bis dahin schießen wir. Bitte, die Bestätigung!«

Back wiederholte stotternd. Als niemand mehr mit einer Erklärung rechnete, sagte John: »Das ganze Eisfeld dreht sich. Es ist die einzige Lösung. Deshalb gehen wir im Kreis, auch wenn wir nach dem Kompaß immer in derselben Richtung marschieren. Bei Wind hätten wir es sofort gemerkt.«

Vier Stunden später hörten sie dünn einen Schuß durch den Nebel, und dann immer wieder Antworten auf die ihrigen. Eine Stunde danach vernahmen sie rufende Stimmen, schließlich wurden Männer mit Seilen sichtbar, und hinter ihnen, kaum hundert Fuß entfernt, das ragende Heck der *Trent*.

»Sie haben ein Schweineglück, Sir!« bemerkte Back erleichtert und frech, aber von Geringschätzung war nichts zu spüren, im Gegenteil. Reid verzog das Gesicht. Zu ihm sagte Back: »Wenn wir auf dich gehört hätten, wären wir jetzt sonstwo, und zwar als Eiszapfen!« Reid schwieg. Er gab sich plötzlich einen Ruck und trat heftig nach einer Schneeflokke. John wunderte sich. Wie konnte man nach einer Schneeflocke treten? War da noch etwas anderes?

Im hellen Licht und aus dem Großtopp ließ sich anderntags der ganze Irrgarten gut überblicken. Von dort, wo sie gewesen waren, hätten sie auch in der »richtigen« Richtung das Schiff bei weitem verfehlt. Sie wären auf der entgegengesetzten Seite irgendwo hingekommen, wo keiner sie gesucht hätte. Es war eine Todesfalle ersten Ranges gewesen, und John Franklin war nicht hineingegangen.

Ich habe es leichter jetzt, dachte er, und mit Back gibt es kein Problem mehr. Die Könige des Schulhofs lernen es, auf mich zu hören. Kaum hatte er das gedacht, wußte er: Back erinnerte ihn an Tom Barker, seinen Mitschüler vor zwanzig Jahren.

Nicht einmal den 82. Breitengrad hatten sie erreicht, und doch wollte Buchan schon wieder umkehren. »Wir sollten einen geschützten Hafen finden und alles reparieren.«

»Wir sollten« – John registrierte den ungewohnten Wortlaut. Er fühlte sich zum Widerspruch geradezu aufgefordert.

»Der Polarsommer wird vorbei sein, bevor wir damit fertig sind. So groß sind die Schäden ja nun doch nicht. Machen wir einen letzten Versuch.«

»Wollen Sie den Draufgänger spielen?«

»Sir, wir haben noch nichts entdeckt und noch nichts bewiesen.«

»Ich will Ihnen mal etwas sagen!« entgegnete Buchan. »Ich glaube, was Sie beweisen wollen, ist etwas Persönliches. Ich habe Sie beobachtet. Sie wollen beweisen, daß Sie nicht feige sind. Vielleicht ist Feigheit Ihr Problem.«

John fand, daß er über solche Bemerkungen nicht nachdenken müsse. »Ein einziger Versuch, Sir. Wir haben nicht mehr viel Zeit, aber die offene Polarsee kann nicht sehr weit sein.«

»Ach, hol Sie der Teufel! Und wenn ein Sturm kommt?«

»Dann sind wir sicher schon in einer Fahrrinne und geschützt. Wir müssen es weiter westlich versuchen.«

Buchan schwankte. Der Sommer ging zu Ende, das war ein Faktum.

»Ich werde das entscheiden.«

Fünf Tage fuhren sie an der Packeismauer entlang nach Nordwesten, voraus die *Trent,* eine Viertelmeile dahinter die *Dorothea.* John blickte durchs Glas: »Die segeln zu nah am Festeis. Wenn der Wind aufhört, treiben sie mit der Dünung auf Legerwall.« Beechey nickte: »Langeweile haben sie! Den Robben wollen sie zusehen. Dabei sieht es auf der Wetterseite gar nicht so gut aus.« John befahl, die Segelfläche auf ein Minimum zu reduzieren. Nur zur Vorsicht.

»Und wißt ihr, was das Beste ist?« rief Gilbert. »Auf den Sandwich-Inseln sollen wir in sechs Wochen ankommen, die Berichterstatter warten schon!«

»Und die Mädchen«, fügte Kirby hinzu. Weiß Gott, er redete immer über Mädchen, kein gnädiger Sturm riß ihm das Wort vom Munde.

Der Sturm sprang so plötzlich heran, als habe er im Hinterhalt gelegen. Über den daherjagenden Wetterwolken lächelte ein ruhiger, silbriger Himmel weiter. Um so mehr erschien die Sturmbö als eine bösartige Attacke.

Aufregung. Kursänderung auf: »Hart am Wind, weg vom Eis!« Kommen wir davon? Schnelle Gebete. Da schrien gleich mehrere: »Mann über Bord!« Gilfillan, der Arzt, mit einem Schlag ins Meer geweht. Was jetzt? Zwei Grundregeln setzten einander matt: Niemals auf eine Küste zutreiben im Sturm, und: Mann im Auge behalten bei Mann über Bord. John entschied, daß er hier nur blind entscheiden konnte, er hatte sich auch solche Fälle überlegt. Er behielt den Mann im Auge. Leeboot zu Wasser, beidrehen! Ein schrecklicher Verlust an Zeit und Höhe. Einer wies zur Eisküste: die *Dorothea* lag bereits hilflos an der Mauer, rollend und stoßend zwischen den Eisblöcken. Die kam nicht mehr davon, sie wurde schon zermahlen. In wenigen Stunden nur noch zerfaserte Holzteile, Amen. Gegen den Sturm kam sie nicht weg.

Gilfillans Körper gerettet, aber lebte er noch? Spink hatte sich, am Seil hängend, auf ihn geworfen und ihn hereingeholt, immerfort lachend. Jedem gab etwas anderes Kraft. Spink mußte, wenn er sein Leben riskierte, lachen. Gilfillan atmete wieder. So, und was weiter?

Mit dem Boot zur *Dorothea*? Purer Selbstmord. Nein, auf und davon, so lange es noch geht, so schrien sie. Aber John Franklin kannte seine eigenen Merksätze. »Niemals sich schämen müssen wie Kapitän Palmer.« Fünfzehn Jahre war das her. Und die *Bridgewater* war damals alsbald spurlos verschwunden, kein Überlebender. Die Gerechtigkeit der See war grauenhaft, und man mußte mit ihr rechnen.

Es kamen Fragen, immer mehr, immer dringlicher. Franklin dachte nach und gab keine Antwort. Die daherjagenden Seen waren nicht einfach nur Seen: sie enthielten Eistrümmer, groß wie Barkassen, sie schlugen das Schiff quer zur Sturmrichtung. Bald war klar: wenn die *Trent* noch wegkam, war es ein Wunder. Und an Wunder glaubte John nicht, das war etwas für Kinder.

Die Situation war da, sogar Beechey wurde nervös: mit dem langsamen Kapitän scheiterte das ganze Schiff. Aber warum blieb Franklin so ruhig? Was glaubte er eigentlich? Warum starrte er zur Küste, was suchte er mit dem Glas?

»Da!« rief John. »Da müssen wir hinein, Mr. Beechey!« Was meinte er? Ins Packeis? Freiwillig?

»Genau das!« John faßte Beechey an den Schultern und hielt ihn fest: »Logik!« brüllte er gegen den Sturm an. »Logik! Im festen Eis sind wir sicher. Die einzige Lösung!«

Da öffnete sich wirklich eine Einfahrt, ein Fjord, kaum breiter als das Schiff. Das hatte der Kommandant gesehen, so viel Ruhe hatte er noch. Aber jetzt hieß es hineinkommen. Davon konnte natürlich nicht die Rede sein. Zwei Schiffslängen vor der Einfahrt zerschlug ein riesiger Eisblock das Ruder, und direkt am Ziel drehte ein schwerer Brecher die *Trent* quer zur See. Sofort darauf krachte schon die Steuerbordseite ins massive Packeis. Alle Männer purzelten hin, keiner konnte sich festhalten, es war, als zöge man unter ihnen einen Teppich weg. Dazu ein furchtbarer Laut, ein Totensignal: die Schiffsglocke schlug an. John krallte sich wieder empor, zeigte zum Vortopp hinauf und rief: »Nehmt die Reffs heraus!«

Alle sahen ihn an, als bemerkten sie erste Anzeichen einer Geisteskrankheit. Die nächste See donnerte daher und schlug das Schiff erneut in die Wand wie ein Ei in die Pfanne. Die Masten bogen sich, als seien sie Pflanzenstengel. Und da sollte nun einer aufentern und – was hatte er gemeint? – »die Reffs herausnehmen«? Die Schiffsglocke läutete wie besessen. Natürlich tat sie das! Es war ja auch alles zu Ende! Die würde nicht aufhören, bevor sie tot waren. Die Männer krampften sich fest, keiner rührte sich mehr. Die nächste See, dasselbe Spiel. Dieses Schiff war verloren.

John Franklin erschien immer sonderbarer. Jetzt griff er mit der rechten Hand zur linken Schulter, packte zu und riß mit aller Kraft daran. Wollte er sich degradieren oder gar in zwei Stücke reißen? Jedenfalls war er verrückt geworden, hier der Beweis! Gilbert fluchte, Kirby betete, alle beteten. Ob Kirby noch einmal von Mädchen sprechen würde?

Franklin hatte sich den Ärmel von der Uniformjacke gerissen, krabbelte zur Schiffsglocke und sagte zwischen zwei Sturmschlägen zum Ersten Offizier: »Mr. Beechey, seien Sie bitte so gut und lassen Sie auf dem Vormast die Reffs herausnehmen.« Dann schlang er das dicke Uniformtuch um den Klöppel der Glocke, machte einen Knoten und zog so fest zu wie einer, der einen Elefanten erdrosseln wollte. »Jetzt ist Ruhe!« sagte er zufrieden, als sei der Sturm gleich mitgeknebelt. Und mit einem Male fühlten alle wieder so etwas wie Sicherheit. Die Tapfersten wagten sich in den Vortopp und nahmen die Reffs heraus. Sie sahen von oben, was John wußte: der Bug der *Trent* ragte ein Stückchen in die Einfahrt, mit Vollzeug am Vormast konnte es gelingen, sie hineinzuschmuggeln, wenn sie zwischen zwei Brechern von der Eismauer wegschwojte. Andere nahmen auf dem Großmast das verbliebene Tuch weg, keiner verlor den Halt. Und als die See zurückwich, um wieder einen furchtbaren Anlauf zu nehmen, bog sich die *Trent* auch ohne Ruder hübsch folgsam herum und schlüpfte dem Sturm davon. Er trieb sie ins Eisgebirge hinein, warf noch einige Trümmer gegen ihr splitterndes Heck und riß die Segel in Fetzen. Mit lautem Knirschen verkeilte sich der Bug zwischen den gläsernen Wänden und biß sich immer weiter fort. Schließlich lag das Schiff still. Kaum war noch Seegang zu spüren, vom Wind kein Hauch. Wo war denn der geblieben?

Jetzt wurden die vorbereiteten Fender klargemacht, dick ausgestopfte Walroßhäute, die das Schiff vor weiteren Reibungen und Stößen schützten.

Der Koch, ein Mensch mit Holzbein, humpelte aus der Kombüse und erschien mit blasser Gesichtsfarbe an Deck: »Sind wir an Land? Müssen wir aussteigen?«

Wie konnte man der *Dorothea* helfen? Erst einmal hinaufkommen über die Glaswände! Der erste sprang von der vorderen Bramrah auf die Eiskante hinüber, Spink natürlich, laut lachend. Er schlug eine Talje an, mit der Menschen,

Gerät, loses Tauwerk und vor allem das gesamte Ankertau der *Trent* hinaufgehievt werden konnten. John Franklin hatte wieder einen Plan, daran gab es keinen Zweifel. Niemand hielt es für nötig, irgendwelche Fragen zu stellen. Nur Beechey, der beim Schiff bleiben mußte, sagte kurz: »Viel Glück, Sir! Ich wette, Sie kriegen alle aus dem Wrack.«

»Aber nein«, antwortete John, »wir kriegen das Schiff in Sicherheit. Hundert Schritte vor ihrem Bug ist eine Einfahrt wie die unsrige.« Back hatte zugehört: »Woher wissen Sie das?«

»Sir. Ich werde mit Sir angeredet«, antwortete John betont langsam. »Die Einfahrt habe ich gesehen.«

Eine halbe Stunde lang kämpften sie sich über die zerklüftete Hochfläche des Eises, dann waren sie auf der Klippe über der *Dorothea*. Tief unten wälzte sie sich noch immer gegen die Eiswand, längst umgeben von den Trümmern ihrer Rahen und Spieren und eines ihrer Boote – wie viele mochten bereits umgekommen sein?

In großer Eile wurde das Ende des Ankertaus zur *Dorothea* gefiert und einige Zeit später ein Widerlager rund um die mächtige Kuppe jenseits des Fjords ins Eis gehackt. Gut, daß Buchan rasch verstand. Die Ankerseile wurden zu einem verspleißt, am Fuß des Fockmastes belegt und droben im Eis durch die Führung des Widerlagers gezogen. Der Sturm ließ etwas nach, aber die Dünung war furchtbar wie zuvor.

Fünfundzwanzig Mann standen in den vorgehackten Trittlöchern und stemmten sich ins Seil. Das Schiff rührte sich kaum von der Stelle. Allenfalls zollweise. John teilte zwei Schichten ein und zog die Uhr aus der Tasche. Jede Gruppe schuftete zehn Minuten, dann war die andere dran. Wer das Seil losließ, sank um wie bewußtlos, einige erbrachen sich. Vermutlich wurde das Schiff durch das einströmende Wasser immer schwerer. John ließ alles vorbereiten, um die Überlebenden vom Wrack zu holen, und die erschöpfte Mannschaft fand, man sollte lieber gleich damit anfangen.

»Schon zwei Stunden!« keuchte Kirby mit fahlem Gesicht. »Wir müssen sie aufgeben.«

»Er hat kein Zeitgefühl!« keuchte Reid zurück. Wenn er Atem gehabt hätte, hätte er noch mehr gesagt. Eine Stunde später konnte er auch den ersten Satz nur noch denken, reden war keinem mehr möglich. Die ganze Zeit zog John mit am Seil, obwohl es sich für einen Offizier nicht schickte. Aber ihn fror an seinem nackten Arm.

Mit einem Mal kam das Schiff! Länge um Länge schob es unter der Klippe weiter voran. Jetzt ließ Buchan vorn die Segel klarmachen und, als die *Dorothea* vor der Lücke lag, entfalten. Mühsam schlurfte die halbzerschlagene Brigg in die Einfahrt, einem vollgesogenen Schwamm ähnlicher als einem Schiff Seiner Majestät.

Gerettet! Ein einziges Boot verloren, aber zwei Schiffe gerettet und alle Mann wohlauf.

Back ging zu John Franklin und sagte: »Sir, ich bitte Sie um Entschuldigung. Wir verdanken Ihnen das Leben.«

John sah ihn an und bekam nach all der Anstrengung die Kapitänsfalten nicht so schnell aus dem Gesicht. Wofür bat Back um Entschuldigung? Für Tom Barker, dachte er. Seltsamer Gedanke.

Als Kommandant brauchte er nicht immer nachzufragen, wenn er etwas nicht verstanden hatte. Er konnte sich aussuchen, was er wissen mußte, und Backs Beweggründe zählten nicht dazu. Back wurde unsicher und wollte sich wieder abwenden. Aber da nahm ihn John einfach statt jeder Gegenrede um die Schultern und umarmte ihn.

Beechey hatte inzwischen mit nur fünf Mann die *Trent* gesichert und die ersten Lecks abgedichtet. John umarmte auch ihn.

Der Segelmacher wollte Johns Jackenärmel aus der Schiffsglocke lösen, um ihn wieder anzunähen. Aber das mit dem Knoten hatte er sich leichter vorgestellt. Er brauchte fast eine Viertelstunde.

Was so ein Sturm alles ändern konnte! Reid sprach plötzlich nicht mehr mit Back, oder wenn, dann kühl und ironisch. Manchmal zog er sich zurück, und wenn er wiederkam, sah er aus, als hätte er geweint. Spink schien ihn zu verstehen. Er erzählte dem jungen Mann eine lange Geschichte, ihm ganz allein. Es ging um seine Erlebnisse bei den Patagoniern, jenen riesenhaften Menschen im Süden Südamerikas, die mehrere Stiere zugleich bei den Hörnern packen konnten und bei denen Gleichheit in der Liebe herrschte. Es gebe dort keine Bevorzugungen, die Liebe sei allgemein wie die Luft zum Atmen. Aber gerade das schien ein Punkt zu sein, der Reid Kummer machte, da hatte er doch wirklich Tränen in den Augen! Das Leben gerettet, die Schiffe, die Kameraden – und da weinte er, weil er mit Bestimmtheit glaubte, daß irgendein Jemand einen anderen liebte.

»Bei den Midshipmen kenne sich einer aus!« sagte Beechey.

»Geben Sie ihm einen Haufen Arbeit«, antwortete Franklin, »er soll nicht weinen, sondern seinen Beruf lernen.«

Die Positionsbestimmung ergab, daß sie den 82. Breitengrad überschritten hatten. John legte sich Dr. Ormes Abhandlung über den Schüler F. zurecht. Er war jetzt kein Schüler mehr, er konnte das lesen.

Er war sogar gespannt darauf. »Die Entstehung des Individuums durch Geschwindigkeit« – er hatte immer befürchtet, in der Schrift könne stehen, wie es mit ihm weitergehen würde. Jetzt hoffte er das sogar, denn etwas Schlechtes konnte es nicht mehr sein.

Dr. Orme gebrauchte schwierige Wendungen wie: »Die Verschiedenheit der Menschen, insofern sie sich, gemessen an einer beliebigen Menge wahrnehmbarer Einzelerscheinungen, durch den Grad der Vollständigkeit ihres Sehens unterscheiden.« Die Verschiedenheit begründete Dr. Orme nicht etwa mit mechanischen Eigenschaften des Auges oder des Ohrs, sondern mit einer Einstellung des Gehirns: »Langsam ist der Schüler F., weil er alles, was ihm einmal aufgefallen ist, sehr lang ansehen muß. Das ins Auge gefaßte Bild bleibt zur gründlichen Erforschung stehen, nachfolgende gleiten unbesehen vorüber. Schüler F. opfert die Vollständigkeit zugunsten der Einzelheit. Für die letztere wird der ganze Kopf gebraucht, und es dauert seine Zeit, bis für eine nächste wieder Platz ist. Daher kann der Langsame keine schnellen Entwicklungen verfolgen –«

Aber ich habe die Blindheit und den starren Blick, dachte John, warum hat er das nicht erwähnt?

»– kann aber alles Einzigartige und die allmählichen Entwicklungen besser erfassen.«

Danach schrieb Dr. Orme über die »fatale Beschleunigung des Zeitalters«: er schlug vor, die Geschwindigkeit aller Individuen mit Geräten zu messen und dann zu entscheiden, wofür jedes sich besonders eigne. Es gebe »Überblicksberufe« und »Einzelheitsberufe«. Viele sinnlose Anstrengungen und Leiden erübrigten sich bei rechtzeitigem Messen der Geschwindigkeit. Schon in der Schule könne man Abteilungen für schnelle und für langsame Kinder einrichten.

»Man lasse die Schnellen schnell und die Langsamen langsam sein, jeden nach seinem aparten Zeitmaß. Die Schnellen können in Überblicksberufe gebracht werden, die der Beschleunigung des Zeitalters ausgesetzt sind: sie werden das gut vertragen und als Kutscher oder Parlamentsabgeordnete beste Dienste tun. Langsame Menschen hingegen lasse man Einzelheitsberufe wie Handwerk, Arztgewerbe oder Malerei lernen. Aus dieser Zurückgezogenheit werden sie auch den allmählichen Wandel am besten verfolgen können und die Arbeit der Schnellen und Regierenden vom Ergebnis her sorgsam beurteilen.«

Flora Reed würde vor Zorn ganz leise werden, dachte John. Von Gleichheit keine Spur! Aber das hatte er zu früh gedacht, denn nur wenige Zeilen später kam Dr. Orme gerade von dieser seiner Theorie her zum allgemeinen Wahlrecht. Alle vier Jahre sollte die Bevölkerung Englands, und vielleicht sogar nur die Langsamen – auch die Frauen! –, unter den bewährtesten Schnellen die Besten aussuchen und so eine neue Regierung wählen.

»Gerade der Langsame«, argumentierte Dr. Orme, »weiß nach vier Jahren treffend zu beurteilen, was sich geändert hat und wie ihm mitgespielt worden ist.«

John überlegte sehr lange, dann schob er die Schrift beiseite. »Nein!« sagte er stolz und zugleich traurig. »Er hat sich da etwas ausgedacht!«

Wenn der Lehrer noch erfahren hätte, was John jetzt konnte und tat, er hätte alles anders geschrieben. Wenn ein Langsamer es entgegen den Voraussagen schaffte, mit einem schnellen Beruf zu leben, dann war er besser als die anderen.

Er wandte sich wieder dem Franklinschen System zu. Erste Gesichtspunkte standen schon im Strafenbuch:

»Ich bin der Kommandant und lasse daran nie einen Zweifel, vor allem nicht bei mir selbst. Meiner Geschwindigkeit müssen sich, weil sie die langsamste ist, alle anderen anpassen. Erst wenn in diesem Punkt Respekt geschaffen ist, können Sicherheit und Aufmerksamkeit einkehren. Ich bin mir selbst ein Freund. Ich nehme ernst, was ich denke und empfinde. Die Zeit, die ich dafür brauche, ist nie vertan. Dasselbe gestehe ich auch den anderen zu. Ungeduld und Angst werden nach Möglichkeit ignoriert, Panik ist streng verboten. Bei Schiffbruch müssen immer zuerst gerettet werden: KARTEN, BEOBACHTUNGEN UND BERICHTE, BILDER.«

Fast jeden Tag trug er jetzt weitere Sätze dazu ein. Der letzte hieß: »Die langsame Arbeit ist die wichtigere. Alle normalen, schnellen Entscheidungen trifft der Erste Offizier.«

Sie fuhren nach England zurück mit mühsam ausgebesserten Schiffen und waren froh, überhaupt noch anzukommen. Die Arbeit an den Pumpen war härter als auf der Hinfahrt.

Vielleicht war das offene Meer am Pol ein Märchen. John hielt das aber noch nicht für bewiesen.

London empfing sie mit großem Jubel. Tatsächlich glaubten hier alle, sie kämen direkt von den Sandwich-Inseln.

Buchan und Franklin erstatteten Sir John Barrow in der Admiralität einen ersten Bericht. Buchan lobte John sehr, und der wußte kaum, wo er dabei hinsehen sollte.

»Und nun, Mr. Buchan?« fragte Barrow. »Sie wollen sicher möglichst bald wieder ins Eis.«

»Nicht unbedingt«, entgegnete Buchan. »Um in dieser Gegend eine halbe Ewigkeit herumzukreuzen, muß man Männergesellschaft mehr lieben als ich.«

»Und Sie, Mr. Franklin?«

John dachte über Buchans letzte Bemerkung nach und war etwas erschrocken, weil Barrows Frage nun noch eine Nebenbedeutung bekommen hatte, für die er mehr Zeit brauchte. Verwirrt brachte er daher nur heraus: »O doch. Ich ja!«

»Gut«, meinte Barrow gedehnt und belustigt, »dann habe ich wahrscheinlich ein neues Kommando für Sie.«

Noch am selben Nachmittag erschien John Franklin bei Eleanor Porden und machte ihr in gut vorbereiteten Sätzen einen Heiratsantrag. Sie fühlte sich bedrängt und geschmeichelt, wechselte aber zunächst das Thema und fragte nach dem polaren Magnetismus. »Eigentlich«, sagte sie, »habe ich nur darüber Neuigkeiten erwartet.«

Was John in puncto Magnetismus zu bieten hatte, erschien ihm selbst nicht als befriedigend. Er kam daher auf seinen Antrag zurück. Eleanor sah ihn plötzlich so erwachsen an. Sie sagte: »Ich glaube, Sie wollen irgend etwas beweisen.«

Sie lehnte, »aus Langsamkeit«, wie sie sagte, vorerst ab. John dachte nach und beschloß, daß ihm das ganz gut gefiel. Abends fand er sich bei einer nicht eben billigen Hafenhure wieder, die von John, statt ihn sofort sein Wichtigstes beweisen zu lassen, erst alles über Kamtschatka und ihre dortigen Kolleginnen wissen wollte.

»Klar warst du dort!« drängte sie immer wieder. »Klar warst du dort, du willst bloß nichts erzählen! Stur wie alle Offiziere!«

Dreizehntes Kapitel
Flußfahrt zur arktischen Küste

Diesmal war John Franklin alleiniger Befehlshaber der Expedition, nicht aber Kommandant eines Schiffes, denn es sollte eine Landreise werden. Mit ihm fuhren der Arzt Dr. Richardson, die Midshipmen Back und Hood sowie der Seemann Hepburn. Träger, Führer, Jäger und Nahrungsvorräte sollten sie in Kanada von den königlichen Pelzhandelsgesellschaften bekommen.

Am Sonntag Exaudi des Jahres 1819 verließen sie auf der *Prince of Wales,* einem kleinen Schiff der Hudsonbaigesellschaft, die Reede von Gravésend. John hatte sich auf alles vorbereitet, was die Phantasie nur ausdenken konnte. Er hatte sogar das Marschieren geübt und die durchschnittliche Länge seiner Schritte zwischen zwei Londoner Meilensteinen gemessen, ferner seinen Kompaß mit einem ausklappbaren Daumenring versehen, denn so konnte er über gestreckten Arm und Kompaßkante hinweg Landmarken anpeilen. Messer, Bohrer, Ahle, Trillerpfeife für Notsignale hatte jeder dabei, auch Draht zum Befestigen der Schneeschuhe und, auf den Rat eines Postreiters, lammwollene Strümpfe, Unterjacken und knöchellange Unterhosen, die fürchterlich juckten.

John war froh, daß einer dabei war, den er kannte: George Back. Der hatte sich freiwillig gemeldet und verkündet, er werde für Franklin durch dick und dünn gehen. Solche Reden machten John verlegen, aber es war gut, sich auf einen schnellen Mann verlassen zu können. Er war entschlossen, Back zu seinem inoffiziellen Ersten Offizier zu machen, der die »normalen«, schnellen Entscheidungen traf. Freilich mußte sich noch zeigen, wieviel er taugte. Blieben noch die anderen. John beobachtete sie genau, denn er wollte sein auf der *Trent* entwickeltes System auf alle neuen Mitreisenden übertragen.

»Der Kapitän der *Blossom* hätte ein glücklicher Mensch bleiben können und die *Blossom* ein glückliches Schiff, hätte man nur nicht ihn zu ihrem Kapitän gemacht – denn er war kein Kapitän!«

Dr. Richardson hielt inne und sog an der spärlichen Glut seiner zu fest gestopften Pfeife, bis rötlicher Schein sein mageres Gesicht beleuchtete und die Qualmwolken das schwache Abendlicht zu verdunkeln schienen, das durch das Messefenster hereindrang. Ja, die *Blossom*! Dr. Richardson hatte diese schlimme Reise als Schiffsarzt mitgemacht und erzählte alles sehr ausführlich. Franklin fragte sich allerdings, warum.

»Ein schwacher Kapitän kann von jedem beeinflußt werden, der ihn stark nennt. Er hört auf alle Schmeicheleien und Einflüsterungen, denn die Wahrheit ist ohnehin sein Feind.«

Einen heimtückischen Quartiermeister hatte es da gegeben, Cattleway mit Namen, der gern spionierte und seine so gewonnenen Erkenntnisse verbreitete. Wenn er nichts Verwendbares gehört hatte, log er auch selbst etwas zusammen. Der Kapitän aber glaubte ihm. Er ließ die zwei Leutnants wegen angeblicher Illoyalität in Eisen legen. Als er dann Anklage vor dem Kriegsgericht erhob, verurteilte es nicht die Offiziere, sondern ihn selbst, und den verleumderischen Seemann schickte man als Sträfling nach Van Diemen's Land. John dachte an die Insel im Süden Australiens, die einst Matthew umfahren und erforscht hatte. Keine schlechte Strafe, dachte er, unter freiem Himmel zu arbeiten und mitzuhelfen, ein Land urbar zu machen. Denn so stellte er sich das vor, was mit Sträflingen geschah.

»Und warum war dieser Kapitän schwach?« fragte Richardson, um gleich selber zu antworten: »Er entbehrte der Segnungen des Glaubens. Wer sich nicht vom Herrn führen läßt, kann kein Schiff führen.« Schon wieder zündelte er an der Pfeife, vielleicht weil er einen Grund suchte, John nicht anzusehen, während die Geschichte wirkte, und das tat sie. Er will, daß ich etwas dazu sage, dachte John, aber er war vorsichtig. Wenn dieser Richardson so fromm war, dann war er nicht leicht zu handhaben. Er leitete Autorität von Gott ab – das war gefährlich für das Franklinsche System. Es gab zu viele Interpretationen dessen, was Gott wollte. John hielt die Religion im allgemeinen für nützlich, wenn es galt, Einsicht und Ordnung aufrechtzuerhalten. Glühende Seher und Bekenner hingegen waren ihm etwas unheimlich. Er antwortete daher nur: »Ein Schiff führen, das ist Navigation. Mehr weiß ich nicht.«

Die Expedition sollte den Nordrand des Kontinents erreichen und dann ostwärts an der unbekannten Küste entlang bis zur Repulse-Bay vordringen, wo ein Kapitän Parry mit seinem Schiff auf sie wartete. Gelang das Unternehmen, dann war die Nordwestpassage gefunden, nach der Europa seit über zwei Jahrhunderten suchte. Und dafür sollte es eine fette Geldprämie geben, zwanzigtausend Pfund! Die »entscheidende Bucht« also, die sich zu einem Kanal öffnete: John war von diesem Traum seit der Australienreise nie abgekommen. Die Admiralität erwartete zusätzlich die sorgfältige Beschreibung aller vorfindbaren Indianer- und Eskimostämme. Freundliche Haltung erwünscht, Tauschhandel Alkohol gegen Pelze möglich, Feuerwaffen nein. Wichtig war, daß die Wilden sich daran gewöhnten, den etwa festgefahrenen Passageschiffen notfalls mit Nahrung auszuhelfen – es sollte ihr Schaden nicht sein.

»Ihr Schaden ist es in jedem Fall«, meinte Back leichthin,

»hoffentlich merken sie es nicht schon, solange wir auf sie angewiesen sind!«

Die kürzesten Sätze von allen machte Hepburn, ein Schotte aus der Edinburgher Gegend. Er sagte: »Wird schon!« Hepburn fuhr seit seiner Kindheit zur See. Nach dem Schiffbruch seines Chinaseglers war er von einem Kriegsschiff aufgefischt und zur Navy gepreßt worden. Er hatte viermal versucht zu desertieren. Aber für diese Expedition hatte auch er sich freiwillig gemeldet. Warum, das wußte nur er selbst.

Auf der Reede von Stromness in den Orkneys fanden sie die Brigg *Harmonie* vor, die der Herrnhuter Brüdergemeinde gehörte. Franklin, Back und Richardson ließen sich hinrudern und besuchten das Schiff. Sie trafen einige frischvermählte Eskimopaare – Christen natürlich – und einen lutherischen Missionar, der dabei war, ihnen das Beten noch besser beizubringen. Er verstand nur Deutsch und Innuit. Ohne einen Dolmetscher war nichts zu machen.

Innuit, so nannten die Eskimos sich selbst. Es hieß Menschen. Sonst machten sie einen bescheidenen Eindruck, waren auch sauber und gefällig. Richardson meinte dazu, die Segnungen der Religion seien bereits zu erkennen, man sehe es an den Augen.

Back lächelte. Aber das tat er oft genug. Er lächelte, weil er sich selbst gut gefiel und auch den anderen gefallen wollte, vor allem Franklin. John ahnte das. Aber wenn Back etwas konnte und zu einer zuversichtlichen Stimmung beitrug, war es willkommen. Die Stimmung war gut.

Nach dem Zusammenstoß mit einem Eisberg, der das Ruder zerschlug, ankerte die *Prince of Wales* schließlich bei der York Factory an der Westküste der Hudsonbai.

An Land waren neue Namen und Gesichter dem Gedächtnis einzuprägen, Franzosen, Indianer, Beamte der Pelzhandelsgesellschaft, sowie ein Major von den Royal Engineers namens By, der die Möglichkeit prüfte, von hier aus ein Kanalsystem bis zu den Großen Seen zu graben. Er erzählte auch von der *Frontenac*, einem Dampfboot, das auf dem Lake Superior herumfuhr und schwarze Rauchwolken ausstieß. Die Technik siegte überall, und er war ihr Mann!

»Wenn Sie keine Nordwestpassage finden, Gentlemen, dann werde ich eben einen Kanal schaffen mit hundert Schiffsladungen Sprengpulver.« So ein Kerl war dieser By! John mochte ihn nicht sehr. Er antwortete nur: »Es wird schwer sein, Kapitäne und Mannschaften für solche Schiffe zu finden.«

Schon nach wenigen Tagen brachen sie auf, denn es war September, und Franklin wollte vor dem Winter noch möglichst weit kommen. Gegen die Strömung ging es mit einigen Indianern und frankokanadischen Trappern über Flüsse und Seen bis zum Winnipegsee, dann über den Saskatchewanfluß hinauf bis zum Handelsposten Cumberland House. Auch Frauen waren dabei.

Die Trapper nannten sich Voyageurs und sprachen auch sonst nur Französisch. Freundlich waren sie zu niemandem, höchstens zu ihren Hunden. François Samandré besaß zwei Frauen, die er für die Dauer der Reise gegen Geld an Kollegen verliehen hatte. Zwei andere Voyageurs hatten zusammen nur eine. Sie wurde zweifellos doppelt so oft verprügelt wie andere. Der Schnapsrausch brachte diese stumpfen Gesellen stets in eine unfaßbare Wut auf alles: sich selbst, die Frauen, die Boote – sogar die Hunde. John versammelte eines Morgens die ganze Mannschaft und erklärte, daß er jeden Raufbold und Prügler fortschicken werde. Als er dies in einem Falle wirklich getan hatte, wurde es etwas besser.

Zur Nahrung diente Pemmikan, ein Gemisch von Fett und zerstoßenem Fleisch, dem Zucker und Beeren beigemengt waren, ein absonderlicher Kitt, aber er gab Kraft. Zu Paketen von je achtzig Pfund war er in Stierhäute eingenäht.

Überhaupt die Lasten, das Schleppen! Oft mußten die

Boote seitlich der Wasserfälle hinaufgeschleift werden ohne Weg und Haltegriff. Schon der Kampf mit der Strömung ließ die Schultern schmerzen, Nässe und Kälte taten das ihre. Mit frommer Rede konnte der Doktor da nichts mehr ausrichten. Aber er hatte auch gute Salben dabei.

Back war tüchtig, aber viel zu ungeduldig. Gewiß, es ging nicht sehr schnell voran, aber darauf mußte man sich eben einstellen. Die Voyageurs rasteten zu jeder vollen Stunde und rauchten eine Pfeife. Wenn sie das brauchten – gut. Sie maßen die Länge aller Flußstrecken nach Pfeifen. Wenn sie das aber taten, mußten sie auch rauchen, sonst stimmte ihr Maß nicht mehr.

Als man dann wenigstens einmal, auf dem Flusse Echiamamis, mit der Strömung fahren konnte und gut vorankam, wollten plötzlich die Indianer nicht weiter: Ihre Seelen seien noch nicht nachgekommen, sie müßten warten.

John verstand Backs Drängen, mahnte ihn aber unter vier Augen, sich an das zu halten, was hierorts üblich sei. Zudem konnte Back keine Langeweile aushalten, und vor allem wollte er selbst um keinen Preis langweilig sein. Er war ein Unterhalter, er suchte stets eine Pointe, auch wenn sie verwundete. Er verstand nicht, daß es auf so weiten Reisen mehr auf Gerechtigkeit ankam.

John fing an, den anderen Midshipman, Robert Hood, sehr viel angenehmer zu finden.

Hood war, wie Back, im Zeichnen und Malen ausgebildet und sollte alles in Skizzen festhalten, was irgendwie von Belang war. Aber was war von Belang? Hood war ein träumerischer, stiller Mensch. Er beschäftigte sich nicht mit dem eigentlichen Ziel der Reise, sondern mit allem, was seine Phantasie anregte: Lichtreflexe im flachen Wasser einer Flußbiegung, die zerklüftete Nase eines Voyageurs, die Figur eines Vogelschwarms. Back verspottete ihn oft, und Hoods Gutmütigkeit stachelte ihn nur noch mehr an. John sah, daß Hood nicht der schnelle Mann war, den er zu seinem Ersten

Offizier machen konnte. Aber er war ihm selbst von allen am ähnlichsten, und deshalb glaubte er an ihn am meisten.

Ende Oktober waren sie in Cumberland House. Hier mußten sie nun bleiben, denn die kleineren Flüsse waren bereits dick zugefroren. Der örtliche Statthalter der Company wies ihnen einen Rohbau an, den sie fertigbauen und für die Überwinterung ausrüsten konnten. Den Kamin errichtete Hood, darin kannte er sich aus. »Er ist ein Feuermacher«, sagten die Kri-Indianer, die ihn von allen Europäern am meisten schätzten. Sonst hielten sie vom weißen Mann wenig. Gewehrkugeln hatten ihren einst mächtigen Stamm dezimiert, und der Alkohol hatte den Rest unbarmherzig am Genick.

»Die Macht der Weißen wird immer noch wachsen«, sagte einer der Kri zu Robert Hood, »niemand wird sie aufhalten können. Sie werden erst zugrunde gehen, wenn sie alles zerstört haben. Dann nämlich werden die Krieger des Großen Regenbogens sie wegjagen und alles wieder machen, wie es war.«

»Ich zerstöre nichts«, entgegnete Hood leise, »ich möchte nicht einmal Spuren hinterlassen. Höchstens ein paar Bilder.«

So saßen sie jeden Abend am Kaminfeuer: der ledergesichtige Doktor, in der Bibel lesend, der schwere, schläfrige Hepburn und der schmale Hood, der stets beim Nachdenken blinzelte und den Mund öffnete, ohne ein Wort zu sagen.

Es wurde deutlich, daß niemand George Back so recht mochte. Der schöne Mensch, der immer überraschen wollte, hatte bald alle gegen sich, ohne daß dies offen ausgesprochen wurde. Eben darum rückte er noch näher an John heran. Er teilte mit, bewunderte, wollte selbst gelobt werden. Es war wie ein Angebot: er wollte für seine Bewunderung etwas zurückhaben. Da aber nur Taten es waren, gegen die er Franklins Anerkennung eintauschen konnte, wurde er immer nervöser. Großes konnte hier im Winterlager nicht vollbracht werden.

Als sie zur Tee-Einladung des örtlichen Geschäftsträgers unterwegs waren, sagte Back über die knirschenden Schneeschritte hinweg zu ihm: »Sir, ich liebe Sie nun einmal. Wenn das ein Problem ist, so ist es doch keine Katastrophe.« Er sagte das so – scherzhaft! John merkte, wie er ärgerlich rote Ohren bekam und auf eine Antwort sann, die alles mit einem Schlage beenden konnte. Aber das hätte zu nichts geführt. John kannte sein Gehirn. Bei allzu schnellen Reaktionen konnte es Haken schlagen, die ihm nicht aufgegeben waren. Ruhe und Vorsicht also!

Die Schritte knirschten, der Atem nebelte. Sie waren schon fast beim Blockhaus des Geschäftsträgers. »Eine Katastrophe ist es sicher nicht«, sagte John, »aber mir wäre lieb, wenn Gutes daraus würde. Sie übertreiben zu sehr, Mr. Back. Müssen Sie das?« Er verlangsamte den Schritt, weil für solche Sätze die Tür des Gastgebers sich zu schnell näherte. Es fiel ihm noch ein Merksatz ein, den er vom Schäfer in Spilsby wußte: Zwischen Übertreiben und Untertreiben liegen hundert Prozent. Der Schäfer hatte sich aber selbst nicht daran gehalten.

Sie trafen beide mit roten Ohren bei Mr. Williams ein. Indischer Tee, Schiffszwieback und Corned Beef, aber keine guten Nachrichten über die Versorgung der Expedition.

Auf dem Heimweg erwog John, ob ein kleiner Teil der Mannschaft bereits im Winter nach Fort Chipewyan vorausreisen sollte, um bei den Pelzhandelsstationen Vorräte zu beschaffen.

Back stimmte begeistert zu. »Wir beide, Sir!« Aber als der Abreisetag näherrückte, bestimmte John als Begleitung außer Back auch noch Hepburn. Back war enttäuscht und für eine Weile nicht mehr so unterhaltsam. Backs Hunger war durch Gerechtigkeit und Vernunft nicht zu stillen. Aber etwas anderes kam für einen Befehlshaber nicht in Frage. Das Schicksal mochte seinen Lauf nehmen.

Sie verließen Cumberland House am 15. Januar 1820 auf Schneeschuhen, mit zwei Voyageurs und zwei von Indianern geführten Hundeschlitten, die mit Nahrung so hoch bepackt waren, daß kaum mehr der Sextant darauf Platz hatte. Für die Hunde mußte im tiefen Schnee gespurt werden, sonst sprangen sie nur herum und ärgerten einander.

Tage- und wochenlang ging es durch weitgestreckte Wälder aus Riesenbäumen, um deren Wipfel der Wind rauschte. Das hätte schön sein können, wären nicht die Schneeschuhe gewesen, eine Strafe für alles Schlimme, was man je getan haben mochte. Sie hingen an den Stiefeln wie mächtige Entenfüße aus Holz und Geflecht, und aus ihrem Kilogewicht schienen Zentner zu werden, wenn Schnee und Eis sie verkrustet hatten. Für Schneeschuhe war der Mensch falsch entworfen: zwischen den Knöcheln hätte ein viel größerer Abstand sein müssen! Schon nach wenigen Meilen blieb der Schmerz dauerhaft, denn es war immer derselbe Punkt, wo die Kante des Entenfußes zuschlug. »Seid langsamer!« mahnte John, »dann spart ihr Kraft.«

Back war stark, frisch und schnell. Zu schnell! Vielleicht wollte er nur bei jeder erdenklichen Gelegenheit mehr aushalten als John. Das war ein etwas zweifelhafter Kraftquell, aber er wirkte.

Back eilte voraus! Back wartete ungeduldig! Back ergriff die Initiative! Und sein Lächeln kam John immer gefräßiger vor.

»Warum so schnell?« fragte John. »Es ist ein weiter Weg.«

»Eben!« antwortete Back frech und grinste. Hepburn ärgerte sich sichtlich, aber er war im Rang niedriger und hatte sich zurückzuhalten. Back ließ ihn ohnehin fühlen, daß er ihn als ein Hindernis empfand. Dabei war es John, der das Reisetempo ganz bewußt verzögerte.

Die Voyageurs schauten gedankenvoll an ihren Nasen entlang und schwiegen. Sie hätten mit Back mithalten können, aber für sie war die Reise eine Lohnarbeit, bei der

Extraleistungen keinesfalls zur Selbstverständlichkeit werden durften. Außerdem wußten sie zwischen einem Commander und einem Midshipman zu unterscheiden.

Als sie Rast machten, obwohl Back längst weit voraus war, sagte Hepburn beiläufig zu seinem Vorgesetzten: »Er will es uns zeigen!« Dann salbte er seine geschundenen Knöchel, als sei nichts gewesen, und John Franklin hantierte mit Kompaß und Sextant lange Zeit, bis er antwortete. »Kraft kann auch etwas anderes sein als nur Schnelligkeit«, sagte er und peilte durch den Diopter.

John Franklin war es, der die Pausen machte, und zwar auch dann, wenn er selbst sie nicht nötig hatte. Nicht der Navigator brauchte die Pause, sondern die Pause den Navigator. Dieser Back war ein Riese an Ehrgeiz, aber bei allem, was sich hinzog, ein Zeitzwerg.

Ende März trafen sie in Fort Chipewyan ein. John ging sofort zu den Repräsentanten der Pelzgesellschaften, um nach den vorgesehenen Vorräten zu fragen. Es war genau, wie er befürchtet hatte: viel Freundlichkeiten, viele leere Worte, nirgends Vorräte. Als er hartnäckiger wurde: die Freundlichkeit etwas kälter, der Spott etwas erkennbarer. »Alles, was in meiner Macht steht«, nannte Statthalter Simpson das, was er für die Expedition tat. Aber es war leider nicht viel – es war auf brutale und entwürdigende Weise so gut wie nichts. Die Hudsonbaigesellschaft verwies an die Nordwestgesellschaft, und diese wieder an die Hudsonbaigesellschaft. Sie bekämpften sich offensichtlich schon seit Jahren bis aufs Messer. Keine wollte sich einen Nachteil einhandeln, indem sie mehr zu der Expedition beitrug als die andere. Die Orders der Londoner Gouverneure waren hierzulande bloßes Papier, es war ein weites Land. Überdies hielten die Pelzhändler und die Beamten von wanderlustigen Seeoffizieren nicht das geringste. Das waren für sie nur arme, ahnungslose Helden. Zu Fuß und im Birkenrindenkanu wollten die an der Nordküste entlangpilgern? »Sie werden das Polarmeer nie erreichen!« sagte einer in Backs Hörweite. »Und wenn doch, dann wird der erste Überfall der Eskimos sie auslöschen. Wozu ihnen noch Vorräte mitgeben, wenn man selber knapp dran ist?«

Und John hörte einen Scherz, der wohl derb anerkennend klingen sollte, aber vermutlich einen anderen Hintergrund hatte: »Sie waren ja vor Trafalgar dabei, Sie werden es schon schaffen! Wenn nicht mit dem Kopf, dann mit Charakter!«

Back regte sich immer mehr auf. Er konnte nicht mitansehen, wie Franklin die Bescheide dieser örtlichen Machthaber erst einmal höflich akzeptierte, bevor er erneut nachfragte. Back merkte, wie über Franklin gelacht wurde, er fürchtete wohl, etwas davon abzubekommen. Als sie allein waren, hielt er eine große Zornesrede, wie er sie, wäre er John Franklin, den leitenden Beamten gehalten hätte. Der Satz: »Wir wissen doch, was gespielt wird!« kam mehrere Male vor. Auch das mußte John sich nun also anhören. Er versuchte Back zu beruhigen: »Sie müssen sich auch auf Spiele einlassen können, bei denen Sie verlieren können. Daß man uns verspottet, ist belanglos. Ich habe es nie anders erlebt. Nie ist es dabei geblieben.« »Aber Sie sind zu gutmütig!« rief Back, »Sie lassen sich zu viel gefallen!« John nickte und dachte nach. Dann sagte er:

»Ich bin über zehn Jahre älter als Sie. Ich habe gelernt, immer so lange dumm auszusehen, bis ich klug bin. Oder bis die anderen noch dümmer aussehen als ich. Glauben Sie mir das!«

Back war schwer zu trösten. John ahnte, daß es ihm auch jetzt eigentlich wieder um etwas anderes ging und nicht um das, was er aussprach.

Da war ihm Hepburn als Gesprächspartner lieber, ein Mann, der treu war und dabei nicht murrte. Mit ihm brauchte er sich nie anders als aus freien Stücken zu befassen. Auch wenn er mit Hepburn tagelang kein Wort sprach, blieb alles in Ordnung.

Ein Commander war wie ein Arzt: der Gesunde war ihm

am liebsten, aber die meiste Zeit mußte er für den Kranken aufbringen, je kränker, desto länger.

Im Juni kamen Richardson und Hood auf dem Wasserwege mit den Booten nach. John hatte in schier endlosen Verhandlungen die Beamten umgestimmt, und vielleicht hatte Back dabei ein wenig gelernt. Es war eine Zermürbungstaktik, die aus äußerster Höflichkeit, ständiger Wiederholung immer derselben Argumente und dem völligen Ignorieren jeden Zeitgefühls bestand. Niemals hatte er irgend jemandem unterstellt, er wolle in Wahrheit gar nichts für die Expedition tun. John lehnte es ab, Heuchelei durch Vorwürfe zu beenden: er wußte, daß er dieses Spiel länger spielen konnte als die anderen. Er behandelte Simpson, diesen Schurken, stur weiterhin als Freund und Förderer und wurde ihm dadurch so lästig, daß plötzlich doch Verpflegung für mehrere Wochen und ein gutes Dutzend Voyageurs zur Verfügung standen. Es sollte noch einmal die doppelte Menge Nahrungsmittel nach Fort Providence nachgeschickt werden, John hatte es schriftlich. Er versicherte Simpson mit kräftigem Handschlag und ohne mit der Wimper zu zucken, seine edle und menschliche Haltung werde in England gerühmt werden.

Jetzt ging es den Sklavenfluß abwärts nach Norden, man war auf der Reise zur Küste. Die Strecke von Fort Chipewyan nach Fort Providence am Großen Sklavensee betrug nur rund neunzig Pfeifen. Zwei Tage brauchten sie, um den See zu überqueren, oft ganz außer Küstensicht. Ein heftiger Wind zwang sie, auf einer Insel Schutz zu suchen. Es war ein Vorgeschmack auf die Kanureise, die sie im arktischen Meer vorhatten. Fort Providence lag am Norduferr an einer Bucht, deren äußerstes Ende die Mündung des Gelbmesserflusses bildete. Der Stützpunkt gehörte der Nordwestgesellschaft. Sie gab der Expedition immerhin den Beamten Wentzel mit, Friedrich Wentzel, einen Deutschen, der einige Indianerdialekte sprach. Wenn es nicht gelang, die Unterstützung der Indianer zu erhalten, würde man die Expedition abblasen müssen, denn die Vorräte reichten nicht, sie mußten durch fortwährendes Jagen aufgestockt werden. Nur die Indianer verstanden sich hierzulande auf die Jagd so gut, daß sie noch andere miternähren konnten. Wentzel versprach, ein Treffen mit dem Häuptling der Kupferminenindianer zu arrangieren, der bei der Nordwestgesellschaft Schulden hatte und daher vielleicht mit seinen Kriegern als Begleitung zu gewinnen war, wenn man ihm einige Versprechungen machte.

John Franklin stellte bekümmert fest, daß er immer nervöser und reizbarer wurde, je näher die Begegnung mit den Indianern heranrückte. Alles hing von ihnen ab, und er wußte über sie so gut wie nichts! Für die athabaskische Sprache hatte er zwei Dolmetscher dabei: Pierre St. Germain und Jean Baptiste Adam. Wentzel schien ungeheuer viel zu wissen, aber seine Redeweise war ermüdend enzyklopädisch wie die eines Sammlers mit Zettelkasten: »Die Tsantsa-Hut-Dinneh sind kriegerischer, aber auch zuverlässiger als die nördlicher wohnenden Thlin-Cha-Dinneh, die man vulgo als Hundsrippenindianer bezeichnet. Das Athabaskische ist einer der schwersten Indianerdialekte, von der Sprache der Kenai-Völker vielleicht abgesehen, auf die ich hier nicht weiter eingehen möchte.«

Solche Sätze machten John nur noch unruhiger.

Der Häuptling des Stammes hieß Akaitcho, was soviel wie Großer Fuß bedeutete. Er war, so hieß es, ein besonnener Mensch, und das war willkommen: fünfzig Jahre zuvor hatten die Kupferminenindianer einen Pelzhändler namens Hearne zur Eismeerküste begleitet, und der hatte nicht verhindern können, daß sie unter den dortigen Eskimos ein grauenhaftes Massaker anrichteten.

John sah die Indianer in der langen Reihe ihrer Kanus über den See kommen. Hinter ihm waren beim Fort die Zelte errichtet, die Flagge wehte, und neben ihm standen die

Offiziere und Hepburn in Uniform. Auf Johns Befehl hatten sie ihre Orden angelegt. Er selbst trug keinen. Sein Instinkt für Würde sagte ihm, daß er als oberster Häuptling auf so etwas verzichten könne.

Akaitcho stieg aus dem vordersten Kanu und schritt, ohne nach rechts oder links zu sehen, so langsam zu den Engländern hinauf, daß John ihn sofort vollkommen ernst nehmen konnte. Das war kein Mann, der seine Krieger über Eskimos herfallen und ihnen Hände und Füße abhacken ließ. Und wer sich so bewegte, der hielt auch sein Wort.

Der Häuptling trug, im Gegensatz zu seinen Kriegern, keinen Federschmuck. Mokassins, lange blaue Hosen, darüber ein weites Hemd mit gekreuzten Schulterriemen, Gürtel und Pulverhorn. Von seinen Schultern hing ein bodenlanger Mantel aus Biberpelz.

Noch hatte er kein Wort gesagt. Unbewegt saß er da, rauchte die angebotene Pfeife und trank aus dem angebotenen Rumglas einen so kleinen Schluck, daß sich der Spiegel kaum senkte, dann reichte er es seinen Begleitern hin.

Endlich begann er zu sprechen, und St. Germain übersetzte.

Er freue sich, so große Häuptlinge der Weißen bei sich zu sehen. Er sei bereit, sie mit seinem Stamm nach Norden zu begleiten, obwohl er schon eine erste Enttäuschung zu beklagen habe: man habe ihm gesagt, die Weißen hätten sehr starke Zaubermittel und einen großen Medizinmann dabei, der Tote zum Leben erwecken könne. So habe er sich schon darauf gefreut, seine verstorbenen Verwandten wiederzusehen und mit ihnen sprechen zu können. Vor Tagen habe ihm aber Mr. Wentzel gesagt, dies sei nicht möglich, und jetzt fühlte er sich so, als seien seine Freunde und Geschwister zum zweiten Mal gestorben. Aber er wolle das vergessen und hören, was die weißen Häuptlinge vorhätten.

John hatte sich auf seine Erwiderung mindestens ebenso lang vorbereitet wie Akaitcho, und er achtete darauf, noch langsamer zu sprechen als dieser:

»Ich freue mich, den großen Häuptling zu sehen, von dem ich schon viel Gutes gehört habe.«

St. Germain begann zu übersetzen. Es schien John, als brauche der Dolmetscher für den indianischen Text mindestens viermal so lang wie er für den englischen. Es fiel ihm auch auf, daß Akaitcho sich mehrmals leicht verneigte. Seltsam, wie viele indianische Wörter aus einem Dutzend englischer zu machen waren.

»Mich schickt der größte Häuptling, den es auf der bewohnten Erde gibt, denn alle Völker der Welt, weiße, rote, schwarze und gelbe, sind seine Kinder, die ihn lieben und verehren. Er ist voller Güte, aber er hat auch die Macht, die Menschen zu zwingen. Das ist niemals nötig, denn alle kennen seine Größe und Weisheit.«

Für die Übersetzung brauchte St. Germain diesmal höchstens ein Viertel von Johns Redezeit. John, der ein Gefühl dafür hatte, wie lange die Dinge dauern mußten, blieb stumm und dachte nach.

»Mr. Wentzel, hat er richtig übersetzt?«

»Verzeihen Sie, Sir«, sagte der Deutsche, »aber das Athabaskische ist in der Tat äußerst –«

»Mr. Hepburn«, sagte John, »holen Sie doch bitte Parkinsons Chronometer, den mit dem Sekundenzeiger.«

Er schrieb nun St. Germain vor, daß die Übersetzung nicht länger oder kürzer zu dauern habe, als er, Franklin, für das Original benötigte. Hepburn überwachte das, und siehe, es ging!

Akaitcho saß da wie vorher, unbewegt, aber seine Augen verrieten, daß er an dem Vorfall großes Vergnügen hatte.

John fuhr fort. Der oberste weiße Häuptling wolle seinen indianischen Kindern noch mehr schöne Dinge zukommen lassen als bisher, und deshalb solle am Eismeer ein Platz gefunden werden, an dem die größten Kanus der Erde landen könnten. Auch wolle der oberste Häuptling mehr über das Land, über die Indianer und die Eskimos erfahren. Es schmerze ihn sehr, daß die Indianer mit den letzteren, die er ebenfalls als seine Kinder ansehe, nicht immer in Frieden lebten. Zuletzt eröffnete John dem Indianer, daß nur noch wenige Vorräte da seien. Die wollte er gern aufteilen, aber danach seien alle davon abhängig, daß die Indianer fleißig auf die Jagd gingen. Er würde ihnen dafür Munition geben.

Akaitcho hatte begriffen, daß John die Versöhnung mit den Eskimos sehr wichtig nahm. Er gestand ein, daß es Kriege gegeben habe, aber nun sei der Stamm von Sehnsucht nach Frieden erfüllt. Leider seien die Eskimos sehr tückisch und unzuverlässig.

Als John am Nachmittag die Unterredung und alle ausgehandelten Einzelheiten überdachte, freute er sich nicht nur über den Erfolg für die Expedition, sondern auch über die Art, wie er zustandegekommen war. Er nahm ihn als Beweis dafür, daß Frieden überall dort entstand, wo man nicht schnell, sondern langsam aufeinander zuging. Das war etwas für das Franklinsche System und für die Ehre der Menschheit. John nahm einen Schluck Rum darauf.

Ferner war ihm aufgefallen, daß Akaitcho ihn sogleich als den Höchstrangigen erkannt und ihm gegenüber Platz genommen hatte, obwohl er nicht in der Mitte saß. Er befragte St. Germain darüber.

»Der Häuptling war der Meinung, daß Sie mehrere Leben haben, Sir: wegen Ihrer Stirnnarbe und, verzeihen Sie, wegen Ihres – ›Reichtums an Zeit‹. Und wer unsterblich ist, muß der Chef sein. So dumm sind die Indianer!« John sah den Dolmetscher düster an.

»Woher wissen Sie, daß der Häuptling irrt?«

Am 2. August stiegen sie in die Kanus: über zwei Dutzend Männer und ein weiteres Dutzend indianischer Frauen und Kinder.

Die Namen seiner Voyageurs kannte John Franklin jetzt auswendig: Peltier, Crédit und Vaillant – die Großen. Perrault, Samandré und Beauparlant – die Kleinen. Benoits Name widerstand Johns Kopf am längsten, das kam daher, daß

Benoit so melancholisch dreinblickte. John unterhielt sich mit ihm. Er war kein Frankokanadier, sondern Franzose, kam aus einem Dörfchen namens St. Yrieix-la-Perche in der Nähe von Limoges und hatte auch nach zehn Jahren noch Anfälle von Heimweh. So behielt man einen einfachen Namen durch die Kombination mit einem komplizierten.

Jean-Baptiste und Solomon Bélanger waren Brüder, die einander nicht liebten. Ein dritter Bélanger war Seemann gewesen und in der Schlacht von Trafalgar umgekommen. »Scharfschütze?« fragte John und biß in einen Zwieback, hielt ihn aber sogleich im Munde still, um die Antwort zu hören. »Nein, Kanonier«, antwortete Solomon. John kaute weiter.

Vincenzo Fontano stammte aus Venedig. Der einzige Indianer unter den Voyageurs war Michel Teroaoteh, ein Irokese vom Stamm der Mohawk.

Von den Kupferminenindianern blieb neben Akaitcho zuerst der knollennasige Fährtensucher Keskarrah im Gedächtnis. Er hatte eine unglaublich schöne Tochter von neunzehn Jahren, und sie blieb jedem Mann in der Expedition mühelos gegenwärtig. Ausgerechnet der tiefsinnige Dr. Richardson richtete als erster fasziniert seine Augen auf ihre Knie, murmelte etwas wie »göttliches Geschöpf« und versuchte unverhohlen, sich die Linie ihrer Schenkel einzuprägen. Mit dem Vorrecht des Entdeckers nannte er das Mädchen nach dem, was er da sah: Miss Green Stockings – Grünstrumpf. Noch mehr biß sich Midshipman Hoods Sinn für Details an Grünstrumpf fest, er sah nur noch sie, und bei jeder Bewegung erschien sie ihm anders, die kühne Nase, das schwarze Haar, der stolze Schwung vom Kinn zum Ohr. Hood zeichnete sein Skizzenbuch damit voll. Für Flüsse und Berge war er fortan verloren.

Tagelang fuhren sie den Gelbmesserfluß hinauf. Die Indianer jagten nicht genug, und da entgegen der Absprache der halbe Stamm beim Häuptling blieb und viel von den Vorräten aufzehrte, begann John sich Sorgen zu machen. Als Akaitcho behauptete, beim Umschlagen eines Kanus sei alle Munition verlorengegangen, die man ihm gegeben habe, wußte John, daß es wenig Sinn hatte, zornig zu werden. Sein System schrieb vor, jedem zu glauben, was er sagte. Er rationierte das Vorhandene und ließ nur so viel Pulver und Blei ausgeben, wie jeweils für den Jagdausflug nötig war. Die Jäger hatten abends entweder das Wild oder die Kugeln abzuliefern. Akaitcho gefiel das nicht, aber John hatte ihm die neue Regelung so ruhig und zähflüssig vorgetragen, daß er sich nicht beleidigt fühlen konnte.

Aus dem Anblick der Landschaft ließ sich Kraft schöpfen, er half sogar gegen Müdigkeit, Hunger und Blasen an den Füßen. So war wenigstens das Auge auf Nahrungssuche, wenn Jagd und Netzfischerei nichts Rechtes erbracht hatten. Zehn Rentiere und dreißig Karpfen, das war gut. Zwei Rebhühner und acht Gründlinge, das war übel. Drei Dutzend Leute, die schwer arbeiteten, aßen eine Menge. Die Voyageurs hatten die Hauptlast beim Umtragen der Boote an Wasserfällen und Stromschnellen. Sie waren daher die ersten, die all das nicht mehr malerisch fanden. Flüsse waren schön, wenn sie glatt und breit dahinflossen. Wälder entzückten, wenn sie Rentierspuren aufwiesen.

Als die Nahrung weiterhin knapp blieb, brach ein offener Aufruhr los. John hörte den Voyageurs eine halbe Stunde lang zu, ohne ein Wort zu sagen, dann erklärte er, er wisse gut, daß er fast Übermenschliches von ihnen verlange. Wer sich das nicht zutraue, möge ruhig wieder nach Hause ziehen, man werde ihm darum keinen Augenblick lang böse sein. »Es ist nicht eine Reise wie jede andere«, sagte John und runzelte die Stirn, denn ihm war eingefallen, daß Nelsons Ansprache auf der *Bellerophon* mit den gleichen Worten begonnen hatte. Jedenfalls wirkten sie: die Voyageurs waren trotz Roheit und Alkohol so etwas wie Franzosen. Hätte er sie gescholten, so wären sie gegangen. So aber ging es um die Ehre. Sie machten sich wieder an die Arbeit.

Akaitcho bemängelte, daß die Expedition wegen der Last der Geschenke, die man für die nichtsnutzigen Eskimos mitführe, viel zu langsam vorankomme. Er warnte vor einem vielleicht sehr frühen Wintereinbruch: schon jetzt liege morgens auf den toten Flußarmen eine dünne Eisdecke, und es sei erst Mitte August.

Hood war in Grünstrumpf so verliebt, daß er nur mit Mühe seine Wachen hinter sich brachte. Er schien den ganzen Tag nur daran zu denken, wie er ihr näherkommen und wenigstens ihren kleinen Finger berühren könnte. »Wenn das so weitergeht«, bemerkte Back spöttisch, »dann geht er noch an der Liebe ein. Er verschmort vor unseren Augen, man muß rechtzeitig löschen!«

Backs Verhalten änderte sich von Tag zu Tag, und immer zum Schlechteren. Er begann die Voyageurs anzuschreien. Er sprach über Franklin hinter dessen Rücken – Hepburn hatte so etwas angedeutet. Er hielt Indianer für unzuverlässig, diebisch und lügenhaft und ließ das immer deutlicher werden. Das Schlimmste war: er redete auf unerträglich zotenhafte Weise über sichtbare oder nicht sichtbare Vorzüge von Grünstrumpf und davon, daß er Hood noch vormachen werde, wie damit zu verfahren sei.

Als John mit ihm sprach und ihn bat, Hoods Gefühle im Interesse der Reise zu respektieren, sah Back ihn frech an: »Gefühle respektieren? Was für ein guter Rat gerade von Ihnen, Sir. Vielen Dank!« Was ich befürchtet habe, dachte John. Erst liebt er mich, dann haßt er mich. Da gab es keine Grenze zwischen angemessenen und unangemessenen Gefühlen, es war traurig und gefährlich. Aber zeichnen konnte er! Grünstrumpf saß ihm für ein Porträt Modell, und er malte ein so gutes Bild, daß Keskarrah ganz besorgt wurde: »Es ist zu schön. Wenn der große weiße Häuptling es sieht, wird er nach ihr selbst verlangen!«

Über Wentzel sagte Back: »Das ist ja nun wirklich ein Deutscher! Überall in der Welt sieht man sie stehen und darüber nachgrübeln, warum sie sich nicht bewegen können wie die anderen. Und meist versuchen sie zu beweisen, daß das nur in ihrer Klugheit begründet ist, und fangen an, die Menschheit zu belehren!«

John ging schon lange nicht mehr auf jede Bemerkung Backs ein – sein heimlicher Erster hieß jetzt Hepburn. Aber diesmal antwortete er: »Es ist das Problem der Langsamkeit, Mr. Back! Und Wentzel weiß wirklich einiges.«

An einem See, den die Indianer Wintersee nannten, blieben die Reisenden einige Tage, bauten eine Blockhütte als Stützpunkt für eine etwaige Rückreise auf diesem Weg und versorgten sich mit Wild, um es für die lange Fahrt auf dem Kupferminenfluß einzusalzen oder auch Pemmikan daraus zu machen. Die Nachtfröste wurden strenger. Eines Morgens erklärte Akaitcho, er sei dagegen, in dieser Saison noch weiter nach Norden zu fahren. »Die weißen Häuptlinge mögen es tun, und einige meiner jungen Krieger werden sie begleiten, damit sie nicht allein sterben müssen. Aber sobald sie in die Kanus gestiegen sind, wird mein Volk alle als Tote beweinen.« John wies vorsichtig auf den Unterschied zwischen diesen Worten und jenen anderen hin, die der Häuptling in Fort Providence gesprochen hatte. Akaitcho entgegnete mit Würde: »Ich esse meine Worte. Es waren Worte für Sommer und Herbst, jetzt aber wird es Winter.«

Back schäumte über die »wortbrüchigen Wilden«. Sogar Richardson begann wieder von der christlichen Kultur zu reden, die diesen Primitiven so not tue. John hätte gern noch den Kupferminenfluß und vielleicht sogar das Meer erreicht, aber er dachte eine Nacht lang nach, bevor er irgend etwas sagte.

Am Morgen wußte er, daß Akaitcho recht hatte, wenn er in einem so wild- und holzarmen Gebiet eine Katastrophe befürchtete. Dort oben waren auch schon Indianer verhungert und erfroren – Wentzel berichtete vom Tod ganzer Lager.

John erklärte dem Häuptling, er sei froh über seinen freundschaftlichen und weisen Rat. Man werde hier überwintern. Akaitcho verneigte sich zufrieden, als habe er nichts anderes erwartet. Er war aber doch sehr glücklich darüber, daß John einlenkte, er wurde geradezu redselig vor Freude. John erfuhr, daß er bei den Indianern große Achtung genoß, weil er so oft mit den Geistern der Verstorbenen spreche. Sie hatten ihn beobachtet, wenn er beim Nachdenken scheinbar grundlos lachte und die Lippen bewegte.

Die Blockhütte erhielt den Namen Fort Enterprise. Sie würde ihr Zuhause für mindestens acht Monate bleiben, soviel war sicher.

Und die Offiziere wußten nun endlich, warum die Indianer den See schon vor vier Tagen Wintersee genannt hatten.

Back fing an, absichtsvoll grob und frech um Grünstrumpf zu werben. Er wollte offenbar schon wieder etwas beweisen. Hood war inzwischen erst so weit, daß er ab und zu ihre Hand hielt und ihr in die Augen blickte, und er ließ sich auch von Back nicht zu einem schnelleren Tempo nötigen. John vermutete, daß es zwischen Hood und Back ein Gespräch gegeben hatte, aber wenn, dann ohne Erfolg. Back ließ nicht davon ab, Grünstrumpf anzufassen, um ihr zu zeigen, welchen Details seine Komplimente galten. Manchmal brachte er sie zum Lachen, aber John war fast sicher, daß sie Back eher verabscheute.

Eines Abends meldete Hepburn ihm, die Herren Back und Hood hätten ein Duell im Morgengrauen vereinbart. Darüber gab es nichts zu lachen. John zweifelte nicht an Hoods Ernst, und Back war eingebildet genug, die Sache auf die Spitze zu treiben. John befahl Hepburn, während der Hundewache die Zündlöcher in den Pistolen der Gentlemen mit Pemmikan zu verstopfen. Dann sprach er mit jedem von ihnen einzeln – sie gelobten Vernunft. Hepburn führte den

Befehl trotzdem aus, und mit Erfolg: mindestens ein Rebhuhn verdankte ihm tags darauf sein Leben.

John Franklin hatte die ausgezeichnete Idee, Back zusammen mit Wentzel nach Fort Providence zurückzuschicken, damit sie sich um die angekündigte Vorratslieferung kümmerten. Mürrisch reisten sie ab. Mit einem Mal war Frieden in Fort Enterprise.

Die Indianer jagten. Die Frauen nähten an der Winterkleidung. Hood baute, soweit Grünstrumpf ihm dazu Zeit ließ, einen vorzüglichen Ofen, der mit dem Holz sparsamer umging als ein offenes Kaminfeuer.

Hood liebte das Indianermädchen immer heftiger. Freudentränen standen in seinen Augen, wenn er sie nach wenigen Stunden der Trennung wiedersah, und manchmal bekam man beide tagelang nicht zu Gesicht. Akaitcho und Franklin sprachen kein Wort darüber. Sie hielten das Ereignis für zu außergewöhnlich, um es mit naheliegenden Einwänden auszulöschen. Sie sprachen aber über vieles andere: den Kompaß, die Sterne, die Signale, mit denen sich die Weißen von einem Riesenkanu zum anderen verständigten, über indianische Feste und Legenden. John schrieb sich das eine oder andere auf. Die Voyageurs schlugen Holz und bauten eine zweite Hütte. Es wurde erschreckend schnell kalt, Akaitcho hatte recht behalten.

So vergingen Wochen. Hin und wieder saß John dick vermummt vor der Hütte und schaute dem Herbststurm zu, wie er die letzten Blätter schwärmeweise von den Ästen wehte. John wählte sich ein bestimmtes Blatt aus und wartete, bis es fiel. Das verschaffte ihm oft viele Stunden, in denen sich ohne Ziel und Eile nachdenken ließ. Aus Fort Providence hatte ein Krieger Post mitgebracht. Back und Wentzel hatten dort die Vorräte nicht angetroffen und waren unterwegs zur Moschusochsen-Insel: dort sollten sie liegen. Ferner ein Brief von Eleanor: »An Leutnant Franklin, Commander der Überland-Expedition zum Nordmeer, c/o Hudsonbai oder sonstwo«. Die zierliche, gute Eleanor! John sah sie vor sich, wie sie immerfort und mit jedem über alles sprach. Die Welt war Sprache für sie, deshalb mußte ihrer Meinung nach recht viel gesprochen werden. Eleanor war aber stets gutgelaunt und ohne Arglist, vielleicht war sie doch die Frau, mit der er am ehesten verheiratet sein wollte. Sie würde auch jahrelange Abwesenheiten ihres Gatten gut aushalten, denn sie hatte die Royal Society und die literarischen Zirkel. Gewiß, es gab noch andere Frauen – Jane Griffin zum Beispiel, Eleanors Freundin. Sie war ebenso neugierig und belesen, hatte aber längere Beine und dichtete nicht. Als John merkte, daß seine Gedanken bei den Beinen verweilen wollten, schob er die ganze Jane Griffin rasch aus dem Kopf. Leicht war Not am Mann hier in der Wildnis, und es fiel nicht leicht, sich selbst zu helfen: die Bettstatt war aus Schilf und Fell, sie machte Lärm bei jeder Bewegung. Alle außer Hood litten hin und wieder sehr. Blieb nur die Pirsch, allein im Wald. Aber Gott und die Indianer sahen alles. Einmal, als Hepburn ohne Beute von der Jagd kam und angab, er habe nichts gesichtet, sagte der knollennasige Keskarrah mit unbewegter Miene zu St. Germain: »Wild war schon da, aber was der weiße Mann in der Hand hatte, war vielleicht nicht das Gewehr.« St. Germain gab das, weil Takt nicht seine Stärke war, alsbald an Hepburn weiter, der sich erst ärgerte, aber schließlich selbst lachen mußte.

John nahm sich wieder Eleanors Brief vor. Sie bat ihn nachzuprüfen, ob der Pantheismus der Indianer mit dem des Lord Shaftesbury zu vergleichen sei. Es folgte ein Absatz über Shaftesburys Lehre. Dann kam sie noch einmal auf die Theorie vom schmelzenden Polareis zu sprechen: das zunehmend trockne Wetter der letzten Jahre spreche sehr dafür. Zwischen der London Bridge und der Blackfriars Bridge, so las John, sei diesen Winter die Themse ganz ausgetrocknet, man habe ihr Bett zu Fuß durchqueren und kuriose Dinge finden können, die im Lauf der Jahrhunderte von den Seeleuten aus Angst vor der Zollkontrolle über Bord geworfen worden seien. Sogar ein silbernes Taufbecken von sehr katholischem Aussehen hätte dazugehört. Gegen Ende ihres Briefes schrieb sie: »Vor vierzehn Tagen war Tanz bei Thomsons. Ach, wären Sie doch dabeigewesen, lieber Leutnant!« Eleanor tanzte gern Quadrillen, und immer »con amore«. John tanzte am liebsten gar nicht.

Abends sprach John jetzt immer häufiger mit Richardson. Der Doktor war fromm, aber kein schlechter Kerl. Er wollte die Wahrheit wissen. Wenn man sie ihm gesagt hatte, konnte er tolerant sein. Zwar glaubte er fest daran, daß der Zweifler John eines Tages doch zu bekehren sei, aber er versuchte es auch mit Fragen und Zuhören, und das war bei John kein schlechter Weg, wenn man Geduld hatte. Am Montag abend fragte Richardson: »Haben Sie denn keine Angst vor dem Nichts?«, und John schwieg nachdenklich bis zum Dienstag. Dann fragte der Doktor: »Wenn es die Liebe gibt, muß es dann nicht einen Gipfel, eine Summe der Liebe geben?« Jetzt antwortete John aber auf die gestrige Frage: »Davor fürchte ich mich nicht, denn das Nichts kann ich mir nur als ziemlich ruhig vorstellen.« Über die Liebe schwieg er zunächst wieder. Am Mittwoch abend redeten sie sehr lange, denn da war das ewige Leben dran. Richardson sprach von der Aussicht, verlorene Menschen wiederzusehen. Das interessierte John so sehr, daß er seine Antwort auf die Liebe ganz vergaß. Sie schien ihm, wenn er Hood betrachtete, ohnehin mehr in eine Art Krankheit als in Gott zu münden.

»Es gibt Leute, die im Gehen sind. Andere sind im Kommen. Was schnell kommt, ist schnell wieder vorbei. Es ist, wie wenn man aus dem Fenster einer Kutsche sieht, nichts und niemand bleibt erhalten. Mehr weiß ich auch nicht.«

»Dafür gibt es das ewige Leben.«

»Ich sehne mich nicht nach dem ewigen Leben«, antwortete John, »mir fehlen aber die Jahre zwischen zwanzig und dreißig. Wäre der Krieg nicht gewesen, hätte ich vielleicht jetzt schon eine Menge entdeckt.« Er sagte das ohne Bitterkeit, denn die Entdeckungen konnten alle noch stattfinden.

Nach und nach, wenn er so in den gezausten Baum blickte, fielen ihm die alten Namen und Gesichter wieder ein. Richardson hörte einiges über Mary Rose, Sherard Lound, Westall, Simmonds, Dr. Orme. »Sie werden sie wiedersehen!« tröstete Richardson, »so sicher, wie sich Parallelen in der Unendlichkeit schneiden.« John widersprach. »Nur wenn man ihnen in der richtigen Richtung folgt, denn auf der anderen Seite müssen Parallelen sich notwendig verlieren.« Irgendwann erklärte er dem Doktor auch das Franklinsche System. »Sehr gut«, antwortete dieser, »aber es reicht nicht, Kraft nur aus der Langsamkeit zu ziehen. Sie ist doch nur eine Methode, und Gott ist viel mehr als eine Methode. Auch Sie werden ihn noch brauchen, vielleicht schon auf dieser Reise.«

John fiel der Vers ein, der auf der alten Tenorglocke von St. James in Spilsby gestanden hatte – der, die letztes Jahr zerbrochen war. Und weil er den Doktor nicht ohne Antwort lassen wollte, sagte er ihn auf:

> »Die Sanduhr rinnt,
> die Erde dreht sich;
> erwach von Sünd,
> was bist du schläfrig.«

Warum ihm der einfiel, wußte er nicht. Aber als er ihn dem Doktor mitgeteilt hatte, schliefen sie beide endlich ein.

Nach vier Monaten kamen Back und Wentzel zurück. Nichts hatten sie erreicht und schoben sich noch gegenseitig die Schuld zu. Nichts von der versprochenen Nahrung war in Fort Providence eingetroffen, und auf der Moschusochsen-Insel im Großen Sklavensee lagen nur einige Säcke Mehl und Zucker sowie etliche bereits angebrochene Flaschen Schnaps. Immerhin fanden sie die angekündigten Eskimodolmetscher dort vor.

Back hatte auf seine Weise versucht, in Fort Providence an Vorräte heranzukommen. Wentzel, sagte er, habe ihn im Stich gelassen: »Er zeigte mehr Verständnis für die angebliche Notlage der Pelzhändler als für unsere. Er hat sich nicht für uns eingesetzt!« Wentzel setzte dagegen: »Mr. Back hat mit den zuständigen Herren herumgeschrien. Damit erreicht man nichts!«

Wenn die Indianer sich bei der Jagd anstrengten, bekam man vielleicht doch noch genug Proviant für die Reise zusammen.

Der Schnee schmolz immer mehr, der See krachte und sang, es war Mai.

Hood liebte Grünstrumpf unverändert. Grünstrumpf war schwanger. Von wem, darüber gab es außer Hoods Meinung noch eine andere.

Die Eskimodolmetscher waren plattnasige, wuschelhaarige Gesellen mit drahtigen Körpern und hießen Tattanoeack und Hoeutoerock, was soviel hieß wie Bauch und Ohr. Da niemand ihre Namen aussprechen konnte, nannte John sie Augustus und Junius. Sie waren keine sehr geschickten Jäger, aber ausgezeichnete Angler. Es war, als röchen sie die Fische durch die dickste Eisdecke hindurch.

Am 14. Juni waren Flüsse und Seen wieder so weit befahrbar, daß John den Aufbruch beschloß. Alle Karten und Aufzeichnungen wurden in einem Nebenraum der Blockhütte weggeschlossen. An die Tür nagelte Hepburn eine Zeichnung, die eine drohend erhobene Faust mit bläulich schimmerndem Dolch zeigte. Da hier im Norden jedermann, Indianer oder Weißer, jede Hütte benutzen durfte, mußten die Karten auf irgendeine Weise geschützt werden. Auch Akaitcho meinte, die Zeichnung werde dabei mehr helfen als das Schloß.

Es war der erste warme Tag, und er wurde gleich so heiß, daß alle schwitzten. Wolken von Moskitos, Sandfliegen und Pferdebremsen hüllten die Gruppe so ein, daß sie im Schatten zu gehen meinte. Keiner konnte sagen, wo diese Insekten so schnell herkamen und woher sie wußten, daß sie den Menschen Blut abzapfen konnten. Alle nackten Hautstellen waren im Nu verschwollen und blutüberströmt. Hepburn ohrfeigte sich selbst, ohne einen der Quälgeister zu erwischen, und fragte wütend: »Was tun die eigentlich, wenn hier keine Expedition durchkommt?«

Da die schwer beladenen Kanus zunächst noch auf Kufen über Schnee und Eis geschleift werden mußten, kam man am ersten Tag keine fünf Meilen weit. Nachts wurde es so kalt, daß niemand schlafen konnte. Vom Frost geschüttelt rief Hepburn ins Zeltdunkel hinein: »Das werden die Biester nicht überleben!« Da irrte er aber.

Grünstrumpf war nicht mitgekommen, sie blieb beim Stamm. Auch einer von Akaitchos Kriegern blieb zurück — ihretwegen. Das wußten alle außer Hood. Sogar John.

Hood sprach davon, am Ende der Reise wieder hierherzukommen und mit Grünstrumpf zu leben, in Fort Providence oder wo auch immer. Alle nickten und schwiegen. Sogar Back hielt den Mund.

John Franklin wurde schon wieder von den Indianern bestaunt, denn er schlug keine Fliege tot. Als ihn eine stach, während er den Sextanten einrichtete, blies er sie sanft vom Handrücken und sagte: »In der Welt ist Platz genug für uns beide.« Akaitcho fragte Wentzel: »Warum tut er das?«, und Wentzel fragte John. Die Antwort lautete: »Ich kann sie weder essen noch besiegen.« »Das stimmt«, flüsterte Back hinter Johns Rücken, »er würde einen Moskito niemals kriegen!«

Wentzel hatte es gehört und gab es an John weiter. John konnte aber auch sicher sein, daß wiederum Back alles, was Wentzel heimlich sagte, an ihn weitergeben würde, und daß beide nie verstehen würden, wie wenig es ihn interessierte.

Akaitcho entging nichts. Nicht Johns Enttäuschung über

die Pelzhandelsgesellschaften und Backs Torheiten, und nicht die Spannungen innerhalb der Gruppe. Eines Tages sagte er:

»Die Wölfe sind anders. Sie lieben sich, berühren sich an den Schnauzen und füttern einander.« Adam übersetzte.

John wurde etwas unsicher. Er konnte Akaitcho kaum eine Antwort geben, ohne mehr oder weniger über seine Gefährten zu reden. Er verneigte sich also vorerst nur und schwieg. Am Abend hatte er die Antwort: »Ich habe viel über die Wölfe nachgedacht. Sie haben den Vorteil, daß sie nicht übereinander reden können.«

Jetzt verneigte sich Akaitcho.

Nach vier Wochen hatten sie die Mündung des Kupferminenflusses fast erreicht. Von nun an konnte man jederzeit auf Eskimos treffen, die sich Kupfer vom Flußufer holten. Akaitcho hielt es für besser, mit seinem Stamm wieder nach Süden zu wandern. Er war wohl selbst nicht sicher, wie seine Krieger mit den Eskimos verfahren würden. »Sie sagen von uns, wir seien halb Mensch und halb Hund. Sie selber trinken rohes Blut, essen Maden und getrocknete Mäuse. Wir kehren besser um. Ab jetzt müßt ihr euch selbst ernähren.«

Es wurde vereinbart, daß Wentzel mit ihnen ging und für den Fall, daß die Expedition scheiterte und Parrys Schiff nicht erreichte, das Fort Enterprise mit Vorräten und Munition ausstattete.

Hood wollte von Akaitcho wissen, wo sich der Stamm im nächsten Frühjahr aufhalten werde. Akaitcho erklärte ihm mit undurchsichtiger Miene das Gebiet südlich des Großen Bärensees. Keskarrah reichte ihm die Hand und sagte: »Wenn ihr hungert, müßt ihr viel trinken, sonst sterbt ihr!«

Da war sie wieder, die gute, runzelige Elefantenhaut der See! Hier würden schon bald in langer Reihe die Ostindienschiffe entlangfahren und die Schiffe nach Australien, San Franzisko, Panama und den Sandwich-Inseln. Aber eigentlich – was interessierten John die Passagierschiffe! Er mußte lachen. Er war guter Dinge.

Es war still hier auf dem Hügel. Von seiner moosbewachsenen Kuppe blickten die Männer über die Mündung des Kupferminenflusses hin aufs Meer. In der Ferne zeichneten sich vor einem zartrosigen Himmel zwei flache, schneebedeckte Inseln ab – oder war das schon das Eis? Die Luft schien leer. Von Insekten keine Spur. Außer dem Rascheln ihrer Kleider und dem Knacken ihrer Knöchel hörten sie keinen Laut.

Vor Johns Augen lag unbekanntes Gebiet, ruhig und grenzenlos wie der väterliche Garten vor Jahrzehnten. Und das Meer war unzerstörbar. Tausend Flotten hinterließen auf ihm keine Spur. Das Meer sah jeden Tag anders aus und blieb sich darin bis in Ewigkeit gleich. Solange es das Meer gab, war die Welt nicht elend.

Johns Träume wurden jäh unterbrochen, denn die Voyageurs traten vor ihn hin und erklärten entschieden, sie wollten nicht in gebrechlichen Kanus das Meer befahren.

Back sagte ihnen, es sei gar nicht gefährlich. Hood meinte, es sei vielleicht schön. Richardson wußte mit Bestimmtheit, daß dort droben eine Hand sei, die alle beschützen werde. Hepburn brummte: »Seid ihr nun Männer oder seid ihr keine?« John hörte all das mit halbem Ohr. Weil er Respekt vor den Voyageurs hatte, warteten sie nur auf das, was er sagte. Er blickte weit weg und bereitete seine Sätze vor. Dann drehte er sich um und sah Solomon Bélanger an.

»Es ist kein Spaziergang. Aber es liegen mehr Gefahren hinter uns als vor uns.« Er sah wieder aufs Meer hinaus und sagte in die Stille hinein, als spräche er zu sich selbst: »Anders läßt sich nicht fortsetzen, was wir angefangen haben. Es gehört zu unserer Reise.«

Solomon Bélanger fand, dann müsse es eben gemacht werden. Back verzog das Gesicht. Die anderen Briten bewunderten John unverhohlen. Die Abreise wurde vorbereitet.

Back schien irgend etwas nicht loswerden zu können, eine Spottlust, eine Bosheit, eine Wut. Aber er hatte niemanden, der auf seine Meinung wartete, keinen, der so war wie er. Deshalb sagte er schließlich nur wie zur Entschuldigung zu Hood:

»Ich mag solche Ansprachen nicht. Er führt sich auf wie ein Heiliger, dem jeder helfen muß, wie eine Art Nelson!«

Vierzehntes Kapitel

Hunger und Sterben

Ein Feld voller Knochen und Schädel, wie Feldsteine ins Moos gebettet, mit Spalten von den Schneiden indianischer Streitäxte, das war die Stelle am Bloody Fall, wo fünfzig Jahre zuvor Samuel Hearne die Katastrophe nicht hatte verhindern können.

John Franklin wußte, daß er die Eskimos brauchte. Er fürchtete, daß sie das damalige Desaster bis heute nicht vergessen haben könnten. Wo die Menschen sich nichts aufschrieben, war Vergangenheit nicht harmlos. Oft fielen ihm jetzt die Erschlagenen auf dem Grund des Kopenhagener Hafens ein.

»Benehmen wie ein Gentleman.« »Angst ist zu ignorieren.« Wie wenig diese Sätze halfen, wenn man Commander war.

Zwei oder drei Eingeborenen, die sich langsam näherten, würde man Vertrauen einflößen können. Schlecht war nur, wenn ein ganzer Stamm auf einmal oder wenn gar niemand kam.

Die Bucht war leer, nicht einmal Vögel waren zu sehen. In der Hand hielt John eine Liste mit den Namen, die für Berge, Flüsse, Kaps und Buchten vorgesehen waren: Flinders, Barrow, Banks, die Namen der britischen Mitreisenden und von Berens, dem Gouverneur der Hudsonbaikompanie. Ach,

Namen! Wenn sie hier verhungerten oder getötet wurden, blieb keiner dieser Namen an den Felsen hängen. Aber jetzt halfen sie ihm wenigstens gegen die Unruhe. Er hatte die Schädelstätte mit seinen Leuten begangen wie einst das Schlachtfeld von Winceby mit dem Apotheker. Er hatte begreiflich machen wollen, worum es bei der Begegnung mit den Eskimos ging. Aber für Back waren die alten Knochen offensichtlich nur ein Beweis dafür, daß man mit Eskimos fertigwerden konnte, wenn sie frech wurden.

Plötzlich waren Hepburns Augen starr auf die See gerichtet: »Guter Himmel, es geht los!« John sah an der Peripherie seines Blickfelds nur, daß die Bucht irgendwie dunkler geworden war. Er drehte sich um.

Da kamen gut hundert Kajaks und mehrere offene, größere Boote. Sie näherten sich fast lautlos, es war wie ein Anschleichen bei der Jagd. Die Weißen rannten schleunigst nach ihren Gewehren. John rief: »Laden und Sichern, aber kein Schuß, auch kein Warnschuß oder einer aus Versehen. Es wäre alles verloren.«

Offenbar hatten die Eskimos jede Bewegung verfolgt, denn die Boote machten eine Wendung von rund neunzig Grad, synchron wie ein Fischschwarm, und steuerten auf eine Küstenspitze zu, die etwa vierhundert Yard von den Briten entfernt lag.

»Ich gehe mit Augustus allein hin«, sagte John ruhig. »Wenn mir etwas zustößt, hat Dr. Richardson das Kommando.«

»Und wenn man Sie als Geisel nimmt, um an uns heranzukommen und schließlich alle umzubringen?« fragte Back.

»Wir müssen ihre Geister für uns haben«, antwortete John. »Ach was! Tun Sie, was ich sage!«

Augustus erhielt die Anweisung, zwei Schritte hinter John zu bleiben. Sie gingen so langsam wie Akaitcho in Fort Providence, vielleicht noch langsamer. Von Akaitcho und Matthew Flinders hatte John gelernt, was einen Häuptling ausmachte.

Die Eskimos standen inzwischen an Land und nahmen sich aus wie ein dickpelziges, regungslos witterndes Rudel, alle in die gleiche Richtung starrend. Manche Gesichter waren tätowiert, die Haare schwarz. Es wird schwer sein, dachte John, sie auseinanderzuhalten. Jetzt machte er halt und hielt Augustus am Arm fest. Er zählte leise bis zwanzig und sagte dann: »Fang mit der Rede an!«

Augustus wußte, was er zu sagen hatte. John hatte darauf geachtet, daß er die Sätze auswendig konnte. Er hatte auch mit Hilfe von Junius geprüft, ob sie das Richtige bedeuteten: Friedliche Absichten, Geschenke, Tausch von Nahrung gegen »gute Dinge«, ob sie ein großes Schiff gesehen hätten gegen Sonnenaufgang. Und immer wieder Friede.

Als Augustus aufhörte, warfen die Eskimos die Arme in die Luft und klatschten hoch über ihren Köpfen in die Hände wie ein enthusiastisches Opernpublikum. Was, zum Teufel, bedeutete hierorts das Händeklatschen? Vielleicht keineswegs Beifall! Laut und rhythmisch riefen alle zusammen: »TEYMA, TEYMA!«

Hoffentlich hieß das nicht Rache. John dachte an TOD ODER RUHM und BROT ODER BLUT. Er konnte Augustus nicht fragen, denn der war von klatschenden Eskimos umringt. Nachlaufen wollte er ihm auch nicht. Allein von seiner Würde, das wußte er, hing jetzt alles ab. So blieb er stehen, nahm das immer mehr anschwellende Teyma heiter und stolz entgegen wie eine Huldigung und hoffte inständig, daß es nichts weiter als Guten Tag hieß.

»Teyma« hieß »Friede«!

Die Geschenke waren übergeben: zwei Kessel und mehrere Messer. Jetzt begann der Tauschhandel. Die Eskimos boten Pfeile und Bogen, Speere und hölzerne Sonnenbrillen an und wollten alles haben, was sie an Geräten und Metallgegenständen sahen. Bald fingen sie an, sich auch selbst zu nehmen, was sie brauchten. Freundlich lächelnd drängten sie überall hin, stahlen Back die Pistole und Hepburn den

Mantel. Back wollte ihnen die Pistole entwinden, aber sie riefen laut: »Teyma« und rückten sie nicht wieder heraus.

John saß wie ein Berg und rührte sich nicht. Er wußte, daß er sich vor den flinken Fingern selbst am allerwenigsten schützen konnte, daher hatte er Hepburn zu sich befohlen. Ein Eskimo versuchte ihm gerade einen Uniformknopf von der Jacke zu schneiden. John sah ihn nur aufmerksam an. Hepburn schlug ihm auf die Finger und wies zu Hood hinüber, bei dem Knöpfe eingetauscht werden konnten. Für eine Weile wirkte es.

Die Lage war wirr und nur durch Abwarten zu meistern. John ahnte, daß das Schicksal der Expedition besiegelt wäre, wenn er sich jetzt erhöbe, Unruhe zeigte oder Befehle brüllte. Außerdem wußten die Eskimos sehr genau, was Gewehre und Pistolen bedeuteten. Wenn einer der Weißen auch nur in die Nähe seiner Waffe kam, hielten sie ihn sofort zu mehreren fest, riefen: »Teyma, Teyma« im Chor und klopften ihm im Takt dazu sanft auf die linke Brustseite.

Hood suchte sich einen Strick und band sich den Kasten mit den astronomischen Instrumenten so fest unter den Schenkel, daß niemand diese Geräte stehlen konnte, ohne ihn selbst mitzuschleifen. Dann zog er die Mappe heraus und begann eine der Frauen zu zeichnen. Er verwandte viel Mühe auf die Tätowierungen in ihrem Gesicht, auf die Stirnknochen, die Augen. Andere Eskimos versammelten sich hinter ihm, sahen ihm über die Schulter und riefen dem Modell zu, welcher Teil des Körpers jeweils dran war. Die Frau streckte Hood bereitwillig alles entgegen, was nach ihrer Überzeugung besondere Genauigkeit verlangte: Zähne, Zunge, rechtes und linkes Ohr, Hände, Füße. Es entstand ein seltsames Bild – die Details ergaben nicht den gewohnten Zusammenhang. Aber den Eskimos gefiel es sehr, sie standen und neigten die Köpfe nach links und rechts, um alle Feinheiten aufzunehmen. Fast alle kamen jetzt heran und wollten zusehen. Als Hood die Skizze fertig hatte, schenkte er sie seinem Modell mit einem Handkuß.

Sie war vor Freude ganz starr und machte dann einen Luftsprung.

Jetzt aber kam der Zauberer. Mit dem Kopf und Fell eines Bären beladen lief er brummend und seufzend auf allen vieren mehrmals um die Weißen herum. Augustus erklärte nur, das sei der Bärenzauber. Er könne Unglück bedeuten, denn der Zauberer finde das Zeichnen und Malen sehr gefährlich. Plötzlich liefen alle Eskimos davon. Sie rannten zu den Booten und paddelten in großer Hast von dannen. Sie ließen viele Gegenstände zurück, die sie vorher mit List und Geschick an sich gebracht hatten, sogar einige, die sie im Tausch erworben hatten. Die Frau ließ ihr Bild liegen, griff sich aber den Protraktor, das Zeichengerät, mit dem Hood seine Landschaftspeilungen zu Papier brachte. Dann wurde sie im letzten Augenblick anderen Sinnes, brachte den Protraktor zurück und nahm doch lieber ihr Bild an sich. Sie sprang in das letzte Boot, ein offenes, in dem nur Frauen saßen. Binnen weniger Minuten war die Bucht wieder so leer wie am Morgen.

»Wir sind gerettet«, sagte Richardson, »aber ein Fehlschlag war es trotzdem. Von denen werden wir nichts zu essen kriegen.« Augustus bestätigte: »Sie wollen mit uns nichts zu tun haben. Es sind Innuit von der westlichen Küste. Sie bewohnen im Sommer Hütten aus Schwemmholz und im Winter Kugeln aus Eis, aber immer auf dem Land. Sie haben schon öfters Weiße gesehen und schlechte Erfahrungen mit ihnen gemacht. Sie wollten uns töten, aber es waren zu starke Geister auf unserer Seite. Der Geist des Bären wollte uns fressen, aber die große Frau, die unter dem Meer lebt, läßt nicht zu, daß uns etwas geschieht.«

»Dann fahren wir jetzt hinaus«, entgegnete John. »Dort kann sie uns noch besser schützen.«

Am 21. August schlugen sie ihre Zelte am Point Turnagain auf. Ihre Probleme waren größer geworden.

Auch das langgestreckte Bathurst Inlet hatte sich nicht als

die gesuchte Wasserverbindung zur Hudsonbai erwiesen. Es war nichts als eine Bucht, die irgendwo zu Ende war: fünf Tage hinein, fünf Tage längs des anderen Ufers wieder hinaus, und schon war der August halb vorbei gewesen. Nach dieser Enttäuschung hatten sie ostwärts weiter die Küste befahren, bis sie endlich die Hoffnung aufgeben mußten, Parrys Schiff vor dem Wintereinbruch noch zu erreichen. Zu Fuß waren sie auf der Kent-Halbinsel bis zur nächsten großen Landspitze marschiert und hatten sie benannt: Point Turnagain, Punkt der abermaligen und endgültigen Umkehr.

Sie hungerten.

Nicht einmal beim Fischen brachte man genug Nahrung zusammen, von der Jagd zu schweigen.

Wenn man die Zeit gehabt hätte, von den Eskimos das Nötige über Fischgründe und Robbenplätze zu lernen! Augustus und Junius waren hier nicht zu Hause. Oder wenn man bessere, weiter reichende Flinten gehabt hätte: in diesem kahlen Land gab es keine Deckung, um sich an das Wild anzuschleichen – wenn überhaupt welches gesichtet wurde.

So hatten sie sich die arktische Küste nicht vorgestellt. Keine so tote Stille hatten sie erwartet, sondern Seehunde, Walrosse auf Eisschollen und Felsen, Eisbären, die über die Hügel schaukelten, Klippen voller Alke und anderer großer Vögel, ein Flammenmeer von roten Blumen, eine Musik für das Auge.

John hatte die Landspitze nach Wilberforce benennen wollen, dem Streiter gegen die Sklaverei. Aber jetzt, da sie hier nur umkehrten, kam das nicht in Frage. Der Philantrop hatte Besseres verdient als eine Spitze, die zugleich ein Ende markierte.

Die Voyageurs freuten sich nach langer Zeit zum ersten Mal wieder ihres Lebens – es ging zurück ins Land. Die Eskimodolmetscher dagegen brüteten vor sich hin: tief im Land konnte die Frau, die unter dem Meer lebte, sie nicht mehr schützen.

»Der Kapitän der *Blossom* hätte ein glücklicher Mensch bleiben können und die *Blossom* ein glückliches Schiff, hätte man nicht... Habe ich die Geschichte schon erzählt? Weiß Gott, der Hunger macht einen schwachköpfig!« Richardson verstummte.

Ihr Gedächtnis bekam Lücken, und die Kraft reichte nicht für Betrachtungen und bedeutende Gespräche. Das einzige, was stärker geworden war: die Fähigkeit zur zügellosen Phantasie. In Fort Enterprise würde köstlicher Pemmikan auf sie warten, gut abgehangene Rentierhälften, Rum und Tabak, Tee und Zwieback. Und Hood sprach von Grünstrumpf. Das Kind müsse jetzt da sein.

Nur weiter, Richtung Südwest, bis sie im Fort waren! Der Hunger verdrängte alle anderen Sorgen: die Voyageurs zuckten nicht mit der Wimper, als mitten bei der Überquerung des Coronation Golf auf offener See ein schwerer achterlicher Sturm die Boote überraschte. Sie kämpften den ganzen Tag, um das Querschlagen der leichten Kanus zu verhindern, und gegen Abend jagte der Sturm sie mit halsbrecherischer Geschwindigkeit auf eine Felsküste zu. Die Seeleute glaubten an das Ende, die Voyageurs hingegen sahen Land, endlich Land, Zeltplätze und fette Mahlzeiten. John saß stoisch und trug sorgfältig jede der Inseln ein, die rechts und links vorbeizogen, und Hood beugte sich über seine Mappe und zeichnete mitten in der Gischt ab, wie die Felsen geformt waren. »Karten, Beobachtungen, Berichte und Bilder«, hatte John gesagt. »Wenn wir anfangen, nur noch an Fleisch und Feuerholz zu denken, kommen wir nicht mehr sehr weit.« Im Sturm galt Ähnliches. So hielten sie, jeder auf seine Weise, bis zu einer schützenden Bucht durch, mit der kein Verstand mehr hatte rechnen und die kaum ein Auge mehr hatte sehen können. Sie landeten in Nebel und Dunkelheit und sanken um, wo sie gingen und standen.

Im Traum sah John Bilder von Sturm und Rettung und einen neugebauten, vorzüglich arbeitenden Bilderwälzer, der all das auf eine Wand projizierte. Er versuchte, sich die Konstruktion einzuprägen, doch am Morgen bekam er sie nicht mehr zusammen. Er fühlte aber wieder Kraft: immer wenn im Traum Maschinen vorkamen, war der Schlaf besonders tief.

Einige Tage später legten sie an der Mündung eines Flusses, den John nach Hood benannte, alle überflüssige Last – das waren vor allem die verbliebenen Geschenke – auf einer Anhöhe nieder und bauten darüber eine Steinpyramide, auf die sie die englische Flagge steckten. Sie wollten, daß die Eskimos wenigstens ihren Nachfolgern freundlich begegneten. Dann fuhren sie den Hoodfluß hinauf, bis ein riesiger Wasserfall sie zum Halten zwang. Zwischen Felsnadeln und Wänden, die wie gemauert aufragten, stürzte das Wasser in Kaskaden nieder, ein einsamer, baumloser Ort von feierlicher Schönheit. Das war ein guter Platz für den Namen des Sklavenbefreiers und das richtige Gegenstück zu Hearnes Bloody Fall – John trug den Namen Wilberforce zufrieden in die Karte ein.

Es war kalt geworden, und nirgends waren Wild oder dessen Spuren zu entdecken. Der Pemmikan war zu Ende. Junius deutete auf den Felsen: an der Steinwand wuchs eine schmierige Flechte, die man essen konnte. Sie schmeckte widerlich, aber sie war besser als nichts. In der Nacht lagen alle wach im Zelt. Sie merkten, daß man von der Flechte Brechreiz und Durchfall bekam. Hood litt am meisten, er behielt nichts bei sich.

Am nächsten Tag, dem 28. August, wieder nur zwei Fische und ein Rebhuhn, dazu zwei Säcke voll Felsenflechte. Die Voyageurs nannten sie *tripes de roche* – »Felskutteln«.

Aus den großen Kanus ließ John jetzt zwei kleinere bauen, die leichter zu tragen waren und für die Flußüberquerungen ausreichten. Danach noch zwei Meilen Wegs, sehr mühselig. So endete dieser Tag. Es schneite.

Keiner der Engländer war ein guter Jäger. John war nicht schnell und Back nicht geduldig genug, Hood schoß schlecht, und der Doktor war kurzsichtig. Allenfalls Hepburn hatte hin und wieder Glück. Es war ein Faktum, daß sie ohne Crédit, Vaillant, Solomon Bélanger, Michel Teroaoteh und die Dolmetscher schon verhungert wären. Aber je besser ein Voyageur als Jäger war, desto eher neigte er neuerdings dazu, Befehle zu ignorieren. Tage- und nächtelang blieben sie dem Lager fern, weigerten sich, über verschossene oder übrigbehaltene Munition Rechenschaft abzulegen, und verzehrten heimlich manches erlegte Wild für sich allein. Nur Solomon Bélanger blieb immer noch ehrlich.

»Jetzt geht es nach einem anderen System«, sagte Back so nebenbei, »sie haben Gewehre und Munition, wir haben nur Sextant und Kompaß. Und damit hindert man niemanden am Stehlen.«

»Das System funktioniert«, antwortete John. »Jeder weiß, daß er ohne uns Navigatoren nicht lebend durchkommt. Und wenn, möchte er als Ehrenmann ankommen.«

Als Perrault behauptete, nur eine bestimmte Menge Pulver und Blei mitgenommen zu haben, gab Back ihm gegen alle Beweise recht. Er war wieder einmal undurchsichtig – welches Spiel spielte er? Wollte er sich bei den Voyageurs anbiedern? Hielt er, wo er nicht siegen konnte, die Unterwerfung für besser als die offene Niederlage? Wollte er einen blutigen Aufstand dadurch überleben, daß er sich schon jetzt als falscher Zeuge anbot?

John biß die Zähne zusammen und wollte den Gedanken aus dem Gehirn schieben. Sein System schrieb vor, daß so etwas nicht für möglich gehalten wurde, bevor es Tatsache war. Aber so sehr er sich dafür schämte – er behielt den Verdacht zur Sicherheit bei.

1. September. Hood war jetzt wirklich krank. Daß er die *tripes de roche* nicht vertrug, war ein Unglück. So verfiel er

nicht nur durch den Widerstand seines Körpers, sondern auch durch den Hunger mehr als andere.

Die Kälte nahm zu. Die dicken Schneeflocken hatten noch hübsch ausgesehen, jetzt gab es nur noch einen trockenen weißen Staub, der unter die Kleider kroch. Nachts dauerte es über eine Stunde, bis die steifgefrorenen Decken warm genug geworden waren, um so etwas wie Schlaf zuzulassen. Sie legten ihre Stiefel unter den Körper, um sie am nächsten Tag vor dem Anziehen nicht erst auftauen zu müssen. Das nämlich erforderte ein Feuer und damit Holz, das man erst suchen mußte.

Der Hunger schuf eine Langsamkeit, die nicht sehend war, sondern blind. Sie gingen zwar noch vorwärts, sie versuchten noch freundlich oder zuversichtlich auszusehen, aber sie machten bei den selbstverständlichsten Dingen Fehler. Sie fuhren mit dem Kanu über den Fluß, ohne etwas mitzunehmen. Sie starrten auf die näherrückende Kante eines Wasserfalls, ohne zu handeln. Der Zustand erinnerte an jenes späte Stadium der Trunkenheit, in dem Lust in Elend umschlägt. Kein Stück Wild. Sogar die Felsflechte war jetzt nicht mehr leicht zu finden, man mußte erst den Schnee aufgraben. Sie fanden die Überreste einer Wolfsmahlzeit, halbverrottete Knochen eines Rentiers, die sie zubereiteten, indem sie sie ins Feuer hielten, bis sie schwarz waren. »Das nützt nichts«, sagte Junius. »Man muß eine Suppe daraus machen.« John schlug vor, das zu versuchen, aber die anderen wollten etwas zwischen den Zähnen spüren. Suppe! Was verstand so ein Eskimo von englischen und französischen Mägen! John gab ihnen nach. Er hielt die Moral für wichtiger als das Experiment mit der Suppe. Junius war gekränkt. Er verschwand mit fünfzig Schuß Munition für immer.

Die Moral war auch im Gehen. Im Grunde war sie schon längst viele Meilen weit fort. Es nützte nicht viel, daß die Schwäche ihr in manchen Punkten ähnlich sah.

Schritte, immerfort Schritte über eine spurenlose Schneedekke, die nur durch Flüsse und Seen unterbrochen wurde.

Es kam John hin und wieder sonderbar vor, daß seine Füße immer weitergingen, wie ohne sein Zutun, und daß stets der rechte Absatz an den linken Knöchel stieß – nie umgekehrt, nie anders. Die Schwäche lehrte jeden, wie schief sein Gestell war. Die Haltung wurde immer gebeugter. Seltsam – war der Mensch nicht mit geradem Rücken geboren? Die Bärte waren völlig vereist, ohne ein Feuer waren sie nicht zu befreien. Und sie wogen einiges. So ein gefrorener Bart konnte einen Mann schon vornüberbeugen. Die Gedanken wurden dämmriger und flüchteten vor jedem festen Zugriff. Ab und zu geriet einer der Voyageurs in einen kleinen, kindischen Zorn über nichts – Perrault schrie, er wolle nicht mehr hinter Samandré hergehen, weil dessen dummer Hosenboden ewig so blöde hin- und herknicke. Dann wieder stundenlanges Weitertrotten ohne ein Wort. Plötzlich der Gedanke, man ginge vom Fort weg statt zu ihm hin. Vielleicht war ihr Schicksal längst beschlossen.

Warum hatte George Back noch so viel Kraft? War es gerecht, daß einer, der so eitel und wankelmütig war, so lange durchhielt? Schöne Menschen hatten oft Kräfte auf ihrer Seite, die nicht leicht einzuschätzen waren. Sie waren entschlossen, ihre Schönheit über alles hinwegzuretten, das gab ihnen Zielbewußtsein.

Zum Abendessen *tripes de roche,* jedem eine Handvoll, nach stundenlanger Suche. Graue, faltige Gesichter.

14. September. Einige Rentiere gesichtet, aber keines erlegt. Michel war aus Versehen mit seinen vor Aufregung zitternden Fingern an den Abzug gekommen, ein Schuß hatte sich vorzeitig gelöst, alles war dahin. Michel weinte vor Verzweiflung, Crédit schloß sich an.

Hood war weit zurückgeblieben, er kam, von Richardson gestützt, einige Stunden später bei den Zelten an, wo man schon etwas *tripes de roche* geerntet hatte, das Zeug, das er nicht vertrug. »Ich habe mich ein wenig getummelt«, lächelte er, dann knickte er in den Knien ein und sank um. Bewußtlos wurde er nicht. Dafür war Hood zu neugierig auf alles, was noch kam. Zwar konnte er nicht mehr gut zeichnen, aber Auge und Gehirn waren immer noch mit allem möglichen beschäftigt, nur nicht mit seinem Leiden.

Perrault griff in sein Gepäck und holte für Hood einige Fleischreste heraus, von denen er sagte, er habe sie von seinem Anteil in den letzten Tagen abgespart. Er schenkte Hood die letzte Handvoll Fleisch. Alle neunzehn weinten, sogar Back und Hepburn. Was machte es aus, wo Perrault dieses Fleisch wirklich herhatte! Da erschien sie noch einmal, die Ehre der Menschheit, nur kurz zwar, aber sie war deutlich zu sehen.

»Und ich denke, Junius wird auch wiederkommen!« sagte Augustus. »Er wird viel Fleisch bringen!«

»Fleisch, ja!« Sie umarmten einander und waren vor Hoffnung wie betrunken. Bald war man doch zu Hause! Ein Spaziergang!

So endete der 14. September, ein guter Tag.

23. September. Peltier, der schon seit Tagen über das Gewicht des Kanus geklagt hatte, bekam einen Wutanfall und warf es auf den Boden, so daß einige der tragenden Hölzer splitterten. Er mußte es wieder aufnehmen und weitertragen, denn noch war es mit etwas Glück zu reparieren.

Als der Schneesturm einsetzte, drehte Peltier das Kanu so, daß der Wind hineingriff und es ihm aus den Händen riß. Jetzt mußten sie es endgültig liegen lassen. Peltier hatte erschreckend wenig Scheu, seinen Triumph zu zeigen. Das andere Kanu trug Jean Baptiste Bélanger – wie lange noch? John redete ihm ins Gewissen: »Wir sind auf dem richtigen Weg, aber ohne Kanu sind wir verloren.«

Wenig später stellte John fest, daß er nicht auf dem richtigen Weg war. Der Magnetismus war hierorts unzuverlässig, die Nadel fuhr höhnisch Karussell. Es kam ein schlimmer Augenblick: der halbverhungerte Commander mußte der halbverhungerten Mannschaft mitteilen, daß eine Richtungsänderung nötig war. Es verlangte Mut, und der war jetzt eine große Anstrengung geworden.

»Die Stunde der Wahrheit«, murmelte Back und sah irgendwohin. »Er hat sich vertan!« zischte Vaillant.

»Wenn ihr so viel von Navigation wüßtet wie ich, würdet ihr euch nicht ängstigen. Es ist schwierig hier, aber es geht nach Logik und Wissenschaft.«

Sie glaubten ihm nur, weil sie mußten. Sie waren zu schwach geworden, um wirklich an irgend etwas zu glauben. Sie fürchteten jetzt alle, daß sie sterben würden.

Hoods Mut war wichtig. Der Midshipman sah aus wie ein Toter, aber seine Zuversicht beschämte jeden, dem nach Selbstmitleid auch nur entfernt zumute war. Irgendwie wußten alle: wenn Hood erst starb, war das Ende nicht weit.

Als John an einem Seeufer befahl, das Eis aufzuhacken und Fische zu fangen, fehlten plötzlich sämtliche Netze. Die Voyageurs hatten sie für zu schwer befunden, sie lagen irgendwo meilenweit hinter ihnen unter dem Schnee.

Zwei Stunden später stolperte Jean Baptiste Bélanger wie ein schlechter Schauspieler, dem man gesagt hatte, daß er stolpern solle. Die Stelle hingegen war gut ausgesucht: sie querten gerade einen steilen Abhang. Zerschmettert war das letzte Boot!

Abends kauten sie an einer halbverwitterten Rentierhaut, die sie unter dem Schnee herausgekratzt hatten. Es gab hier nicht einmal *tripes de roche* und auch kein Feuerholz.

Wenn ich jetzt Kater Trim finden würde, dachte John, würde ich ihn sofort erschießen und verzehren. Er erschrak, war aber zu elend, um sich den Gedanken ganz zu verbieten, und deshalb nahm dieser um so quälender seinen Lauf: Katzenfleisch, das Köstlichste auf der Welt! John versuchte, für seine Phantasien eine andere Spur zu legen: Sülze vom Schweinskopf. Aber das Verrätergehirn machte nicht mit, es ließ die Sülze schmecken wie *tripes de roche* und Trims armen Körper wie Kalbsfilet.

Am 25. September aßen einige der Voyageurs das Oberleder ihrer Ersatzstiefel, und am nächsten Tag versuchten sie es mit den Sohlen. Auch Hood probierte das aus. Viel brachte er nicht herunter. Er sah John an, zuckte mit großer Anstrengung die Achseln und flüsterte: »Reichlich zäh! Wenn ich in London nächstens wieder Stiefel kaufe…«

Tagsüber hielt sich Hood noch gut, aber nachts begann er irre zu reden, von Grünstrumpf und seinem Kind. Ein kleines Mädchen habe er. Zwei Indianerinnen habe er, eine große und eine kleine. Dann wieder meinte er in einem Garten zu Hause in Berkshire zu sein und an einem sonnigen Vormittag Disteln und Brennesseln zu schneiden. »Nicht zum Anhören!« kommentierte Hepburn.

Am 26. September stießen sie auf einen großen Fluß.

John legte seine schwere Zunge zurecht und raunte: »Es ist der Kupferminenfluß. Wir müssen nur hinüber, dann sind wir schon fast da!« Sie glaubten ihm erst nach mehr als einer Stunde, daß dies wirklich der Kupferminenfluß war. Aber jetzt hatten sie kein Boot mehr. »Ein Floß bauen«, murmelte John. Nach drei Tagen war so etwas wie ein Floß fertig. Aber wie konnte man verhindern, daß es beim Übersetzen forttrieb? Richardson, der sich einen guten Schwimmer nannte, versuchte mit einem Seil über den Fluß zu kommen, um, wie er sagte, »eine Fährstation zu errichten«. Er betete eine Weile, dann zog er sich bis auf die Unterkleider aus und schwamm los. Aber er erstarrte sofort. Sie zogen ihn an seinem Seil leblos wieder aus dem Wasser und entkleideten ihn ganz, um ihn mit Schnee abzureiben. Entsetzt starrten alle auf den nackten Körper, achtzehn angstvolle Augenpaare in ausgemergelten Gesichtern. Solomon Bélanger war der erste, der sprach. »Mon Dieu! Que nous sommes maigres!« stöhnte er. Benoit, der Mann aus St. Yrieix-la-Perche, hatte einen neuen Anfall von Heimweh, er schluchzte laut, und bald weinten wieder alle. Wenn jetzt das Weinen kam, steckte es sofort an. Vielleicht sind wir schon zu Kindern geworden und nicht mehr älter als drei Jahre, dachte John und wischte sich die Tränen ab. Verzweifelt rieben sie Richardsons Körper. Er kam wieder zu sich, aber sie rieben weiter so emsig, als wollten sie mit letzter Kraft seine ursprüngliche Gestalt wiederherstellen und ihm mehr auf die Rippen packen als nur Schnee und Tränen.

Schneesturm. Das erste Floß riß sich los und verschwand in den Stromschnellen. Erst mit einem zweiten kamen sie am 4. Oktober über den Fluß. Jetzt keine weitere Zeit verlieren. »Nur noch vierzig Meilen bis Enterprise!« John sagte es immer wieder: »Es ist bald überstanden, nur noch vierzig Meilen!« Aber wie lange brauchte man für vierzig Meilen, wenn man nicht mehr konnte? Wieviel war dem Willen eines Menschen abzuverlangen? Eigentlich war es die Aufgabe des Willens, »Weitergehen!« zu befehlen, »weitergehen, nicht sterben!« Aber immer wieder lief er aus dem Ruder, machte mit dem dummen Körper gemeinsame Sache und prüfte mit Wichtigkeit die Gründe, die für sofortiges Umsinken, Schlafen und Sterben sprachen. Der Wille war ein kräftiger, aber eitler und unverhofft beeinflußbarer Bursche. Plötzlich verkündete er mit Energie und edlem Trotz: »All dies hier ist einem Menschen nicht zumutbar, jetzt gilt es den Mut zu einer Pause zu finden!« Sobald aber der müde, elende Körper das hörte, zögerte er nicht lange – er folgte der Schwerkraft und lag. Gut, daß so etwas nicht bei allen zur gleichen Zeit passierte!

Noch war John nicht umgefallen, aber er wußte, daß er nur noch Kraft hatte, weil er der Commander war. Mein System bewahrt mich nicht vor den Einfällen des Schicksals, dachte er. Manchmal bin ich für eine Situation der richtige Mann, manchmal der falsche, und daran kann man sterben. Wir hätten doch eine Suppe kochen sollen. Wir hätten... Wenn ich nicht aufpasse, dann...

Plötzlich sah er die Stadt Louth vor sich, inmitten friedlicher Wiesen voller Kühe, in der Ferne die Hügel und Wälder, er sah sogar Lastkähne auf dem Kanal entlangziehen. Dann war er in der Stadt, sah die Bürger gehen auf beiden Seiten der Straße, sie begrüßten sich freundlich, achteten und verstanden einander. Jenseits der Stadt ein riesiger Berg – das war er doch selbst! Nur er und die anderen Berge waren es, die wirklich reisten. Er allein war Commander. Er hielt für die anderen die Schnur...

Als er wieder zu sich kam, saß Augustus neben ihm und pfiff eine Melodie.

»Warum pfeifst du?« fragte John.

»Pfeifen vertreibt den Tod«, antwortete der Dolmetscher.

John stand auf. »So ist das also. Ich dachte, ich wäre ein Berg und meine Füße könnten auch ohne mich weiter. Wo sind die anderen? Ist Dr. Orme inzwischen aufgetaucht?«

Augustus sah ihn erschrocken an, und John drehte sich energisch um und marschierte weiter. Er wußte jetzt, wovor er am meisten Angst hatte: daß er auf das Meer der Verrücktheit geraten und dort kentern und sinken könnte wie ein schlecht geführtes Schiff. Die Angst ließ ihn schnell und immer schneller gehen. Ihm war, als ob die Vorboten des Irrsinns schon die Hände nach ihm ausstreckten: daß er an den Teufel glauben, von Toten verfolgt sein könnte, die ihn, weil sie noch langsamer waren, notwendig einholen müßten. Es gab nicht nur schlecht geführte, sondern auch unglückliche Schiffe.

Back ist es, der mich verrückt macht, dachte er. Ob mein Mißtrauen berechtigt ist oder nicht, er macht mich verrückt. Ich muß ihn fortschicken.

Ein Sextant, ein Kompaß, eine Skizze mit den Positionen von Fort Enterprise, Fort Providence und den wichtigsten Seen und Flüssen, das war, was Back von John mitbekam. Die Munition wurde geteilt: Back bekam ein gutes Fünftel. Schließlich hatte er nur vier Leute dabei, und sie waren noch die Stärksten: St. Germain, Solomon Bélanger, Beauparlant und Augustus. Außerdem würde er lange vor allen anderen in Fort Enterprise sein, wo die Vorräte warteten. Mochte er sich zuerst bedienen! Selbst wenn die Vorräte geringer waren als erwartet und wenn Back mit seinen Leuten zu viel verzehrte, so war das immer noch besser als ein offener Aufstand der Schnellen gegen die Langsamen.

So ließ sich das System wahren: John Franklin blieb der Befehlshaber, und alle konnten weiterhin Ehrenmänner sein.

Back marschierte los, Franklin blieb zurück. Man mußte ohnehin noch auf Samandré, Vaillant und Crédit warten, deren Zustand inzwischen schlimmer war als der von Hood.

Nach einer halben Stunde schleppte sich Samandré heran und teilte mit, die beiden anderen seien liegengeblieben, er habe sie nicht mehr zum Aufstehen bewegen können.

Richardson ging nun auf Samandrés Spuren zurück, um nach ihnen zu sehen. Er fand sie halb erfroren, der Sprache nicht mehr mächtig, auf freiem Feld. Da er zu schwach war, einen von ihnen zu tragen, kehrte er zu den anderen zurück.

Franklin hatte sich den Fuß verstaucht und lahmte. Wer hatte noch genug Kraft? Sie versuchten Benoit und Peltier, die noch am stärksten waren, zum Transport der Liegengebliebenen zu bewegen, aber vergebens. Im Gegenteil, die Voyageurs drängten John, er möge sie hinter Back herschicken und es überhaupt jedem überlassen, wie er sich fortbewegen wolle. John packte Benoit an den Schultern und schüttelte ihn, so fest er noch konnte: »Ihr wißt die Richtung nicht, verstehst du das? Ihr wißt die Richtung nicht!«

»Wir folgen den Spuren von Mr. Back.«

»Etwas Schnee oder Regen, und ihr seht sie nicht mehr. Dann ist es aus mit euch!«

Mühsam sah Benoit das ein, aber die Erfrierenden wollte er nicht holen: »Dann ist es auch mit mir aus!«

John kämpfte einige Minuten lang mit sich, dann sagte er: »Weiter! Wir lassen sie zurück!«

Es war die Niederlage. Er hatte diese zwei Männer nicht retten können. Was war er für ein Commander! Jetzt mußte er wenigstens den Rest daran hindern, aus Verzweiflung und Blindheit zu sterben. Aber sein Fuß schwoll an und schmerzte grausam. Er begann zu ahnen, wie die Reise für ihn enden würde.

Nach wenigen Meilen brach Hood bewußtlos zusammen. Da er nicht getragen werden konnte, mußte jemand bei ihm bleiben. Richardson wollte das tun, er vertraute darauf, daß John vom Fort her Nahrung zurückschicken und sie beide vor dem Tod bewahren würde. »Nein!« antwortete John. »Ich bin der Kapitän! Auch bin ich langsamer als Sie. Ich bleibe bei Hood, Sie ziehen mit allen anderen weiter. Hier sind Kompaß und Sextant.«

Es war, weil er nicht mehr konnte, nur deshalb. Er hätte mit den anderen nicht mithalten und sie daher, wie die Dinge jetzt lagen, nicht mehr führen können.

Sie bauten eines der Zelte auf und legten Hood hinein. Dann sammelte der Doktor den Rest der Mannschaft um sich. John schärfte ihnen ein: »Ihr bleibt zusammen! Wer allein vorausgeht, der ist verloren, weil er sich verirrt. Er zieht die anderen ins Verderben, die seinen Spuren folgen. Bleibt zusammen!«

Hepburn trat vor: »Ich bleibe bei Ihnen und Hood!«

Richardson zog los. John und Hepburn suchten nach Feuerholz, *tripes de roche* und Wildspuren. Hunger fühlte niemand mehr, nur Schwäche. Es ging nicht mehr um das Wohlbefinden, nur noch darum, mit viel Glück zu überleben.

Hepburn schoß ein Rebhuhn, das sie brieten. Sie fütterten Hood damit, und er schien sich etwas zu erholen. Für sich selbst fanden sie eine kleine Menge *tripes de roche*.

Nach zwei Tagen tauchte plötzlich Michel, der Irokese, vor dem Zelt auf. Er habe Richardson um die Erlaubnis gebeten, zusammen mit Perrault und Jean-Baptiste Bélanger zum Zelt zurückzugehen. Leider habe er die beiden in der Dunkelheit verloren und ihre Spuren nicht mehr gefunden.

Das wunderte John, denn es hatte weder geregnet noch geschneit, und der Wind war ganz abgeflaut.

Fontano sei wohl auch tot, meinte Michel weiter. Er sei beim Überqueren eines Sees hingeschlagen und habe sich das Bein gebrochen. Sie hätten ihn zurücklassen müssen, und er habe ihn bei seinem Rückweg nicht mehr entdecken können.

Michel hatte Glück gehabt und einen verendeten Wolf gefunden, getötet wahrscheinlich durch den Stoß eines Rentierhorns. Er hatte Wolfsfleisch dabei, sie verschlangen es gierig und lobten den Indianer sehr. Er erbat sich eine Axt, um noch mehr zu holen. Als er fort war, grübelte John und begann zu rechnen.

»Woher hat Michel noch so viel Munition? Es ist unwahrscheinlich, daß Richardson ihm so viel überlassen hat. Und warum hat er jetzt zwei Pistolen?«

Als Michel wieder da war und ihnen weiteres Wolfsfleisch vorsetzte, fragte John ihn nach der Pistole. Michel antwortete, Peltier habe sie ihm geschenkt.

Sie aßen gierig weiter und meinten schon zu fühlen, wie die Kraft in ihre elenden Knochengerüste zurückkehrte. John aber dachte angestrengt nach: er versuchte sich an etwas zu erinnern. Irgendwann ging er vors Zelt hinaus, um die inneren Bilder noch ungestörter an seinen Augen vorbeiziehen zu lassen. Als er wieder hereinkam, sagte er: »Ich achte eben zu wenig auf Einzelheiten! Ich hätte geschworen, es sei die Pistole von Bélanger.«

Die anderen starrten ihn sofort entsetzt an.

»Denkt ihr, ich habe ihn umgebracht?« fragte Michel beschwörend. »Das ist aber nicht wahr!« Plötzlich hatte er die Hand an einer der Pistolen.

»Aber nein«, sagte Hepburn, »das denkt kein Mensch, wie kommst du denn darauf?« Der Indianer beruhigte sich wieder.

Aber von dem Wolfsfleisch wollte nun niemand mehr essen.

Tagelang ließ Michel nicht zu, daß zwei der Briten allein miteinander redeten. Wenn sie es in seinem Beisein taten, mußten sie eine Sklavensprache wählen: sie mußten etwas Unverdächtiges sagen, was er verstand, und damit gleichzeitig anderes mitteilen, was er nicht verstand: »Ob wohl auf diese Weise noch mehr Wölfe zu Tode gekommen sind?« Die Namen Perrault und Fontano wagte niemand auszusprechen. Oder: »Wenn ein Rentier vor Wölfen keine Angst mehr hat, wird es bestimmt noch mehr töten.«

Michel ahnte aber dunkel, was sie vermuteten und befürchteten. Er weigerte sich zu jagen, wurde immer tyrannischer und schrieb vor, wer wo zu schlafen hatte. Aber auch ohne miteinander zu reden, wußten die Weißen: hätte Michel die Richtung gekannt und mit dem Kompaß umgehen können, dann wären sie längst tot und, schlimmer noch, sein Proviant gewesen.

»Warum jagst du nicht, Michel?« Aber er weigerte sich.

»Es ist kein Wild da. Wir sollten sofort zum Wintersee aufbrechen. Mr. Hood können wir ja dann später holen.«

John überlegte. »Gut. Wir müssen aber erst noch Nahrung und Feuerholz für ihn sammeln, denn er kann sich ja nicht rühren.« John suchte jetzt nur noch nach einer Gelegenheit, sich mit Hepburn abzusprechen. Michel stimmte zu. Alle verließen das Zelt und gingen in verschiedene Richtungen davon. Als John möglichst laut Holz hackte, um Hepburn zu signalisieren, wo er sei, hörte er aus der Richtung des Zelts einen Schuß. Er kam gleichzeitig mit Hepburn dort an und fand Hood tot neben dem Feuer liegen. Der Schuß hatte seinen Schädel durchbohrt. Michel stand daneben. »Mr. Hood hat mein Gewehr gereinigt, da muß es geschehen sein.«

Sie begruben Hood mühsam, indem sie ihn mit etwas Schnee bedeckten. John und Hepburn brauchten sich jetzt nicht mehr lange zu verständigen: warum ließ Michel seine Waffe zurück, wenn er auf die Jagd ging? Wie konnte der halb bewußtlose Hood auch nur daran gedacht haben, sie zu reinigen? Vor allem war der Schuß von hinten in den Kopf gedrungen und vorne wieder heraus: das Hinterhaupt zeigte Spuren von Pulverschwärze. Längst hatten sie ihre geladenen Pistolen ständig griffbereit.

Jetzt war Hood tot, und die Reise konnte fortgesetzt werden. Sie brachen das Zelt ab, und John bestimmte den Kurs. Bis zum Abend schafften sie wegen des verstauchten Fußes nur noch zwei Meilen. Zur Mahlzeit dienten Teile von Hoods büffelledernem Mantel. Michel ließ sie keinen Moment aus den Augen.

Immer wieder fragte Michel: »Wie viele Meilen noch? In welcher Richtung liegt das Fort?« »Es ist noch weit«, sagte John. Aber nach drei Tagen glaubte Michel mit Bestimmtheit einen Felsen wiederzuerkennen, der kaum einen Tagesmarsch von Fort Enterprise entfernt lag. John schüttelte den Kopf. »Unmöglich«, sagte er. Am nächsten Morgen kroch der Indianer schon früh aus dem Zelt und nahm seine Waffen mit. Er wolle versuchen, ein wenig *tripes de roche* zu sammeln. Dazu war er nie bereit gewesen, seit sie die Nachhut bildeten.

»Das freut mich«, antwortete John, und Hepburn fügte hinzu: »Du bist ein guter Mensch und ein Freund.«

Sie warteten, bis sich draußen die Schritte entfernt hatten. »Er will nur sein Gewehr laden, er hatte nichts mehr drin!« sagte Hepburn. »Wenn er zurückkommt, müssen wir schnell sein!« John lud so sorgfältig seine Pistole, als tue er dies zum ersten Mal. Hepburn sagte: »Wir haben das Fleisch gegessen, wir sind seine Komplizen, wenn wir ihn nicht sofort töten!« »Zum ersten Mal reden Sie Unsinn, Hepburn«, antwortete John. »Er will uns töten, das ist der Grund – mehr Gründe brauchen wir nicht, mehr sind von Übel!« Aber Hepburn schien immer noch zu fürchten, daß John nicht wirklich abdrücken würde. »Ich tue es für Sie, Sir – mir fällt es leichter!«

John hielt seinen Arm in Schulterhöhe zum Eingang hin gestreckt, dabei aber die Hand so hinter einem Gepäckstück verborgen, daß sie von Michel, wenn er hereinkam, nicht gesehen werden konnte. Die Pistole konnte mit einer winzigen Körperdrehung sogleich auf seinen Kopf gerichtet werden, sobald er auftauchte. In dieser Haltung blieb John, starr und gespannt.

»Nein«, antwortete er, »das mache ich selbst. Zehn Jahre Krieg – was denken Sie denn, was ich da getan habe? Man tötet nur immer die Falschen.«

»Die Falschen?« Hepburn verstand nicht. »Und Ihr Arm, Sir?«

»Ich kann stundenlang den Arm in die Luft halten«, sagte John, »ich konnte das schon mit acht Jahren. Er wird sich anschleichen und lauschen. Wir müssen laut und harmlos reden, sonst schießt er von außen durch die Zeltwand, weil er merkt, was wir vorhaben.«

»Das wird ein guter Tag heute, Sir!« sagte Hepburn, »ich glaube, das Wetter spielt auch mit.« Leise fügte er hinzu: »Ich höre ihn!«

John räusperte sich. »Dann wollen wir langsam aufstehen, Hepburn. Ich hole Feuerholz…«

Im selben Moment erschien Michel im Zelteingang, das Gewehr im Hüftanschlag, er zielte auf John. Hepburn riß seine Pistole heraus, Michel drehte den Gewehrlauf zu ihm hinüber. Dieses Bild blieb in Johns Augen stehen. Als nächstes nahm er erst wieder wahr, daß Hepburn seine Hand ergriff und lange festhielt. Sie sagten minutenlang kein Wort. Als erster sprach Hepburn. »Sie haben ihn durch die Stirn geschossen, Sir. Er hat nicht gelitten, er hat es nicht einmal begriffen.« John antwortete: »Diese Reise war um eine Woche zu lang.« Am nächsten Tag sahen sie das Fort am Seeufer liegen.

Im Blockhaus fanden sie vier lebende Skelette, die sich kaum mehr erheben konnten: Dr. Richardson, Adam, Peltier und Samandré. Keine Vorräte, kein Bissen Nahrung! Sie hatten mit ihren Messern an einer vor einem halben Jahr weggeworfenen Rentierdecke herumgekratzt und die Schuhe verzehrt, die sie bis hierher getragen hatten. »Wo sind die anderen?« fragte John. Der Doktor versuchte zu antworten. John ermahnte ihn, nicht mit einer solchen Grabesstimme zu reden. Richardson erhob sich, indem er sich mit Spinnenfingern am Mittelbalken emporkrallte, starrte John mit hervorquellenden Augen an und röchelte: »Sie sollten sich erst einmal selbst hören, Mr. Franklin!«

Richardson hatte nichts vorgefunden als eine Nachricht von Back: »Keine Nahrung und keine Indianer hier. Gehen weiter nach Süden, um Menschen zu finden. Beauparlant tot, Augustus vermißt. Back.« Wentzel war zwar dagewesen und hatte die Karten mitgenommen, aber sein Versprechen hatte er nicht gehalten: für Proviant hatte er nicht gesorgt.

Hepburn schleppte sich hinaus und versuchte etwas zu schießen. Er hatte Glück und kam mit zwei Rebhühnern zurück. Gierig verschlangen die sechs Männer das rohe Fleisch – kaum mehr als ein Bissen für jeden. Das war der 29. Oktober.

Die Reise war noch nicht zu Ende.

Peltier und Samandré lagen im Sterben. Adam konnte nicht mehr aufstehen, nicht einmal mehr kriechen. Sein Unterleib war geschwollen, er litt große Schmerzen.

Der Doktor saß an dem winzigen Feuer, das Hepburn angezündet hatte, und las aus der Bibel vor. Seltsam fremd und verrückt war das: da saß einer und las mit einer brüchigen Stimme, die man kaum mehr verstehen konnte, verschrobene Sätze aus einem alten Buch des Orients vor, das man ebenfalls kaum verstehen konnte, mitten in der Arktis. Dennoch war es für alle ein Trost. Er hätte auch mit den Fingern schnippen und davon die Rettung erhoffen können

– wenn er selbst daran glaubte, war es ein Trost auch für andere.

John teilte Richardson unter vier Augen mit, was geschehen war. Sie sahen sich gegenseitig lange ins Gesicht mit ihren hervorgetretenen Augäpfeln, gebeugt und hüstelnd, anzusehen wie elende alte Säufer in Londons Gin Lane.

»Ich hätte es auch getan, Mr. Franklin«, raunte der Doktor schließlich, »aber beten Sie jetzt, beten Sie!«

Sie besprachen die Lage. Mehr und mehr begannen sie den Verstand zu verlieren. Aber jeder von ihnen schätzte seine eigene Denkfähigkeit immer noch höher ein als die des anderen, deshalb sprachen sie in einer beruhigenden, unendlich geduldigen und simplen Weise aufeinander ein und wiederholten alles immerfort, weil sie vergaßen, was sie bereits gesagt hatten.

Alles kam nun auf Back an.

In der Nacht zum 1. November starb Samandré, und als Peltier das wahrnahm, verlor er jede Hoffnung und starb drei Stunden später. Die anderen waren jetzt zu schwach, um die Leichen auch nur aus der Hütte zu tragen.

Hepburn und John, die sich noch kriechend fortbewegen konnten, versuchten *tripes de roche* und Feuerholz zu finden, fielen dabei immer wieder in Ohnmacht und kamen mit karger Ausbeute zurück. Längst hatten sie begonnen, jedes entbehrliche Stück Holz zu verbrennen: Innentüren, Regale, Bodenbretter, den Schrank.

Jetzt lag Adam im Sterben. Seit Tagen hatte er nicht mehr gesprochen, nicht einmal eine bequemere Lage gesucht.

»Er wird kommen!« sagte John.

»Wer?« flüsterte Richardson.

»Back. George Back. Midshipman George Back. Verstehen Sie mich nicht, Doktor?«

Er brach ab, weil er merkte, daß Richardson schon seit einiger Zeit selbst sprach, nein, zischelte. Jetzt wiederholte er es. »...ist gütig. Wird alles zum besten wenden.«

»Wer?« fragte John.

Richardson wies mit einer Kopfbewegung zur Decke.

»Der Allmächtige.«

»Weiß ich nicht«, flüsterte John, »Sie wissen doch, ich...« Sie lagen in die Reste ihrer Felldecken gehüllt, das Feuer ging aus, sie warteten auf den Tod. Es stank.

Am 7. November traf Akaitcho, der Häuptling der Kupferminenindianer, mit zwanzig Kriegern am tief verschneiten Fort Enterprise ein. Midshipman George Back hatte, obwohl zum Gerippe abgemagert, mit großer Zähigkeit den Weg bis zu den Zelten des Stammes hinter sich gebracht und den Häuptling um Hilfe gebeten. Trotz strengen Frostes und inzwischen fast unüberwindlicher Schneemassen hatte Akaitcho sich dann in nur fünf Tagen vom Sklavensee bis zum Wintersee durchgekämpft. Er fand Franklin, Dr. Richardson, Hepburn und Adam noch am Leben.

Zunächst weigerten sich die Indianer, die Hütte zu betreten, solange dort noch Tote herumlägen. Sie sagten, wer einen Toten nicht bestatte, sei selbst tot und brauche keine Hilfe.

Allein Franklin war noch in der Lage, das Problem zu begreifen. Anderthalb Stunden benötigte er, um die beiden Leichname durch die Tür zu schleifen und draußen neben dem Eingang mit etwas Schnee zu bedecken. Danach sank er bewußtlos zusammen.

Die Überlebenden wurden mit Pemmikan und Trinkbarem versorgt. Der Doktor verbot den anderen, zu viel und zu hastig zu essen, vermochte sich aber nicht einmal selbst an diese Vorschrift zu halten. Bald setzten furchtbare Magenschmerzen ein, von denen nur Franklin verschont blieb, weil er nach der großen Anstrengung so schwach war, daß er gefüttert werden mußte, und das war mit mehr Vorsicht geschehen. Die Indianer blieben bei den Geretteten, bis man zehn Tage später gemeinsam die Reise nach Fort Providence antreten konnte.

Elf Männer waren tot. Außer den vier Briten lebten nur noch Benoit, Solomon Bélanger, St. Germain, Adam und Augustus, der zuletzt doch wieder aufgetaucht war. Er hätte aber niemanden mehr vor dem Tod bewahren können, vielleicht nicht einmal sich selbst. Allein Back und die Indianer waren die Retter der Überlebenden.

»Nach einer solchen Reise«, vermutete Richardson, »geht der Rest des Lebens schnell zu Ende.« Franklin hatte eine andere Sorge. Er hielt für möglich, daß man ihm nie wieder ein arktisches oder überhaupt ein Kommando geben könnte. Weder war die Nordwestpassage gefunden noch Parrys Schiff auf dem Land erreicht worden. Sie hatten nicht einmal Verbindungen mit den Eskimos anknüpfen können. Nächtelang dachte John darüber nach, welche Fehler zum Tod der vielen Menschen geführt hatten. Es war falsch gewesen, sich auf Wentzel zu verlassen. Aber das konnte noch nicht alles sein. Hätte man bereits nach der mißglückten Begegnung mit den Eskimos umkehren sollen? Nein. Man hätte ja mit anderen Eskimos mehr Glück haben können. Hätte er jedem den sofortigen Tod androhen sollen, der Lebenswichtiges verlor oder zerstörte, jedem, der etwas stahl oder unterschlug? Nein. Das System »Treue gegen Vertrauen« wäre nur noch schneller am Ende gewesen, und für ein anderes hätten die Machtmittel gar nicht ausgereicht. Hätte er aus England geübtere Jäger mitbringen sollen, Leute, die sich auch sonst in dieser kalten Wüste aufs Überleben verstanden? Aber wer hätte das sein sollen?

Er sagte zu Richardson: »Das System war richtig, nur hätten wir viel mehr Dinge rechtzeitig lernen müssen. Ich bin es, der die Fehler gemacht hat. Man kann trotzdem Glück haben, aber ich hatte es nicht. Das System stimmt. Ich möchte das nächste Mal besser beweisen, wie sehr es stimmt.«

»Mit meinem System geht es mir ganz ähnlich«, antwortete Richardson mit bedächtigem Nicken. Er meinte es bei allem Schalk liebevoll. »Jedenfalls komme ich nicht mehr auf die Idee, Sie mit dem Kapitän der *Blossom* zu vergleichen!«

Franklin dachte weiter nach. »Die Admirale werden jeden Erfolg vermissen. Sie werden glauben, ich sei der falsche Mann. Es stimmt auch.« Er schwieg.

»Aber wenn man alles ganz anders betrachtet, dann bin ich der richtige, und ein besserer ist nicht zu haben. Ich werde den Admiralen helfen müssen, das so zu sehen.«

John Franklin faßte wieder Mut. Seiner selbst war er ohnehin, auch in den schlimmsten Augenblicken, sicher geblieben. Weder Angst noch Verzweiflung hatten ihn lähmen können. Er war stärker als je zuvor in seinem Leben.

Nordwestpassage, offenes Polarmeer, Nordpol. Mit oder ohne die Admiralität würde er diese drei Ziele auf seinen nächsten Reisen erreichen, und keinesfalls würde unter seinem Kommando jemals wieder einer verhungern, das war so sicher wie die Krone von England.

Fünfzehntes Kapitel

Ruhm und Ehre

Jetzt waren die Londoner Zifferblätter weiß. Viele Uhren hatten Sekundenzeiger wie vorher nur die Schiffschronometer. Uhren und Menschen waren genauer geworden. John hätte das gutgeheißen, wenn daraus mehr Ruhe und Gemessenheit entstanden wäre. Statt dessen beobachtete er überall nur Zeitknappheit und Eile.

Oder wollte nur für ihn, John, niemand mehr seine Zeit opfern? Nein, es mußte eine allgemeine Mode sein. Der Griff zur Uhrkette war häufiger geworden als der zum Hut. Man hörte kaum Flüche, der Ausruf: »Keine Zeit!« war an ihre Stelle getreten.

John war etwas befremdet. Hinzu kam, daß er selbst viel zuviel Zeit hatte: ein neues Kommando war nicht in Sicht.

Mit Spott und Tadel hatte man ihn empfangen. Dr. Brown gab sich einsilbig, Sir John Barrow polternd ungnädig, Davies Gilbert, neuer Vorsitzender der Royal Society nach Sir Josephs Tod, eisig-freundlich. Nur Peter Mark Roget suchte hin und wieder John in seiner Wohnung auf, um über Optik, Elektrizität, Langsamkeit und neue Konstruktionsideen für den Bilderwälzer zu reden. Das Thema Magnetismus sparte er aus, vermutlich wegen des magnetischen Nordpols. So viel Taktgefühl war kaum auszuhalten. Die meiste Zeit saß John nur grübelnd hinter seinem Fenster in der Frith Street Nr. 60 in Soho, dachte über den möglichen Verlauf der Nordwestpassage nach und darüber, wie er alles wieder gutmachen und sein Leben mit der nötigen Folgerichtigkeit fortsetzen könnte. Im Haus gegenüber putzte eine alte Frau mehrmals am Tag ihr Fenster, manchmal sogar nachts. Es war, als wolle sie vor ihrem Tod eine einzige Sache noch fertigmachen, an der niemand etwas aussetzen konnte.

Oft half es, hinauszugehen auf die Straße, an Deck gehen, nannte es John. Er wanderte durch London und steckte sich Ziele, um für kurze Zeit Schnee, Eis, Hunger und tote Voyageurs zu vergessen. Die neuen Häuser sah er sich an: weniger Fenster hatten sie jetzt, wegen der Fenstersteuer. Alle eisernen Brücken studierte er: die Kutschen machten Lärm, wenn sie darüber hinfuhren, und das störte. Dann nahm er sich die Frauenkleider vor. Die Taille saß wieder weiter unten in der Mitte der Körperlänge und schien fester geschnürt. Röcke und Ärmel blähten sich, als wollten die Frauen in Zukunft mehr Platz beanspruchen als je zuvor.

Auch nachts war John unterwegs, denn er konnte oft schlecht einschlafen. Mehrere Male bekam er es mit rabiaten Weibern zu tun, die sich von ihm flaschenweise Genever spendieren lassen wollten. Räuber wagten sich nicht an ihn heran. Sein Körper war wieder so schwer und stark wie vor der Reise.

An einem Sonntag in der Frühe beobachtete er im Hyde Park zwei Herren, die sich mit Pistolen duellierten. Sie schossen, vielleicht nicht einmal absichtlich, miserabel: mit einer kleinen Verletzung ließen sie es gut sein. Am Nachmittag sah er zu, wie drei betrunkene Ruderer mit den Strömungen unter der London Bridge nicht fertig wurden. Das Boot schlug gegen den Pfeiler und zerbrach, alle ertranken. Plötzlich hatten da die Leute Zeit zum Schauen! Die Zeitknappheit war nichts als eine Mode, hier der Beweis.

In einer Bude, gegen die Gebühr von einem Penny, konnte er im Stehen die Zeitungen lesen: Aufstand der Griechen gegen die Türken. China hatte den Opiumhandel verboten. Das erste Dampfschiff in der Kriegsmarine, da mußte er lachen. Dem brauchte man nur eines seiner Schaufelräder zusammenzuschießen, und es fuhr nur noch im Kreise und bot das beste Ziel. Ferner die Parlamentsreform! Viele Worte dafür und viele dagegen. Immer ging es um Eile und Zeit: schnell die Reform durchsetzen, bevor es zu spät sei! Schnell die Reform ersticken, bevor es zu spät sei!

Zweimal ging John zum Haus der Griffins. Aber die schöne Jane war, so hörte er, die meiste Zeit des Jahres auf Bildungsreisen irgendwo in Europa.

Was tun? Wo ging es weiter?

Er setzte sich auch in die Kaffeehäuser. Dort bekam man jederzeit Tinte, Feder und Papier, wenn einem etwas Wichtiges einfiel. Zwar fiel John nichts ein, aber er bestellte jedesmal Schreibzeug, starrte auf den weißen Bogen und dachte: Wenn ich etwas Wichtiges habe, schreibe ich es auf. Also geht es vielleicht auch umgekehrt: wenn ich etwas zum Schreiben habe, fällt mir das Wichtige ein. Und so geschah es auch – plötzlich war die Idee da. Sie erschien John tollkühn, aber das sprach eher für als gegen sie, zumal das Vorhaben Ähnlichkeiten mit einer langen Reise hatte. Die Idee hieß: Schreiben. John nahm sich vor, ein Buch zu seiner

Rechtfertigung zu schreiben, ein dickes Buch, mit dem er alle Zweifler bekehren und von seinem System überzeugen wollte. Und da er wußte, was der menschliche Wille für ein loser Vogel war, legte er sich gleich schriftlich fest. Er schrieb auf den weißen Bogen: »BERICHT ÜBER EINE REISE ZU DEN KÜSTEN DES POLARMEERES – nicht unter 100 000 Wörtern!« Das war die Rettung des Unternehmens in letzter Minute, denn der Kopf hatte schon angefangen, Einwände zu zischeln. Zum Beispiel: John Franklin, wenn du irgend etwas nicht kannst, dann ist es Bücherschreiben!

Die ersten Worte waren sicher die schwersten.

»Am Sonntag, dem 23. Mai 1819, gingen unsere Leute vollzählig...« »Unsere Leute«? Sie waren es doch selbst, die an Bord gegangen waren, und nicht irgendwelche anderen, die zu ihnen gehörten. Er schrieb also besser »Reisegesellschaft«, nein, »die Männer unter meinem Kommando«. Das war aber auch verkehrt, denn es schloß ihn selbst nicht mit ein – er hatte ja zur gleichen Zeit auf der *Prince of Wales* Quartier genommen. »Ich und die Männer« gefiel ihm ebensowenig wie »die Männer und ich«. »Wir bestiegen vollzählig« war ungenau, »die ganze Reisegruppe unter Einschluß meiner Person« schreckte vom Lesen ab. »Am Sonntag, dem 23. Mai 1819, schiffte sich unsere von mir angeführte...« – ja, was denn nun?

Der Kopf sagte: Wirf es in die Ecke, John Franklin, du verlierst deinen Verstand darüber! Der Wille quakte monoton: Weitermachen, und John selbst sprach:

»Schon fast ein Dutzend Wörter stehen so gut wie fest!«

Die alte Frau putzte ihr Fenster, und John schrieb sein Buch, Tag für Tag. Jetzt hatte er schon über 50 000 Wörter und war beim ersten Treffen mit Akaitcho und den Kupferminenindianern. Schreiben war mühselig, aber wie eine Schiffsreise: es erzeugte die Kräfte und Hoffnungen, die es erforderte, selbst, und sie reichten auch noch für das sonstige

Leben. Wer ein Buch zu schreiben hatte, konnte nicht auf Dauer verzweifelt sein. Und alle Verzweiflungen des Formulierens waren durch Fleiß zu besiegen. Anfangs hatte John besonders mit seinen Wiederholungen zu kämpfen. Sein ganzes Leben lang hatte er es abgelehnt, für eine einzige Sache mehrere Wörter zu gebrauchen. Daher hatte er zwischen gebräuchlichen und überflüssigen Wörtern unterschieden und seinen Vorrat so gering wie möglich gehalten. Jetzt aber kam es vor, daß ein Wort auf einer Seite zehnmal vorkam, etwa das Verbum »vorkommen« bei der Aufzählung der arktischen Pflanzen. Sogar nachts schreckte John hoch und suchte nach Wiederholungen wie nach einem hartnäckigen, schlafraubenden Ungeziefer.

Noch etwas hatte ihn anfangs gestört: je eifriger er die wirklichen Erlebnisse beschrieb, desto mehr schienen sie zurückzuweichen. Was er aus Erfahrung kannte, verwandelte sich durch Formulierung in etwas, was auch er selbst nur noch sah wie ein Bild. Die Vertrautheit war weg, dafür ein Reiz der Fremdheit wieder da. Irgendwann hatte John angefangen, darin eher einen Vorzug als einen Nachteil zu sehen, obwohl es, gemessen an dem Ziel, Vertrautes zu beschreiben, eigentlich eine Enttäuschung war.

»Der Häuptling kam den Hügel herauf mit gemessenem und würdigem Gang, er blickte weder nach rechts noch nach links« – John ließ die Stelle so stehen, obwohl er wußte, daß damit wenig gesagt war über seine damaligen Gefühle bei diesem Anblick, über die unklare, bange Situation und über die seltsame Hoffnung, die der Häuptling ihm vom ersten Augenblick an eingeflößt hatte. Trotzdem war es ein brauchbarer Satz, weil jedermann seine eigenen Gefühle in ihn hineinstecken konnte oder sogar mußte.

So ergab sich aus den Enttäuschungen des Schreibens schließlich etwas Gutes: eine neue Arbeit, auf die John sich verstand, weil er in ihr das Mögliche wollte und das Unmögliche wegließ. Schon etwa um das fünfzehntausendste Wort herum waren seine Ziele erreichbar geworden:

Das Buch mußte, wenn es seinen Autor rechtfertigen sollte, gut geschrieben sein. Das war eine Zeitfrage, weiter nichts.

Es mußte einfach sein, damit möglichst viele Leute begriffen, wie gut es war.

Es mußte über dreihundert Seiten haben, damit alle, die es besaßen, sich damit sehen lassen konnten.

Die alte Frau starb. Ihr Fenster war noch vier Tage lang deutlich sauberer als alle anderen. John war traurig, denn er hätte ihr gern das fertige Buch geschenkt. Mißmutig saß er da und dachte plötzlich, daß der Bericht die Leser langweilen könnte. Er beschloß, Eleanor zu besuchen, die Dichterin. Er wollte sie fragen, wie man es schaffte, daß ein Buch niemanden langweilte.

»Wieviel haben Sie denn schon geschrieben?« fragte sie. »Zweiundachtzigtausendfünfhundert Wörter«, antwortete er. Da lachte und hüpfte sie, und John faßte sie instinktiv um die Hüfte und hielt sie fest. Das hätte er nicht tun sollen, denn sie verpflichtete ihn augenblicklich, an ihrem literarischen Sonntagszirkel teilzunehmen. Er versuchte alles, um das abzuwenden, verwies auf seine Arbeit, schützte sogar religiöse Gründe vor, die ihm eine sonntägliche Literaturveranstaltung streng verböten – es half nichts, sie glaubte ihm kein Wort.

Eleanors Zirkel hieß Attic Chest. Es ging bei ihr sehr griechisch zu. Die Stoffbespannung der Wand enthielt allerlei Tempelreste, Amphitheater und Ölbäume. Mäandermuster zwirbelten sich um jedes Polster, und das Schachbrett ruhte auf einer korinthischen Säule. Auch Marmorköpfe mit Lorbeerkränzen fehlten nicht. Mehrere Mitglieder der Versammlung wollten demnächst sterben, am liebsten in Hellas, notfalls auch in Rom. John verstand das sofort, weil es mehrmals wiederholt wurde.

Eleanor las ein Gedicht vor, dann ein gewisser Elliott und

schließlich ein kahlköpfiger Mann namens Sharp, der vorher und nachher Erklärungen abgab. Man nannte ihn wohl deshalb auch Conversation-Sharp. Nach dem Lesen sagte irgend jemand etwas Ergriffenes, und alle Schweigenden schienen dem zuzustimmen oder zumindest erfolglos um Einwände zu ringen. John tat es ihnen nach und fuhr gut damit. In den Gedichten ging es ebenso wie in der Unterhaltung um Gefühle und Elemente. Von den elektrischen Grundlagen der Sympathie war die Rede und von Feuerteilchen, die sich in jeder Materie befänden – sie gäben allen Dingen ihr spezifisches Temperament. Aus Breslau stammte die These, ein Diamant sei ein zu sich selbst gekommener Kieselstein. Ein Sonntag reichte nicht aus, um solche Ahnungen und Erkenntnisse gewissenhaft zu bedenken, vom Besprechen gar nicht zu reden. John war sehr froh, daß man ihn nichts fragte, er schwieg und beobachtete die anderen mit wachsender Verwunderung, denn er hatte noch nicht herausbekommen, wodurch diese große Lebhaftigkeit zustandekam.

Schließlich hatte er es: es mußte ein Spiel sein! Sie spielten alle das gleiche Spiel, jeder auf andere Weise.

Da gab es Menschen, die laut und begeistert von sich selbst sprachen wie Eleanor. Das gab ihnen einen Schwung, der es anderen schwer machte, sie zu unterbrechen. Andere sagten am Ende jedes Satzes »und«. Aber sie waren machtlos gegenüber denjenigen, die es verstanden, in die hauchdünne Pause vor dem »und« einzudringen und Bemerkungen zu machen.

Die Hauptspielregel hieß offensichtlich: Das Wort ergreifen und so lang wie möglich behalten.

Mr. Elliott legte beim Zuhören den Kopf so schief, daß er einem Hart-am-Wind-Segler bei kräftiger Brise glich. Nach einiger Zeit begann er zustimmend zu nicken und verstärkte das immer mehr, bis der andere verstummte, um seine Zustimmung auch in Worten zu erhalten. Was dann kam, war aber Kritik. Oder Miss Tuttle. Sie begann das Zuhören mit hoch erhobenem Haupt, senkte dann nach und nach das Kinn, bis es schließlich auf ihrem Spitzenkragen anlangte. Spätestens dann fing sie unweigerlich zu sprechen an, ob der andere nun fertig war oder nicht. So befand sich jeder Sprecher im Wettlauf mit Miss Tuttles Kinn, und nervöse Leute bemühten sich angstvoll um Kürze.

Da John nicht zu Wort kommen wollte, stand er außerhalb des Spiels und konnte es mit Gelassenheit betrachten. Aber bald war es damit aus, denn Mr. Sharp hatte ihn nach dem Verlauf seiner Reise gefragt – schon zum zweiten Mal. Andere machten John darauf aufmerksam. Sofort sagte niemand mehr etwas, alle warteten auf Johns Worte. Nun mußte er in das hallende Schweigen hineinstolpern mit seinen armen, wiederholungsreichen Sätzen. Je mehr er sich schämte, desto wohlwollender blickten ihn alle an. Sie hatten natürlich von seinem Fiasko in der Arktis gehört, wollten ihn das aber nicht merken lassen und taten ganz neugierig und erstaunt. Er machte es so kurz wie möglich. Zum Glück war auch bald wieder von etwas anderem die Rede: vom Augenblick und von der Fähigkeit der Kunst, ihn einzufrieren – es ging um griechische Vasenbilder. Das interessierte John, denn er konnte sich vorstellen, was daraus werden würde: aus mehreren gefrorenen Augenblicken ließ sich Bewegung abbilden! Das wollte er den Dichtern sagen, aber jetzt kam er nicht mehr zu Wort. Er holte tief Luft für seine guten Sätze, aber niemand achtete darauf. Auch wenn er sich den Anschein gab, als ob er vor Wissen gleich platzen würde, hatte niemand Mitleid. Daher gab er das wieder auf und sah sich nur Eleanors schöne hellbraune Augen an, und wie sich in ihrem Nacken die Haare sanft kräuselten, das genügte ihm. Auch er konnte Augenblicke festhalten, vielleicht besser als die, die darüber sprachen.

Als die letzten Gäste gegangen waren, blieb John noch etwas da. »Sie finden dich interessant, weil du ein Schiff führen kannst«, meinte Eleanor, »außerdem finden alle Künstler an einem Menschen, der von Rechts wegen tot sein müßte, großes Gefallen. Allein schon eine Narbe in der Mitte der Stirn...« »Kennst du den Maler William Westall?« fragte John.

»Ich kenne ein Bild von ihm«, antwortete Eleanor, »›Der Monsun zieht herauf‹. Er ist durchaus begabt.«

Plötzlich wußte John, daß sie genauso große Schwierigkeiten hatte wie er, das richtige Wort zu finden. Bei ihr wirkte sich das nur anders aus. »Begabt« – was für ein ödes Wort für einen Mann oder ein Bild! Sie fanden alle die richtigen Worte nicht, aber sie waren eben schnell und gingen mit diesem Mangel anders um als er.

Er verabschiedete sich, ging wieder in die Frith Street und schrieb weiter Tag und Nacht. Um durchzuhalten, hatte er seinem Willen einen neuen Brocken hingeworfen: den Schlußsatz. Er hatte entschieden, wie das Buch aufzuhören habe.

»Und so endete unsere lange, anstrengende und unglückliche Reise in Nordamerika, auf der wir zu Wasser und zu Lande 5550 Meilen zurückgelegt hatten« – so und nicht anders mußte er lauten!

Wenn John müde wurde, hieß er seinen Willen prüfen, ob der Satz schon geschrieben werden konnte. Der einfältige Diener prüfte und konnte nur antworten: Noch nicht ganz!

Der Rest des Jahres 1823 brachte drei Ereignisse, mit denen niemand gerechnet hatte.

Im August heirateten John Franklin und Eleanor Porden.

Im September brachte der Verleger Murray Johns Reisebericht heraus. Es war ein teures Buch, zehn Guineen das Exemplar. Schon drei Wochen später kam Murray mit dem Drucken nicht mehr nach, weil alle Welt es haben wollte. Auf einen Schlag galt John Franklin als tapferer Forscher und großer Mensch. Er hatte gar nicht erst versucht, sich zu rechtfertigen, sondern das Unglück genau geschildert, nichts weggelassen und auch seine eigenen Hilflosigkeiten zugegeben. So etwas mochten die Engländer. Sie kamen überein, daß dies Hilflosigkeiten seien, die man nur zusammen mit der Menschlichkeit ablegen könne.

Sie wollten Franklin so siegen oder untergehen sehen, wie er war. Kleinlich und kurzsichtig schien ihnen jeder Zweifel an seinem Wissen und Können. Er wurde geehrt von Admiralen, Wissenschaftlern und Lordschaften, und jedermann war binnen weniger Tage schon jahrelang mit ihm bekannt. Noch im selben Monat wurde er in die Royal Society aufgenommen, und die Admiralität beeilte sich, ihn endlich auch formell zum Kapitän zu ernennen.

Das dritte Ereignis: Peter Mark Roget kam zu Besuch, um ihm zu gratulieren. Und dabei teilte er Franklin mit, er sei gar nicht langsam. Er sei nie langsam gewesen, sondern ein ganz normaler Mensch!

So war das. Plötzlich war er normal und zugleich der Größte und der Beste. Jetzt fürchtete er wie Richardson, daß der Rest des Lebens rasch an ihm vorüberziehen würde.

Jeder Tag brachte neue Gratulationen, und was schrieben sie nicht alles in den Zeitungen! Jeder studierte an ihm herum, wie er wohl sei und wie er in Wirklichkeit sei.

»Ich bin nur für lange Strecken geeignet«, sagte er zu Eleanor. »Bei einem plötzlichen Durcheinander wie diesem muß ich mir Zeit nehmen.« Er zog sich nach Spilsby, Lincolnshire, zurück und dachte über alles gründlich nach.

Eleanor erwartete ein Kind. Wenigstens das stand noch nicht in der Zeitung.

Über den Ruhm nachzudenken war für einen Berühmten nicht leicht, er stand sich dabei selbst im Wege. Um nachdenken zu können, verbot sich Franklin deshalb energisch die Idee, der Ruhm hänge mit seinen wirklichen Qualitäten zusammen. Eher war es eine Sache der Sensation. Für die Londoner war er »der Mann, der seine Stiefel aß«, und wenn sie ihn sahen, fiel jedem ein guter Witz über Hunger und Kälte ein. Ja, das war es: allen fiel zu seiner Geschichte etwas ein. Deshalb kam er auch nicht wesentlich besser zu Wort als vorher.

Mr. Elliott hatte gesagt: »Ein Held, das ist ein Pechvogel mit Charakter. Helden brauchen wir jetzt mehr denn je, und zwar als Gegensatz zu den Maschinen.« Sharp hatte die hauchdünne Pause genutzt und eingeworfen: »Eine ziemlich abwegige Erklärung! Die Todesnähe ist es! Ein Held ist einer, der jung stirbt oder zehnmal mit dem Leben davonkommt und es dann ein elftes Mal riskiert. Und da neuerdings jeder außer mir selbst vom Tode schwärmt...« Miss Tuttle, deren Kinn eben unten angekommen war, wurde ungeduldig: »Gut, das wäre also ungeklärt. Die Leute lieben ihn einfach! Wenn Sie mir sagen können, wie Liebe entsteht, wissen Sie alles.« Franklin interessierte sich weniger für die Entstehung als für die Frage, wie er mit seiner neuen, übermäßigen Auffälligkeit glücklich leben sollte.

Zu Flora Reed sagte er: »Ruhm und Lächerlichkeit sind nah verwandt. Mit Ehre haben beide nichts zu tun.«

Flora antwortete: »Ich beneide dich ja auch gar nicht! Was wirst du mit dem Geld tun?«

»Am liebsten verschenken«, grübelte John, »allerdings bin ich jetzt ein verheirateter Mann...«

»Sieh da!« sagte Flora.

»...und übrigens werde ich, wenn ich trotz allem kein weiteres Kommando erhalte, ein eigenes Schiff ausrüsten müssen.«

Flora entschuldigte sich. Sie hatte zu tun.

Daß er nicht von Natur langsam sein sollte, behagte John überhaupt nicht: er brauchte diese Eigenschaft jetzt mehr denn je. Roget hatte die Maschine nachbauen lassen, mit der einst Dr. Orme Johns Geschwindigkeit gemessen hatte.

»Sie hat einen Fehler«, sagte er, »das Ergebnis der Messung hängt von der Meinung des Gemessenen ab. Will er langsam sein, dann sieht er schon bei einer geringen Rotationszahl ein vollständiges Bild. Will er schnell sein, ist er auch bei hoher Umdrehungszahl nicht zufrieden. Wann er ›jetzt‹ sagt, bleibt ihm überlassen.«

»Meine Langsamkeit ist aber von vielen Menschen beobachtet worden«, antwortete Franklin, »und ich konnte auch dann nicht schnell sein, wenn ich wollte. Nie habe ich einen Ball fangen können!«

»Warum Sie etwas nicht konnten, darüber habe ich keine Theorie, Herr Kapitän. Ich will mir auch keine anmaßen. Ich kann nur sagen, woran es wahrscheinlich *nicht* gelegen hat. Ist Ihnen das unangenehm?«

»Nein, es ist belanglos«, hatte Franklin ihm erwidert. »Ich weiß, daß ich langsam bin: Berlengas! Der Leuchtturm von Berlengas hat mir den Beweis dafür geliefert, daß ich immer eine Runde nachgehe.« Nun wurde Roget sehr neugierig, aber den Beweis erhielt er nicht. John wechselte schwerfällig das Thema und überhörte alle Versuche, noch einmal auf diese Sache zurückzukommen.

Auch der Bilderwälzer, mit dem sich Roget beschäftigte, interessierte Franklin weniger als früher. Das Schreiben hatte ihm da andere Gesichtspunkte gegeben, aber er mußte lange nachdenken, bis er sie Roget erklären konnte. »Ich bin Entdecker«, sagte er, »und Entdecken heißt: selber direkt anschauen, wie etwas aussieht und wie es sich bewegt. Ich möchte mir von einem Bilderwälzer nichts vormachen lassen.«

»Dann lehnen Sie auch Malerei und Literatur ab?« fragte Roget. Franklin bat ihn, etwas zu warten. Er ging einige Male im Zimmer hin und her.

»Nein«, sagte er dann. »Malerei und Literatur schildern zwar auch, wie etwas aussieht und nach welchen Regeln es sich bewegt, aber nicht, *wie schnell* das geschieht. Wenn sie es doch irgendwie behaupten, kann man es sofort anzweifeln. Das ist wichtig. Denn wie lang die Dinge dauern und wie schnell sie sich ändern, müssen die Menschen selber sehen.«

»Das verstehe ich nicht«, antwortete Roget. »Ist das nicht

ein etwas bombastischer Einwand gegen eine harmlose Illusionsmaschine zur Unterhaltung? Ich würde Ihnen recht geben, wenn das direkte eigene Schauen durch einen solchen Apparat vollkommen ersetzt würde. Aber das wird niemals möglich sein.«

Franklin stand am Fenster und tat sich mit der Antwort schwer. Er zwinkerte, murmelte, schüttelte den Kopf und setzte mehrere Male zum Sprechen an, um dann doch lieber noch einmal zu überlegen. Ein Glück, daß Roget soviel Takt hatte.

»Wie lang etwas dauert und wie plötzlich es anders sein kann«, sagte Franklin, »steht nicht fest, es hängt vielmehr von jedem einzelnen ab. Ich hatte genug Mühe damit, das zu akzeptieren: meine eigene Geschwindigkeit, und die Art, wie sich die Welt *für mich* bewegt. Schon eine einzige Illusion kann gefährlich sein. Zum Beispiel —«

»Ja, ein Beispiel!« rief Roget.

»— wie ein Mensch angegriffen wird und kämpft. Wie schnell ein Säbel ihn trifft, und ob er überhaupt eine Chance hat durch Blick und Bewegung! Darüber darf es keine optische Behauptung geben, die wie eine Wahrheit aussieht. Wenn mein Augenmaß für Bewegungen unrichtig ist, dann ist es auch das Augenmaß für mein Selbst, für alles.«

Jetzt war es Roget, der das Thema wechselte. Diese Einwände und Betrachtungen waren ihm zu kraus, und sie wunderten ihn vor allem bei John Franklin, der sonst kein Freund von Übertreibungen war.

Vater Franklin lag schwerkrank und sprach vom Sterben. Er nahm aber noch auf, daß aus seinem Sohn jetzt etwas geworden war. »Wie ich immer gesagt habe«, flüsterte er, »intelligent ist, wenn man's zu was bringt. Aber unwichtig ist beides. Wir beginnen als reiche Leute und enden als Bettler.«

Aus London kam Eleanor an. Von weiten Kleidern eingehüllt stieg sie aus der Kutsche. Krank und blaß sah sie aus.

Franklin fuhr mit ihr gleich weiter nach Old Bolingbroke zum Vater.

»Schade, ich kann deine Frau nicht mehr sehen«, sagte er. »Hauptsache, sie ist gesund!«

John war in sie verliebt, und da das seine Geduld noch vergrößerte, hatte er Eleanors Herz für einige Zeit gewonnen. Sie hatte von seiner Zärtlichkeit geschwärmt. Er hatte ihr zugehört und festgestellt, daß er ihre Reden tagelang aushalten konnte, wenn er dabei unverwandt ihr Gesicht und ihre Bewegungen betrachtete. Dann das neue Thema: Kinder. Sie wollte viele Kinder gebären, das fand sie wunderbar archaisch, und den hilflosen Zustand, aus dem jedes neue Leben entstand, so schöpferisch und »irgendwie religiös«. Franklin sah das einfacher, aber Kinder wollte er auch. Die Hochzeit war etwas mühevoll gewesen. Franklin hatte zu lernen versucht, wie man eine Quadrille tanzte. Alles lernte er gern auswendig, nur nicht Tanzschritte und Verwandtschaftsgrade – beides war aber für eine Hochzeit unvermeidlich. Und was dann gespielt wurde, waren fast nur Wiener Walzer, für ihn ein unerreichbares Land. Aus Liebe versuchte er es trotzdem.

Seit Franklins allgemeine Beliebtheit so gewachsen war, begann Eleanors Zuneigung abzukühlen. Sie hatte ein mehrbändiges, etwas langweiliges Heldenpoem über Richard Löwenherz veröffentlicht, das sich nur mäßig verkaufte, obwohl die Buchhändler stets dazusagten, es handle sich um »die Frau des Mannes, der seine Stiefel aß«. Das alles war auf die Dauer nicht gut für die Liebe einer Dichterin. Eleanor hatte zu kränkeln und zu mäkeln begonnen, hüpfte nicht mehr, lachte nicht.

Nun waren sie aber nicht in London! Franklin hoffte, sie hier für immer zu gewinnen, für sich, für dieses ruhige Land und für die verrückten Leute von Spilsby und Horncastle. Er wünschte sich, daß sie mit ihm hier in Old Bolingbroke wohnte und daß all die vielen Kinder hier aufwüchsen.

Aber es kam anders. Eleanor fand Lincolnshire zu provinziell, den Dialekt zu breit, die Landschaft einmal zu flach, ein andermal zu bucklig und das Klima schädlich. Nur den alten Franklin mochte sie: »Was für ein niedlicher, gelungener alter Mann!« Wohnen wollte sie hier auf keinen Fall. Sie hustete, bis Franklin ihr zustimmte. Irgendwann stritten sie sich über die Liebe. Als Franklin zugab, daß ihn vielleicht das Entdecken mehr interessierte als die Liebe, und in der Liebe am meisten das Entdecken, wurde sie pathetisch und persönlich zugleich, eine ungute Mischung. »Ich hätte dem großen Sieger über Hunger und Eis nicht so nahe kommen sollen! Was von weitem wie Kraft aussieht, ist von nahem gesehen Logik und Pedanterie.« Franklin überlegte. Weder am Reden noch an ihrem Zorn wollte er sie hindern. Aber wenn sie ihn nun ganz anders haben wollte, als er war?

»Ich muß so sein! Ohne Vorbereitung und feste Regeln herrscht in meinem Kopf das Chaos – eher als in deinem.«

»Darum geht es nicht!« antwortete Eleanor. Dieser Satz machte Franklin Sorge, denn seit der Zeit mit Flora Reed wußte er nur zu gut: ein Streit, bei dem einer dem anderen erklärte, worum es ging, war ausweglos.

In den Tagen bis zu ihrer Abreise hustete Eleanor noch stärker, las Mary Shelleys »Frankenstein« und, was noch schlimmer war, sie sprach nur noch ganz wenig.

Kaum war sie fort, starb der Vater. Es war, als habe er damit nur gewartet, bis die Luft rein wäre.

Das Leben verging jetzt wirklich zu rasch. Franklin litt darunter. »Es ist durchaus gegen meine Ehre«, schrieb John Franklin an Sir John Barrow, »Ruhm für etwas zu ernten, das weder gelungen noch zu Ende geführt ist. Mein Beruf ist es, gute Seekarten herzustellen für die Wohlfahrt im einzelnen. Jetzt aber hat von mir niemand etwas. Ich sitze in London, gebe Zeitungsinterviews und rede auch sonst ständig mit Leuten, mit denen ich nur Termine gemeinsam habe. Ich bitte in aller Bescheidenheit, Sir, geben Sie mir ein neues

Kommando! Ich glaube, daß ich die Nordwestpassage finden kann.«

Eleanor bekam das Kind, und John das Kommando, beides am selben Tag. Eine neue Landreise sollte diesmal den Großen Fluß im Norden Kanadas hinabführen und von dessen Mündung aus west- und ostwärts mit geeigneten Booten fortgesetzt werden. Franklin traf sich sofort mit Richardson und sprach über Mannschaft und Ausrüstung. George Back hatte Wind davon bekommen und wollte wieder mit dabei sein. Franklin und Richardson berieten sich. Sie fanden, daß sie Back einiges schuldig seien und seiner Karriere nicht im Weg stehen wollten. »Daß er Männer liebt, tut nichts zur Sache, er soll mitkommen!« Dann fragte Richardson, ob Franklin seine kränkelnde Frau und das Kind ohne weiteres werde verlassen können.

Franklin antwortete nur: »Es wird gehen.« Er fand es überflüssig, Richardson alles mitzuteilen oder gar Klage zu führen. Planen und Handeln war der Beruf einer Freundschaft, alles andere verfälschte sie nur.

Das Kind war ein Mädchen und wurde auf den Namen Eleanor Anne getauft. Die Freunde kamen zu Besuch. Franklin sagte: »Das ist Ella!« Die Kleine strampelte herum und schrie mörderisch. Sie wollte offenbar nicht beurteilt werden. Hepburn sah in die Wiege und wagte schließlich doch einen Kommentar: »Sie sieht aus wie der Kapitän, wenn man ihn durchs verkehrte Ende eines Fernrohrs betrachtet.« Das fand Franklin für seine Tochter wenig schmeichelhaft, aber er schwieg. Gleich danach waren sie wieder mitten in den Reisevorbereitungen.

Eleanor war ernstlich krank. Die Ärzte kamen und gingen, die Diagnosen widersprachen sich, der Husten blieb. Die Krankheit brachte die Liebe nicht zurück, aber sie machte John barmherzig gegen Eleanors kleine Tücken, die ihr ohnehin nicht viel nutzten. Ihre Versuche, John durch Verletztheiten und Vorwürfe zu regieren, verfingen nicht. Er saß an ihrem Bett, hörte ihr freundlich und schuldbewußt zu und dachte konzentriert an Pemmikan, Schneeschuhe, Wasserfälle und Teevorräte.

Kurz vor dem Abschied entdeckte Eleanor sich als die hingebungsvolle Gattin eines bedeutenden Forschers, sie ging ganz in seinen Zielen auf und war ihm durch die Tiefe dieser Hingabe ebenbürtig. Keinesfalls, sagte sie, dürfe er ihretwegen zurückbleiben, unter keinen Umständen die Nordwestpassage auf dem Altar der Ehe opfern. In mühseliger Arbeit nähte und bestickte sie eine große englische Fahne, die Hände vom Krankenbett emporgereckt. Immer wieder fiel ihr die Nadel ins Gesicht, es war wirklich keine leichte Arbeit. Als sie fertig war, faßte sie Johns Hand und sprach: »Fahr hinaus, Löwenherz! Enthülle die Fahne am stolzesten Punkt deiner Reise!« »Gern«, murmelte er, »herzlich gern«, und glaubte plötzlich ganz sicher zu wissen, daß er weder die Liebe noch die Frauen je verstehen würde. Die Frauen wollten in der Welt etwas anderes, das konnte man nur respektieren.

Wenige Tage, nachdem John Franklin in Liverpool zusammen mit seinen Reisegefährten das Schiff bestiegen hatte, starb Eleanor. Er erfuhr davon Monate später in Kanada, nachdem er der Toten noch einige tröstende und aufmunternde Briefe geschrieben hatte. Überrascht war er von der traurigen Nachricht kaum.

»Sie starb für die Sache der arktischen Entdeckungen«, stand in der Zeitung. »Freilich, sie starb«, kommentierte Elliott, »aber gelebt hat sie für die Literatur!« Darüber ärgerte sich Mr. Sharp. »Sie hat Größe bewiesen. Ob man sich für die Arktis, die Freiheit der Griechen oder für die Literatur opfert, ist unerheblich!« Miss Tuttle konnte nicht länger zuhören: »Sie hat ihn geliebt, allein darum geht es!« Sie befanden sich mitten in einem Streit, bei dem einer dem anderen erklärte, worum es ging. Eleanor fehlte ihnen, die frühere, die lachende Eleanor, die jeden Streit kurzerhand zerstreut hatte, indem sie laut und begeistert von sich selbst erzählte. Ach, wie schnell wurde aus allem Vergangenheit.

Die zweite Landreise, 1825 bis 1827, war so leicht und glücklich wie ein Kindertraum in den Schulferien.

Jetzt konnten sie alles und lernten noch mehr. Gute Boote hatte Franklin bauen lassen für Flußfahrt und Küstenforschung, der Proviant war reichlich, die Verbindungen zu den Pelzhandelsposten niemals unterbrochen. Nur noch von feindseligen Eskimos konnte Gefahr drohen. Aber das war das größte Glück: sie trafen nur auf Stämme, die ihnen das erwiderten, was sie mitbrachten: Furchtlosigkeit und Wohlwollen. Franklin schrieb auf und lernte, was er nur immer zu sehen und zu hören bekam, denn eines war sicher: die Eskimos konnten hier leben, und wenn man so lebte wie sie, konnte man es auch. Augustus war wieder dabei und übersetzte ihm alles, das Wichtige und das scheinbar Unwichtige. Franklin machte jetzt aus seiner Art des Sehens eine neue Art des Fragens. Er hatte herausgefunden, daß es nicht sinnvoll war, »Führungsfragen« zu stellen, die mit ja oder nein beantwortet werden mußten. Die Eskimos beantworteten solche Fragen aus vertrackter, irreführender Höflichkeit stets mit ja. Franklins wichtigstes Wort wurde daher das Wie.

Sein Notizbuch füllte sich: »Erneinek ist die Harpune mit der Seehundsblase, Angovak die große Lanze, Kapot die kleine, Nuguit der Wurfpfeil für Vögel.« Jedes Gerät hatte seinen Sinn, und wenn man damit umgehen wollte, war noch mehr zu lernen: die Konzentration, ohne die man in dieser Landschaft weder etwas sah noch erjagte. Und nichts erjagen hieß sterben.

Ein Glück war auch, daß Back endlich verstand, was wichtig war. Vielleicht war er erwachsen geworden, vielleicht hatte er einfach begriffen, wie Entdeckung und langsames Beobachten zusammengehörten, und noch mehr: »Wenn wir den Eskimos Intelligenz und Gewehre voraushaben, dann besteht die Intelligenz darin, ohne Gewehre auszukommen« – bitte sehr, ein Satz von George Back, Leutnant der Kriegsmarine!

Die Kleidung der Eskimos: Unterhosen aus Federbälgen von Krabbentauchern, Hosen aus Fuchs- oder Bärenfell, Strümpfe aus Hasenfell, Betten aus Moschusochsenfell – denen erfror gar nichts!

Obwohl sie ihre Boote mitgebracht hatten, lernten die Weißen, wie man gute Boote machen konnte aus gespaltener Walroßhaut und Knochen. Sie merkten sich auch, wie man Felle und Fleischvorräte zu einem Schlitten zusammenfrieren lassen konnte. Das sparte Gewicht und machte es den Hunden leichter. Mit Holzmessern schnitten sie Ziegel aus dem gefrorenen Schnee und bauten Eishütten, die die Wärme besser hielten als jedes Armeezelt. Vieles von dem, was Europäer auf ihren Reisen mitschleppten, erschien ihnen bald nur als ein existenzbedrohender Ballast.

Irgendwann schrieb Franklin ins Tagebuch: »Wir können eigentlich nicht glücklicher sein.«

Das Lernen vermehrte sich in geometrischer Progression, und es gab einen Übermut des Schauens und Begreifens, der wie ein Rausch wirkte. Als Back zum ersten Mal nach stundenlangem Warten einen Seehund harpuniert hatte, der für eine halbe Sekunde die Nase von unten durchs Eisloch gesteckt hatte, da tanzte er vor Freude auf dem Eis herum, glitt aus, landete auf dem Rücken und rief strahlend: »Ich kann's!« Er hatte es oft versucht, aber nicht gekonnt. Wie kam es, daß er das hatte lernen können? Konnte man doch schneller werden, als man war? Franklin hatte für Notfälle seinen starren Blick, aber der verlieh Schnelligkeit durch Auswahl, nicht aber eine geschwindere Reaktion. »Wie haben Sie das gemacht, Mr. Back?« fragte er. »Es ist sehr einfach, Sir, Sie dürfen an nichts denken als an dieses eine.« »Das kann ich«, sagte Franklin, »aber wenn ich mich auf eine einzige Sache konzentriere, dann heißt das: sie geht mir in den Gedanken herum, bis mein ganzer Kopf sie genau kennt.« »Das ist es eben gerade nicht!« entgegnete Back.

»Es darf nur ein kleiner Teil des Gehirns beteiligt sein, der mit dem Zustoßen zu tun hat. Versuchen Sie es doch einmal!« Franklin zögerte. »Ich muß mir erst genau überlegen, ob das geht. Dann versuche ich es«, antwortete er. Er wußte, daß er niemals eine Robbe würde erlegen können. Aber was er da gehört hatte, beschäftigte ihn.

Back brachte seinen Seehund zu den Eishütten. Man aß die rohe Leber und lernte noch mehr: Der Jäger bekommt nichts von der Beute, er jagt für die anderen. Das paßte zum Franklinschen System – zumindest war es der Überlegung wert.

Zwar wurde die Nordwestpassage nicht gefunden, aber die Reise war dennoch erfolgreich: eine beträchtliche Küstenstrecke war erforscht und kartographiert, und die ethnographischen Aufzeichnungen waren zahlreich und gut. Von der Mündung des Kupferminenflusses bis zur Behringstraße war jetzt der Verlauf der Nordwestpassage klar erkennbar. Blieb nur noch das Stück zwischen Hudsonbai und Point Turnagain.

Wo war der »stolzeste Punkt der Reise«? Franklin entfaltete Eleanors Fahne an der Mündung des großen Stromes, den er nach seinem Entdecker Mackenzie's Fluß nannte.

Dem Bericht über die zweite Reise im kanadischen Norden wollte Franklin den Titel »Die freundliche Arktis« geben. Aber der Verleger war strikt dagegen: »Niemand will etwas von einer freundlichen Arktis hören, Mr. Franklin! Wüst und schrecklich muß sie sein, damit die Entdecker noch heldenhafter erscheinen!« »Aber das ist doch, was ein Entdecker tun soll«, erwiderte Franklin, »so lange forschen, bis er die freundlichen Seiten entdeckt hat.« »Ja, aber das bleibt unter uns!« antwortete der Verleger. Das Buch erhielt einen neutralen Titel: »Zweite Reise zu den Küsten des Polarmeers« und verkaufte sich gut. Berühmt blieb John Franklin allein wegen der früheren Reise. Mr. Murray hatte recht. Die Leser verstanden nur das, was sie schon vom ersten

Buch her zu wissen glaubten, und es war nicht gut, sie darin zu beirren. Die Zeit war knapp, die Meinung fest, und Neues blieb verborgen.

London dampfte. Der Zuwachs an Apparaten, Maschinen und Eisenkonstruktionen wurde täglich größer, man nannte es den Fortschritt. Viele wirkten an ihm mit, wenige hatten an ihm teil. Die meisten starrten ihn mit glänzenden Augen an und sagten bewundernd: »Wahnsinn!« Der Fortschritt war eine Verrücktheit, diente aber dem Ruhme Englands, und auch wer keinen Profit machte, liebte seine Nation.

Ein gewisser Brunel – John hatte schon in Portsmouth von ihm gehört – wühlte seit 1825 mit großen Maschinen im Schlick, um einen Tunnel unter der Themse hindurchzuführen. Und »Lokomotiven« gab es jetzt. Sie erreichten, obwohl sie mit glatten Eisenrädern auf glatten Schienen fuhren, die Geschwindigkeit eines guten Pferdes und zogen dabei noch bis zu drei Wagen hinter sich her. Charles Babbage erklärte John seinen Plan, eine riesenhafte Rechenmaschine zu bauen, so groß wie ein Haus, bestehend aus einem rechnenden und einem druckenden Teil. Sie sollte ununterbrochen arbeiten und die ganze Welt mit Logarithmentafeln und nautischen Tabellen überziehen. Nichts Errechenbares würde dann noch menschliche Gehirne belasten! Alle begabten Menschen würden wieder nachdenken statt Zahlen zu kritzeln. Das gefiel Franklin. Babbage geriet in Eifer. Er erzählte genau, wie die Maschine rechnete, nämlich anders als ein Mensch, und viel schneller und zuverlässiger! Sie würde die unglaublichsten neuen Erkenntnisse produzieren, weit über die bisher gebräuchliche Mathematik hinaus, und vielleicht könnte sie sogar die Armen- und Steuergesetzgebung direkt von den Ergebnissen der Statistik her entwerfen.

Die Unterhaltung war nicht recht flüssig. Franklin mußte immer wieder bremsen, um verstehen zu können. Babbage war ungeduldig, jähzornig und massiv. Er liebte weder Frauen noch Kinder, noch sonst etwas auf der Welt, nur seine

Ideen. Franklin dachte nach und starrte auf die altertümlichen Kniehosen des Mathematikers, um einen Halt zu finden gegenüber soviel Fortschritt. Er selbst, immerhin, trug schon die neuen, langen Röhren, und den Zweispitz nicht mehr quer, sondern, wie es Mode war, in Marschrichtung.

Wenn Franklin etwas begriffen hatte, verfügte er darüber nach eigenem Gutdünken. Nein, die Maschine habe Grenzen, sagte er zum Ärger des Erfinders. Sie könne stets nur das berechnen, was mit »Führungsfragen«, also aus den Antworten ja und nein, zu finden sei. Er erzählte von den Eskimos und von der Unmöglichkeit, durch Alternativfragen Neues von ihnen zu erfahren. »Ihre Maschine kann nicht staunen und nicht in Verwirrung geraten, also kann sie auch nichts Fremdes entdecken. Kennen Sie den Maler William Westall?«

Babbage hatte die Frage überhört. »Für einen Seemann denken Sie reichlich rasch!« sagte er mit dumpfer Stimme.

»Nein, ich denke recht mühsam«, antwortete Franklin, »aber ich höre nie damit auf. Sie kennen zu wenig Seeleute!«

Sie blieben Freunde. Babbage liebte zwar nur seine Ideen, aber er interessierte sich hin und wieder auch für Menschen, sofern sie den Mut hatten, seinen Ideen zu widersprechen.

Franklin verlobte sich mit Jane Griffin. Zunächst vor allem deshalb, weil sie ausnahmsweise nicht im Ausland war und weil sie ihre nächste Abreise bereits angekündigt hatte. Aufs Reisen verstand sie sich wie sonst niemand. Sie kannte alle Kanalsegler mit Namen, sie rechnete die europäischen Währungen blitzschnell in Pfund und Schilling um. Immer besorgte sie sich besondere Pässe, die zwischen Calais und Petersburg jeden Beamtenrücken vor ihr beugten, und sie wußte, wie man Zollwaren durch Auflegen einiger schwersilberner Münzen vollkommen unsichtbar machen konnte. »Du wärst ein guter Erster Leutnant«, sagte Franklin zu ihr.

Jane beherrschte alles: Gesellschaften, Liebhaber, den Haushalt, alle Modethemen und den Wechsel der Gesichtsfarbe. Sie war schnell und hatte dabei auch noch Sinn für Treue. Franklins Freunde sagten: »Jetzt ist seine Karriere nicht mehr aufzuhalten!«

Beim Sprechen klimperte Jane mit den Augendeckeln und ließ den linken immer etwas länger geschlossen als den rechten, wodurch etwas Schalkhaftes in alles hineingeriet, was sie sagte, sogar wenn sie jemandem kondolierte.

Was Franklin aber am meisten beschäftigte, war ihre Art des Sehens. Sie konnte eine erstaunliche Menge von gleichzeitigen Erscheinungen aufnehmen, denn sie vertiefte sich in keine einzige und war daher sofort wieder für die nächste frei. Aber keine dieser Einzelheiten vergaß sie! Es war, als behielte sie alles um des Behaltens willen und als baue sie im Kopf im verkleinerten Maßstab ein naturgetreues Panorama aus tausend Details auf, die ihr Auge registriert hatte. So saß sie am liebsten in einer schnellfahrenden Kutsche, blickte hinaus und fraß die Landschaft in sich hinein mit unerschöpflicher Ausdauer.

John liebte das Kutschenfahren auch, und obwohl seine Sehweise etwas anders war, reisten sie gern zusammen.

Der Ruhm wuchs immer noch mehr. Das Bürgertum las die Expeditionsberichte und schwärmte weiterhin von dem unverzagten Helden der Eiswüste. Die Dockarbeiter fanden ihn auch so in Ordnung: »Er riskiert seine Knochen, und andere haben was davon: er ist wie wir!« Sogar der Adel lobte Franklin: »Das ist altes englisches Holz – auch halb verrottet nicht auszurotten! Solche Leute können wir überall hinschicken!« sprach in einer Tischrede Lord Rottenborough.

Franklin wußte, wo er hingeschickt werden wollte, und sagte es auch. Aber seine Aussicht, ein weiteres Forschungskommando zu bekommen, war gering. Das Interesse an der Nordwestpassage hatte rapide abgenommen, weil sie für den Handel offensichtlich kaum zu gebrauchen war. »Was wollen Sie noch im Eis?« fragte der Erste Lord väterlich. »Wir brauchen Sie für wichtigere Aufgaben!« Was konnte so wichtig sein? Aber vorerst ließen die Aufgaben noch auf sich warten.

Franklin machte auf eigene Faust den Versuch, in ausländische Dienste zu treten, um mit einer Arktisexpedition beauftragt zu werden – Wissenschaft war international, nichts sprach dagegen. Der Erfolg blieb aus. In Paris hatte er Unterhaltungen in französischer Sprache durchzustehen und sogar eine Rede zu halten, weil man ihm die Goldmedaille der Geographischen Gesellschaft zuerkannte. Mit Baron Rothschild frühstückte er, mit Louis Philippe von Orléans aß er zu Abend. Viel Interesse an seiner Person, wenig an der weiteren Erforschung der Arktis. Mildes Lächeln über seine Erfahrungen mit den Eskimos. Die härteste Arbeit war der Tee bei der Madame la Dauphine, deren erlesene Kekse er sofort gegen *tripes de roche* eingetauscht hätte, wenn er dafür keine ihrer Plauderfragen hätte beantworten müssen.

Jane spornte ihn an. »Zu langsam? Jetzt nicht mehr! Sieh dich doch um: du hast genau die Geschwindigkeit, die alle bedeutenden Menschen annehmen, wenn sie sich unter weniger bedeutenden bewegen! Auch der König, auch Wellington oder Peel lassen fast nach jedem Wort eine Pause eintreten. Und wenn du das eine oder andere nicht verstanden hast und deshalb ignorierst, so verstärkt das nur den majestätischen Eindruck.« Trotzdem – Franklin liebte öffentliche Auftritte nicht. Er war froh, als er in Kongreßpolen einem jungen Geographen begegnete, Dr. Keglewicz, der nichts werden wollte als Entdecker und daher wußte, was Entdecken bedeutete. Er war wortkarg und unwirsch, dabei aber wißbegierig und ehrgeizig zum Zerspringen. Trotz seiner Magerkeit erinnerte er an den mächtigen, unerbittlichen Babbage. John konnte mit ihm stundenlang reden, ohne daß von Menschheit, Heldentum oder Charakter die Rede war, von Erziehung ganz zu schweigen. Das war selten geworden. In St. Petersburg empfing ihn die Zarin und fragte ihn, was in seinen Büchern stehe. Dabei gab es die bereits auf russisch. In Oxford machte man ihn zum Ehrendoktor der Rechte, in London schlug ihn der König zum Ritter und fügte seinem Namen einen Henkel an: »Sir« John Franklin.

Jetzt war er der Größte, der Beste und nicht mehr der Jüngste. Vielleicht ehrte man ihn nur, um ihn loszuwerden? Auf hundert Höflichkeiten kam nur ein einziges ernsthaftes Angebot. Ein Gin-Fabrikant namens Felix Booth war bereit, für die Nordwestpassage ein Schiff zu kaufen und auszurüsten, sofern Sir John nur die Güte haben möge, dieses hochherzige Engagement in seinem Reisebericht hervorzuheben.

Endlich ein Angebot von ganz oben! Sir John ließ den Brief traurig sinken: er sollte als Kapitän eines Kriegsschiffs nach Ostasien fahren und die Chinesen bedrohen, damit sie wieder Respekt vor der britischen Krone bekämen. Wenn aber Drohungen nicht sofort geglaubt werden, dachte John, müssen sie wahr gemacht werden. Er bat höflich darum, die Aufgabe ablehnen zu dürfen. Als Kampfkommandant sei er nicht besonders geeignet. Außerdem wolle er gerade heiraten.

Die Freunde sagten: »Jetzt ist es mit seiner Karriere zu Ende. Wer gegen Krieg ist, kriegt gar nichts. Sehr ungeschickt! Warum hat ihn denn niemand beraten?« Nur Richardson drückte ihm die Hand und sagte: »Es kann von Vorteil sein. Vielleicht hat die britische Krone jetzt mehr Respekt vor Ihnen.«

Sir John ging mit seiner Frau — jetzt Lady Franklin — auf dem Deich von Ingoldmells am Meer entlang. Nein, er liebte sie nicht so, wie er Eleanor geliebt hatte. Aber er mochte sie. Sie war ein ehrlicher Mensch mit klarem Verstand, ein verläßlicher Kompagnon, und er brauchte sie als Ersatzmutter für die kleine Ella. Mehr war es nicht, aber auch nicht weniger. Sie sprachen offen darüber. »Wir sind beide neugierig«, meinte Lady Jane, »und meistens fallen uns die gleichen

Menschen auf die Nerven. Das ist zwar nicht unbedingt Liebe...«

»...aber vielleicht sogar etwas noch Besseres«, antwortete Sir John.

Sie sahen nach links ins Watt, nach rechts in die Marschwiesen und besprachen, wie es weitergehen sollte. Das Leben verging weitaus zu rasch. Der Bekanntenkreis war riesig und brachte mehr Verpflichtungen als Freuden. Das Vermögen war ansehnlich, aber es reichte noch nicht zur Finanzierung einer arktischen Expedition auf eigene Faust.

Sir John schnaufte. Das Wandern tat ihm gut. »Wenn Sie sich nicht tüchtig bewegen«, hatte Richardson gesagt, »dann bleibe ich nicht der einzige Arzt in Ihrem Leben. Essen Sie nicht so viel!« Johns Entgegnung: »Nie wieder hungern!« Aber er hatte immerhin versprochen, den ärztlichen Rat zu bedenken.

Zehn Jahre! Sie waren so schnell vergangen, als hätte er sie in der Kutsche durchfahren. Jetzt war er Mitte Vierzig. Seine Hoffnungen reichten für ein langes Leben, aber das verflixte Körpergewicht lag in der anderen Waagschale. »Du mußt irgendwelche Übungen machen!« meinte Lady Jane.

»Gut«, sagte er. »Ich gehe zu Mr. Booth und melde mich für seine Expedition. Das ist die einzige Übung, die mir hilft. Ich stelle ihm allerdings die Forderung, daß ich die Nordwestpassage nicht Gin Lane nennen muß!«

Aber da traf einige Tage später in Bolingbroke eine Depesche des Kolonialministers Lord Glenelg ein. Er freue sich, Sir John auf den ausdrücklichen und persönlichen Wunsch des Königs den Posten des Gouverneurs von Van Diemen's Land anbieten zu können.

»Das ist südlich von Australien! Eine weite Reise«, meinte Lady Jane sinnend, »und eine Menge Geld, zwölfhundert Pfund im Jahr!«

»Es ist eine Strafkolonie«, antwortete Sir John.

»Dann sollte man das ändern!« sprach die Lady.

Wenig später traf John die unermüdliche Flora Reed wieder und bat vertraulich um ihre Meinung.

»Du mußt es versuchen!« sagte sie. »Was ist die Nordwestpassage wert, sie dient nur dem Ruhm und der geographischen Wißbegier. Was ist das gegen den Aufbau einer jungen Gesellschaft, in der die Gerechtigkeit noch eine Chance hat? Und wenn einer es fertigbringt, dann du.«

»Unsinn!« widersprach Sir John. »Ich bin Navigator, ich will die Menschen nicht ändern und nicht zwingen. Wenn ich hie und da Schlimmeres verhindern kann, ist das schon viel.«

»Und der Mühe wert!« fügte Flora hinzu.

Als er nach Hause kam, wußte Lady Jane ein neues Argument: »Von dort unten ist es nicht mehr sehr weit bis zum Südpol.«

»Ich werde darüber nachdenken.«

In der Kirche von Spilsby hing jetzt eine steinerne Tafel: »Zum Gedenken an Leutnant Sherard Philip Lound, auf See vermißt seit dem Jahre 1812.«

»Unsinn, er lebt!« knurrte John. »Irgendwo in Australien. Vielleicht sogar in Van Diemen's Land!«

Die Kapitäne John und James Ross, Onkel und Neffe, hatten sich rasch entschlossen, das Angebot des Ginfabrikanten wahrzunehmen. Als Franklin noch einmal anfragte, kam er zu spät. Ein letztes Mal wandte er sich an die Admiralität. »Leider nein!« antwortete ihm Barrow. »Und selbst wenn eine Polarreise geplant wäre, dann würden die Admirale lieber einen – verzeihen Sie! – etwas jüngeren Befehlshaber wählen. Zwar weiß jedermann, daß Sie nicht nur der berühmteste, sondern auch der fähigste –«

»Lassen Sie nur«, unterbrach Franklin, »andere müssen auch eine Chance haben. Nehmen Sie George Back, der ist jung und, wenn er noch ein wenig älter wird, besser als ich.«

Dann ging er zu Fuß durch das schnelle London nach Hause und dachte weiter über den Gouverneursposten nach: Ich kann eine Mannschaft befehligen, aber ich kann mich schlecht im Gedränge bewegen. Ob es mir gelingt, eine Kolonie zu regieren, ist fraglich...

Während er so dachte, mischte sich in seine Vorstellung von einer Strafkolonie eine andere: die von der Landschaft am Südpol. Ewige Gletscher und in ihrem Licht warme Seen mit Fischen und Pinguinen, vielleicht sogar ein Land mit Menschenstämmen, die keine Eile kannten.

Nein, Schluß damit! Er konnte sich auf das Regieren einer Kolonie nicht nur deshalb einlassen, weil er zum Südpol fahren wollte! Van Diemen's Land, das war eine Sache für sich allein. Vielleicht starb er schon über dem ersten Versuch, auch nur das kleinste Schlimme zu verhindern. So ernst war das.

»Gut«, sagte John Franklin, »Van Diemen's Land. Aber dann im Ernst!«

Sechzehntes Kapitel

Die Strafkolonie

»Über Sir John werden Sie etwas erstaunt sein«, schrieb Dr. Richardson an Alexander Maconochie. »Manchmal scheint er nicht alles wahrzunehmen. Er lacht oder brummt vor sich hin und gibt ausweichende Antworten, wenn er nachdenken will. Aber er ist ein Mann mit Herz. Sie können in ihm einen Freund finden, wenn Sie...«

Die Worte nach dem Komma schabte Richardson wieder weg. Er schrieb anders weiter: »...schließlich habe ich Sie ihm als Mitstreiter empfohlen.« Ganz gefiel ihm dieser Satz auch nicht, aber er verdeckte wenigstens den unterdrückten.

»Erwarten Sie von Sir John keine schnellen Taten. Helfen Sie ihm mit Ihrer Geistesgegenwart gegen Bosheiten.«

Richardson zögerte. Warum schrieb er das? Zweifel an Maconochie? Er strich den Satz wieder aus. Er wollte nachher alles noch einmal ins reine schreiben.

»Auch in verzweifelten Lagen ist er nie verloren. Sogar in der Politik ...« Nein, anders: »Dies gilt zweifellos auch für ...« Zweimal Zweifel. Gestrichen!

Wenn Franklin in Maconochie keine Stütze fand, wenn er die Politik nicht begriff, wenn er blind war für Machtverhältnisse? Dann half auch dieses Schreiben nicht! Richardson zerriß es, warf es fort und faltete die Hände. Wenn ein Brief nicht gelingen wollte, war er meist durch ein Gebet zu ersetzen.

Die Bark *Fairlie* war überfüllt. Auswanderer, Abenteurer, Kirchenleute, Karrieristen, Reformer, und mittendrin der neue Gouverneur von Van Diemen's Land mit seiner Frau und der kleinen Tochter Ella, ferner seiner zwanzigjährigen Nichte Sophia Cracroft. Auf dem Schiff fuhr auch sein Privatsekretär Maconochie mit einer zahlreichen Familie mit. Und Hepburn war dabei, der Weggenosse aus der Arktis, treu und hilfreich. Etwas dicker war er geworden – auch das tröstete.

Den ganzen Tag hörte Sir John fortwährend »Eure Exzellenz« hier, »Eure Exzellenz« dort. Es schien, als seien alle nur mitgefahren, um irgendwann das Wort an ihn richten zu können. »Ein Vorgeschmack«, sagte Lady Jane. »Eine gute Übung«, meinte Sir John.

Van Diemen's Land: es war 1642 von dem Holländer Abel Tasman entdeckt und bis zum Ende des achtzehnten Jahrhunderts für einen Teil der Terra australis gehalten worden. Erst Matthew Flinders und sein Freund Bass hatten die Insel umfahren und kartographiert. Ab 1803 war sie ein Straflager geworden, ab 1825 eine von Sydney unabhängige Kolonie, in der auch freie Siedler wohnten, solche, die nicht zuvor als Sträflinge ins Land gekommen waren.

Zur Geschichte gab es kaum noch Fragen. Auch die geographischen Einzelheiten kannte John, die Positionen der wichtigsten Ansiedlungen, Kaps und Berge, die Namen der bisher entdeckten Flüsse. Einer der reichen Investoren, die auf der *Fairlie* mitfuhren, hatte gesagt: »Mit uns kommt eine neue Zeit nach Van Diemen's Land. Mit uns und Sir John!« Die Insel sollte eine Kornkammer des Südens werden und eines der schönsten Länder der Erde, und Hobart Town die schönste Stadt, und... Aber warum nicht? John hatte nicht vor, seine regulären sechs Jahre dort als besserer Gefängnisaufseher abzusitzen. Wo Siedler waren, da herrschte ein offener, praktischer Sinn, da war etwas zu machen. Und die Sträflinge? Es kam auf die Art des Verbrechens an. Wenn einer aus Hunger einen Laib Brot stahl oder im Wald einer Lordschaft wilderte, dann bewies er damit kaum mehr als gesunden Menschenverstand.

Johns Vorgänger, George Arthur, hatte die Kolonie zwölf Jahre lang regiert. Er hatte in ihr nur eine Strafanstalt gesehen und für die Siedler wenig mehr getan, als ihnen Sträflinge als Arbeitskräfte zuzuteilen. Dieses Bewährungs- und Ausnutzungssystem hieß Assignment. Ansonsten hatte er den eigenen Besitz so gründlich vermehrt, daß er die Insel als schwerreicher Mann wieder verließ. Wie er das wohl angestellt hatte?

Die Ureinwohner des Landes, ein braunes, kraushaariges Volk, hatte Arthur nahezu ausgerottet und sich nicht geschämt, diese Untat Krieg zu nennen. Kein Wort mehr über Arthur! Nur der Disziplin halber wollte John anfangs so tun, als setze er dessen Arbeit fort.

Als Gouverneur hatte er sich mit einem Exekutivrat und einem Legislativrat abzusprechen, aber wenn er gegen diese Stimmen eine andere Entscheidung fällte, konnte niemand sich ihr widersetzen. Er unterstand nur dem Kolonialminister in London, diesem allerdings ohne Wenn und Aber.

Morgens wieder die lästige Verspannung im Nacken. Er hatte geschwitzt und sich hin und her geworfen. Aber das gehörte zu jeder wichtigen Arbeit: Furcht und Panik wollten rechtzeitig durchlitten sein. Einmal hatte er eine Stimme gehört: »Wenn du eines nicht kannst, John Franklin, dann ist es die Politik!«

Er war jetzt über fünfzig. Zusammen mit seiner Erfahrung war auch sein Tod gewachsen, er nahm langsam Konturen an: vielleicht noch zehn, vielleicht noch zwanzig Jahre. Aber das Haus stand, John brauchte es nicht mehr zu ändern, bis die Balken morsch waren.

Eine Kolonie von 42 000 Menschen. Gut. Schließlich hieß Gouverneur soviel wie Steuermann. John sagte: »Es ist eine Frage der Navigation!« Er las Schriften über Verwaltungs- und Strafrecht, prägte sich die Gesellschaftsgruppen und deren mögliche Interessen ein. Er versetzte sich in den Landbesitzer, der billige Arbeitskräfte haben wollte, in den Stadtkaufmann, der gutverdienende Kunden brauchte, und in den Beamten, der gleich zweierlei ersehnte: Lob und Landbesitz. Er fand durch scharfes Grübeln heraus, was ein Sträfling wollte: Gerechtigkeit und Gleichbehandlung, vor allem aber eine Chance!

Stundenlang stand John an Deck, prüfte die Brassen, Stagen, Wanten, Parduns bis hinauf zu den Toppen der *Fairlie* und dachte über das laufende und stehende Gut des Regierens nach, vom Finanzwesen bis zur Bewegungsgeschwindigkeit der Klassen. Nur wer vorbereitet war, erkannte die Alarmzeichen. Politik konnte kaum sehr viel anders sein als Navigation. Hepburn sah es auch so.

Richardson hatte geschrieben, Alexander Maconochie sei von der Flamme der Menschenliebe beseelt, dazu schlagfertig und entschlossen, für jeden Reformer der beste Bundesgenosse. Obgleich Schotte, sei Maconochie keineswegs kirchenfromm, und langweilig auch nicht.

Wie ein Reformer sah er in der Tat aus, mehr noch: wie ein Jakobiner. Sein mageres, scharfäugiges Gesicht, die spitze Nase, der breite Mund, den er stets in einer sinnlich-kühnen, irgendwie heldischen Spannung hielt – das erinnerte John an den Lehrer Burnaby. Eifrig hing Maconochie neuen Theorien an, etwa der, daß die Weißen von den Schwarzen abstammten: es sei nämlich die Intelligenz, welche die Haut weiß mache.

Das war für den Sekretär kein sehr guter Anfang: Sophia fand alsbald, er besitze eine auffallend dunkle Haut.

Lady Jane hingegen mochte ihn, denn er war unterhaltsam. Wenn er über die Menschenfeindlichkeit des Strafrechts sprach, konnte er helle Sätze sagen, die haften blieben: »Es tut dem Menschen nicht gut, wenn man ihm nichts Gutes zutraut!« Von Buße und Abschreckung hielt er nichts: »Bestrafung entspringt bürgerlicher Furcht und Bequemlichkeit. Allein die Erziehung kann Gutes bewirken!« Eines Tages entgegnete John auf eine seiner Thesen: »Es kommt auf den Einzelfall an.« Er wußte, daß ein philosophischer Radikaler solche Sätze nicht liebte. Aber Maconochie hatte auch hier seine pädagogische Hoffnung: Sir John habe eben, und das sei kein Wunder, noch nicht überall letztgültige Einsichten. Er sei aber auf dem besten Wege. John dachte sich: Maconochie ist etwas vorlaut. Bei der praktischen Arbeit wird er das ablegen.

Als die dunklen Steilküsten und zerklüfteten Berge von Van Diemen's Land auftauchten, war Lady Jane fast traurig. Für sie, die große Reisende, hätte die Fahrt noch monatelang weitergehen können, sogar in diesem überfüllten Schiff. John sah es anders. Er wollte an die Arbeit und freute sich darauf.

Eine hübsche Hafenstadt lag da vor ihnen mit weißen Häusern, und darüber der Mount Wellington, ein dunkler, respekteinflößender Gentleman mit schräggezogenem Felsenscheitel. Als die *Fairlie* vor Anker ging, kam vom Ufer her die Barkasse mit dem Empfangskomitee gefahren. Als erster trat ein kleiner Mann im schwarzen Gehrock auf Sir John zu. Er hielt sich, wenn er keine Verbeugung machte, so gerade wie ein Soldat. Sein Blick war ruhig, aber etwas wäßrig. Der Mund sah aus, als habe er bereits alles Wichtige gesagt und sei bis auf weiteres geschlossen. Hände und Arme waren in ausführlicher Bewegung, aber nicht unsicher oder fahrig, sondern mit theatralischer Gemessenheit. Das war John Montagu, Koloniesekretär und nach dem Gouverneur der wichtigste Mann hier. Zehn Jahre lang war er Arthurs engster Vertrauter gewesen, er blieb weiterhin sein Vermögensverwalter und sein Schwiegersohn. John begrüßte weitere Beamte, die sich aufgereiht hatten. Er verwandte absichtlich viel Zeit darauf, sich Namen und Gesichter zu merken. Er wollte seine Untergebenen beizeiten an Langsamkeit gewöhnen.

Als die Barkasse sich der Pier näherte, kam eine Brise auf. An den Spieren der vor Anker liegenden Kutter und Walfänger begannen alle Taue zu flirren und zu schlagen, es klang wie freudiger Beifall. Am Ufer standen Siedler, Militärs, Beamte, hundert allein zu Roß, dahinter gut dreißig Kutschen mit winkenden Damen. John traute seinen Ohren nicht: den ganzen Strand entlang jauchzten sie, jawohl, jauchzten!

Plötzlich fiel ihm ein: Vielleicht darf ich nicht zu Fuß zum Gouverneurshaus gehen, sondern muß reiten! Und was für eine Rede soll ich halten, womöglich vom Pferd aus?

Die Sonne schien. Am Kai war eine kleine Bühne aufgebaut, und daneben stand schon bereit, was John befürchtete: das Pferd. Ein kräftiger Bursche hielt es am Zügel.

Montagu machte den Anfang. Er hieß willkommen, gab Hoffnungen Ausdruck, freute sich im Namen aller, grüßte nochmals, schloß bewegt. John sah sich vorsichtig nach dem Pferd um. Es schnaubte, warf den Kopf und riß dem Burschen fast den Zügel aus der Hand. Jetzt merkte John, daß er an der Reihe war.

Er sprach den einen Satz, den er sich im Boot überlegt hatte: »Ich möchte, daß jeder eine Chance hat!«

Das Pferd schielte, schnaubte abermals und schlug aus.

»Ich werde nicht gleich fest im Sattel sitzen«, kündigte John an. »Ich werde mir hier erst alles sehr genau ansehen –

und zwar zu Fuß!« Beifälliges Gelächter, irgend jemand rief: »Hört, hört!« Sir John stand wie ein Denkmal und wartete, bis es wieder ruhig war, dann befahl er kurz entschlossen dem Burschen, das Pferd wegzuführen. »So habe ich mehr davon«, fügte er halblaut hinzu. Dann setzte er sich in Bewegung, und die anderen schritten feierlich und etwas erstaunt hinter ihm her.

John studierte die Berichte, die Akten, Geschäftsordnungen, Grundbücher, Gerichtsurteile. Er begegnete immer neuen Fachausdrücken, etwa den *land-grants:* das waren die Landzuweisungen, mit denen sich der Gouverneur bis vor wenigen Jahren dankbare und gefügige Freunde überall hatte schaffen können, wo er sie brauchte. Aus den *land-grants* war auf Umwegen auch Arthurs eigenes Vermögen entstanden. Ferner fahndete John in den Besitzverzeichnissen vergeblich nach Sherard Philip Lound. Weder hier noch in Neusüdwales gab es einen Siedler dieses Namens.

Die Zeitungen waren eine etwas befremdliche Lektüre. Im »Van Diemen's Land Chronicle« stand über den neuen Gouverneur zu lesen: »Er ist einer der härtesten Burschen der Welt, dazu ein untadeliger Gentleman. Wir haben jetzt den Gouverneur, den wir uns gewünscht haben. Wenn sich Sir John nicht zu sehr von Mr. Montagu beraten läßt, werden uns Arthurs Gespenster nur noch nachts im Traum erscheinen und nicht mehr, wie bisher, in Polizeiuniformen und Richterroben am hellichten Tag!« John konnte sich darüber nicht recht freuen. Hier liebte man wohl die Übertreibung. Er wandte sich wieder den Akten zu.

Der dritte Tag im Amt. Die erste Sitzung des Legislativrates. Würdige Herren, schwarze Gehröcke, feierliche Reden. In der Regierungskasse war zu wenig Geld. Eine direkte Besteuerung der Siedler: laut Gesetz nicht möglich! Was tun? Bevor das noch zu Ende überlegt war, schon eine neue Frage: »Kann ein Gouverneur, wenn er nur Seekapitän ist, dem

tasmanischen Landregiment Befehle erteilen?« Übergangs-
los kam man auf mögliche Maßnahmen gegen entflohene
Sträflinge zu sprechen, die Siedlerhäuser überfielen. Von da
sprang die Debatte hinüber zu den letzten siebzig Ureinwohnern, die unter Arthur auf die Flinders-Insel nördlich von
Van Diemen's Land umgesiedelt worden waren und dort
offenbar nicht gediehen. Was hatte das aber mit Buschräu-
bern, Regimentern oder Steuern zu tun? Während John dies
bedachte, war man schon bei der Haftpflicht des Staates in
Fällen von Postraub, wenig später kamen die Zuteilung von
Arbeitssträflingen an Landbesitzer und, ehe John sich's ver-
sah, einige kleinere Revisionen der Durchführungsbestim-
mungen zum Straf... zum Straf...

Dieses Wort widerstand seiner Zunge noch immer. Warum konnte er die viel schwierigeren »Durchführungsbestim-
mungen« fehlerfrei herausbringen, nicht aber »Straf-voll-
zug«? John wischte sich den Schweiß von der Stirn. All das
hier erinnerte an einen Hühnerhof. Sah er ein Problem genau an und schloß die Augen, um darüber nachzudenken, so
wurde es unterdessen flugs ein anderes. Wenn er sie wieder
öffnete, flatterte das alte noch unerledigt herum und ließ
sich nicht einfangen, dafür stand das neue da und glotzte
drohend.

Er mußte schnellstens für langsamere Tagesordnungen
sorgen, am besten dadurch, daß er alle Sitzungen öffentlich
abhielt: dann waren die Routiniers nicht mehr unter sich
und mußten erklären, was sie meinten. Zu viele verschiedene Punkte hintereinander: das zerstörte die Konzentration,
vor allem bei einem Mann, der ein Chaos von Einzelbildern
im Kopf trug.

Er allein war Gouverneur. Er allein hatte zu entscheiden,
wieviel Zeit für Hoffnung oder Mißbilligung in jedem einzelnen Fall eingeräumt werden mußte!

Von diesem Tag an waren die Sitzungen des Legislativrats
von Van Diemen's Land öffentlich.

Vierter Tag im Amt. Noch zwei Tage bis zur ersten ausführlichen Besichtigung der Strafanstalten und Ansiedlungen. Alles hing davon ab, was er dabei zu sehen bekam. Er wußte, daß sich hinter den Akten und Berichten Schlimmeres verbarg. Darum las er sie mit doppeltem Eifer, denn als erstes wollte er erreichen, daß Akten und wirkliche Ereignisse übereinstimmten. Bei der Besichtigung würde er nicht ohne den starren Blick auskommen: er war entschlossen, sich von den Bildern nicht ergreifen oder niederdrücken zu lassen. Er war der Gouverneur, er mußte Überblick gewinnen und sehen, was er tun konnte. Tun! Nicht weinen, nicht hassen, nicht zittern.

Maconochie glaubte schon jetzt zu wissen, was in der Kolonie anders werden müsse. Er gab John Ratschläge. John erzählte ihm von Matthew Flinders' Rettungsfahrt nach der Strandung der Schiffe: »In der Navigation muß man die Ausgangsposition so genau feststellen wie das Ziel.« Aber der Sekretär kannte nur den Landkrieg.

Er hatte die Inspektionsreise hinter sich, das Gefängnis von Port Arthur, die letzten Ureinwohner auf der Flinders-Insel. Die Kohlenminen, in denen die Schwerverbrecher arbeiteten. Er war gemeinsam mit Lady Jane – und gegen den Rat der leitenden Beamten – schweißüberströmt durch die dunklen Gänge gekrochen und überall so lange geblieben, bis er jeden Vorgang verstanden hatte. Er hatte sich zusammengenommen, sein Entsetzen verborgen, Fragen zur Funktionsweise gestellt, ab und zu Jane angesehen, rasch wieder weggeguckt.

Lebenserwartung in den Kohlenminen: durchschnittlich noch vier bis fünf Jahre. Fünfzehn- bis siebzehnstündiges Schuften unter Tage. Peitschenhiebe für alles und jedes. Kohlenstaub in den Wunden. In Port Arthur galt seine erste Frage den waagrecht eingegrabenen dunklen Narbenstreifen auf den Rücken einer Kolonne von Gefangenen. Antwort: »Oh, das sind Barclays Tiger!« Leutnant Barclay selbst hatte fröhlich verkündet, daß er die Tigerstriemen durch regelmäßiges Auspeitschen frisch halten lasse.

Was für eine Sorte Gouverneur hatte der erwartet? Sofortige Dienstenthebung, Anweisung an den Staatsanwalt, er möge gegen Barclay und einen gewissen Slade Anklage erheben. George Augustus Slade vom Gefängnis Point Puer hatte sich damit gebrüstet, daß fünfundzwanzig Peitschenhiebe von seiner Hand mehr Wirkung erzielten als hundert von der eines anderen. In Zukunft nicht mehr!

Vorsicht übrigens: der Staatsanwalt war ein Mann der Arthur-Clique. Überprüfen, was der unternahm! Notiz.

Weiter! Point Puer, das Knabengefängnis über der Steilküste. Jeden Monat stürzten sich mehrere jugendliche Gefangene über die Klippe hinab, um ein Ende zu machen, zuletzt zwei Neunjährige. Er hatte sie zusammen mit Lady Jane und seiner Nichte Sophia noch lebend gesehen. Magere Körper, Narben. Seltsam große Augen, vielleicht wegen der Schmalheit der Gesichter. Solche Gesichter brauchten nicht mehr zu weinen, um Elend anzuzeigen. Sophia war von ihrem Schicksal gerührt gewesen, hatte die beiden einfach umarmt und auf die Stirn geküßt, zum sichtbaren Mißbehagen des Aufsehers. Die Jungen hatten ihr zugeflüstert, daß sie sehr geschlagen würden, dann waren sie verstummt. Als John sich einen Tag später nach den beiden erkundigte, erfuhr er von ihrem Selbstmord. Der Aufseher lieferte eine gut erfundene Geschichte: Die sündigen Knaben hätten Sophia wegen ihrer langen blonden Haare für einen Engel gehalten und sich in der vermessenen Hoffnung getötet, sie könnten ihr im Himmel wiederbegegnen. John erinnerte sich an das Gesicht des Aufsehers und machte sich einen anderen Vers. Befehl: Strafversetzung wegen Vernachlässigung der Aufsichtspflicht. Mehr konnte er ohne Zeugen und Beweise vorerst nicht unternehmen. Was für einen Arzt gab es in Port Arthur? Was für Geistliche? Keine verständnisvollen Betrachtungen. Vorwärts. John hörte einen Befehl, so deutlich wie damals auf der *Investigator*. Er wollte Ekel und Zorn nicht zu sehr wirken lassen, sondern handeln. Hier war es komplizierter, es genügte nicht, eine Flagge zu heißen. Er konnte nicht von einem Tag auf den anderen alle Aufseher entlassen oder einsperren. Er konnte vor allem seine eigenen Minister nicht ohne gut abgesicherte Gründe entlassen.

Dann die Flinders-Insel. Er hatte sich darauf gefreut, wahrscheinlich weil sie Matthews guten Namen trug. Und angeblich wurde für die verbliebenen Ureinwohner von Van Diemen's Land bestens gesorgt...

Siebenundsechzig ausgemergelte, elende Gestalten mit verfilztem Haar und stumpfem Gesichtsausdruck, mit schmutziger Haut und gebeugten Rücken, die waren übriggeblieben! Sie hockten teilnahmslos auf einem öden, garstigen Stück Land und warteten auf den Tod. Kinder wurden nicht mehr geboren, und das war folgerichtig: was sollten Kinder in einer Welt, in der es für sie nichts gab als die Flinders-Insel? Die traurigen Bilder waren durch Johns Augen gedrungen, er hatte energisch versucht, sie im Kopf aufzuhalten, aber sie hatten den Weg bis in seine Knochen gefunden. Da saßen sie jetzt und fragten: Was wirst du tun, John Franklin? Er antwortete: Mich nicht lähmen lassen!

Wie anders sahen sie jetzt aus, die hübschen weißen Häuser, das purpurn-dunkle Gebirge, der blaue Fluß, die breitärmeligen Damen und die Gentlemen in zugeknöpften Mänteln, mit ihren strengen Gesichtern unter ehrerbietig gelüfteten Filzhüten. Hinter den hochtrabenden Worten erschienen andere Wahrheiten.

Die Polizisten waren keine Hüter der Ordnung mehr, die prachtvollen Villen am Battery Point ließen keine Bewunderung für Fortschritt und Aufbau mehr aufkommen, und die Straßen, die St.-David-Kathedrale, die Häuser – sie waren von Sträflingen erbaut!

Jetzt wußte er nicht nur, was Sträflinge wollten, sondern auch, was sie erlebten. Die neuerbaute Werft mit dem süßen Holzgeruch halbfertiger Schiffsrümpfe: befremdlich, wenn man wußte, daß die Schiffbauer in Ketten gingen! Auch der

Fischgeruch der trocknenden Netze am Salamanca Place hatte nichts Tröstliches mehr. Wie oft hing in diesen Netzen einer der Toten von der Steilküste!

Sir John Franklin verschanzte sich erneut hinter seinem Schreibtisch, das Büro wurde sein Hauptquartier. Aber nicht nur überwachen, strafen, Krieg führen wollte er, sondern auch Menschen gewinnen, die dasselbe in den Knochen hatten wie er. Und sie sollten mehr werden.

Für die Ureinwohner mußte ein besseres Wohngebiet gefunden werden als die öde Insel. Freundlich, aber vorsichtig sprach er mit Montagu darüber. Der war nicht einverstanden, fand einige Gegengründe. Aber schon am nächsten Tag waren Johns Pläne für die Einrichtung eines großen Reservats nach London unterwegs.

Jane beherrschte ihre Rolle als Gouverneursfrau vollkommen. Wenn John öffentlich aufzutreten hatte, war sie ihm eine wachsame Bundesgenossin. Sie kümmerte sich um das Frauengefängnis und korrespondierte mit einer Elizabeth Fry in London über Fragen der Gefängnisdisziplin. Sie lud Beamten- und Siedlerfrauen und deren Töchter ein und ließ sie Streichquartette und wissenschaftliche Vorträge hören. Sie führte den ganzen vielfältigen Haushalt und kochte, mit mäßigem Erfolg, aber fröhlich, für zwanzig Personen, wenn der Koch krank oder geflüchtet war. Sie sagte zu allem ohne Scheu ihre Meinung und dachte nicht daran, eine gepflegt-stupide First Lady nach dem Vorbild der Mrs. Arthur abzugeben. Dazu war sie zu weit gereist, hatte zu viele Bücher gelesen, zu verschiedenartige Menschen in drei Erdteilen beobachtet. Sie versteckte ihren Geist so wenig wie ihre Schönheit. John war von Janes Urteil unabhängig, aber er hörte es mit Respekt. Er liebte sie ohne Leidenschaft, aber er vertraute ihr mehr als vormals Eleanor. Er brauchte sie nicht ständig um sich, aber sie konnte ihn auch nicht stören. Glücklicherweise ging es ihr ähnlich. Wenn das keine Liebe war — nun, dann war es Einverständnis!

»Erwarte nichts von Montagu!« warnte Jane. »Er ist Arthurs Mann. Er will dich abhängig machen und lähmen.«

»Ich weiß«, antwortete John.

»Er denkt: Gouverneure kommen und gehen, Montagu bleibt.«

»Mag sein«, antwortete John, »aber noch brauche ich einen schnellen Ersten Offizier, der Bescheid weiß und mit in der Regierung sitzt. Ohne ihn habe ich für gründlichere Arbeit den Rücken nicht frei. Hepburn kann es nicht, Maconochie hat zu wenig Einsicht und, so töricht es ist, eine Frau darf es nicht sein.«

Das wußte Jane. »Regierungsgeschäfte kann ich dir nicht abnehmen. Aber ich kann dich warnen, und jetzt warne ich dich vor Montagu.«

»Gut«, sagte John, »und ich dich vor Maconochie. Er ist ein Idealist. Wir dürfen uns nicht mit Schwärmerei um Politik betrügen.«

Jane sah ihn aufmerksam an. »Und nicht umgekehrt!«

Nachts legte sie den Kopf bei ihm in die Mulde zwischen Schulter und Hals. So konnte sie sogar einschlafen, während er wach lag und aufpaßte, daß ihr Haupt gut gebettet blieb. Hin und wieder las sie einen Abenteuerroman und löschte das Licht erst, wenn John längst schnarchte. Eines Morgens sagte sie: »Du hast nachts mit den Zähnen geknirscht, du hast Sorgen.« Das bestätigte er ihr ohne weiteres.

Janes Unternehmungslust war bereits fast berüchtigt: in der zweiten Woche nach der Ankunft war sie als erste Frau auf den Mount Wellington gestiegen – 4165 Fuß Höhe, das war kein Spaziergang.

John Montagu lehnte es offensichtlich ab, für eine langsame Exzellenz langsamer zu sprechen. Der Koloniesekretär erinnerte darin an die Offiziere Walker und Pasley auf der *Bedford*. Er war über alles unterrichtet, setzte andere schnell ins Bild, handelte umsichtig und vergaß nichts: keinen Namen, keinen Termin und nicht die geringste Kränkung. John behandelte ihn freundlich, aber nach reiflicher Überlegung nicht freundlicher als andere.

Der Ehrgeiz hielt den Koloniesekretär in Spannung, er war wie eine Katze vor dem Sprung. Das verbarg er hinter scheinbarer Gelassenheit und Offenheit. Er war für jeden jederzeit ansprechbar und lachte jovial, mit klirrender Uhrkette auf der gewölbten Weste, ohne daß der wäßrige Blick sein Gegenüber auch nur für Sekunden losließ.

Als John den Legislativrat zu einer öffentlichen Veranstaltung machte, war Montagu bereits »in Sorge«: eben erst hatte eine Versammlung von 336 Siedlern stattgefunden, die eine repräsentative Regierung forderten. Das war ihm ein Alarmzeichen. Als John sich für Übergriffe im Strafvollzug zu interessieren begann und einige Beamte absetzte, tat er das gegen Montagus Rat, der auch weiterhin dagegen war, die Ureinwohner in ein besseres Gebiet umzusiedeln. Als John es sich zur Gewohnheit machte, an Bord neu angekommener Sträflingsschiffe zu gehen und den Gefangenen zu erklären, daß sie nicht nur Pflichten, sondern auch Rechte hätten, fing Montagu an, die alten Verbündeten Arthurs um sich zu sammeln. Noch versuchte er aber, Sir John zur Umkehr zu bewegen, indem er ihm eindringlich seine beiden »ehernen Prinzipien einer Strafkolonie« vortrug:

»Erstens: jede Abweichung von einem einmal als richtig erkannten Prinzip ist Verrat.

Zweitens: jede Abweichung von der bisher ausgeübten Praxis ist Schwäche und ermutigt die Frevler.«

John betrachtete sich diese Sätze gründlich von allen Seiten. Dann gab er Montagu zu bedenken, daß eine Kombination beider Thesen jegliche Veränderung ausschließe. Für ihn sei aber auch derjenige ein Verräter, der ein *neues* Prinzip als richtig entdeckt habe und dann zu feige sei, um danach zu handeln.

Es zeigte sich, daß Montagu in dieser Antwort eine persönliche Kränkung sah. Im Kreis der Arthur-Fraktion sagte er mit einem genüßlich-bitteren Lächeln: »Für Sir John bin ich neuerdings ein Feigling und Verräter! Er ist eben ein Entdecker, nichts bleibt ihm verborgen!«

Auf dem Umweg über einen Diener hörte Maconochie davon und teilte es dem Gouverneur mit. Der glaubte es nicht. Mit anderen Worten: er beschloß den Hinweis zu ignorieren.

Ella war ganz Eleanors Tochter. Als Jane ihr verbot, ein Stück Fleisch auf die Gabel zu spießen und damit auf Gäste zu zeigen, bat sie nachdrücklich um eine Erläuterung. John erzählte ihr vom Kater Trim, der sich solche Gelegenheiten nicht hatte entgehen lassen. »Das ist der, nach dem die Stadt heißt«, rief Ella. »Heißen sollte«, verbesserte John. »Man hielt dann Lord Melbourne für wichtiger.« Jane spähte nach den Gästen und bedeutete ihm, er möge doch besser das Thema wechseln. Sophia lachte.

Frühmorgens ging John mit seiner Tochter unter den Eukalyptusbäumen im Garten des Government House spazieren. Alles schien dann so klar und einfach. Diese Kolonie würde eines Tages ein Land werden, in dem Kinder aufwachsen konnten, ohne daß man ständig die Hälfte allen Geschehens vor ihnen verborgen halten mußte. Ohnehin erkundigte Ella sich längst nach Sträflingen und Gefängnissen. »Wie wird man ein Bösewicht?« fragte sie einmal. Sie war daran gewöhnt, daß Papa oft minutenlang nachdachte, bevor er etwas sagte. Das war ihr lieber als jene Erläuterungen, die das bereits Bekannte nur in anderen Worten wiederholten. »Ein Bösewicht«, sagte John, »kennt seine richtige Geschwindigkeit nicht. Er ist bei den falschen Gelegenheiten zu langsam und bei den anderen zu schnell wo es auch verkehrt ist.« Das wollte Ella genau erklärt bekommen. John sagte: »Er tut zu langsam das, was andere von ihm wollen, zum Beispiel gehorchen oder helfen. Aber er versucht viel zu schnell das zu kriegen, was er von anderen will, zum Beispiel Geld oder ...« »Langsam bist du doch auch!« meinte Ella.

»Ein Gouverneur darf das sein!« antwortete John, biß sich aber auf die Lippen.

John Franklins System wuchs, es nahm Umrisse an, die einer Kolonie angemessen waren. Er glaubte, zumindest theoretisch, die richtige Methode des Lebens, Entdeckens und Regierens gefunden zu haben.

»An der Spitze müssen zwei Menschen stehen, nicht einer und nicht drei. Zwei. Einer von ihnen muß die Geschäfte führen und mit der Ungeduld der Fragen, Bitten und Drohungen der Regierten Schritt halten. Er muß den Eindruck von Tatkraft machen und doch nur das Billige, Unwichtige und Eilige erledigen. Der andere hat Ruhe und Abstand, er kann an den entscheidenden Stellen nein sagen. Denn er kümmert sich nicht um das Eilige, sondern schaut einzelnes lange an, er erkennt Dauer und Geschwindigkeit allen Geschehens und setzt sich keine Fristen, sondern macht es sich schwer. Er hört auf die innere Stimme und kann auch den besten Freunden nein sagen, vor allem seinem Ersten Offizier. Sein eigener Rhythmus, sein gut behüteter langer Atem sind die Zuflucht vor allen scheinbaren Dringlichkeiten, vor angeblichen Notwendigkeiten ohne Ausweg, vor kurzlebigen Lösungen. Wenn er nein gesagt hat, ist er zur Begründung verpflichtet. Aber auch damit darf es keine zu große Eile haben.« So hatte Franklin es formuliert und aufgeschrieben.

»Das ist die Monarchie!« rief Maconochie aus. »König und Kanzler – Sie haben die Monarchie erfunden! So weit wären wir also schon.«

»Nein«, sagte John, »es ist das Regieren überhaupt! Die Monarchie läßt sich nur besonders leicht darin erkennen.«

»Und wo bleibt das Volk?« fragte Maconochie.

»Es kann an die Stelle des Königs treten«, antwortete John. »Ohne Langsamkeit kann man nichts machen, nicht einmal Revolution.«

Der Sekretär war nicht zufrieden. »Das heißt doch nur:

warten! Wem wollen Sie das ernstlich empfehlen? Mit fünfundsechzig mache ich keine Revolution mehr!«

»Ich, ich«, wiederholte John unwillkürlich.

Die Londoner Regierung schickte ihre Sträflinge: Arbeiter,
die in Devonshire Maschinen zerstört hatten. Rebellen für
die Unabhängigkeit Kanadas. Anhänger des allgemeinen
Wahlrechts, die sich von der Polizei nicht hatten einschüchtern lassen. Für Maconochie waren sie Helden, für Franklin
»politische Gentlemen«. Montagu sprach von Frevlern gegen
Gott und Krone. Er empfahl für sie das Schwerverbrecherge-
fängnis in Port Arthur, denn so war es seit jeher üblich. Auf
keinen Fall dürften die Politischen den Siedlern als Arbeitskräfte zugeteilt werden: »Der Funke springt leicht über!«
John entschied anders, obwohl er wußte, daß Entscheidungen gegen Montagus Votum viel Nerven und Schreibtischar-
beit kosteten. Montagu verstand es wie kein anderer, bereits
gefaßte Entschlüsse zu hintertreiben.

Und Maconochie sagte: »Büroarbeit liegt mir wenig. Ich
sehe meine Aufgabe nicht im täglichen Elend des Geschäftsgangs. Ich will in diesem Land einen helleren Geist herauf-
führen helfen, der Gerechtigkeit meinen Degen leihen!«

John erwiderte: »Das können Sie aber nur innerhalb des
Geschäftsgangs. Dort sogar besonders gut, denn Sie sind als
mein Sekretär hier!«

Maconochie fühlte sich mißverstanden, wie immer, wenn
eine gelungene Rede keinen Eindruck hinterlassen hatte.

Am eifrigsten kämpfte Maconochie gegen das Assignment. Er war für geschlossene Strafanstalten und eine wis-
senschaftlich fundierte Besserung der Gefangenen durch ge-
eignetes Personal.

Gerechtigkeit, sagte er, sei die Grundlage der Erziehung.
Gerechtigkeit fände ein Verbrecher aber nur im Gefängnis,
nicht bei privaten Arbeitsherren, die kein Beamter wir-
kungsvoll überwachen könne.

John war anderer Meinung: »Im Gefängnis hat schon aus

Gründen der Logik niemand eine Chance. Der Fehler allzu vieler Übeltäter liegt nur in einem verwirrten Zeitsinn. Sie haben die falsche Geschwindigkeit, sind einmal zu schnell, einmal zu langsam. Wie sollen sie ausgerechnet hinter hohen Mauern die richtige lernen? Im Gefängnis wird die Zeit anders wahrgenommen als in der Welt ringsum.«

Maconochie verstand das nicht, auch weil John viel zu schleppend gesprochen hatte, als daß ein ungeduldiger Zuhörer ihm hätte folgen können. Aber Maconochie wußte, was er gegen das Assignment einzuwenden hatte: »Der Siedler ist ein schlechter Helfer auf dem Weg zur Tugend. Nicht er verbessert den Sträfling, sondern der Sträfling verdirbt den Siedler! Assignment ist eine Versuchung zur Ungerechtigkeit und Grausamkeit. Die Siedler sind mit der Peitsche auch nicht faul, und sie holen weibliche Strafgefangene in ihre Betten.«

John befürchtete, daß die Diskussion sich zu einer Mobilmachung von Argumenten entwickeln würde, zur Zwangsverpflichtung von Einzelheiten für einen Behauptungskrieg allgemeiner Art. Er wollte das Thema wechseln. Aber Lady Jane hatte zugehört und sagte:

»Keine Gefängnisverwaltung hat auch nur das geringste materielle Interesse daran, Gefangene gerecht zu behandeln, und das wirkt sich aus, wir sehen es! Anders die Siedler: sie brauchen den Sträfling für gute Arbeit zu ihrem Nutzen.«

»Und beuten ihn aus!« rief der Sekretär.

»Aber auf die Dauer kann niemand einen anderen Menschen im eigenen Haus schlecht behandeln«, erwiderte Jane. »Beim Assignment haben Gutwillige eine Chance, im Gefängnis wird der Harmloseste zum Menschenhasser. Sie selbst sagen doch, man soll den Menschen Gutes zutrauen! Sie sind aber zu sehr Erzieher, Sie trauen der Freiheit nur, wenn sie aus Ihrer Pädagogik hervorgeht! Warum können Sie nicht auf die Vernunft der Siedler setzen? Schließlich sind sie allein die Zukunft dieser Insel!«

Maconochie fühlte sich abermals mißverstanden. Er gab

seinem Mund jene heldische Spannung, verbeugte sich und zog sich zurück. John fand das alles nicht sehr lustig, aber Jane lachte nur. Sie liebte Gefechte jeder Art.

John Franklin setzte auf die freien Siedler. Er beriet sich mit Alfred Stephen, einem ihrer unabhängigsten politischen Anführer, und lud zu seinen Empfängen erstmals nicht nur Beamte, sondern auch Viehzüchter und Geschäftsleute ein. Er wollte nicht nur ihre Existenz anerkennen, sondern sogar mit ihnen reden. Eisenhändler, Leineweber, Gemüseladenbesitzer, Schuhmacher fühlten sich zum erstenmal offiziell wahrgenommen, sie rühmten den neuen Gouverneur.

Noch hatten die freien Siedler politisch kaum mehr zu sagen als die Sträflinge, und das wurmte sie. Zwar gab es Ansätze zu einer Volksvertretung: drei Siedler saßen im Legislativrat. Aber sie wurden dort zuverlässig von sechs Regierungsvertretern überstimmt. Der Exekutivrat bestand ohnehin nur aus Beamten, und von ihnen gehörte die Mehrzahl der Arthur-Fraktion an. John setzte auf die Siedler, aber er wußte wohl, daß er damit den weitaus unsichersten und unbequemsten Weg eingeschlagen hatte, den politischen. Bald kamen die ersten Enttäuschungen.

Die Siedler hatten in den Jahrzehnten der hohen Korn- und Wollpreise viel verdient. Sie waren unabhängig, wohleingerichtet und aggressiv. Es gab kein Ventil für Empfindlichkeit und Geltungsdrang und außer den Beamten des Gouverneurs keinen lohnenden Gegner. Die Eifersüchteleien einzelner Familien waren nur Zeitvertreib. Auch die verschiedenen Zeitungen, die in Hobart und Launceston erschienen und einander mit gesträubten Federn bekämpften, litten unter ihrer politischen Wirkungslosigkeit. Um so mehr verlegten sie sich auf einen Journalismus der Nadelstiche, besonders gegen die Kolonialregierung: Persönlichkeitsdeutung, persönliche Kränkung, Verdächtigung.

John sah sich die Häuser der reichen Landbesitzer an und ihre teuer aufgeputzten Töchter. Er hörte die moralisierenden Reden, blickte in die gepflegten Gärten. Hinter alledem schien sich anderes zu verbergen. John meinte eine Doppelbödigkeit der Rede zu spüren, einen hinter der Vernunft versteckten Appetit auf Konflikt, vor allem bei den großen Viehzüchtern am Rande der Wildnis. Das bedrückte ihn, schon weil er boshafte Anspielungen oft nicht gleich verstand und um Wiederholung bitten mußte. Er sehnte sich nach mehr Geschäftsleuten, nach Ladenbesitzern mit beweglichem, rechnendem Geist, freundlichem Wesen und Kaufmannsgeduld. Aber die waren in Van Diemen's Land in der Minderzahl. Und von den gestiefelten Kavalieren, die abwechselnd von ewigen Prinzipien oder vom kurzen Prozeß redeten, gab es weitaus zu viele.

Der erste Ärger mit ihnen war bald da: daß John den verbliebenen Ureinwohnern etwas von ihrem Land zurückgeben wollte, erschien jenen Gestiefelten wie ein Angriff auf ihr Leben, Hab und Gut. Sie hatten Geld und Verbindungen, und siehe: bald wies eine Depesche der Londoner Regierung Sir John an, die Tasmanier dort zu lassen, wo sie waren. Maconochie vermutete, daß Montagu mit dahintersteckte. John sagte: »Unsinn! Wir sind zwar Gegner, aber er ist ein Ehrenmann.«

Schwerer wog die Meinungsverschiedenheit über den Strafvollzug. Die Zeitungen der Kavaliere, »The True Colonist« und »Murray's Review«, zeterten über die »neue Mode, den Gefangenen Rechte zuzubilligen und angebliche Mißbräuche der Prügelstrafe zu ahnden«. Und ein Landbesitzer, mit dem John persönlich redete, sagte es unter vier Augen noch deutlicher: »Wenn Port Arthur nicht mehr ein Ort des Schreckens ist, wie sollen wir dann die Arbeitssträflinge einschüchtern, die uns privat zugeteilt sind? Wenn das Gefängnis ein Paradies der fairen Behandlung wird, dann werden uns die eigenen Arbeiter die Köpfe einschlagen, nur um dorthin zu kommen!«

Seltsamerweise galt ausgerechnet Maconochie den Zeitungen als ein Befürworter strenger Gefängnisdisziplin, vielleicht ein Mißverständnis. Und ebenso seltsam war es, daß der Sekretär sich dies gefallen ließ und nichts unternahm, um das Bild zu korrigieren. Er ließ sich offenbar gern loben. Er empfand es als nützlich für die gute Sache, ob es nun im Irrtum geschah oder nicht.

Das System war gut, aber es fehlte der Geschäftsführer, auf den John sich verlassen konnte. Daher sah die Praxis anders aus. Er ahnte Schlimmes. Wenn er alles selbst überwachen mußte, dann gebot das Pflichtgefühl, keine Zeit zu verlieren und jede Minute für den Nutzen der Kolonie anzuwenden. Je mehr er das aber tat, desto mehr hinkte er hinterdrein, bis ihm die Gegenwart ganz abhanden kam. Das Vielerlei machte ihn nervös. Er ertappte sich bei kurzatmigen Entscheidungen, die er nur traf, um sich eine Last vorläufig vom Hals zu schaffen.

Eines späten Abends überließ er Jane ihrem Abenteuerroman und ging aus dem Haus. Erst wollte er Hepburn besuchen, dem er die Stelle eines Erziehers verschafft hatte. Aber er entschied sich dafür, nicht Trost zu suchen, sondern nachzudenken.

Aus einer Flasche Rum trinkend, ging er barfuß im Gouverneursgarten auf und ab, um sich für einige brauchbare und zuversichtliche Gedanken bereit zu halten. Wenn natürliche Langsamkeit nicht ausreichte, um Ruhe und Konzentration zu schützen, dann wollte er eben nachhelfen. Er entschloß sich, nur noch einen Teil aller Erledigungen schnell, den anderen aber absichtlich besonders langsam hinter sich zu bringen: mehr Pausen in die Sätze, mehr Schwerhörigkeit, wenn andere ihm berichteten. Und bei Forderungen: nur wer lange genug darauf verzichtete, ihn zu drängen, sollte einen zustimmenden Bescheid erhalten.

Ein Reservat mußte er schaffen für sich selbst, in welchem er seine Zeit hüten konnte.

Der Rum ging in die Beine.

Den Anfang wollte John mit dem Teetrinken machen.

Was auch immer drängte: die Zeit des Teetrinkens war einzuhalten. Und so allmählich wollte er die Tasse zum Mund heben, daß andere ihn für tot hielten, jawohl. Umrühren wollte er so, daß keiner mehr wußte, ob er linksherum rührte oder rechts. Im »Van Diemen's Land Chronicle« würde stehen: »Beweis erbracht! Der Gouverneur bewegt sich überhaupt nicht mehr!«

Exzellenz Sir John Franklin kicherte und setzte sich auf die Mauer. Er baumelte mit den Beinen und blickte auf die mondglitzernde See hinaus. Vor sich sah er die fassungslosen Gesichter Montagus und Maconochies beim Tee. Er prustete heraus und schlug sich auf die Schenkel. Er war Gouverneur, er durfte alles! Ruhe, Klarheit und dauerhafte Pläne waren verlangt. Das wollte er schon noch zustande bringen.

Er merkte, daß sein Lachen müde wurde. Das Meer schien ihm entfernt wie ein Stern, zugleich so weit unter ihm wie ein Abgrund. So sah man es am Point Puer auf der Klippe. Aber er dachte gar nicht daran, sich hinunterzustürzen. Das ist der Vorteil, dachte er, wenn man alt geworden ist, ohne der Justiz zu begegnen. Ich habe Glück gehabt.

Er brauchte keine Wassersäule mehr, die sich gegen die Schwerkraft aus den Fluten hob, um seine Feinde zu verschlingen oder ihm den Weg zu weisen. Er vermißte keinen weißgekleideten Sagals, der ihm ein freundliches Gesicht zuwandte, ihn in Sicherheit wiegte. Nichts von alledem. Er war jetzt zweiundfünfzig Jahre alt, er sorgte für sich selbst und andere.

Sechzig Jahre seien kein Alter, hatte Sophia gesagt. Zartfühlend. Aber wie war sie auf sechzig gekommen?

Die hätte ich kennenlernen sollen, als ich aus dem Krieg zurückkam, dachte er. Damals war sie nicht einmal geboren...

Er ging ins Haus zurück, angetrunken, nur wenig gestärkt.

Das System? Es funktionierte nicht. Außerdem mochte er das Wort nicht mehr, weil die Gegner es gebrauchten. Irgendwie erlaubte ihnen gerade dieser Begriff all ihre Erbarmungslosigkeit und Blindheit. Kein System mehr! Nicht eine Pose des Überblicks, sondern wirklicher Überblick aus der Beobachtung der Einzelheiten. Navigation.

Was ihm blieb, war die Gewohnheit, jede Sache zu Ende zu bringen. Auf dem festen Land war das schwer. »Was heißt das schon?« brummte er. »Leicht hatte ich es nie!«

Siebzehntes Kapitel

Der Mann am Meer

Da hat ein Anwalt in Hobart Town einen Koch, einen Sträfling, der ihm als Hausbediensteter zugeteilt ist. Der Anwalt ist als Kämpfer für die Milderung der Strafjustiz bekannt, der Koch als Meister seines Fachs, dessen Saucen dreimal so gut schmecken wie die seines Kollegen im Haus des Gouverneurs. Der Anwalt geht auf Reisen und überläßt dem Koch die Verwaltung des Hauses. Als er wiederkommt, sind Teile der Einrichtung verkauft, Geldstücke aus der Kassette verschwunden, und es fehlen Akten, deren Inhalt für einige Leute sehr interessant ist. Der Koch behauptet, von nichts zu wissen. Der Anwalt meldet ihn der Behörde zwecks Bestrafung, er wird überführt und zu schwerer Zwangsarbeit im Straßenbau verurteilt. Der Missetäter ist noch froh, daß er nicht nach Port Arthur geschickt wird.

Jetzt tritt eine weitere Figur auf: der Koloniesekretär. Dieser ist ein Anhänger von Ruhe und Ordnung und Verfechter des Prinzips der Prinzipientreue. Was er sonst noch schätzt, ist gutes Essen. Von den Fähigkeiten des Kochs hat er sich schon öfters überzeugen können. Er veranlaßt daher einen ihm ergebenen Justizbeamten, eine Ausnahme zu machen und den Koch erneut einem privaten Arbeitsherrn zuzuteilen: ihm selbst.

Dem Anwalt gefällt das nicht. Er beschwert sich beim Gouverneur. Der ordnet nach Prüfung des Falles und sorgfältiger Überlegung an, der Koch sei gemäß dem Urteilsspruch zum Straßenbau zu versetzen. Der Koloniesekretär fühlt sich dadurch tief erniedrigt: Zwar seien Prinzipien grundsätzlich einzuhalten, aber ein guter Koch sei nicht irgendein Sträfling, sondern von staatlichem Interesse. Und er, der Koloniesekretär, sei nicht irgendein Bürger.

Es gibt da weiter den Privatsekretär des Gouverneurs. Er fühlt sich als unbeugsamer Streiter gegen die Sklaverei. Weil er nach Lektüre wissenschaftlicher Bücher an die natürliche Überlegenheit der weißen Rasse glaubt, scheint ihm die Versklavung weißhäutiger Menschen von allen Übeln das schlimmste. Diese sieht er nun in dem vom Gouverneur befürworteten Zuteilungssystem, dem Assignment. Hier erkennt er Sklaverei, während er alle Grausamkeiten gelangweilter Aufseher in den Staatsgefängnissen als strafende Gerechtigkeit bezeichnet. Obwohl nur Privatsekretär, glaubt er seine Stellung der guten Sache nutzbar machen zu können: als ein edel gesinntes Juristenkomitee aus England Näheres über den Strafvollzug von Van Diemen's Land wissen will, verfaßt er einen langen, scharf formulierten Bericht, in dem er alle Mißstände im Lande, sogar Trunksucht und Geschlechtskrankheiten, allein dem Assignment zuschreibt und zur Unterstützung dieser These einige Ausnahmefälle zur Regel erklärt. Entschlossen steckt er sein Manuskript in eine Sendung des Gouverneurs, so daß es unter dessen Siegel wie ein offizielles Dokument bei der Regierung eintrifft. Einige Monate später erfährt der Gouverneur aus der Londoner »Times«, daß sein Sekretär, angeblich in Übereinstimmung mit ihm, die Siedler als »zur menschlichen Behandlung von Sträflingen unfähig« bezeichnet hat. Die Siedler selbst sind entsetzt, sie fühlen sich vom Gouverneur verraten. Dieser entläßt seinen Sekretär, allerdings ohne ihn öffentlich bloßzustellen. Auf Bitten seiner Frau läßt er ihn sogar noch für begrenzte Zeit in seinem Haus wohnen. Darin sehen die

Großgrundbesitzer und der Koloniesekretär ein Zeichen dafür, daß der Gouverneur seinen Privatsekretär nur geopfert hat, um sich selbst reinzuwaschen. In Wirklichkeit stecke er mit ihm unter einer Decke. Der »Geopferte« selbst tut nichts, um dem entgegenzutreten, vielmehr macht er Bemerkungen wie: »Dazu könnte ich noch viel mehr sagen!« Er versteht seine Entlassung als einen Akt gegen Fortschritt und Menschlichkeit und hält sich mehr denn je für einen Heiligen. »Dieser Gouverneur«, sagte er, »verdient meine Dienste nicht.«

Währenddessen beraten in London das Innen- und das Kolonialministerium über die Empfehlung des Juristenkomitees. Soll man das Assignment abschaffen? Der frühere Gouverneur von Van Diemen's Land, derselbe, der das Assignment eingeführt und auf unmenschliche Weise praktiziert hat, spricht sich jetzt feierlich dagegen aus und nennt es die perfekte Sklaverei. Sir George Arthur weiß, wann und wodurch er Beifall gewinnen kann.

Der jetzige Gouverneur weiß das weniger, er kümmert sich auch nicht darum. Er sieht in der Humanisierung des Zuteilungssystems die derzeit beste Möglichkeit, Sträflingen außerhalb der Gefängnismauern die Chance der Bewährung zu geben. Zugleich bekämpft er weiterhin und mit Erfolg Korruption und Grausamkeit in den Strafanstalten. Er versucht seine Politik auf die städtischen Bürger zu stützen, Händler, Handwerker und Reeder, die mit seinen Zielen einverstanden sind, und beantragt in London die Umwandlung des Legislativrats in eine aus öffentlichen Wahlen hervorgehende Kammer.

Zur selben Zeit bittet der Koloniesekretär, angeblich aus privaten Gründen, um einen längeren Urlaub und fährt nach England.

John sagte lieber »der Koloniesekretär« als »Montagu« und »der Privatsekretär« statt »Maconochie«. Aber das half nur wenig. Die Begriffe waren ebenso düstere Vokabeln geworden wie die Namen. Auch durch die Regelung der Sprache ließ sich der gequälte, mißmutige Kopf nicht entbittern.

Maconochie. Montagu. Warum ärgerte er sich über zwei einzelne Gentlemen von fragwürdigem Charakter – es gab von dieser Sorte in der Welt Hunderte oder Tausende.

Auch die Vogelperspektive half nicht. Wer sich von Bitterkeit befreien wollte, um sein sorgfältiges Schauen zurückzugewinnen, der durfte nicht ausgerechnet zum starren Blick Zuflucht nehmen.

Daß London zur Parlamentarisierung des Legislativrats nein sagte, war Montagus Werk. Die Folgen waren peinlich: Kaufleute und Handwerker fühlten sich hingehalten und getäuscht. Sie glaubten, Sir John habe den ersten Schritt nur getan, um ihnen den zweiten vorzuenthalten. »In seinen Berichten nach London«, so hieß es, »redet er anders als mit uns.«

Schließlich der Fall Coverdale.

Da liegt, nach einem schweren Sturz vom Pferd, ein alter Mann im Sterben. Seine Familie schickt zu Dr. Coverdale, einem Sträfling und Arzt im Gesundheitsdienst der Regierung, zuständig für ihr Wohngebiet. Der Bote wartet die Rückkehr des abwesenden Dr. Coverdale nicht ab, sondern hinterlegt eine Nachricht. Diese sieht der Arzt nicht – vielleicht hat der Wind den Zettel weggeweht. Der Patient bleibt unbehandelt, stirbt. Die Familie beruft sich auf die Aussage des Boten, er habe den Arzt persönlich benachrichtigt, sie verlangt Dr. Coverdales Bestrafung und seine Entlassung aus dem Gesundheitsdienst. Montagu setzt sich ebenfalls dafür ein, der Gouverneur entscheidet entsprechend. Bald aber kommen Zweifel an der Glaubwürdigkeit des Boten auf. Siedler setzen sich für den Arzt ein, der sich bisher nichts hat zuschulden kommen lassen. Der Gouverneur spricht mit ihm, dann mit den Siedlern, will auch den Boten hören. Montagu rät heftig davon ab, die Entscheidung rückgängig zu machen. Lady Franklin hingegen hält den Arzt für unschuldig und lehnt es ab, diese Meinung für sich zu behalten. Der Gouverneur findet Widersprüche in den Aussagen des Boten. Er rehabilitiert den Arzt und setzt ihn wieder in die alte Stellung ein.

Seit diesem Tage ist für Franklin die Lektüre des »Van Diemen's Land Chronicle« keine Freude mehr. Er wird dort unfähig und wankelmütig genannt. Er wird bezichtigt, als erbärmlicher Schatten eines einstigen Polarhelden unter dem Pantoffel seiner Frau zu stehen und stets das zu tun, was sie ihm vorschreibe. Sie allein sei der Gouverneur. Ein Wort muß er erst im Lexikon nachschlagen. Imbezil sei er: »schwach, insbesondere geistesschwach, blödsinnig, närrisch«.

Er vermutet, daß der Koloniesekretär mit dem Herausgeber der Zeitung gemeinsame Sache macht. Montagu bestreitet dies. Wenig später wird er aber Lügen gestraft, weil der Herausgeber selbst sich der prominenten Unterstützung rühmt. Jetzt wechselt Montagu die Argumente aus und spricht von Mißverständnissen. Er sei schon seit Jahren Mitherausgeber der Zeitung und habe das Sir John längst gesagt. Im übrigen habe er aber auf die redaktionelle Arbeit kaum Einfluß. Sir John hat von der Sache ein anderes Bild, er kennt jetzt Montagu. Er enthebt ihn seines Postens.

Montagu, bei offensichtlicher Lüge ertappt, verliert eben deshalb jedes Schuldgefühl, jeden Rest von Selbstzweifel. Feierliche Gefühle durchdringen ihn, Lüge wird Wahrheit. Jeder hört aus seinem Mund, die Lady übe einen hexenähnlichen Einfluß auf den Gouverneur aus. Gleichzeitig wendet er sich im Namen der Freundschaft an sie selbst und bittet sie, sich bei Sir John für ihn einzusetzen. Er gibt sich so zerknirscht, daß sie es aus Mitleid wirklich tut, denn sie glaubt an die Versöhnung aller Menschen bei guter Absicht. Sie hat bei Sir John keinen Erfolg. Montagu muß sich damit begnügen, ihre Intervention – gegen alle Logik – wiederum als Beweis dafür hinzustellen, daß sie sich in die Politik einmischt. Dann verläßt er Van Diemen's Land, reist nach England und tut dort alles nur mögliche, um John Franklins

Abberufung vom Gouverneursposten zu erreichen: in London amtiert als neuer Kolonialminister Lord Stanley, zu dem er irgendwelche Beziehungen hat.

»Einzelheiten«, sagte John zu Sophia. »Sie kosten Zeit schon beim Aufzählen, und die Summe kann bitter sein. Es liegt aber nicht an der Politik. Ich selbst habe etwas falsch gemacht. Warum konnte ich die beiden nicht rechtzeitig entlassen?«

Tasmans Tag 1841, der Tag der großen Regatta.

John war fünf Jahre im Amt. Daß es bessere Gouverneure gab als ihn, wußte er, denn er beherrschte diese Arbeit. Navigation war dabei wichtig, aber sie allein reichte nicht aus.

Überall im Hafen wehten die blauen Fahnen mit der silbernen Akazienblüte. Lady Jane hatte das Emblem vor ihrer Abreise nach Neuseeland selbst entworfen. An der Stelle der First Lady durfte Sophia Cracroft den Gouverneur begleiten, als er zum Ufer hinabging, um das Fest zu eröffnen.

Er trug die blaue Kapitänsuniform, alle Knöpfe geschlossen. Auf dem Kopf saß der zweigespitzte Hut und bedeckte sowohl die Glatze als auch die alte Stirnnarbe – neuerdings galt in der Kolonie der Kopfschuß als Grund für Sir Johns Langsamkeit. In der Hand hielt er einen Strauß roter Rosen, die »englischen Rosen«. Schon mit den Symbolen hatte man als Gouverneur alle Hände voll zu tun. Sophia hatte etwas gesagt. Unsicher sah er ihr in die Augen.

»Wie bitte?« Auf dem rechten Ohr verstand John immer schlechter. Schwerhörigkeit, die Erbschaft von Trafalgar, die er so oft vorgetäuscht hatte, um Zeit für eine Antwort zu gewinnen, sie war jetzt Wirklichkeit. Es traf sich unglücklich, daß ein Herr, des Degens halber, stets links von der Dame gehen mußte. Er konnte nicht einmal näher an Sophia heranrücken, denn jetzt waren Reifröcke in Mode: die Damen waren durch glockenförmige Drahtgestelle noch ausladender geworden.

Sophia wiederholte ihren Satz. »Bist du traurig?«

»Traurig nicht, aber schwerhörig«, antwortete er, »und etwas blinder als früher, glaube ich. Ich sehe mehr auf einmal, auch schneller, aber das einzelne schlechter. Ich vergesse auch viel.« Ihm wurde bewußt, daß er sich bei Jane nicht so deutlich über seinen eigenen Zustand beklagt hätte.

Jane glaubte an das Gute, vertraute jedem gern, focht fröhlich. Wenn sie aber auf dauerhafte Kleinlichkeit und Verletztheit traf, wurde sie kühl und bitter. Mit verachtungsvoll gehobener Braue zog sie sich zurück und suchte das Leben anderswo. Jetzt war sie in Neuseeland, offiziell der Nerven wegen. In Wahrheit hatte sie von der tasmanischen Engherzigkeit für eine Weile genug. Hätte er sie ganz fernhalten sollen von den Ärgernissen des Regierens? Oder sie noch mehr mitarbeiten lassen?

Sie hörten, wie die Regimentskapelle ihre Instrumente stimmte. Sophia sprach ihn abermals an. John blieb stehen und neigte ihr das gesunde Ohr zu. »Für irgend etwas möchte ich kämpfen«, sagte sie, »ich weiß aber noch nicht wofür.« John betrachtete ihre niedliche, zornige Nase. Sophia war eine stille junge Dame und neigte eher zur Tiefsinnigkeit als zum wilden Aufflammen. Eben darum war es ein wenig komisch und rührend, wenn sich ihre Nasenflügel so blähten. John wandte den Blick und lächelte ein Kind an. Das Kind strahlte zurück. Sie gingen weiter. Ich werde schon wieder das Lächeln nicht los, dachte er. Imbezil, schwachsinnig.

»Er ist ein unbeirrbarer Zögerer und ein wohlmeinender Koloß. Leider hat er die verhängnisvolle Neigung, ehrliche Reden zu halten. Aber er ist wenigstens kein windiger Charakter.« Lyndon S. Neat hatte das geschrieben, einer der Persönlichkeitsdeuter in der Redaktion des »True Colonist«. Einige Zeilen weiter: »Sir John bewegt sich in einer Gesellschaft wie ein Seelöwe an Land.« Neat war wenigstens keine Kreatur der Viehzüchter, das war schon viel. Aber konnte so einer nichts Besseres leisten, als einen bedrängten Gouverneur abwechselnd zu bewundern und lächerlich zu machen?

Konnte er nicht auf der richtigen Seite mitkämpfen, ohne über alles nur zu schreiben? Gut, er wollte es wahrscheinlich nicht anders.

»Wofür du kämpfen wirst«, sagte John zu seiner Nichte, »das trägst du schon längst mit dir herum.«

Ob Sophia solche Sätze verstand? Die Erfahrung war, daß kaum ein Mensch verstand, was man ihm sagte. Dabei wollte jeder verstehen: alle waren ärgerlich, wenn man ihnen diesen Erfolg vorenthielt. Sogar Lady Jane.

Aber Sophia wollte von ihm lernen. Sie war nach Dr. Orme der zweite Mensch in Johns Leben, der ernstlich von ihm lernen wollte. Neuerdings hatte sie sich die Langsamkeit in den Kopf gesetzt. Sie bewegte sich auch langsam, und bei ihr sah das sogar schön aus.

Es war soweit. John trat ans Geländer und überblickte die wartende Menge: »Im Namen Ihrer Majestät der Königin« – Pause für die Königin – »erkläre ich die Regatta zum 199. Jahrestag der Entdeckung Tasmaniens für eröffnet!«

Hurrarufe, Böllerschüsse, die Regimentskapelle schmetterte los. John setzte sich wieder auf die Tribüne neben Sophia, hob das Fernglas und wartete auf den Start der vierrudrigen Gigs. Das Glas war ausgezeichnet. John betrachtete die Bierzelte, die Käsestände, Schau- und Schießbuden, Kinder, Blumen. Bei der kleinsten Bewegung des Glases jagte der Blick über Hunderte von Gesichtern hin, die sich auf gereckten Hälsen der Startlinie zuwandten. Den ganzen Kai entlang standen Menschen, erst an der Landspitze wurde die Menge lichter. Dort hinten saß einer etwas erhöht auf der Kaimauer. Er war der einzige, der nicht zur Startlinie schaute, sondern aufs Meer hinaus. Das Treiben ging ihn deutlich nichts an, er wartete auf Wichtigeres, sah es vielleicht schon kommen. Ein gutes Glas war das, aber der Mann war zu weit entfernt, das Gesicht kaum erkennbar. Wahrscheinlich eine gebogene Nase und eine kräftige Stirn. Ein alter Mann. Er blickte – nicht »wie ein Adler«, sondern »wie Adler«. John stellte fest, daß das Glas an seinem Auge zitterte.

»Mr. Forster!«

»Exzellenz?« Der Polizeichef beugte sich herüber.

»Nehmen Sie mein Glas. Sehen Sie den Alten auf der Landspitze?«

Mr. Forster schien noch nie ein Fernglas in der Hand gehabt zu haben. Endlos stellte er Entfernung und Schärfe ein und suchte den Horizont ab. Dann hatte er ihn.

»Das ist ein vor kurzem entlassener Sträfling.«

»Sein Name?«

»Ist wahrscheinlich falsch. Verzeihen Sie, Exzellenz, aber er nannte sich John Franklin.«

»Wieso ›nannte‹?« fragte John, aber er wartete die Antwort nicht ab. Undeutlich hörte er fragende und grüßende Stimmen, merkte plötzlich, daß er längst aufgestanden war und den Weg zur Landspitze ging, vorbei am Bierzelt, am Käsestand.

Zehn Schritte vor dem alten Mann blieb er stehen.

»Sherard Lound?«

Der Mann reagierte nicht, sah weit in die Ferne und aß. Er brach sich Brotstückchen von einem Wecken ab, den er in der Linken hielt, und steckte sie – seltsam, wohin nur? John sah ihn noch immer nur im Profil, von der linken Gesichtsseite her. Es war, als stecke der Mann sich die Brotstücke ins rechte Ohr. Hinter sich hörte John die Stimme von Mr. Forster: »Erschrecken Sie nicht, er hat nämlich –«

John erinnerte sich jetzt an den Namen und rief:

»John Franklin?«

Der Mann wandte nur kurz den Kopf, blickte dann sofort wieder aufs Meer hinaus. John ging zu ihm hin, hinter seinem Rücken vorbei. Er stand jetzt auf des Mannes rechter Seite, nahm den Hut ab. Und hinter dem herabsinkenden Hut tauchte Sherards Gesicht auf, Zoll für Zoll: wirre weiße Haare, die Stirn fahlbraun, sehr gefurcht, dann wurde die Haut unterhalb der Schläfe eigenartig weiß, eine Narbe, und jetzt blieb das Bild im Auge stehen, es überlagerte alles andere. Das gibt es eben, dachte John immer wieder, das gibt es.

Sherards Gesicht erinnerte an den Angsttraum, bei dem die symmetrische Figur plötzlich in Stacheln und Fetzen auseinanderriß. Denn es war kein Gesicht mehr.

Das Fleisch der rechten Wange fehlte, vielleicht ein Säbelhieb, vielleicht verbrannt. Die Wange fehlte, die Zähne, lückenhaft, lagen offen bis hinten.

»Vermutlich war er während der napoleonischen Kriege Seemann«, raunte Mr. Forster. »Jetzt ist er – verzeihen Sie – imbezil. Er spricht mit niemandem. Fünfzehn Jahre war er in Port Arthur.«

»Weshalb?«

John setzte sich neben Sherard, legte seinen Hut hin und blickte ebenfalls aufs Meer hinaus.

»Piraterie«, antwortete Mr. Forster. »Als unsere Fregatten ihn erwischten, war er im Besitz einer englischen Brigg, auf Kurs in den Südatlantik.«

»Lassen Sie mich allein«, sagte John. »Schicken Sie hier alle fort, ich komme nach.«

Sie saßen und schwiegen. Sherard fuhr fort, Brotstückchen abzubrechen und von der Seite her in sein Gesicht zu stecken. Tief steckte er die Bissen hinein, kaute sie und behielt die Hand oben, damit sie nicht wieder herausfielen. Er schien seinen Frieden zu haben. Es mußte etwas geben, worauf er wartete, aber ganz ohne Ungeduld. Sein Auge blieb auf den Horizont geheftet, aber nicht so, als ob er dort im nächsten Augenblick das Entscheidende erwartete.

John dachte an die nie gefundene Insel Saxemberg.

Sherard hatte damals gesagt: »Wenn niemand sie findet, gehört sie mir.«

»Wo wolltest du hin, Sherard? Nach Saxemberg?«

Keine Reaktion. John sah wieder die zerstörte Gesichtsseite an und überlegte, was daran eigentlich so schrecklich war. Jeder wollte, daß ein Gesicht ihn hübsch und freundlich ansah. Jeder wünschte sich darin angenehm gespiegelt zu finden und war entsetzt, wenn es ihm höhnisch zugrinste oder drohte, wenn es zu knirschen und zu fluchen schien mit den Zähnen des Totenschädels. Allein daran lag es! Wenn man das wußte, war Sherards Gesicht zu ertragen.

Dennoch wurde John seiner Gefühle nicht Herr. Sie hatten mit dem Gesicht nur äußerlich zu tun. Er fühlte sich ohne Halt und wußte nicht, war er traurig oder froh, war es Mitleid oder Wißbegier. Was in seinem Kopf vorging, war nicht quälend durch Fremdheit. Es war keine Schlacht, eher wie eine Wasserfläche, vom Wind bewegt, und die Gedanken schäumten auf wie Grundseen in Küstennähe.

Alle sind weg, dachte er. Mary Rose, Simmonds, Mockridge, Matthew. Auch Eleanor hat mich verlassen, ich bin ihr nur zuvorgekommen. Und Sherard kehrt zurück, fürchterlich geschlagen, ein Sträfling, der meinen Namen trägt, von mir verwaltet, von mir bestraft.

John fragte sich plötzlich, ob er ein guter Mensch sei. Das war nur eine von vielen unbeantworteten Fragen, die dahertrieben und anschlugen, es war wie die Sandarbeit des Meeres. John wollte jede Frage zulassen und vertrauensvoll erleiden, was sie anrichtete. Gut bin ich nie gewesen, dachte er, gut macht auch Langsamkeit nicht. Und oft hätte ich auch viel böser sein müssen.

Da reichte ihm Sherard, ohne den Blick zu wenden, das Brot herüber, damit er sich einen Bissen abbräche. Der Loundsche Vorrat für die Hungersnot, der »Franklin-Hafen«, das Kühlhaus, die Speisung der Fünftausend. John hatte wieder alles gegenwärtig. Er nahm und kaute unter Tränen. Wie ein Krokodil, dachte er. Darüber mußte er zum Überfluß auch noch lachen. Weit weg waren Maconochie, Montagu und die tasmanische Politik.

Sherard Lound saß friedlich und überwachte den Horizont. Ein Uferstein, nicht mehr zu erschüttern. Er hat mein Ziel erreicht, dachte John.

Er legte die Hände vor die Augen und blickte aufmerksam ins Dunkel. Als er sich wieder umsah, wußte er nicht, wieviel Zeit vergangen war. Alles war so deutlich jetzt, Kinder, Boote, Schaubuden. Die Gesichter, die zu ihm hinsahen, schienen freundlich. Sehr wach fühlte er sich, lebendig, dankbar für sein Leben, kräftig in Kopf und Gliedern. Seltsam jung.

Forster meldete sich:

»Exzellenz, die Preisverleihung! Die Sieger sind bereits –« John lachte nur. »Die Sieger können warten!«

Sherard wohnte jetzt im Gouverneurshaus. Niemand wußte, ob und mit wieviel Verstand er die Dinge noch wahrnahm. Tagsüber saß er immer an derselben Uferstelle mit seltsam wachem Blick. »Er lebt keine sechs Wochen mehr«, vermutete Dr. Coverdale, der ihn auf Anweisung des Gouverneurs untersucht hatte, »die Krankheit ist nicht heilbar. Aber er scheint zufriedener als wir.« »Vielleicht hat er die Gegenwart gefunden«, murmelte John, »jedenfalls stirbt er als Entdecker.« Dr. Coverdale musterte ihn erstaunt.

Daß John sich in Sophia verliebt hatte, gestand er nur sich selbst ein, nicht ihr. Er ging an ihrer rechten Seite, ohne Degen, durch den Park und sah vom Fenster aus ihren Bewegungen zu, wenn sie allein ging. Er trank mit ihr Tee, rührte endlos in seiner Tasse und erzählte ihr von William Westall und von den Küstenlinien der Arktis. Mehr wollte er sich nicht erlauben. Wenn er die Liebe wiedergefunden hatte, dann konnte er sie auch dorthin verlegen, wo sie hingehörte. Alles, was er tat, hatte seine Ehre darin, daß es entweder bereits lange dauerte oder auf lange Dauer angelegt war. Er glaubte nicht, daß Ausnahmen von dieser Regel ihm Glück bringen konnten. Als Sophia eines Abends mit ihm allein im Salon stand und ihn plötzlich umarmte, strich er ihr übers Haar und rekapitulierte eilends die gesamte Geschäftsordnung des Legislativrats, um ganz ruhig zu bleiben. Der Schluß jedes Paragraphen lautete: »Deine Frau heißt Jane!« Dann küßte er sie auf den Scheitel. Das war aber auch alles.

»Ich werde mit Sicherheit bald abberufen, also kann ich

alle Taktik vergessen.« John Franklin brauchte keine Rücksicht mehr auf die Meinung der Stiefelträger und ihrer Zeitungen zu nehmen. Er wollte die verbleibende Zeit nutzen, um dauerhafte Spuren zu hinterlassen. Die gesamte Küste der Insel wurde neu kartographiert, die Seekarten berichtigt. Die Walfänger und ortsansässigen Handelsreeder wurden von allen Hafengebühren befreit. Die Zahl der Schiffe wuchs daraufhin rapide. »Etwas mehr Seeleute werden diesem Land guttun!« sagte John öffentlich. Gegen die wütenden Proteste einiger Großgrundbesitzer tat er alles, um der Insel den Charakter einer Strafkolonie zu nehmen. Er beantragte in London die Umbenennung: statt Van Diemen's Land sollte sie künftig Tasmanien heißen, denn die Kaufleute, Handwerker und Stadtsiedler nannten sich mit Stolz Tasmanier und haßten den alten Namen. John kümmerte sich nicht um den Widerstand in den beiden Räten und gründete ein tasmanisches Museum für Naturkunde, baute aus knapper Kasse das Parlamentshaus fertig und unterstützte das Theater. Am Fluß Huon kaufte er Land, verpachtete es zu liberalen Bedingungen und für wenig Geld an ehemalige Sträflinge. Wochenlang sprach er allabendlich mit Gelehrten, Kirchenleuten und Siedlern über Erziehungsfragen. Er wollte eine Schule gründen.

Als Jane aus Neuseeland zurückkam, zog er sie demonstrativ bei allen Regierungsangelegenheiten zu Rate. Obwohl sie in den Kammern kein Mitspracherecht hatte, war sie bei jeder Sitzung dabei. Ihre inoffizielle Bedeutung wurde zur Selbstverständlichkeit. Die gehässigen Stimmen und Gerüchte ebbten ab. Man begann einzusehen, daß es nicht Schwäche, sondern Souveränität war, wenn der Gouverneur sich die Ratgeber wählte, die er für geeignet hielt.

Sinkende Korn- und Wollpreise ließen in der Kolonie das Geld knapper werden, die Zeiten waren schlimm. Zu allem Überfluß schickte London jetzt mehr Sträflinge als je zuvor und schaffte gleichzeitig das Assignment ganz ab. Es mußten neue Gefängnisbauten errichtet und mehr Mittel für den Unterhalt der Sträflinge aufgebracht werden. Franklin machte von seinem Gnadenrecht bei minderen Straftaten so oft wie möglich Gebrauch und überwachte das Aufsichtspersonal mit Mißtrauen und Konsequenz. Nur noch Großgrundbesitzer, Reste der Arthur-Fraktion und Gefängisbeamte waren gegen ihn. »Das wird aber genügen, um mich zu stürzen«, sagte er gleichmütig zu Jane.

»Vorher reisen wir noch quer durch den unbekannten Teil der Insel«, verlangte sie.

»Und beraten dabei über die neue Schule.«

Sherard brachte Glück oder, was wahrscheinlicher war, hielt das Unglück und diejenigen, die es anrichten konnten, fern. Er sagte nichts, verstand vielleicht auch nichts, aber jeder, der nicht das Gouverneurshaus ganz mied, spürte eine Wirkung: Schock, Trauer, Nachdenklichkeit, heitere Ruhe, Tatenfreude. John erwog, Sherard an der Ratssitzung teilnehmen zu lassen, verwarf den Gedanken aber als zu verrückt. Auch aus Respekt vor Sherards Liebe zum Meer: für den wäre eine Sitzung verlorene Zeit gewesen.

Sterben schien er, trotz der deutlichen Worte des Arztes, noch nicht zu wollen. Er hatte sichtlich Freude an jedem Schiff, das in der Mündung des Derwent vor Anker ging. Das waren nicht nur Gefangenenschiffe. Die alte *Fairlie* brachte etliche Wissenschaftler, darunter den polnischen Geologen Strzelecki und Keglewicz, den nimmersatten, präzisionswütigen Landvermesser mit der leidenden Seele. Einige Wochen später liefen die Schiffe *Erebus* und *Terror* ein, von Johns Freund James Ross befehligt, der die Antarktis erforschen sollte. Für ihn richtete John auf eigene Kosten eine astronomische Beobachtungsstation ein.

Es schien, als zöge Sherards Blick von jenseits der Kimm die gutwilligen Leute herbei, während er die anderen außer Sichtweite hielt.

»Die neue Schule soll Dauerhaftigkeit lehren, ohne zu langweilen«, grübelte die Lady, »das ist just das, was Schulen nicht können.«

Es regnete fürchterlich. Kaum ließ sich ein Feuer anzünden. Aber Gavigan, einer aus der Sträflingsmannschaft, versuchte sein Bestes. Und alle Reisenden waren glücklich wie die Kinder. »Der Gouverneur tut wieder einmal, was ihm einfällt«, hatte der Chronist des »Chronicle« geschrieben. »Statt seine vermutlich baldige Abreise vorzubereiten, geht er mit seiner Frau und einer Bande von Sträflingen auf Abenteuerfahrt in den Busch!« Jetzt begann das Feuer immerhin zu qualmen. »Die Schüler müssen entdecken lernen. Vor allem ihre eigene Art des Sehens und ihre Geschwindigkeit, jeder für sich«, sagte John. Jane schwieg, weil sie wußte, daß John nicht zu Ende gesprochen hatte, wenn sein Auge immer noch auf einen bestimmten Punkt gerichtet war.

»Schlechte Schulen«, fuhr John fort, »hindern jeden daran, mehr zu sehen als der Lehrer —«

»Man kann andererseits die Lehrer nicht zwingen, mehr zu sehen!«

»Respekt sollen sie haben«, entgegnete John, »keinen zur Eile treiben. Und beobachten müssen sie können«.

»Willst du das verordnen?«

»Vorführen. Respekt kommt vom Sehen. Die Lehrer dürfen nicht nur Lehrer, sondern müssen auch Entdecker sein. Ich hatte so einen.«

»Mehr als die Schulfächer können wir als Gründer nicht vorschreiben«, meinte Jane.

»Nicht einmal die, wenn die Kirche anderer Meinung ist! Die Kirche will Latein.«

»Was willst denn du?«

»Alles, bei dem der Schüler eine Chance hat: Mathematik, Zeichnen, vor allem Naturbeobachtung.«

Der Wolkenbruch nahm zu, das Feuer ging aus. John schloß den Zelteingang. Jane legte ihren Kopf in die Mulde zwischen Hals und Schulter. »Du solltest das alles Dr. Arnold in Rugby schreiben. Vielleicht weiß er einen guten Schulrektor.«

Die Sträflinge bewährten sich, vor allem Gavigan, der Älteste von ihnen, ein dicker und starker Mann mit Augen, die rot waren vor Wachsamkeit und Geistesgegenwart. Überlegt und verläßlich war auch French, der so aussah, als habe man zwei mittelgroße Männer übereinandergestellt: er maß sieben Fuß und zwei Zoll. Bei Flußdurchquerungen vertraute er auf seine Größe und geriet dadurch leicht ins Tiefe, doch er verlor nie den Grund unter den Füßen. Die anderen zehn waren jederzeit so eifrig, wie nur Sträflinge sein konnten, wenn sie für einige Monate ihre Würde zu wahren hofften.

In einem Dickicht verstauchte sich die Lady den Fuß und mußte einige Zeit in einem Holzgestell getragen werden. Es regnete weiter, die Flüsse schwollen an. Die Zeit war knapp: ein Schoner wartete seit Wochen auf sie in der Mündung des Gordon, sie waren überfällig. Ein Fluß schließlich, der Franklin, war ohne ein Boot nicht zu durchqueren. Wenn das Schiff sie im Stich ließ, waren sie verloren, denn inzwischen hatten sich auch die Bäche, die sie noch gut überwunden hatten, in reißende Ströme verwandelt. Es gab kein Zurück. »Einer muß hinüber und Nachricht geben«, sagte John.

»Ich trage Gavigan durch den Fluß«, sagte French nach langem Grübeln, »ich reiche bis auf den Grund, und sein Gewicht gibt mir Stand.« Er nahm den schweren Mann auf die Schultern und watete los. Zwar wurden sie doch umgerissen und verschwanden in den Stromschnellen, aber sie kamen beide lebend hinüber und riefen durch die hohlen Hände: »Kuuii«. Das war tasmanische Eingeborenensprache und hieß Hurra. Sie legten die fünfzehn Meilen bis zum Gordon in weniger als vier Stunden zurück, trafen genau auf die Flußbiegung, wo eben der Schoner die Anker lichten wollte, konnten ihn noch aufhalten, ließen sich einige Lebensmittel geben, waren fünf Stunden später wieder am Franklin und riefen: »Kuuii«.

Nach zwei Tagen hatte man ein gutes Auslegerboot fertig, die Gesellschaft setzte trocken über den Fluß. Die Reise endete glücklich. Den beiden Rettern erließ John den Rest ihrer Strafe. Kaum waren sie freie Männer, heirateten sie. Denn auch das war etwas, worin sich Sträflinge von Bürgern unterschieden: Sträflinge durften es nicht.

Sherard konnte nicht mehr zum Ufer hinuntergehen, um Gefahren zu bannen. Er mußte sich ans Krankenlager gewöhnen und tat es ohne Widerstand. 1843 war unwiderruflich Sherards Sterbejahr. Mehr und mehr sah er wirklich wie ein Adler aus, und blaß wie vergilbtes Papier.

Auf der Reede von Hobart Town erschien ein Schiff und setzte einen Mann an Land, der sich fortwährend wunderte. Er ließ sich den Weg zum Gouverneurshaus zeigen und sagte bei jeder Auskunft: »Befremdlich, befremdlich!« Er wünschte Sir John zu sprechen, wurde endlich vorgelassen und nannte seinen Namen: »Eardley Eardley«, sagte er und schien eine Reaktion zu erwarten. John nickte nur höflich und sah ihn weiter an. »Eardley Eardley«, raunte der andere nochmals. John dankte für die freundlichen Wiederholungen, bat den Mann aber, weitere zu unterlassen. »Ich heiße so!« entgegnete der andere. »Ich bin Ihr Nachfolger als Gouverneur von Van Diemen's Land. Hier das Schreiben von Lord Stanley.« Er hatte wohl erwartet, daß John ihn nun sofort mit Pomp allen Beamten vorstellen würde, aber der lachte nur schallend und wollte gar nicht wieder aufhören. Schließlich zuckte er die Achseln: »Es muß Mr. Montagu gelungen sein, mir alle Schande zuzuschieben. Wie macht man das nur?«

Dann ging er ans Kofferpacken.

Sherard blieb in Tasmanien, um zu sterben.

Hepburn übernahm eine Unterlehrerstelle an der neuen Schule. Die kleine Ella weinte, weil sie ihr Pony dalassen mußte, Sophia weinte, weil sie wußte, daß der Mann, den sie liebte, ungerecht behandelt und gekränkt wurde. »Wenn ich die Königin wäre!« rief sie schluchzend. Jane lachte, fluchte und organisierte mit Panoramablick den ganzen Umzug.

Am Tag des Abschieds waren Strand und Hafen überfüllt wie sonst nur bei der großen Regatta. John zählte dreihundert Reiter und weit über hundert Kutschen. Siedlerfamilien kamen vollzählig von weither, um ihm zuzuwinken. Eine beängstigende Zahl von Frauen und Männern drückte ihm die Hand, viele unter Tränen. Ehemalige Sträflinge kamen, Seeleute, Kleinbauern, Schneiderlehrlinge, Buschtrapper, mittendrin Dr. Coverdale und der massige Mr. Neat vom »True Colonist«, der auf ihn zustürzte, seine Hand hielt und erklärte: »Wenn dieses Land jemals den Weg zu Würde und guter Nachbarschaft findet, dann auf den Spuren, die der noble und geduldige Geist Eurer Exzellenz hier hinterlassen hat!« Neat hatte Schwitzhände. Das nahm aber seinen feinen, großen Worten nichts von ihrer tröstlichen Wirkung. John legte die angefeuchtete Hand aufs Herz, verneigte sich und sagte: »Ich wollte nur, daß jeder eine Chance hat.«

Achtzehntes Kapitel

Erebus und Terror

John Franklin sah unverwandt in das hochmütige Gesicht des Außen- und Kolonialministers und verlangte eine Erläuterung: »Warum, Mylord, glaubten Sie Mr. Montagus unbewiesene Geschichten und handelten danach, ohne mich anzuhören?«

Lord Stanley, der vierzehnte Earl von Derby, als Verwalter der britischen Kolonien de facto einer der mächtigsten Herrscher der Erde, hob wunderschön die rechte Augenbraue. Das nämlich beherrschte er überzeugend: er konnte jede Augenbraue unabhängig von der anderen anheben.

»Ich gebe Ihnen keine Erklärungen. Die bin ich allenfalls der Königin oder dem Premierminister schuldig.« Er hielt es für unter seiner Würde, eine gefaßte Meinung zu revidieren. Stanley erinnerte John an seinen Vater in früher Zeit, jenen, der ihn aus Skegness zurückgeholt und in eine Kammer gesperrt hatte. Mittlerweile sah er sich selbst fast als Vater dieses Vaters, und der Lord hätte sein Sohn sein können, ein dummer, erbarmungsloser Sohn. Es war eine der Begegnungen, bei denen beide Seiten meinten, ihre Würde nur auf Kosten der anderen wahren zu können.

In den glasigen Blick des Ministers hinein sagte John nun den Satz, den er sich für diesen Fall überlegt hatte:

»Es ist nicht meine Sache, das von Ihnen gewählte Verfahren zu kritisieren. Ich möchte aber bemerken, daß es dazu in der bisherigen Geschichte des Kolonialamts keine Parallele gibt.« Dann stand er auf, verneigte sich und bat, sich zurückziehen zu dürfen. Dabei dachte er: Ich kenne dich, aber du kennst mich nicht. Vielleicht kann ich erreichen, daß die Königin und der Premierminister dir genau dieselben Fragen stellen.

Nach der Unterredung wanderte John stundenlang durch die Stadt. Er verspürte keine Neigung, die Niederlage hinzunehmen, und rüstete sich mit allerhand treffenden Formulierungen. Ab und zu stolperte er über einen Prellstein oder rammte jemand, der gerade ein Geschäft verließ. Um einer gewählten Sprache willen fing er sich Kratzer und Beulen ein. Aber nur um diese in irgendeiner Form an Lord Stanley weiterzugeben.

Nach und nach wurde er ruhiger. Sein Ärger kam ihm klein vor in diesem London. Es war ohnehin schwer, sich auf die eigene Person zu konzentrieren, wenn es so viel zu sehen und zu lesen gab. Die Straße war ein Geschrei aus lauter Buchstaben: hier jubelten sie für billige Lohnkutschen, dort standen sie Spalier für reinen Gin oder ehrwürdigen Tabak, dazwischen blähten sie sich auf Baumwolltüchern und schwankten an Holzstäben: die Anhänger des allgemeinen Wahlrechts demonstrierten. John fand es schwer, gleichzeitig zu sehen und zu lesen, zumal ihm ständig neue, komplizierte Wörter entgegenleuchteten. Eines davon hieß »Daguerreotypie«. John trat heran und las das Kleingeschriebene: »Lassen Sie sich zeichnen vom Griffel der Natur!« Wenig später, beim Brillenschleifer, ein weiteres Schild: »Augengläser, das Geschenk der vorgerückten Jahre!« Die Anpreisung schien Erfolg zu haben. Dicke Brillen, früher ein Symbol für Mangel an Überblick oder bestenfalls für Gelehrsamkeit, zierten jetzt viele Gesichter, auch jüngere.

Ferner sah John zwei stattliche Leichenzüge und stellte fest, daß neuerdings nicht nur die Gehröcke, sondern auch die Särge »auf Taille« gearbeitet waren. Es sah aus, als würde ein Violoncello zu Grabe getragen.

Eine Stunde lang blieb er in einem Buchladen. Von Benjamin Disraeli, den er schon als kleinen Jungen gekannt hatte, gab es jetzt zwei Romane, und Alfred Tennyson, einer von Johns Verwandten in Lincolnshire, schrieb passable Gedichte, die sich bis nach London verkauften.

Er ging durch den Hafen, der vom Kohlenrauch der Dampfboote eingehüllt war. Die Sicht war immer noch klar genug: einer der Dockarbeiter rief: »Seht, das ist Franklin! Der Mann, der seine Stiefel aß.«

John stapfte weiter bis nach Bethnal Green und roch den fauligen Geruch der Kellerwohnungen. Geduldig hörte er ein dünnes, höchstens dreizehnjähriges Mädchen an, das ihn in eine dieser Wohnungen einladen wollte. Zwei ihrer Brüder seien deportiert worden, weil sie aus einem Laden einen halbgekochten Kuhfuß gestohlen und den verzehrt hätten. Sie wolle sich gern ausziehen für den Herrn, ganz langsam, und dabei ein Lied singen, alles für einen Penny. John fühlte Rührung und Beklemmung, gab ihr einen Schilling und flüchtete ratlos.

Fensterscheiben gab es hier kaum, und Türen waren unnötig, weil die Diebe nichts fanden. Die Polizei schien verstärkt worden zu sein. Überall lauerten wachsame Männer in Uniform, vernünftigerweise unbewaffnet.

An der King's Cross Station hörte John die Lokomotive fauchen und las im Stehen eine Zeitung. Drei Millionen Einwohner jetzt. Täglich wurden zweihundert Fuder Weizen verbacken, Tausende von Ochsen geschlachtet. Und das war noch zu wenig.

Die Bettler übrigens redeten zu schnell – sie wollten nicht lange stören. Sprächen sie langsamer, dachte John, dann wäre es keine Störung, sondern der Anfang eines Gesprächs. Aber vielleicht wollten sie gerade das vermeiden.

In den folgenden Wochen besuchte John seine Freunde. Die, die noch am Leben waren.

Richardson sagte: »Jetzt sind wir sechzig, lieber Franklin. Wir werden außer Dienst gestellt wie alte Linienschiffe. Der Ruhm ändert daran nichts.«

John antwortete: »Ich bin achtundfünfzigeinhalb!«

Dr. Brown empfing ihn zwischen Büchern und Pflanzenproben im Britischen Museum. Er behielt während des Gesprächs vorsorglich den Daumen in einem Folianten. Als John erzählte, was Stanley ihm angetan hatte, nahm er ihn aus Versehen heraus und ärgerte sich über beides, den anmaßenden Lord und die verlorene Seitenzahl. Er sagte: »Ich rede mit Ashley! Das ist ein Mann mit Herz. Der sagt es Peel, und dann sehen wir weiter. Das wäre doch gelacht!«

Beim jungen Disraeli traf John den Maler William Westall. Seine Augenbrauen waren jetzt ein wirres graues Gestrüpp und verstellten ihm fast den Blick. Er sprach abgehackt, oft nur in einzelnen Wörtern, aber er freute sich sichtlich über das Wiedersehen. Sogleich ging es wieder um die Frage, ob man das Schöne und Gute erst schaffen müsse, oder ob es schon in der Welt sei. John glaubte als Entdecker an das zweite. Die besten Sätze sagte Disraeli. Es gelang John nicht, sich auch nur einen zu merken.

Einige Tage später besuchte er Barrow, der sehr gesund aussah und lebhaft sprach, aber fast nur noch die Antworten »ja« und »nein« verstand. »Nein« akzeptierte er ungern.

»Selbstverständlich leiten Sie die Expedition, Franklin! *Erebus* und *Terror* liegen bereit, das Geld ist da, die Nordwestpassage muß endlich gefunden werden. Das wäre ja eine Schande! Was für wichtige Geschäfte sollten Sie davon abhalten?« John erklärte es. »Das ist Stanley!« schimpfte Barrow, »er macht alles mit der linken Hand und will dann noch recht behalten. Ich rede mit Wellington, der spricht ein Wort mit Peel, und Peel nimmt sich Stanley vor!«

Auch Charles Babbage schimpfte, aber in eigener Sache, wie immer. »Die Rechenmaschine? Die durfte ich doch nicht fertigbauen! ›Zu teuer‹. Aber für die Nordwestpassage ist das Geld da. Jedes Kind weiß, daß sie nutzlos ist −« Er stutzte, sah John unsicher in die Augen und fuhr mit weicherer Stimme fort: »Ihnen gönne ich sie natürlich.« »Ich fahre nicht«, sagte John, »James Ross wird fahren.«

Peter Mark Roget hatte eine Gesellschaft zur Verbreitung nützlichen Wissens gegründet, leitete ihre Sitzungen und betrieb nebenher Sprachforschungen. Den Bilderwälzer hatte er noch nicht ganz aus den Augen verloren: »Bis auf die Herstellung der Bilder sind alle Probleme gelöst. Ein gewisser Voigtländer auf dem Kontinent versucht es mit Daguerreotypien, aber das taugt nichts. Für jedes einzelne Bild müssen die Darsteller in der richtigen Bewegungsphase erstarren und belichtet werden. Und für eine einzige Sekunde braucht man mindestens achtzehn Bilder. Das Verfahren ist zu kompliziert und zu langsam.«

Roget war aber vor allem deshalb zu den Franklins gekommen, weil er darauf neugierig war, wie Jane jetzt aussah. Er selbst war zweifellos der schönste und eleganteste alte Herr weit und breit.

Schließlich traf John Kapitän Beaufort, den Hydrographen der Admiralität. Der erklärte ihm seine Skala der Windstärken, die jetzt für alle Logbücher der Marine vorgeschrieben war. Er brauchte lang dazu, weil ihnen zu jeder Windstärke Geschichten einfielen. Zum Abschied sagte Beaufort: »Diese Sache mit Stanley erzähle ich Baring, und der wird Peel darauf ansprechen. Das wäre gelacht! Übrigens – wollen Sie denn wirklich nicht mehr in die Arktis?«

John antwortete: »James Ross fährt.«

Ja, er hatte Freunde, die etwas für ihn taten. Dabei konnte er sich kaum erinnern, viel für sie getan zu haben. Eben das war Freundschaft.

Im Januar 1845 erhielt John Franklin einen Brief des Premierministers. Er möge auf eine kleine Unterhaltung vorbeikommen: Freitag um elf, Downing Street Nr. 10.

Jane meinte: »Also jedenfalls glaube ich nicht, daß er Geld in Tasmanien anlegen will.«

»In meiner ganzen Laufbahn«, sagte Sir Robert Peel, »habe ich keinen getroffen, der so rührige Freunde hatte. Ihre Geschichte kenne ich jetzt in fünf Versionen – alle für Sie schmeichelhafter als für Lord Stanley.« Er lachte und wippte auf den Fußballen. »Ich wußte aber schon einiges über Sie, und vielleicht Wichtigeres. Dr. Arnold in Rugby ist ein Bekannter von mir.« John verneigte sich und hielt es für besser, zustimmend zu schweigen. Noch wußte er nicht, was Sir Robert von ihm verlangen würde, wenn er zu Ende gewippt hatte.

»Um es gleich zu sagen: ich möchte Lord Stanleys Amtsführung nicht kommentieren«, sagte Peel, »ich könnte es auch gar nicht, denn er fängt alle Dinge anders an als ich. Von Geburt an.«

Um seinem Gegenüber nicht zu lange in die Augen zu starren, senkte John den Blick, aber nur bis zu der hellen Schleife, die den steifen Kragen zusammenhielt. Dieser Kragen saß so eng, daß die Ecken dem Minister ständig in die Wangen stachen. Das vermehrte den selbstquälerisch-korrekten Eindruck ebenso wie die viel zu engen langen Hosen. Sie mochten eine schöne Gestalt noch verschönern, aber

Peels kurze Beine wurden durch sie noch kürzer. John begann ihn irgendwie zu mögen. »Mir ist nun nahegelegt worden«, fuhr Peel fort, »Sie der Königin für eine Erhebung« – er stellte sich auf die Fußballen – »zum Baronet vorzuschlagen. Nur wäre das ein Affront gegen Lord Stanley und kommt auch aus anderen Gründen nicht in Frage. Ich sehe eine bessere Möglichkeit. Setzen wir uns!«

Er ist mir nicht unähnlich, dachte John. Für ihn ist Ordnung keine Selbstverständlichkeit. Er hat das Chaos im Kopf und muß sich schrecklich anstrengen. Ein Bürgerlicher. Mühsam hat er sich seinen eigenen Rhythmus erkämpft. Ich habe einen Bruder gesucht mein Leben lang – vielleicht ist er wenigstens ein Vetter.

»Ich habe Ihre Schrift zur Schulgründung gelesen«, sagte Peel. »Dr. Arnold gab sie mir in Oxford. Langsamer Blick, starrer Blick, Panoramablick, ausgezeichnet! Der Gedanke der Toleranz, aufgebaut auf der Verschiedenheit der individuellen Geschwindigkeiten oder Geschwindigkeits-Phasen – sehr einleuchtend. Über die Schule sind wir einig. Lernen und Sehen sind wichtiger als Erziehung. Ich habe zur Zeit ständig mit sendungsbewußten Erziehern zu tun, Anglikanern, Methodisten, Katholiken, Presbyterianern. Gemeinsam ist allen: Sehen spielt keine Rolle, der gottgefällige Charakter ist alles.«

John fühlte sich erwärmt von so viel zustimmenden Worten. Noch immer blieb er wachsam. Als Theoretiker gelobt zu werden war nicht alles, was sich ein Praktiker wünschte.

»In die Schule muß mehr vom Geist unserer Navigatoren hinein«, sagte Peel, »und weniger von dem der Prediger«. Er zog die Uhr aus der Westentasche und hielt sie sich zum Ablesen an die rechte Kniescheibe. Weitsichtig also. John hatte schon davon gehört. »Um es kurz zu machen, Mr. Franklin: ich will eine neue Institution schaffen, einen Königlichen Beauftragten für Erziehung. Damit kann ich den vielen pädagogischen Ansprüchen entgegenkommen und sie zugleich in Schach halten. Die neue Stelle soll unter anderem für den Kinderschutz und die Einhaltung der Arbeitszeitbestimmungen zuständig sein. Sie soll Vereinheitlichungspläne prüfen und jährlich einen umfassenden Bericht über alle Schulen und die Lage der Jugend vorlegen. Dafür brauche ich jemanden, der nichts überstürzt, der keine persönlichen Ziele verfolgt, keine religiösen und weltverbessernden Interessen vertritt und sich unbeirrbar zeigt von Geschrei. Es muß einer sein, der einen guten Ruf und Integrität besitzt und dessen Ernennung nicht von einer der religiösen Gruppen als Provokation aufgefaßt werden kann. All das trifft auf Sie zu, Mr. Franklin!«

John merkte, daß er rot wurde, und gab sich Mühe, seiner Freude nicht ganz nachzugeben. Dieser Peel schien, wie er, aus eigener Notwendigkeit die Langsamkeit entdeckt zu haben. Er war offenbar bereit, ihr Geltung zu verschaffen. John meinte wie durch eine Wand ins Freie zu treten. Die Utopien seines Lebens waren wieder gegenwärtig: Kampf gegen unnötige Beschleunigung, sanfte, allmähliche Entdeckung der Welt und der Menschen. Eine sprechende Säule schien sich aus der Mitte des Meeres zu erheben, er sah Maschinen und Einrichtungen vor sich, die nicht der Ausnutzung, sondern dem Schutz der individuellen Zeit dienten, Reservate für Sorgfalt, Zärtlichkeit, Nachdenken. Auch schienen ihm Schulen möglich, in denen nicht mehr das Lernen unterdrückt und die Unterdrückung gelehrt wurde. Es gab kaum ein mächtigeres Reich als das britische, kaum einen mächtigeren Mann als dessen Premierminister, und keinen angeseheneren als Robert Peel. Wenn dieser ein Bruder war...

»Lassen Sie sich Zeit mit Ihrer Antwort«, sagte Peel und hielt abermals die Uhr ans Knie. »Und schweigen Sie darüber noch zu jedermann. Wenn Ashley von der Sache Wind bekäme...«

John wurde wieder wachsam. Lord Ashley, der Earl von Shaftesbury? Das war doch der, der für die Abschaffung der Kinderarbeit kämpfte. John nahm sich ein Herz und fragte:

»Viel durchsetzen soll ich wohl nicht?«

»Wir haben uns vollkommen verstanden«, antwortete der Premier. »Es geht darum, mit großer Würde auf der Stelle zu treten. Plötzliche Änderungen gerade auf diesem Gebiet würden viele Gefahren heraufbeschwören – aber wem sage ich das!«

»Sie brauchen jemanden, der für alles zuständig ist, aber nicht viel tut«, überlegte John und stand auf. Sollte er die Augen zumachen und dem faulen Angebot zustimmen? Auszahlen würde es sich natürlich. Er ging zum Fenster. Trotz Peels spürbarer Ungeduld dachte er ausgiebig nach. Dann wandte er sich um: »Sie haben mir das Richtige angeboten, Sir Robert, aber aus den verkehrten Gründen und zum falschen Zweck. In der Tat, wir sollten darüber zu jedermann schweigen.« Damit verbeugte er sich und ging.

Zum ersten Mal in seinem Leben brauchte John über alles Weitere nicht lange nachzudenken. Er ging direkt zur Admiralität und ließ den erstaunten Barrow wissen, daß er ab sofort wieder für ein seemännisches Kommando zur Verfügung stehe.

Wie auf Parole öffneten sich alle Wege. Binnen zweier Tage übernahm John die Schiffe *Erebus* und *Terror* – der gute James Ross hatte kurzerhand mitgeteilt, er müsse aus Gesundheitsgründen die Leitung der Expedition abgeben. Daß John Franklin am meisten geeignet und berufen war, die Nordwestpassage zu finden, daran gab es keinen Zweifel. Dasselbe galt für die Schiffe. *Erebus* und *Terror* waren stark gebaute ehemalige Mörsertäger, etwas schwerfällig, aber dafür fest und geräumig, der Takelage nach Dreimastbarken. Die Admirale erfüllten ihm bei der Ausrüstung jeden Wunsch, sogar manchen, der ihm gar nicht einfiel.

Als Jane ihn über die Unterredung mit Peel befragen wollte, antwortete er nur: »Nichts Besonderes. Er hat die Langsamkeit entdeckt.«

Am Nachmittag des 9. Mai hörten Sir John und Lady Franklin in einem Saal am Queen Square drei Klaviersonaten eines Ludwig van Beethoven, gespielt von einem rüstigen alten Herrn namens Moscheles. John mochte alle allzu hohen Töne nicht, auch wünschte er sich ein längeres Verweilen der tieferen. Er freute sich aber an der Wiederholung einprägsamer Klangfiguren. Viel hatte er nicht erwartet. Seine Taubheit machte ihm zu schaffen. Er wußte so gut wie nichts über Musik und glaubte den schnellen Passagen nicht folgen zu können. Deshalb machte er sich Gedanken zur Fleischversorgung der Expedition. Qualität und Lagerung, Salzgehalt, die Auswahl des Lebendviehs – nichts wollte er dem Zufall überlassen. Zwei bis drei Überwinterungen, da kam man mit bloßem Glück nicht mehr durch, nur noch mit gründlicher Vorbereitung.

Bei der letzten Sonate, sie hieß »Opus 111«, ging es ihm seltsam. Seine Gedanken erhoben sich weit über Rinderhälften und Vorratsfässer, die Augen verließen, ohne die Blickrichtung zu ändern, den Alten und seinen Flügel. Die Musik war traurig und spielerisch in einem, hell und klar, der langsame Satz wie ein Gang an der Küste, mit Wellen, Fußstapfen und feingeripptem Sand. Zugleich war es wie ein Blick aus der Kutsche und der Betrachter jederzeit frei, das Ferne ziehen oder das Nahe flimmern zu lassen. John meinte hier die feinen Rippen allen Denkens zu erfahren, die Elemente und zugleich die Beliebigkeit aller Konstruktionen, den Bestand und das Entgleiten aller Ideen. John fühlte sich einsichtig und optimistisch. Einige Minuten nach dem letzten Ton wußte er plötzlich: Sieg und Niederlage gab es gar nicht. Es waren willkürliche Begriffe, die in den von Menschen gesetzten Zeitvorstellungen umherschwammen.

Er ging zu Moscheles und sagte: »Der langsame Satz war wie das Meer. Damit kenne ich mich aus.« Moscheles strahlte ihn an. Wie dieser alte Mann strahlen konnte! »Freilich, Sir, das Meer, molto semplice e cantabile, wie ein guter Abschied.«

Als sie nach Hause fuhren, sagte John zu Jane: »Es gibt noch so viel. Wenn die Passage hinter mir liegt, will ich ein wenig Musik lernen.«

In einem Atelier wurde von jedem einzelnen Offizier und Unteroffizier der Expedition zur Erinnerung eine Daguerreotypie hergestellt. Nacheinander nahmen alle vor dem wallenden Samtvorhang Platz und blickten gestrafft und edel. Es roch wie in einer Schlacht, denn die nötige Helligkeit wurde durch Pulverbrände besorgt. Sir John behielt den Hut auf, um seine Glatze zu verbergen. Daher behielten alle ihm zuliebe ihre Hüte auf bis zum jüngsten Midshipman. »Es sind auch sonst vorzügliche Leute, die Mannschaft ist Gold wert«, meinte der Zweitkommandierende, Kapitän Crozier. »Das ist sie«, nickte John, »Augenblick bitte!« Er notierte etwas, um es nicht zu vergessen. Bald darauf schrieb er Peter Roget einen Brief: »Wenn man für den Bilderwälzer Daguerreotypien verwendet, muß man den Zeitabstand zwischen den einzelnen Aufnahmen so verringern, daß die Personen ihre Haltung nicht immer wieder aufgeben und dann neu einnehmen müssen. Vielleicht lassen sich so viele Aufnahmen pro Sekunde machen, daß alle Darsteller in ihrer natürlichen Bewegung begriffen bleiben können. Im übrigen sind meine Bedenken gegen den Bilderwälzer nicht beseitigt. Es kommt darauf an, ihn aus den richtigen Gründen und zum richtigen Zweck zu verwenden. Nach meiner Rückkehr dazu einige technische Vorschläge.«

Als am Morgen des 19. Mai die Schiffe sich vom Kai lösten, drehte Sophia sich um und weinte. John sah es vom Achterdeck aus. Jane schien Sophia durch einen Witz aufheitern zu wollen. John wußte, daß Janes fröhliches Unverständnis besser trösten konnte als das tiefe Mitleid anderer. Ella ließ sich nicht ablenken, sie winkte weiter und hüpfte lachend, wie ihre Mutter es getan hatte. Alle rechneten damit, daß die Reise nicht länger als ein Jahr dauern würde. Sogar Crozier hatte gesagt: »Wenn alles glatt geht, kommen wir diesen Sommer durch.«

Nach zwei Stunden lag die Pier von Greenhithe jenseits der großen Flußbiegung. Themseabwärts wurde die *Erebus* von einem kleinen Raddampfer namens *Rattler* gezogen und die *Terror* vom noch kleineren *Blazer*. Jahrzehntelang hatte für John die Weisheit aller Navigation darin gelegen, daß ein Schiff von allein sein Ziel erreichte, wenn man ihm nichts in den Weg legte. Nie hatte er gesagt: »Fahren wir hin!«, sondern stets: »Lassen wir sie hinfahren.« Mit dem Geschleppt-werden mußte er sich erst abfinden, zumal selbst der hohe Bug der *Erebus* die Rauchschwaden des *Rattler* nicht abhalten konnte. John hustete und brummte, aber im Grunde war er glücklich wie als Kind in Skegness. Er packte den neben ihm stehenden Fitzjames, Commander der *Erebus,* an der Schulter und schüttelte ihn. »Wir sind flott«, sagte er, »die Flucht ist gelungen!« Fitzjames lachte höflich. »Entschuldigung!« sagte John leise. Ihm war eingefallen, daß Fitzjames schrecklich in Sophia verliebt war. »Ein, zwei Jahre sind eine lange Zeit«, antwortete der Leutnant. »Das meine ich auch«, murmelte John. Er rechnete eher mit drei Jahren und dachte belustigt an alle Fortschrittsgläubigen, die auf der Seekarte nördlich Kanadas eine Linie durchs Inselgewirr zeichneten, mit dem Finger darauf entlangfuhren und annahmen, die Schiffe würden diesem folgen, nur etwas langsamer. Tausend Meilen segeln, dann acht Monate im Eis warten, dann wieder einige hundert Meilen segeln und wieder warten – jeder Begriff von Langsamkeit würde solche Leute schon bald verlassen haben. Nach drei Monaten Wartezeit würden sie nicht mehr an Bewegung glauben und den Verstand verlieren.

Nächste Poststation: Stromness auf den Orkneys, um Briefe abzuschicken, Petropaulowski in Kamtschatka oder Hongkong, um welche zu empfangen. Sieben Brieftauben hatten sie an Bord, zweitausend Bücher und zwei Drehorgeln, die fast dreißig verschiedene Weisen spielen konnten, aber nicht das Opus 111. Die Lebensmittelvorräte reichten für fast vier Überwinterungen. Die Herren *Rattler* und *Blazer* – Franklin hatte ihnen das weibliche Geschlecht nicht zubilligen können – verabschiedeten sich bei der Insel Rona. Sie waren bald nur noch an zwei schmutzigen Wölkchen vor der Küste zu erkennen.

Einen guten Monat lang waren die schwerbeladenen, kupfergepanzerten Schiffe über den Atlantik unterwegs. Zwölf Gottesdienste hielt John Franklin in dieser Zeit selbst ab, und obwohl die Mannschaft merkte, daß die Predigten nicht aus den dafür vorgesehenen Büchern stammten, war sie zufrieden. Der Segelmeister sagte: »Unser Franklin ist ein Bischof, verkleidet als Kapitän, und daher um so heiliger.«

Ende Juli sichteten sie in der Baffinbai ein Walfangschiff namens *Enterprise*. Der Skipper kam an Bord und sprach mit Franklin. Das Eis sei dieses Jahr stärker als im letzten. »Ich vertraue darauf, daß wir gut durchkommen«, sagte Franklin ernst, »und die Mannschaft vertraut mir«. Der Walfänger war ein Mann der Logik: »Und wenn Sie sterben, Sir?« John sah über die Reling ins Wasser hinunter. »Dann vertraue ich der Mannschaft. Was von mir übrigbleibt, muß nicht jedesmal ich selbst sein.« Das war ein Satz aus einer seiner seltsamen Predigten.

Da der Wind günstig war, trennte man sich bald wieder. Die *Enterprise* blieb weiter beigedreht, weil ein Wal gesichtet worden war. *Erebus* und *Terror* segelten nordwestwärts in die Arktis. Noch bevor sie außer Sicht gerieten, begann es zu schneien.

Starke Schiffe, mit allem versehen, rührige Matrosen, respektable Offiziere, alle furchtlos und gutgelaunt unter dem Kommando eines geduldigen und ganz unbeirrten alten Gentleman, dieses Bild der Expedition blieb stehen vor den Augen der Welt.

Neunzehntes Kapitel

Die große Passage

Bis zum Wintereinbruch 1845 suchte Franklin vom Lancastersund aus eine Durchfahrt nach Norden statt, wie die Admiralitätsbefehle es vorsahen, nach Südwesten. Er hoffte noch immer auf ein offenes Polarmeer. Die Schiffe umrundeten aber nur eine große Insel, Cornwallis, ohne etwas anderes zu finden als wachsende Eismassen. Franklin überwinterte bis zum Frühjahr 1846 in einer geschützten Bucht der Beechey-Insel, benannt nach seinem ehemaligen Ersten auf der *Trent*. Drei Männer starben hier, zwei an Krankheiten, einer ertrank. Man errichtete ihnen sorgsam gemeißelte Grabsteine wie auf einem englischen Dorffriedhof. Dann stachen *Erebus* und *Terror* erneut in See, diesmal in Richtung Südwesten. Auch dieses Jahr schien nicht gut zu werden. Der Eisstrom wurde immer dicker. Mühsam kämpften sich die Schiffe durch aufgetürmte Schollen mit elender Langsamkeit. Franklin schreckte das nicht.

Eine gefährliche Meerenge, in der mehrere Treibeisfelder sich ineinander drängten, nannte Franklin Peel-Sund. Er meinte das nicht unbedingt als Kompliment an Sir Robert.

Die Mannschaft arbeitete gut und verließ sich auf Franklin. Ihre Bereitschaft, Witze zu machen, hatte ein wenig zugenommen, aber noch war es nicht besorgniserregend. Franklin wußte, wie es sich anhörte, wenn eine Mannschaft nicht mehr intakt war. Er machte sich viele kleine Sorgen, aber keine großen.

Jane Franklin verbrachte den Winter auf Madeira, zusammen mit Ella und Sophia Cracroft. Im Frühjahr besuchten sie die Westindischen Inseln. Jane fand Sophias Sorgen um das Schicksal der Expedition etwas übertrieben und meinte, Ablenkung würde ihr guttun. Ella kehrte nach England zurück, Jane und Sophia fuhren nach New York.

Im »Herald« lasen sie eine Anzeige: »Madame Leander Lent gibt Auskunft über Liebe, Heirat und abwesende Freunde, sie verkündet alle Ereignisse im Leben. Nr. 169 Mulberry Street, 1. Stock hinten hinaus. Damen 25 Cent, Herren 50. Sie bewirkt schnell eine Heirat, was extra zu zahlen ist.« Jane, die in London nie den Weg zu einer Wahrsagerin angetreten hätte, beschloß, man müsse auch dieses Milieu studieren. Sie gingen hin. Madame Lent war etwa fünfundzwanzig Jahre alt, schrecklich schmutzig und fast kahl. Im Schein eines Talglichts, das auf eine Bierflasche gesteckt war, legte sie die Karten für John Franklin und behauptete, es gehe ihm ausgezeichnet. Er sei eben dabei, das Ziel seines Lebens zu erreichen. Er würde es aber nicht auf einmal schaffen, sondern allmählich. Als sie merkte, daß keine Heirat gewünscht wurde, strich sie enttäuscht ihre 25 Cent ein und erklärte, daß draußen weitere elf Hilfesuchende warteten.

Mit Segelkraft allein ging es nicht mehr vorwärts. Das Treibeis hatte sich zu einer geschlossenen Fläche verdichtet. Die Männer stemmten sich die Hälfte ihrer Wachzeit ins Bugseil oder hackten und sägten den Weg frei. Franklin war trotz eines starken Hustens tagelang auf den Beinen und gönnte sich kaum Schlaf, nur ab und zu ein Spiel Backgammon gegen Fitzjames, das er regelmäßig gewann.

Am 15. Juli, Franklin stand eben mit dem Sextanten an Deck und schoß einen Stern, meinte er aus den Eisfeldern hinter dem Heck der *Erebus* einen Schrei zu hören, lauter als der Schrei jedes Menschen. Erstaunt setzte er das Gerät ab und starrte nach achtern. Nichts Außergewöhnliches war zu sehen. Hinter der *Terror* schlich das riesige Ei der Sonne am Horizont entlang nach Osten. Tausende von Schollen ragten wie eine rotgläserne Stadt, aber eine bewegliche, die sich zusammen mit den Schiffen nach Süden voranfraß und nie damit aufhörte. John sah auf das glühende Ei am Horizont und dachte: Wieso eigentlich Sonne, was heißt Sonne. Seine

Beine gaben nach. Vorsicht, alles Unsinn, dachte er. Im Fallen umklammerte er den Sextanten und versuchte ihn zu schützen. Das erste, was er von Matthew über Sextanten gelernt hatte, war, daß sie nicht fallen durften. Er verlor das Bewußtsein.

Als er wieder zu sich kam, lag er in seiner Kajüte auf einer Decke am Boden und sah in die Gesichter von Fitzjames und Leutnant Gore, die sich über ihn beugten. Dann kam das des Arztgehilfen Goodsir dazu. Aber er erkannte diese Gesichter nur, wenn er den Kopf in eine bestimmte Stellung brachte. Die bisher gewohnte optische Achse seines Gesichts mußte jetzt am Objekt vorbeiführen, damit er es erfassen konnte. Wie ein Huhn, dachte er verblüfft, vielmehr, wollte er denken, denn er kam nicht auf all diese Wörter. Er wollte auch etwas sagen, um den drei Männern ihre Besorgnisse zu nehmen. Was aus seinem Mund kam, war wohl nicht besonders klar, die Mienen wurden noch angstvoller. Aber lachen und aufstehen konnte er doch! Er versuchte es. Mit dem rechten Bein war nichts zu machen. Immerzu sah er weiter das rote Ding am Himmel und die gläserne Stadt. Die hatte sich doch früher nicht in jedes Bild gemengt? Und wie hieß dieses Ding, dieses helle Ding? Jetzt wußte er: es war etwas passiert.

Irgend etwas hatte längst wieder passieren müssen. Wenn es nun jemanden traf, dann am besten ihn selbst.

London war im Sommer 1846 von vielerlei Nachrichten so aufgewühlt, daß irgendwelche Neuigkeiten aus der Arktis kaum Eindruck gemacht hätten.

Im Parlament ging es über die schon lange obsoleten Korngesetze hin und her. Da in Irland Hunger herrschte und eine Katastrophe bevorstand, wurde die Entscheidung gegen den Protektionismus immer dringender. Der Brotpreis mußte endlich gesenkt werden, auch wenn eine Handvoll einflußreicher Landbesitzer Zeter und Mord schrie. Robert Peel, der als Anführer der konservativen Partei lange Zeit ein Verteidiger der Korngesetze gewesen war, änderte mit

Souveränität und Tapferkeit öffentlich seine Haltung. Er schaffte die Gesetze ab und erntete dafür den Zorn seiner hochadeligen Kollegen. Zwar verlor er sein Amt, doch er gewann die Dankbarkeit der Hungernden.

Am 15. Juli 1846 waren Lady Franklin und Sophia als einzige Passagiere auf einem bildschönen Klipper von New York nach London unterwegs und umrundeten bei strahlender Sonne die irische Südküste. Sie hofften, in London eine erste Nachricht von *Erebus* und *Terror* vorzufinden.

In Spilsby brach am selben Tag ein furchtbarer Sturm los. Mehrere alte Bäume wurden entwurzelt, zwei Menschen auf offener Straße vom Blitz erschlagen, Dächer abgedeckt und einige Hütten in der Armensiedlung einfach umgeweht. Das Getreide lag vom Hagel zerschlagen auf den Feldern. Hätte man den Leuten in Spilsby erzählt, was sich am selben Tag im Eismeer zutrug, sie hätten gewiß aufgehorcht. Aber schon wenige Minuten später hätten sie sich wieder dem eigenen Schicksal zugewandt – mit Recht.

Im Schraubeis vor der Küste von King Williams Land wurden die Schiffe am 12. September endgültig eingeschlossen. Mehrere nach Süden vorrückende Packeisströme wurden hier durch zwei Küsten, die wie ein Trichter wirkten, zusammen- und übereinandergeschoben. Riesige Schollen kippten hoch und ragten für ein, zwei Tage wie ein Lateinersegel, grell von der Sonne beleuchtet, bis sie nach der anderen Seite umbrachen. Türme und Kegel wuchsen empor und versanken wieder, die Massen befanden sich in einer Drehbewegung, als würden sie umgepflügt. Die Seeleute kämpften Tag für Tag um das Leben ihrer Schiffe, sägten, sprengten, schleppten Eisschollen ohne Pause. Das Risiko, daß die Rümpfe durch unberechenbare Bewegungen der Eisfelder zerpreßt würden, wuchs weiter, bis sie endlich durch die Gewalt des Drucks immer mehr angehoben wurden und schließlich auf einem Sockel zu stehen schienen. Jetzt mußte dafür gesorgt werden, daß dieser Halt nicht umbrach.

Zeichnungen von architektonischer Genauigkeit wurden angefertigt, statische Berechnungen angestellt, Anker gelegt. Franklin wußte, daß die Schiffe mit dem Eis nach Süden drifteten, freilich so langsam, daß die Küste des Kontinents erst in vielen Jahren erreicht werden würde. Aber er wollte seine Schiffe und Männer schon noch durchschleusen durch diese Mühle.

Franklin saß an Deck, blickte in die Sonne, deren Namen er nicht mehr kannte, und gab sich gutgelaunt und hoffnungsvoll. Er konnte weder sprechen noch schreiben, und für jede Fortbewegung brauchte er Hilfe. Der Koch fütterte ihn, manchmal tat es auch Fitzjames. Aber noch konnte er Seekarten und Berechnungen mit einiger Mühe lesen und durch Kopfschütteln, Nicken und Deuten anordnen, was zu geschehen hatte. Er spielte sogar weiterhin Backgammon, gewann und lachte ein schiefes, vergnügtes Lachen. Niemand zweifelte an seiner geistigen Gesundheit. Solange er lebte, war nichts verloren. Immer waren die Sterbenden die gewesen, um derentwillen alles geschah: Simmonds 1805, Leutnant Hood 1821, auf ihre Weise Eleanor 1825, Sherard Lound 1842. Jetzt also er, John Franklin, 1846.

Die Hälfte der Vorräte war noch da, ein bis zwei weitere Winter waren zu verkraften, wenn man die Nerven behielt, und das war schließlich seine Stärke.

Auch im Frühjahr 1847 kamen die Schiffe nicht los. Der Skorbut forderte die ersten Opfer. Franklin beobachtete seine Mannschaft genau, und das eingeengte Gesichtsfeld half dabei mehr, als es störte. Die Moral der Leute nahm nicht ab, sondern zu. Und so kannte es John Franklin von allen langsamen Katastrophen: wenn die ersten zugrunde gingen, war die Bequemlichkeit der übrigen noch stärker als das Begriffsvermögen. Aber lange bevor die Mehrzahl in Gefahr geriet, war alle Einsicht da. Nur ganz zuletzt ging sie wieder verloren. So weit waren sie aber bisher nicht. Franklin lebte. Er war langsamer als der Tod, das konnte die Rettung sein.

Bei einem Erkundungsmarsch im Mai 1847 stieß eine

Gruppe aus Offizieren und Matrosen von der *Erebus* über King Williams Land bis zur Mündung des Großen Fischflusses vor. Von dort aus war der Verlauf der Küste gegen Westen bekannt, Franklin selbst hatte die Karten fünfundzwanzig Jahre zuvor gezeichnet. Als die Gruppe zu den Schiffen zurückkehrte und die Ergebnisse meldete, lachte er mit der einen Hälfte seines Gesichts und weinte mit der anderen. Die Nordwestpassage war gefunden, und sie war in der Tat wegen des Eises vollkommen nutzlos, wie jedermann bereits geahnt hatte. Franklin gab zu verstehen, daß er ein Fest feiern wolle, und so geschah es. Es war auch eines, obwohl allein an diesem Tag drei Mann starben. Alle, die lebten, hatten wieder Hoffnung.

Franklin deutete auf die Karten, lallte einzelne, mühsam wieder gelernte Wörter mit großer Anstrengung. Der vorgereckte Hals, die aufgerissenen Augen – er sah aus wie als Kind, wenn er in eine Kutsche einzusteigen versuchte, die gleich losfahren konnte. Aber wer das Richtige sagte, brauchte dabei nicht gut auszusehen, er durfte sich Zeit nehmen.

Es dauerte Stunden, bis Crozier und Fitzjames verstanden hatten, was der alte Mann ihnen sagen wollte. Sie sollten in genau sechs Wochen mit den Stärksten und Gesündesten nach Süden aufbrechen und versuchen, zu den Pelzhandelsposten, den Eskimos oder den Indianern durchzukommen und Hilfe zu holen. Nicht sofort und auch nicht im Winter, vor allem aber nicht erst im nächsten Frühjahr! Franklin wußte, daß sich die Rentiere nur im Spätsommer in den Barren Grounds einfanden und daß man noch bei Kräften sein mußte, um sie zu erjagen.

Die beiden Offiziere sahen sich kurz an und verständigten sich sofort: sie wollten die Kranken keinesfalls im Stich lassen.

Am 11. Juni 1847 starb Sir John Franklin, Konteradmiral

der königlichen Marine, in seinem zweiundsechzigsten Lebensjahr an einem weiteren Schlaganfall.

Der Eismeister sprengte eine Graböffnung ins Packeis. Die Mannschaft versammelte sich und zog die Hüte. Crozier sprach ein Gebet. Eine Gewehrsalve krachte in den klaren Frosthimmel, dann ließ man den Sarg, beschwert mit einem Bootsanker, langsam hinunter. Die Gruft wurde mit Wasser aufgefüllt, es fror binnen weniger Stunden zu einer Grabplatte wie aus dunklem Glas. »Gute Reise«, sagte Fitzjames in das Schweigen hinein.

Das war kein leeres Wort. Denn mit den driftenden Eismassen war der alte Kommandant ganz gewiß noch einige Zeit unterwegs.

1848 wurden von der Admiralität drei Suchexpeditionen ausgesandt, eine davon unter dem Kommando des auffällig schnell wieder gesundeten James Ross. Alle drei suchten viel zu weit im Norden – Ross wußte sehr gut, daß Franklin sein Leben lang an ein offenes Polarmeer geglaubt hatte. Sie überwinterten im Eis und kehrten im nächsten Jahr unverrichteter Dinge zurück. Bis 1850 wurde eine große Zahl weiterer Schiffe losgeschickt, die den arktischen Archipel kreuz und quer durchsuchten und jede der großen Inseln genau kartographierten. Über Franklin fanden sie aber nur heraus, daß er auf der Beechey-Insel den ersten Winter verbracht hatte. Nun wollten die Admirale die Suche einstellen. Sie hätten das bereits 1849 getan, wenn Lady Franklin nicht gewesen wäre.

Unter dem Beifall der gesamten Öffentlichkeit setzte sich Jane für die weitere Suche nach ihrem Mann ein, mit allem, was ihr zur Verfügung stand: ihr eigenes und Johns Vermögen, Schlauheit und Überzeugungskraft, Zorn und Spott, echte und künstliche Tränen, wann immer sie nötig waren. Sie mietete sich ein Zimmer in dem Hotel gegenüber der Admiralität, um ihren Gegnern recht nahe sein zu können. Ihre Auftritte waren gefürchtet. Vergebens ließen sich die

Bürokraten verleugnen. Jane wurde zu einer Expertin für arktische Navigation, weil sie alle Berichte genau studierte und ein vorzügliches Gedächtnis besaß. Sie führte Korrespondenzen mit dem Präsidenten der Vereinigten Staaten, mit dem Zaren, mit einem spendablen New Yorker Millionär und mit einigen hundert anderen einflußreichen oder sachverständigen Personen in der ganzen Welt. Sie fuhr nach Lerwick auf den Shetlands, um die Walfänger zu freiwilligen Nachforschungen im hohen Norden anzustacheln. Sie hielt vor Seeleuten ebenso erfolgreiche Reden wie vor den Damen der Gartenbaugesellschaft, kein Mensch konnte ihr widerstehen. Die Zeitungen schrieben Hymnen auf die heldenhafte Forschersfrau. Von eigenem Geld kaufte sie mehrere Schiffe und wählte aus den Scharen von Freiwilligen persönlich die Mannschaften aus. Kurz vor seinem Tod sagte John Barrow: »Jane ist meine Nachfolgerin!«

Was nach den ungeschriebenen oder auch geschriebenen Gesetzen einer Frau nicht erlaubt war, nicht einmal der Königin, Jane durfte es: Energie zeigen und sich gegen Männer durchsetzen. Gerade die stimmten zu, es ging schließlich um einen Ehemann und weitere hundertdreißig Männer im Eis der Arktis.

Ergebene Freunde fand sie, heroische Diener. Der alte Dr. Richardson fuhr wieder in den hohen Norden, um seinen Freund zu suchen. John Hepburn kam aus Tasmanien angereist und ging mit. Während der ganzen Zeit blieb Sophia bei Lady Franklin. Oft schien sie an der Suche nach Franklin noch leidenschaftlicher beteiligt zu sein als die Lady selbst, aber niemand hatte einen Grund, sich darüber zu wundern. Sie war Sekretärin, Botin, Freundin, Strohmann, Vorrednerin, Trösterin. Sie heiratete nicht, obwohl sie unter Freiwilligen so hätte wählen können wie die Lady bei der Bemannung ihrer Schiffe. Bis 1852 verhinderten sie, daß Franklin mit seiner Mannschaft für tot erklärt wurde, und als dies doch geschah, wußten sie das Publikum in eine derartige Entrüstung zu versetzen, daß die Lords der Admiralität nur noch mit verhangenen Kutschfenstern das Regierungsviertel verließen.

Freilich, das Vermögen schmolz schnell dahin, zum Mißbehagen von Johns Tochter, die keinen reichen Mann geheiratet hatte und um ihr Erbe fürchtete. Aber gegen die gebieterische Position einer Heldengattin kam niemand auf, nicht einmal Ella, die viel von Ihres Vaters Beharrlichkeit besaß.

Auch für Freundschaft und Treue unter Frauen wurden »Jane und Sophy« zum Symbol. Daß sie sich auch Zärtlichkeit schenkten, übersah glücklicherweise der Tugendeifer der Gerechten. Wer es dennoch ahnte, war nicht ganz so tugendhaft und fand es schlicht belanglos.

Das Wichtigste aber blieb aus: noch immer war das Schicksal Franklins und seiner Seeleute im dunkeln. Da nach wie vor für seine Aufklärung eine hohe Belohnung ausgesetzt war, gab es auch nach 1852 freiwillige Suchfahrten von Walfängern und reichen Freunden, vor allem aber gab es Jane und Sophia, die entschlossen waren, ihr Geld bis zum letzten Penny dem einen Ziel zu opfern.

1857 kaufte Jane Franklin das unwiderruflich letzte Schiff, einen kleinen Schraubendampfer namens *Fox*, und vertraute es einem jungen Kapitän an, der schon als Steuermann bei der Franklinsuche dabeigewesen war: Leopold McClintock, einem Mann, den sie liebte wie einen Sohn und der sie ehrte wie eine Mutter. Er gehörte zu denen, die sich nicht nur für die Lösung des Rätsels und für die Geldprämie interessierten, sondern für John Franklin selbst. Viel hatte er von Richardson und Hepburn, Lady Franklin und Sophia über ihn erfahren, hatte seine beiden Bücher gelesen und sogar das »Strafenbuch« der *Trent* sehen dürfen, in das John seine Ideen eingetragen hatte. »Ich will ihn einfach kennenlernen!« sagte McClintock. »Und dazu werde ich ihn finden. Es kann gut sein, daß er lebt, vielleicht unter den Eskimos. Er hat nie schnell gelebt, also hört er auch nicht so schnell damit auf.«

Das war McClintock, ein kleingewachsener, drahtiger

Mann mit schwarzem Backenbart. Mit seiner schottischen Mannschaft und einem dänischen Dolmetscher verließ er am 30. Juni 1857 den Hafen von Aberdeen.

Am 6. Mai 1859 fanden McClintocks Leute auf King Williams Land unter einer Steinpyramide einen von Crozier und Fitzjames unterzeichneten Zettel, der über das Schicksal der Expedition und Franklins Tod Auskunft gab. Er stammte vom Frühjahr 1848. Die Schiffe waren nicht mehr freigekommen, die Mannschaft hatte sie aufgegeben. Die Nachricht schloß mit den Worten: »Von hier aus gehen wir morgen weiter in Richtung auf die Mündung des Großen Fischflusses.«

In dieser Richtung wurde die Suche fortgesetzt. Sie ergab, daß eine weitere Suche nicht mehr notwendig war.

Hundertfünf Mann waren im Frühjahr 1848 von *Erebus* und *Terror* aus aufgebrochen, aber offenbar bereits in tiefer körperlicher und geistiger Erschöpfung. Schon bald hatte sich die Karawane der Sterbenden in mehrere Gruppen aufgeteilt, eine davon versuchte zu den Schiffen zurückzukehren. Manche Männer hatten Tafelsilber mit sich geschleppt, vielleicht um es bei den Eskimos gegen Nahrung zu tauschen. Andere hatten schwere Boote übers Eis gezogen, die sie irgendwann liegenlassen mußten, meist mit einem Teil der Lebensmittelvorräte. Neben einem der Boote fand McClintock mehrere Skelette und vierzig Pfund noch gut genießbarer Schokolade. In einer Bucht an der Mündung des Großen Fischflusses lag dann eine große Zahl weiterer Skelette, meist noch bekleidet mit ausgebleichten, aber vollständig erhaltenen Uniformen.

McClintock nannte die Bucht Starvation Cove, »Hungerbucht«. Er traf einige Eskimos, die sich an die Schiffe im Eis erinnerten oder davon gehört hatten, daß sie im Herbst 1848 gesunken seien. Eine alte Frau hatte sogar den letzten Marsch der Weißen von ferne beobachtet: »Sie starben im Gehen. Sie fielen hin, wo sie gerade gingen und standen, und waren tot.« Warum hatten die Eskimos den Weißen nicht geholfen? »Es waren schrecklich viele, und wir hungerten selbst so schlimm wie nie zuvor.«

Der Kapitän tauschte eine Reihe von Fundsachen ein: Silberknöpfe, Besteck, eine Taschenuhr, sogar einen der Orden Franklins. Er fragte nach Büchern, Heften. Ja, Papierbündel hätten sie auch gefunden und ihren Kindern zum Spielen gegeben. Jetzt sei nichts mehr davon übrig. Enttäuscht verließ McClintock die Eskimohütten und ging zurück zur Starvation Cove.

Da sich immer noch Lebensmittel fanden, glaubte niemand an eine nur vom Hunger verursachte Katastrophe. Die nächstliegende Antwort hieß: Skorbut. Die Untersuchung der Skelette ergab, daß vielen die Zähne ausgefallen waren. Sie ergab aber vor allem noch eines: der um sein Leben kämpfende Rest der Mannschaft hatte an diesem Ort zum letzten, verzweifelten Mittel gegriffen: McClintock fand abgetrennte Knochen mit glatten Schnittflächen, die nur von einer Säge stammen konnten. Der Schiffsarzt hockte ihm gegenüber, ihre Blicke trafen sich.

Der Arzt flüsterte: »Von meinem Standpunkt aus... Skorbut ist eine Mangelkrankheit. Dem Fleisch eines Menschen, der daran gestorben ist, fehlen genau die Stoffe, welche die Kranken zum Überleben nötig hätten. Es hat also nicht einmal —«

»Sprechen Sie ruhig weiter«, sagte McClintock.

»Es hat nichts genützt«, sagte der Arzt.

Als man die Gebeine versammelt hatte, um sie zu begraben, sagte McClintock: »Es war eine würdige und tapfere Schiffsmannschaft. Die Zeit war zu lang für sie. Wer nicht weiß, was Zeit ist, versteht kein Bild, und dieses auch nicht.«

Der einzige, der ihm nicht zuhörte, war der Photograph der »Illustrated London News«, der eilends seinen Apparat, System Talbot, in Stellung brachte, um den Zustand der Skelette im Bild festzuhalten.

Bibliographische Notiz

John Franklin hat gelebt. Seine wirkliche Geschichte hat zu diesem Roman unzählige Details beigetragen, die mir niemals hätten einfallen können. Das verpflichtet mich, wenigstens einige Titel aus der Sachliteratur über den historischen Franklin zu nennen, der in vielen Punkten zweifellos anders war als der des Romans.

Über Franklins Verwandtschaft und die Stadien seiner Karriere läßt sich Genaueres lesen bei:

Roderic Owen: The Fate of Franklin, London 1978, ferner bei: *Henry D. Traill:* The Life of Sir John Franklin, R. N., London 1896, vor Owens Buch die klassische Franklin-Biographie.

Was auf der Reise nach Lissabon und während der Schlacht von Kopenhagen im einzelnen geschah, sagen auch diese Autoren nicht. Mehr weiß man über die Australienreise:

Matthew Flinders: A voyage to Terra Australis, undertaken for the purpose of completing the discovery of that vast country and prosecuted in the years 1801, 1802 and 1803 in His Majesty's Ship The Investigator. Zwei Bände und ein Atlas, London 1814. Es ist der offizielle Reisebericht.

Über den großen Navigator Flinders siehe vor allem *James D. Mack:* Matthew Flinders 1774–1814, Melbourne 1966.

Zu der ersten Reise ins Eis gibt es den Expeditionsbericht von *Frederick W. Beechey:* A Voyage of Discovery towards the North Pole, performed in His Majesty's Ships Dorothea and Trent, London 1843, und zu den beiden Landreisen die Berichte von Franklins eigener Hand: *John Franklin:* Narrative of a Journey to the shores of the Polar Sea in the years 1819, 20, 21, and 22, London 1823 (im selben Jahr auch ins Deutsche übersetzt und in Weimar erschienen), ferner: Narrative of a Second Journey to the Polar Sea in the years 1825, 26, 27, London 1829 (im selben Jahr deutsch in Weimar). Der Roman folgt von der Hungerreise an nicht der genauen Chronologie. Bei dem Erlebnis mit dem Indianer Michel sind Franklin und Dr. Richardson gegeneinander ausgetauscht.

Die Leitung einer kriegerischen Aktion in China wurde Franklin nicht angetragen, wohl aber war er 1830–33 Befehlshaber der Seestreitkräfte in den griechischen Gewässern, wo es ihm gelang, bewaffnete Auseinandersetzungen zu verhindern.

Über die tasmanische Zeit gibt den besten Aufschluß:

Kathleen Fitzpatrick: Sir John Franklin in Tasmania 1837–1843, Melbourne 1949.

Über den Verlauf von Franklins letzter Reise sind viele scharfsinnige Theorien aufgestellt worden. Die bekanntesten Bücher sind:

Richard J. Cyriax: Sir John Franklin's last Arctic Expedition, London 1939.

Leopold McClintock: The Voyage of the ›Fox‹ in the Arctic Seas. A. Narrative of the Discovery of the Fate of Franklin and his Companions, London 1859.

Vilhjalmur Stefansson: Unsolved Mysteries of the Arctic (darin: The lost Franklin Expedition, S. 36 ff.), London 1921.

Noël Wright: The Quest for Franklin, London 1959.

Über Franklins erste Frau erfährt man am meisten aus ihrem Briefwechsel mit John:

Edith Mary Gell: John Franklin's Bride, Eleanor Anne Porden, London 1930.

Über Jane Franklin siehe *Frances Joyce Woodward:* Portrait of Jane. A Life of Lady Franklin, London 1951

Bleibende Spuren von Franklins Wirken sind vor allem in Hobart, Tasmanien, zu finden.

In Spilsby gibt es noch das Geburtshaus, ferner dort und in London überlebensgroße Standbilder des Forschers und in der Westminster Abbey einen Gedenkstein mit einem Vers von Alfred Tennyson: »Not here! The white North has thy bones, and thou,/Heroic Sailor-Soul,/Art passing on thine happier voyage now/Towards no earthly pole.«

Das gesamte Inselgebiet nördlich des kanadischen Festlands heißt heute »District of Franklin«.

S. N.

Inhalt

Sten Nadolny

Die Entdeckung der Langsamkeit
Roman. 359 Seiten. SP 700

»Dieses Buch kommt, scheint's zur richtigen Zeit. Nadolnys heute ganz ungewöhnliche ruhige Gegenposition im gehetzten Betrieb der Politiker und Literaten hat etwas Haltgebendes und unangestrengt Humanes.«

Der Tagesspiegel

Netzkarte
Roman. 164 Seiten. SP 1370

»So unterschiedlich die Hauptdarsteller in seinen Büchern auch sind, eines verbindet sie: der besondere Blick auf das kleine Abenteuer und das große Erleben… Das Staunenkönnen zeichnet Sten Nadolnys Helden wie ihn selber aus, und er lehrt es seinen Lesern neu.«

FAZmagazin

Ein Gott der Frechheit
Roman. 288 Seiten. SP 2273

»…Jenseits der tradierten Heldengeschichten vom Götterboten Hermes spinnt Nadolny seine Handlungsfäden zu einer amüsanten göttlichen Komödie unserer neunziger Jahre weiter. Mit Hermes begreifen wir die politischen Veränderungen in Osteuropa ganz anders. Es ist der Blick des Fremden, der uns unsere unmittelbare deutsche Gegenwart mit neuen Augen sehen läßt.«

Focus

Selim oder Die Gabe der Rede
Roman. 502 Seiten. SP 730

Das Erzählen und die guten Absichten
Münchner Poetikvorlesungen im Sommer 1990, eingeleitet von Wolfgang Frühwald.
136 Seiten. SP 1319

Neben den intuitiv-schöpferischen Kräften, die dem romantischen Bild des Dichters entsprechen, interessiert ihn ganz besonders die Rolle der bewußten, logisch begründbaren Erzählziele. Dementsprechend zieht er sich bei seiner Abwehr »guter Absichten« nicht hinter die unangreifbare Forderung nach schöpferischer Souveränität zurück.

SERIE PIPER

Agota Kristof

Das große Heft
Roman. Aus dem Französischen
von Eva Moldenhauer.
163 Seiten. SP 779

Agota Kristof protokolliert in ihrem ersten Roman eine Kindheit, die nichts Idyllisches hat. Die Zwillingsbrüder werden zur Großmutter aufs Land geschickt, sie betteln, hungern, schlachten, stehlen, töten, sie stellen sich taub, blind, bewegungslos – sie haben gelernt, was sie zum Überleben brauchen.

»Agota Kristofs Romane beschreiben das Leiden, den Krieg, den Tod, beschreiben Verbrechen und sexuelle Perversionen, doch sie handeln ganz ausschließlich von der Liebe. Im reinsten, ja zartesten Sinn handeln sie von der Liebe.«
Süddeutsche Zeitung

»Agota Kristof erzählt zwingend. Sie läßt nicht zu, daß man ihr nur die halbe Aufmerksamkeit schenkt. Sie kennt kein Ausruhen. Kaum kann man das aushalten, die knappe Schärfe ihrer Beschreibungen, diese Kälte. Ist das nicht Lakonie oder Bitterkeit? Weshalb quält Agota Kristof uns doppelt, indem sie Kinder für ihre Geschichte mißbraucht?«
Frankfurter Rundschau

Der Beweis
Roman. Aus dem Französischen
von Erika Tophoven-Schöningh.
186 Seiten. SP 1497

»Der Beweis« knüpft unmittelbar an »Das große Heft« an. In ihrer unvergleichlich kargen Sprache erzählt Agota Kristof vom Prozeß einer seelischen Zerstörung. Gefangen in der Erinnerung an seinen verschwundenen Zwillingsbruder gerät Lucas in den Song einer Besessenheit.

Die dritte Lüge
Roman. Aus dem Französischen
von Erika Tophoven.
165 Seiten. SP 2287

Mit dem letzten Band ihrer Romantrilogie zeigt Agota Kristof noch einmal, wie fragil das Gebäude der Erinnerung ist: Die Schrecken des Krieges und die bleiernen Jahre des totalitären Regimes liegen weit zurück. Lucas T. kehrt in die Stadt seiner Kindheit zurück – auf der Suche nach seinem Bruder, seinem Alter ego.

»So kalt ums Herz, so heiß ums Herz ist es mir beim Bücherlesen schon lang nicht mehr geworden.«
Süddeutsche Zeitung

Jean Rouaud

Die Felder der Ehre

Roman. Aus dem Französischen von Carina von Enzenberg und Hartmut Zahn.
217 Seiten. SP 2016

Jean Rouaud erzählt in seinem mit dem Prix Goncourt ausgezeichneten Debütroman auf sehr persönliche Weise wichtige Stationen unseres Jahrhunderts nach, indem er sich an die Geschichte seiner eigenen Familie erinnert. Eine Saga also, die drei Generationen umspannt, ohne sich jedoch den Regeln der Chronologie zu unterwerfen. Anlaß zum Öffnen dieses Familienalbums geben drei Todesfälle, die sich alle im selben Winter ereignen und um die sich die Geschichte zentriert: der Großvater, ständig von einer Wolke dichten Tabakqualms umgeben, der mit seinem zerbeulten 2 CV die Gegend unsicher macht; die bigotte Tante Marie, die jeweils den Heiligen des Tages auf ihrer Seite hat und die für ihren im Großen Krieg gefallenen Bruder Joseph, den sie so liebte, ihre Weiblichkeit hingab; schließlich der Vater des Erzählers, dessen früher Tod die so subtil humorvolle und skurrile Chronik überschattet und ihr unausgesprochene Tragik verleiht.

»Es ist ein ganz eigener, in der heutigen Literatur unerhörter Ton aus Zärtlichkeit und Menschlichkeit, mit dem Jean Rouaud seine Figuren vor dem Vergessen schützt.«
Süddeutsche Zeitung

»Nicht nur der Regen ist das philosophische Element dieses wunderbar zärtlichen Romans über ein grausames Jahrhundert. Mehr noch ist es der giftgrüne Nebel, der die Anfänge unserer Moderne bedeckt.«
Die Zeit

Hadrians Villa in unserem Garten

Roman. Aus dem Französischen von Carina von Enzenberg und Hartmut Zahn.
224 Seiten. SP 2292

»Ein hinreißendes Buch. Es hat alles, was ich mir von einem Buch wünsche: Witz, Wärme, eine feine, sehr poetische Sprache, eine großartige Geschichte, es hat Menschlichkeit und Spannung und berührt den Leser über das Persönliche der Familiengeschichte hinaus auch da, wo es weh tut.«
Elke Heidenreich

SERIE PIPER

Javier Marías

Der Gefühlsmensch

Roman. Mit einem Nachwort des Autors. Aus dem Spanischen von Elke Wehr. 178 Seiten.
SP 2459

Der Icherzähler, ein berühmter Operntenor, erinnert sich an Ereignisse, die vier Jahre zurückliegen und von denen er nicht mehr sicher ist, ob er sie erlebt oder geträumt hat. Er war während einer Zugfahrt drei Personen begegnet: der schönen, melancholischen, jungen Natalia und ihrem despotischen Ehemann, einem belgischen Bankier, nebst dem geheimnisvollen Begleiter Dato. Bald darauf trifft er das seltsame und eindrucksvolle Trio wieder in einem Madrider Hotel. Während der Sänger die Rolle des Cassio in Verdis »Otello« einstudiert, entsteht eine Beziehung zu Natalia. Doch sie ist immer in Begleitung von Dato, der ganz offensichtlich die Aufgabe hat, seine unglückliche Herrin zu zerstreuen, während der Gatte seinen Geschäften nachgeht. Auch andere Figuren aus dem Leben des Erzählers tauchen in seiner Erinnerung auf, dar-

unter seine frühere Geliebte Berta oder die Hure Claudina, die dazu beitragen, den immer enger werdenden Kreis seiner wachsenden Leidenschaft für Natalia zu schließen – einer Leidenschaft, deren Ende ebenso unausweichlich wie dramatisch und überraschend ist.

»Ich glaube, das ist einer der größten im Augenblick lebenden Schriftsteller der Welt.«
Marcel Reich-Ranicki

»Denn das ist über seine literarische Bravour hinaus die eigentliche Sensation des Buchs: daß es die moralische Heuchelei unserer Zeit entlarvt und die Gewichte von Gut und Böse radikal anders verteilt.«
Frankfurter Allgemeine Zeitung

Dacia Maraini

Bagheria
Eine Kindheit auf Sizilien.
Aus dem Italienischen von Sabina
Kienlechner. 171 Seiten. SP 2160

Dacia Maraini kehrt an den Ort ihrer Kindheit zurück – in jene sizilianische Villa, wo sie das Porträt ihrer Ahnin, der taubstummen Herzogin Marianna Ucrìa fand, die zu einer großen Romanheldin werden sollte. Die berühmte italienische Schriftstellerin erzählt von der romantischen Liebesheirat ihrer Eltern, der leidenschaftlichen Liebe zum unerreichbaren Vater, von ihrer Jugend in der prachtvollen Villa Valguarnera.

»›Bagheria‹ ist ein schönes und kluges Buch, ganz fern von allen Klischeevorstellungen vom Tourismus-Sizilien, und dazu ein Buch über eine Vielzahl eigenwilliger und begabter Frauen…«
Die Presse

Stimmen
Roman. Aus dem Italienischen
von Eva-Maria Wagner und
Viktoria von Schirach. 406 Seiten.
SP 2462

Erinnerungen einer Diebin
Roman. Aus dem Italienischen
von Maja Pflug. Mit einem
Nachwort von Heinz Willi
Wittschier. 383 Seiten. SP 1790

Fasziniert von der unkonventionellen Art Teresas, die jenseits von bürgerlichen Normen nach ihren eigenen Regeln lebt, beschloß Dacia Maraini 1972 über die »Diebin«, die sie bei einem Gefängnisbesuch in Rom kennenlernte, ein Buch zu schreiben. Aus einer armen, kinderreichen Familie stammend löste sich Teresa bald von zu Hause, lebte in den Tag hinein wie eine Zigeunerin, heiratete jung und brachte einen Sohn zur Welt. Fast unmerklich schlitterte sie in die Kriminalität, kam von einem Gefängnis ins andere und blieb doch ohne Groll über die ihr angetane Gewalt.

Der blinde Passagier an Bord
Nachdenken über ein nie
geborenes Kind.
Aus dem Italienischen von
Viktoria von Schirach.
91 Seiten. SP 2467

SERIE PIPER

Giorgio Bassani

Die Brille mit dem Goldrand

Erzählung. Aus dem Italienischen von Herbert Schlüter. 106 Seiten. SP 417

»Bassani zeigt den lautlosen Fortschritt des Verhängnisses, während sich nach außen hin so wenig ändert – mit dieser Fähigkeit, den wirklichen Gang der Dinge aufzuzeichnen, weist er sich als echter Erzähler aus.«

Franz Tumler

Die Gärten der Finzi-Contini

Roman. Aus dem Italienischen von Herbert Schlüter. 358 Seiten. SP 314

»Mit den ›Gärten der Finzi-Contini‹ legte Bassani seinen ersten Roman vor… eine Meisterleistung. Er liest sich fast wie eine Chronik, die ›Mémoire‹ dreier Jahre im Leben eines jungen Mannes, der zur Jeunesse dorée einer Provinzstadt in Italien, Ferrara, rechnet und plötzlich, 1937, mit der Rassengesetzgebung des Spätfaschismus zum Paria wird. Mit der Präzision eines Archäologen hebt Bassani ein Stück Leben Schicht um Schicht ans Licht.«

Die Welt

Hinter der Tür

Roman. Aus dem Italienischen von Herbert Schlüter. 174 Seiten. SP 386

»Unter den lebenden Erzählern könnte nur noch Julien Green eine solche Verbindung von Zartgefühl und (scheinbar) unbemühter Schlichtheit treffen. Aber Bassani ist ein Julien Green ohne die Rückendeckung des Glaubens. Er unternimmt seinen Rückzug in die vielgeschmähte Innerlichkeit ganz auf eigene Rechnung und tut damit… eher einen Schritt nach vorn, nämlich auf eine Literatur zu, die die Welt nicht nur vermessen will, sondern bereit ist, sie auch in den Antworten zu erkennen und anzuerkennen.«

Günter Blöcker

Ferrareser Geschichten

Aus dem Italienischen von Herbert Schlüter. 250 Seiten. SP 430

Wie in seinem Roman »Die Gärten der Finzi-Contini« beschwört Bassani auch in diesen Geschichten das Bild seiner Heimatstadt Ferrara, demonstriert er die Tragik der politischen Ereignisse der dreißiger und vierziger Jahre am Beispiel von Einzelschicksalen.

Edgar Hilsenrath

»*Poet und Pierrot des Schreckens.*«
Der Spiegel

Bronskys Geständnis
Roman. 205 Seiten. SP 1256

»»Bronskys Geständnis‹…ist ein Alptraum-Report und eine flagellantische Satire zugleich…«
Der Spiegel

Das Märchen vom letzten Gedanken
Roman. 509 Seiten. SP 1505

»Ein Thomas Mannscher Geist der Erzählung bewegt sich mühelos in Raum und Zeit, raunt von Vergangenem und Künftigem, raunt ins Ohr eines Sterbenden, der in der Todessekunde alles erfahren will: wie Vater und Mutter lebten und starben, wie das armenische Volk lebte und starb.«
Der Spiegel

Moskauer Orgasmus
Roman. 272 Seiten. SP 1671

Nacht
Roman. 448 Seiten. SP 1137

»Hilsenrath ist ein Erzähler, wie ich seit Thomas Mann und dem Günter Grass der Blechtrommel keinen mehr kennengelernt habe.«
Südwestfunk

Der Nazi & der Friseur
Roman. 319 Seiten. SP 1164

Zibulsky oder Antenne im Bauch
Satiren. 160 Seiten. SP 1694

»Hilsenrath ist vielleicht der einzige wirklich anarchische Erzähler, ein vehement die Wahrheit suchender Außenseiter unserer ausgetrockneten Intimsphäre.«
Rheinische Post

Jossel Wassermanns Heimkehr
Roman. 320 Seiten. SP 2139

Edgar Hilsenraths Roman läßt voll sprühendem Witz und leiser Trauer die einzigartige Welt der osteuropäischen Juden noch einmal auferstehen: »Indem er von einem Schtetl namens Pohodna am Pruth erzählt, erzählt der Roman zugleich von etwas anderem, das nicht erzählbar ist und dennoch in der Art des Erzählens, die Hilsenrath gewählt hat, unerwartet gegenwärtig wird: die Vernichtung. Die Vernichtung inmitten all der Schnurren und Schwänke aus Kaiser Franz Josephs Zeiten, über die herzlich gelacht werden darf. Hilsenrath ist mit seinem neuen Roman ein ganz außerordentlicher Balanceakt gelungen.«
Lothar Baier, Die Zeit

SERIE PIPER